# BASIC STATISTICS OF THE EUROPEAN UNION

Comparison with the principal partners of the Union

32nd edition

Cataloguing data can be found at the end of this publication

The publication of this book would not have been possible were it not for the active collaboration of the following units within Eurostat:

B2 (Production of national accounts data), B3 (Price comparison), B4 (Financial accounts and monetary and financial statistics), B5 (Balance of payments), C3 (Analysis of international transactions), D1 (Energy and raw materials), D2 (Industry, iron and steel, and coordination of surveys on enterprises), D3 (Research and development, and statistical methods), D4 (Distributive trades, services and transport), E1 (Population, migration, employment and unemployment), E2 (Living conditions), E3 (Working conditions), E4 (Regional accounts and indicators, structural plans), F1 (Agricultural accounts and structures), F2 (Agricultural products and fisheries), F3 (Environment)

Luxembourg: Office for Official Publications of the European Communities, 1995

ISBN   92-827-0103-4

© ECSC-EC-EAEC, Brussels • Luxembourg, 1995
Reproduction is authorized, except for commercial purposes, provided the source is acknowledged.

*Printed in Germany*

**Statistical Office of the European Communities**

The task of Eurostat, the Statistical Office of the European Communities, is to provide the Commission and all the citizens of Europe, via the European statistical system, with the statistical information that is essential for understanding European society and for taking decisions.

In order to make this statistical information available to as wide a public as possible, Eurostat disseminates general publications, specialized statistical documents, CD-ROMs and electronic products.

The aim of this 32nd edition of *Basic statistics of the European Union* is to meet the needs of all those who would like to get to know the European Union better.

Yves Franchet
Director-General

For further information, please contact:
Eurostat's Information Office
L-2920 Luxembourg
Tel. (352) 4301 34567
Fax (352) 43 64 04

## NOTE TO USERS

In this publication, data with monetary values are generally expressed in European currency units, ecus.

The ecu is a 'basket' unit, based on the market exchange rates of a certain quantity of each Community currency.

It must be emphasized that the monetary parities do not reflect the relations between the domestic purchasing powers of the currencies. For this reason, a comparison of the values in ecu of the individual countries cannot be regarded as providing a measure of the differences in real levels between countries. In order to take this phenomenon into account, some figures, especially data on per capita GDP, are given in a unit (PPS = purchasing power standard) which cancels out differences in price levels and can be used to make comparisons in real terms. The last price survey taken as the basis for calculating the PPS contained in this publication was carried out in 1990; the results were extrapolated back to 1960. For this reason (and also due to the change of reference year for the *numéraire*, which is now 1990 instead of 1975) the data on PPS in this publication are no longer comparable to those of previous publications.

Furthermore, the abolition of customs formalities on 1 January 1993 and the introduction of a new system called 'Intrastat' gave rise to an unprecedented upheaval in the methods of compiling intra-Community trade statistics. The changes of definition, the direct collection of data from enterprises and these enterprises' non-response rate are all factors which impair the comparability of the results with those of previous periods.

As far as the sources of the data are concerned, it should be noted that, except where otherwise indicated below the table in question, data relating to European Union Member States come from Eurostat publications; those concerning third countries are generally taken from the publications of the United Nations Statistical Office or of the Organization for Economic Cooperation and Development (OECD) and from national statistical yearbooks.

Although Austria, Finland and Sweden became members of the EU on 1 January 1995, the representation in this publication is the same. The figures were collected during 1994 when harmonized statistics for EUR 15 were not yet available. To give an idea of the EUR 15 compared to others such as USA and CIS, an annex (see page 367) has been made for important indicators.

For the Commonwealth of Independent States, some tables have been extended with figures for CIS as a whole and for Russia as one of the most important States.

# SYMBOLS AND ABBREVIATIONS USED

| | |
|---|---|
| – | nil |
| 0 | datum less than half the unit used |
| : | not available |
| * | estimate |
| x | multiply by |
| < | less than |
| > | more than |
| ≥ | greater than or equal to |
| % | percentage |
| % AT | percentage change |
| ‰ | per thousand |
| $CO_2$ | carbon dioxide |
| Mio | million |
| Mrd | 1 000 million |
| Mio t | millions of tonnes |
| km | kilometre |
| ha | hectare |
| sq. km | square kilometre |
| $m^3$ | cubic metre |
| kg | kilogram |
| $NO_x$ | nitrous oxide |
| $SO_x$ | sulphur oxide |
| t | tonne |
| t = t | tonne for tonne |
| tkm | tonne-kilometre |
| tep | tonne of oil equivalent |
| hl | hectolitre |
| GCV | gross calorific value |
| TJ | terajoule = $10^9$ kilojoules |
| kJ | kilojoule |
| FTE | Full-time equivalent |
| kWh | kilowatt-hour |
| GWh | gigawatt-hour = $10^6$ kWh |
| MW | megawatt = $10^3$ kilowatt |
| Ø | average |
| ⊕ | world |

| | |
|---|---|
| ECU | European currency unit |
| BFR | Belgian franc |
| DKR | Danish crown |
| DM | German mark |
| DR | Drachma |
| ESC | Escudo |
| FF | French franc |
| HFL | Dutch florin (guilder) |
| IRL | Irish pound |
| LFR | Luxembourg franc |
| LIT | Italian lira |
| PTA | Peseta |
| UKL | Pound sterling |
| CAD | Canadian dollar |
| FMK | Finnish markka |
| IKR | Icelandic crown |
| LT | Turkish lira |
| NKR | Norwegian crown |
| OS | Schilling (Austria) |
| RUR | Rouble |
| SFR | Swiss franc |
| SKR | Swedish crown |
| USD | US dollar |
| YEN | Japanese yen |
| SDR | Special drawing right |
| AA | Agricultural area |
| ACP | African, Caribbean and Pacific countries parties to the Lomé Convention |
| BLEU | Belgo-Luxembourg Economic Union |
| cif | Cost, insurance and freight |
| CIS | Commonwealth of Independent States |
| CST | Statistical and tariff classification for international trade |
| EC | European Communities |
| ECSC | European Coal and Steel Community |
| EEA | European Economic Area |
| EUR 12 | Total of Member States of the EC (pre-1995) |
| Eurostat | Statistical Office of the European Communities |
| Esspros | European system of integrated social protection statistics |
| FAO | Food and Agricultural Organization |
| fob | Free on board |

| | |
|---|---|
| GDP | Gross domestic product at market prices |
| IATA | International Air Transport Association |
| IEA | International Energy Agency |
| ILO | International Labour Office |
| IMF | International Monetary Fund |
| NACE | General industrial classification of economic activities within the European Communities (See Table 3.41) |
| NUTS | Nomenclature of territorial units for statistics (see p. 8) |
| OCTs | Overseas countries and territories |
| OECD | Organization for Economic Cooperation and Development |
| PPS | Purchasing power standard |
| R&D | Research and development |
| SITC | Standard international trade classification (Eurostat) |
| UAA | Utilized agricultural area |
| UN | United Nations |

# GLOSSARY

**Belgique/België** (B) = Belgium
**Danmark** (DK) = Denmark
**Deutschland** (D) = Germany
**Ελλάδα** (GR) = Greece
**España** (E) = Spain
**France** (F) = France
**Ireland** (IRL) = Ireland
**Italia** (I) = Italy
**Luxembourg** (L) = Luxembourg
**Nederland** (NL) = Netherlands
**Portugal** (P) = Portugal
**United Kingdom** (UK) = United Kingdom

**Österreich** (A) = Austria
**Suomi/Finland** (FIN) = Finland
**Island** (IS) = Iceland
**Norge** (N) = Norway
**Sverige** (S) = Sweden
**Schweiz/Suisse** (CH) = Switzerland
**Russia** = Russia
**Türkiye** = Turkey
**USA** = United States of America
**Canada** = Canada
**Nippon (Japan)** = Japan

## ΕΛΛΑΔΑ

**Βόρεια Ελλάδα**
Ανατολική Μακεδονία, Θράκη
Κεντρική Μακεδονία
Δυτική Μακεδονία
Θεσσαλία

**Κεντρική Ελλάδα**
Ήπειρος
Ιόνια Νησιά
Δυτική Ελλάδα
Στερεά Ελλάδα
Πελοπόννησος

**Αττική**

**Νησιά**
Βόρειο Αιγαίο
Νότιο Αιγαίο
Κρήτη

## GREECE

**Northern Greece**
Eastern Macedonia, Thrace
Central Macedonia
Western Macedonia
Thessaly

**Central Greece**
Epirus
Ionian Islands
Western Greece
Sterea
Peloponnese

**Attica**

**Islands**
Norh Aegean
South Aegean
Crete

## NUTS

The nomenclature of territorial units for statistics was drawn up jointly by Eurostat and the other Commission departments in order to provide a single and coherent territorial breakdown for the compilation of EU regional statistics.

# CONTENTS

## 1. GENERAL STATISTICS

**Illustrations**

| | | |
|---|---|---|
| 1.1. | Area, population, density per square kilometre, see Table 3.1. | 19 |
| 1.2. | Gross domestic product per head, volume, see Table 3.2. | 20 |
| 1.3. | Volume index of GDP per head | 21 |
| 1.4. | Civilian employment, see Table 3.18. | 22 |
| 1.5. | Evolution of unemployment levels, see Table 3.21. | 23 |
| 1.6. | Average gross hourly earnings of manual workers, see Table 3.40. | 24 |
| 1.7. | Energy — Net imports, see Table 4.17. | 25 |
| 1.8. | Energy — Gross inland consumption, see Table 4.18. | 26 |
| 1.9. | Crude-steel production, see Table 4.36. | 27 |
| 1.10. | Crop production, see Tables 5.4 and 5.3. | 28 |
| 1.11. | Consumption of cereals, see Table 5.9. | 29 |
| 1.12. | Animal consumption, see Table 5.7. | 30 |
| 1.13. | Consumption of beef and veal, see Table 5.10. | 31 |
| 1.14. | EU index of producer prices of agricultural products, EU index of purchase prices of the means of agricultural production, see Table 5.20. | 32 |
| 1.15. | EU index of producer prices of agricultural products — EUR 12, EU index of purchase prices of the means of agricultural production — EUR 12, see Table 5.21. | 33 |
| 1.16. | Relative importance of the imports-exports from the EU | 34 |
| 1.17. | External trade of the EU | 35 |
| 1.18. | Per capita carbon dioxide emissions from fossil fuels, see Table 8.3. (t $CO_2$) | 38 |
| 1.19. | Quantity of municipal waste, kg/per head of population, see Table 8.7. | 39 |

## 2. ECONOMY AND FINANCE

**National accounts**

| | | |
|---|---|---|
| 2.1. | Gross domestic product at market prices | 41 |
| 2.2. | Gross domestic product at market prices per head | 42 |
| 2.3. | Volume indices of gross domestic product at market prices | 43 |
| 2.4. | Annual rates of growth of gross domestic product at market prices | 44 |
| 2.5. | Gross value-added at market prices by branch | 45 |
| 2.6. | Cost structure of gross domestic product at market prices | 46 |
| 2.7. | Use of gross domestic product at market prices | 47 |
| 2.8. | Final consumption of households per inhabitant by purpose | 48 |
| 2.9. | Gross fixed capital formation by product | 52 |
| 2.10. | Taxes and social contributions | 53 |

**Research and development**

| | | |
|---|---|---|
| 2.11. | Total public budgetary appropriations for R&D | 54 |
| 2.11a. | Research and development staff | 58 |
| 2.11b. | Gross domestic expenditure on R&D | 62 |

## Regional accounts

| | | |
|---|---|---|
| 2.12. | Gross domestic product at market prices: regional indicators (B, DK) | 65 |
| 2.13. | Gross domestic product at market prices: regional indicators (D) | 66 |
| 2.14. | Gross domestic product at market prices: regional indicators (GR) | 68 |
| 2.15. | Gross domestic product at market prices: regional indicators (E) | 69 |
| 2.16. | Gross domestic product at market prices: regional indicators (F) | 70 |
| 2.17. | Gross domestic product at market prices: regional indicators (IRL, I) | 72 |
| 2.18. | Gross domestic product at market prices: regional Indicators (L, NL, P, UK) | 73 |
| 2.19. | Gross domestic product at market prices: regional indicators (UK) | 74 |
| 2.20. | Gross value-added at market prices by branch (B, DK) (%) | 75 |
| 2.21. | Gross value-added at market prices by branch (D) (%) | 76 |
| 2.22. | Gross value-added at market prices by branch (GR) (%) | 78 |
| 2.23. | Gross value-added at market prices by branch (E) (%) | 79 |
| 2.24. | Gross value-added at market prices by branch (F) (%) | 80 |
| 2.25. | Gross value-added at market prices by branch (IRL, I) (%) | 82 |
| 2.26. | Gross value-added at market prices by branch (L, NL, P, UK) (%) | 83 |
| 2.27. | Gross value-added at market prices by branch (UK) (%) | 84 |

## Finance

| | | |
|---|---|---|
| 2.28. | Money market rates | 86 |
| 2.29. | Conversion rates | 88 |
| 2.30. | Central government debt | 90 |
| 2.31. | Money supply (Mio ECU) | 91 |
| 2.32. | Money supply (national currencies) | 92 |
| 2.33. | Financial market rates (yearly averages) | 94 |
| 2.34. | Index of share quotations | 96 |
| 2.35. | Official gross reserves of convertible currencies | 97 |
| 2.36. | Official gross reserves of convertible currencies and special drawing rights | 98 |
| 2.37. | International Monetary Fund (IMF) positions | 99 |

## Balance of payments

| | | |
|---|---|---|
| 2.38. | Balance of payments by main heading | 100 |
| 2.39. | Transport | 102 |
| 2.39a. | Travel | 103 |
| 2.39b. | Other services | 104 |
| 2.40. | Merchandise Trade balance (fob/fob) | 105 |
| 2.41. | Current balance | 106 |
| 2.42. | Reserves | 107 |

## Prices

| | | |
|---|---|---|
| 2.43. | Consumer price index | 108 |

# 3. POPULATION AND SOCIAL CONDITIONS

## Population

| | | |
|---|---|---|
| 3.1. | Area, population, density per square kilometre and estimated population growth | 123 |
| 3.2. | Area and regional population (EUR 12, B, DK) | 124 |
| 3.3. | Area and regional population (D) | 125 |
| 3.4. | Area and regional population (GR) | 127 |
| 3.5. | Area and regional population (E) | 128 |
| 3.6. | Area and regional population (F) | 129 |
| 3.7. | Area and regional population (IRL, I) | 131 |
| 3.8. | Area and regional population (L, NL, P, UK) | 132 |
| 3.9. | Area and regional population (UK) | 133 |
| 3.10. | Population by age and sex (1 000) | 134 |
| 3.11. | Population by age and sex (%) | 136 |
| 3.12. | Births, marriages and deaths | 138 |
| 3.13. | Size of private households | 139 |

## Education and training

| | | |
|---|---|---|
| 3.14. | Number of pupils and students by level of education | 140 |

## Employment

| | | |
|---|---|---|
| 3.15. | Working population and employment | 144 |
| 3.16. | Civilian employment by occupational status | 145 |
| 3.17. | Civilian employment by main sectors of economic activity (1 000) | 146 |
| 3.18. | Civilian employment by main sectors of economic activity (%) | 147 |
| 3.19. | Employees by economic activity | 148 |
| 3.20. | Normal weekly hours worked by full-time and part-time employees | 150 |
| 3.21. | Unemployment | 152 |
| 3.22. | Unemployment rates (annual averages in %) | 154 |
| 3.23. | Unemployment rates (EUR 12, B, DK) | 155 |
| 3.24. | Unemployment rates (D) | 156 |
| 3.25. | Unemployment rates (GR) | 158 |
| 3.26. | Unemployment rates (E) | 159 |
| 3.27. | Unemployment rates (F) | 160 |
| 3.28. | Unemployment rates (IRL, I) | 162 |
| 3.29. | Unemployment rates (L, NL, P, UK) | 163 |
| 3.30. | Unemployment rates (UK) | 164 |

## Social protection

| | | |
|---|---|---|
| 3.31. | Current expenditure on social protection as percentage of GDP at market prices | 165 |
| 3.32. | Current expenditure on social protection per inhabitant — Total population | 166 |
| 3.33. | Current expenditure on social protection per inhabitant | 167 |
| 3.34. | Esspros — Current expenditure by type | 168 |
| 3.35. | Esspros — Current receipts by type | 172 |
| 3.36. | Esspros — Social protection benefits by type | 174 |
| 3.37. | Esspros — Current receipts by sector of origin | 178 |

## Wages and salaries

| | | |
|---|---|---|
| 3.38. | Indices of real wages in industry | 182 |
| 3.39. | Indices of wages in industry | 183 |
| 3.40. | Wages in industry | 185 |
| 3.41. | Average gross hourly earnings in industry | 186 |
| 3.42. | Hourly labour costs in industry | 188 |
| 3.43. | Structure of labour costs in industry | 190 |
| 3.44. | Average gross hourly earnings in agriculture | 192 |

## 4. ENERGY AND INDUSTRY

### Industrial production

| | | |
|---|---|---|
| 4.1. | General indices of industrial production | 197 |
| 4.2. | Production of copper, lead and zinc ores, bauxite and potash | 198 |
| 4.3. | Production of aluminium, copper, lead, zinc and tin | 199 |
| 4.4. | Raw materials supply | 200 |
| 4.5. | Production of cement | 204 |
| 4.6. | Production of certain basic chemicals | 205 |
| 4.7. | Chemicals: production of ammonia, fertilizers and plastics | 206 |
| 4.8. | Motor vehicles, production and assembly | 207 |
| 4.9. | Merchant vessels under construction and launched | 208 |
| 4.10. | Production of man-made fibres | 209 |
| 4.11. | Production of cotton and woollen yarns and fabrics | 210 |
| 4.12. | Production of tobacco | 211 |
| 4.13. | Production of wood pulp, paper and board | 212 |
| 4.14. | Building: number of dwellings completed | 213 |

### Energy

| | | |
|---|---|---|
| 4.15. | Production of primary energy by source | 214 |
| 4.16. | Production of primary energy | 215 |
| 4.17. | Energy trade | 216 |
| 4.18. | Inland consumption of energy | 217 |
| 4.19. | Inland consumption of energy by source | 218 |
| 4.20. | Proportion of different sources of primary energy in inland consumption | 219 |
| 4.21a. | Consumption of energy per head — Gross inland consumption | 220 |
| 4.21b. | Consumption of energy per head — Consumption by industry | 221 |
| 4.21c. | Consumption of energy per head — Consumption by transport | 222 |
| 4.21d. | Consumption of energy per head — Consumption by households, commerce and services, etc. | 223 |
| 4.22. | Net imports — Gross inland consumption + bunkers | 224 |
| 4.23. | Coal — Total production | 225 |
| 4.24. | Coal, lignite, coke-oven coke | 226 |
| 4.25. | Crude oil | 227 |
| 4.26. | Net production of petroleum products | 228 |
| 4.27. | Petroleum products — Total production | 230 |
| 4.28. | Net imports of petroleum (crude oil and petroleum products) | 231 |
| 4.29. | Natural gas — Production | 232 |
| 4.30. | Natural gas | 233 |
| 4.31. | Electrical energy — Total net production | 234 |

| | | |
|---|---|---|
| 4.32. | Production of electrical energy | 235 |

## Iron and steel

| | | |
|---|---|---|
| 4.33. | Output of iron ore | 236 |
| 4.34. | Production of pig iron, steel and finished rolled products | 237 |
| 4.35. | Consumption of steel per head of population | 238 |
| 4.36. | Production of crude steel | 239 |

# 5. AGRICULTURE, FORESTRY AND FISHERIES

## Production

| | | |
|---|---|---|
| 5.1. | Principal categories of land use | 243 |
| 5.2. | Subdivision of the utilized agricultural area | 244 |
| 5.3. | Yields of some principal crops from arable land | 248 |
| 5.4. | Production of cereals | 252 |
| 5.5a. | Production of selected agricultural commodities – Average 1990-91 | 253 |
| 5.5b. | Production of selected agricultural commodities – Average 1991-93 | 254 |
| 5.6. | Livestock | 255 |
| 5.7. | Meat production | 256 |
| 5.8. | Production of cow milk, milk products and eggs | 257 |

## Consumption

| | | |
|---|---|---|
| 5.9. | Consumption of selected vegetable products | 258 |
| 5.10. | Consumption of selected animal products | 259 |

## Balances

| | | |
|---|---|---|
| 5.11. | Cereal supply balance sheets | 260 |
| 5.12. | Sugar and wine supply balance sheets | 264 |
| 5.13. | Meat supply balance sheets | 268 |
| 5.14. | Degree of self-sufficiency | 272 |

## Structure

| | | |
|---|---|---|
| 5.15. | Agricultural holdings by size group | 276 |
| 5.16. | Utilized agricultural area (UAA) on holdings by size group | 280 |
| 5.17. | Survey on the structure of agricultural holdings — Land use, animal breeding, labour force | 284 |
| 5.18. | Survey on the structure of agricultural holdings — Holdings broken down by type of farming | 288 |
| 5.19. | Wooded area and timber production | 290 |

**Prices**

| | | |
|---|---|---|
| 5.20. | EU indices of agricultural prices — Nominal indices | 291 |
| 5.21. | EU indices of agricultural prices — Deflated indices | 292 |

**Economic accounts**

| | | |
|---|---|---|
| 5.22. | Agricultural accounts | 294 |
| 5.23. | Agricultural accounts — Volume index numbers | 296 |
| 5.24. | Forestry accounts | 298 |
| 5.25. | Forestry accounts — Volume index numbers | 300 |

**Fisheries**

| | | |
|---|---|---|
| 5.26. | Catches by fishing region | 302 |
| 5.27. | Fisheries: foreign trade and consumption | 303 |

## 6. FOREIGN TRADE

**External trade**

| | | |
|---|---|---|
| 6.1. | Importance of trade | 307 |
| 6.2. | Evolution of total imports | 308 |
| 6.3. | Evolution of total exports | 309 |
| 6.4. | Evolution of trade balance | 310 |
| 6.5. | The EU's share of the main non-member countries' trade | 311 |
| 6.6. | Evolution of intra-Community arrivals | 314 |
| 6.7. | Evolution of intra-Community consignments | 315 |
| 6.8. | Imports by partner country | 316 |
| 6.9. | Exports by partner country | 318 |
| 6.10. | Imports by commodity class | 320 |
| 6.11 | Exports by commodity class | 322 |
| 6.12. | Volume indices by SITC, Rev. 3 | 324 |
| 6.13. | Unit value indices by SITC, Rev. 3 | 326 |

## 7. SERVICES AND TRANSPORT

**Services**

| | | |
|---|---|---|
| 7.1. | Television sets and telephones in use | 331 |
| 7.2. | Index numbers of retail sales volume | 333 |

**Transport**

| | | |
|---|---|---|
| 7.3. | Railways: lenght of line, passenger-kilometres and tonne-kilometres | 336 |
| 7.4. | Rail freight traffic | 337 |
| 7.5. | Inland waterways | 338 |
| 7.6. | Civil aviation of principal airline companies | 339 |
| 7.7. | Maritime fleets | 340 |
| 7.8. | Merchant shipping | 341 |
| 7.9. | Length of road network | 342 |

| | | |
|---|---|---|
| 7.10. | Motor vehicles in use | 343 |
| 7.11. | Road traffic accidents | 344 |

**Tourism**

| | | |
|---|---|---|
| 7.12. | Hotels and other establishments | 348 |

## 8. ENVIRONMENT

**Environment**

| | | |
|---|---|---|
| 8.1. | Water indicators | 355 |
| 8.2. | Carbon dioxide emissions ($CO_2$) from fossil fuels | 356 |
| 8.3. | Per capita carbon dioxide ($CO_2$) emissions from fossil fuels | 357 |
| 8.4. | Per capita sulphur oxide ($SO_x$) and nitrous oxide ($NO_x$) emissions from all sources, | 358 |
| 8.5. | Sulphur oxide ($SO_x$) emissions by sector | 360 |
| 8.6. | Nitrous oxide ($NO_x$) emissions by sector | 361 |
| 8.7. | Waste indicators and recycling | 362 |

| | | |
|---|---|---|
| **Statistical supplement:** | Liechtenstein | 363 |
| | Annex | 367 |

# General statistics

*General statistics*

## 1.1. Area, population, density per square kilometre – 1993

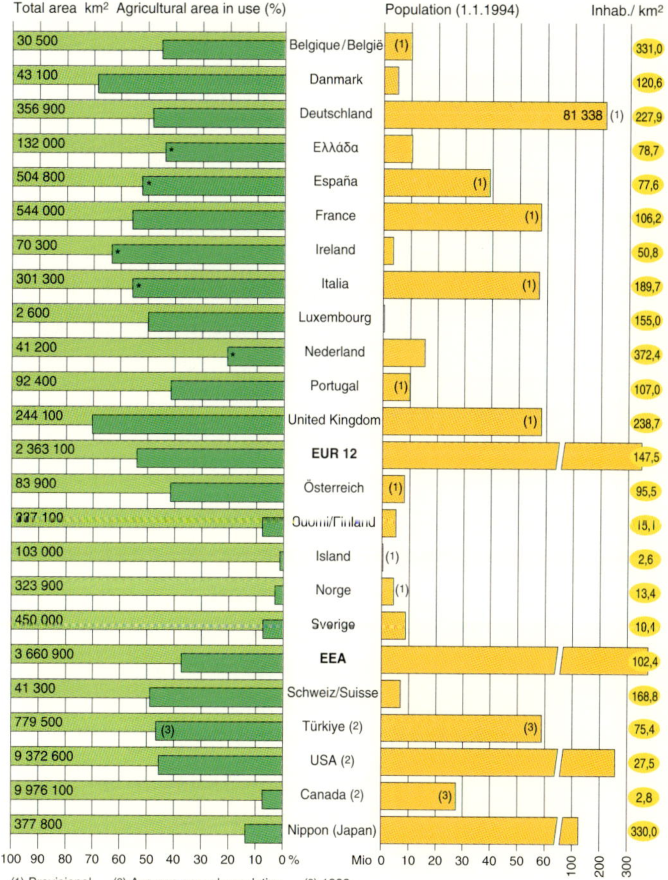

| Total area km² | Agricultural area in use (%) | Country | Population (1.1.1994) Mio | Inhab./km² |
|---:|---|---|---:|---:|
| 30 500 | | Belgique/België | (1) | 331,0 |
| 43 100 | | Danmark | | 120,6 |
| 356 900 | | Deutschland | 81 338 (1) | 227,9 |
| 132 000 | * | Ελλάδα | | 78,7 |
| 504 800 | * | España | (1) | 77,6 |
| 544 000 | | France | (1) | 106,2 |
| 70 300 | * | Ireland | | 50,8 |
| 301 300 | * | Italia | (1) | 189,7 |
| 2 600 | | Luxembourg | | 155,0 |
| 41 200 | * | Nederland | | 372,4 |
| 92 400 | | Portugal | (1) | 107,0 |
| 244 100 | | United Kingdom | (1) | 238,7 |
| 2 363 100 | | **EUR 12** | | 147,5 |
| 83 900 | | Österreich | (1) | 95,5 |
| 337 100 | | Suomi/Finland | | 15,1 |
| 103 000 | | Ísland | (1) | 2,6 |
| 323 900 | | Norge | (1) | 13,4 |
| 450 000 | | Sverige | | 10,1 |
| 3 660 900 | | **EEA** | | 102,4 |
| 41 300 | | Schweiz/Suisse | | 168,8 |
| 779 500 | (3) | Türkiye (2) | (3) | 75,4 |
| 9 372 600 | | USA (2) | | 27,5 |
| 9 976 100 | | Canada (2) | (3) | 2,8 |
| 377 800 | | Nippon (Japan) | | 330,0 |

(1) Provisional. (2) Average annual population. (3) 1992.

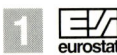

## 1.2. Gross domestic product per head, volume (PPS) (1)

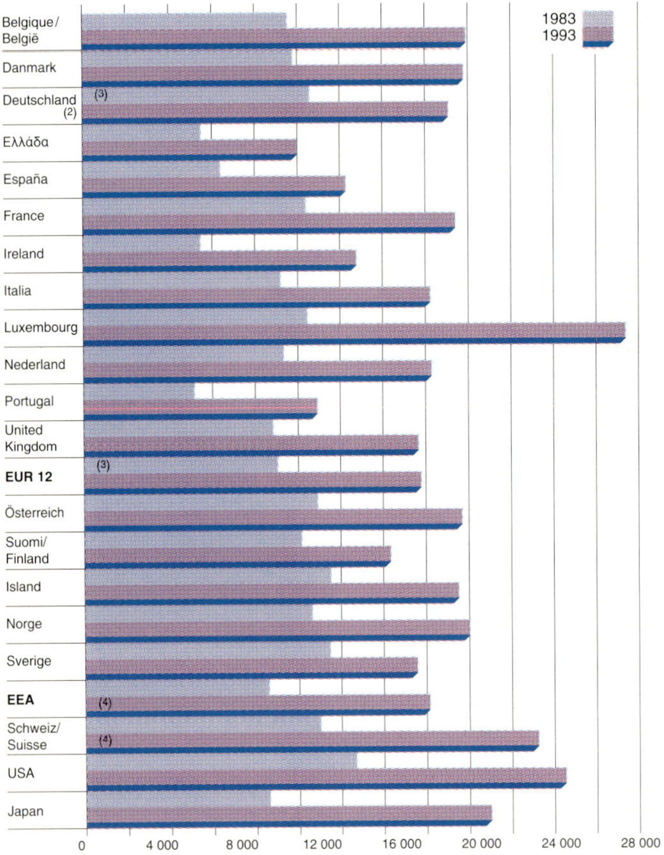
1983
1993
Belgique/ België
Danmark
Deutschland (2)
(3)
Ελλάδα
España
France
Ireland
Italia
Luxembourg
Nederland
Portugal
United Kingdom
EUR 12
(3)
Österreich
Suomi/ Finland
Island
Norge
Sverige
EEA
(4)
Schweiz/ Suisse
(4)
USA
Japan
0
4 000
8 000
12 000
16 000
20 000
24 000
28 000

(1) See explanation page 4.
(2) Break in series owing to the unification of 3.10.1990.
(3) Except the new Länder.
(4) 1992.

*General statistics*

## 1.3. Volume index of GDP per head (¹)

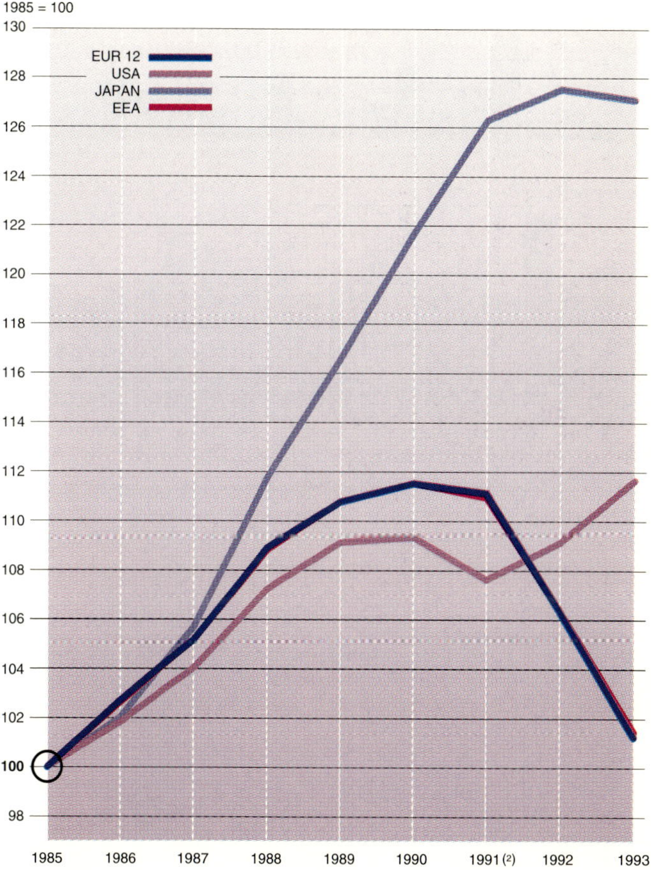

1985 = 100

- EUR 12
- USA
- JAPAN
- EEA

(¹) Estimate.
(²) Break in series owing to the unification of 3.10.1990 (for EUR 12 and EEA).

*General statistics*

## 1.4. Civilian employment – 1993

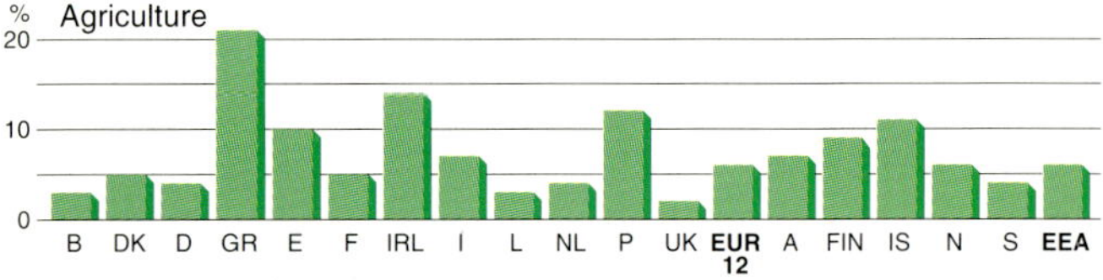

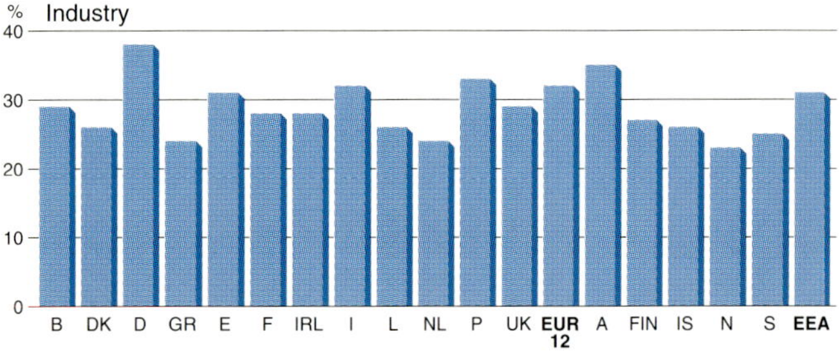

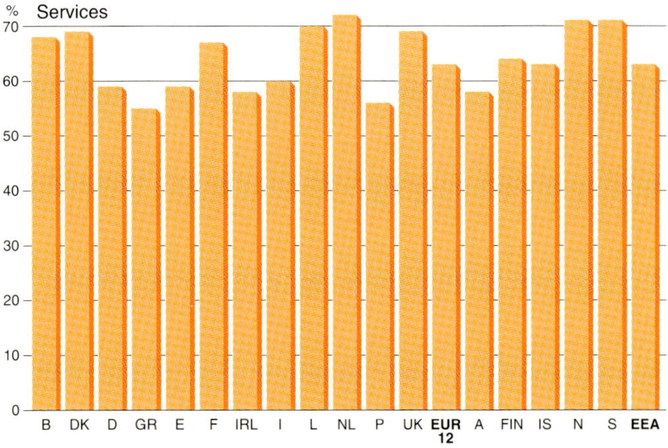

*General statistics*

## 1.5. Evolution of unemployment levels

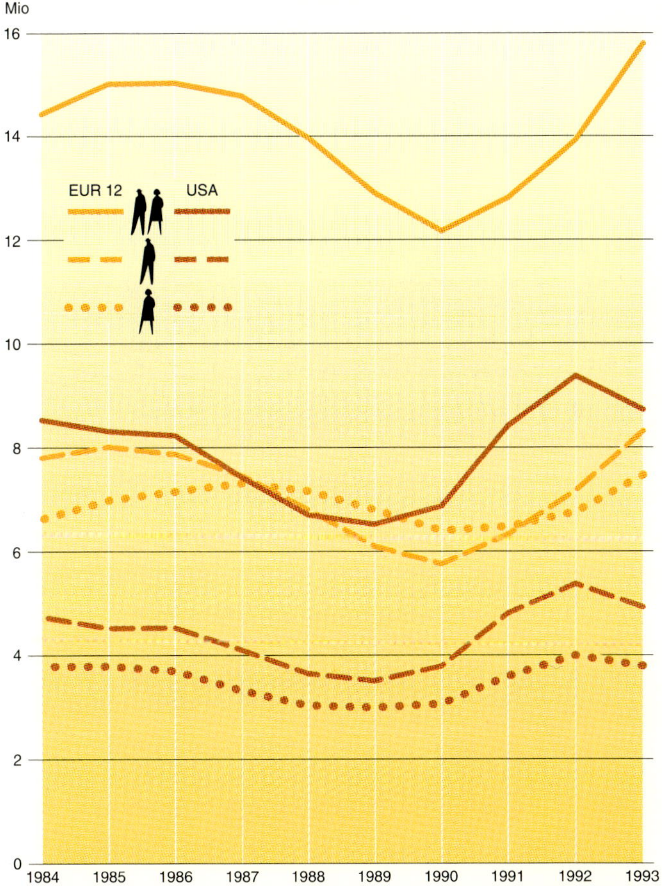

*General statistics*

## 1.6. Average gross hourly earnings of manual workers expressed in ECU

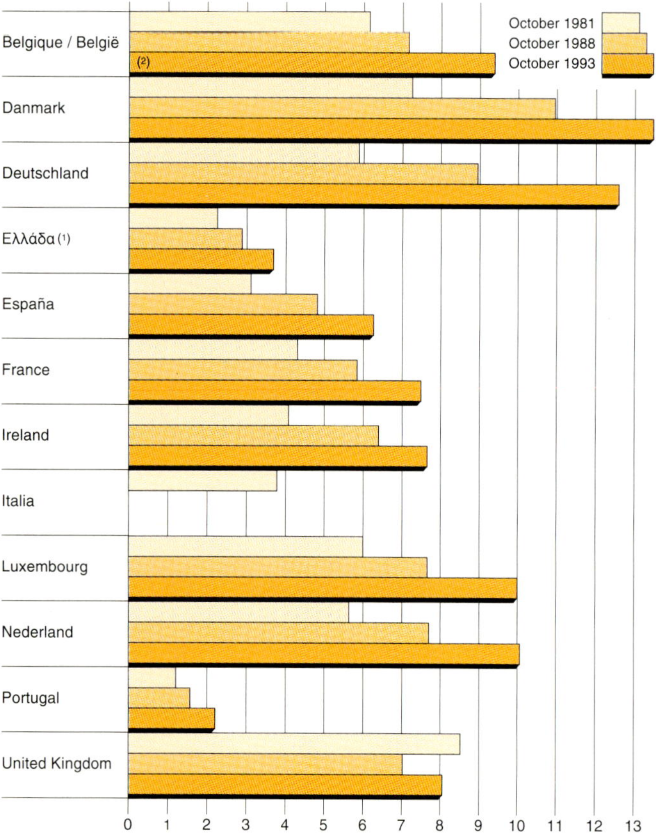

- October 1981
- October 1988
- October 1993

Belgique / België (²)
Danmark
Deutschland
Ελλάδα (¹)
España
France
Ireland
Italia
Luxembourg
Nederland
Portugal
United Kingdom

(¹) Manufacturing industries.
(²) October 1992.

*General statistics*

## 1.7. Energy – Net imports

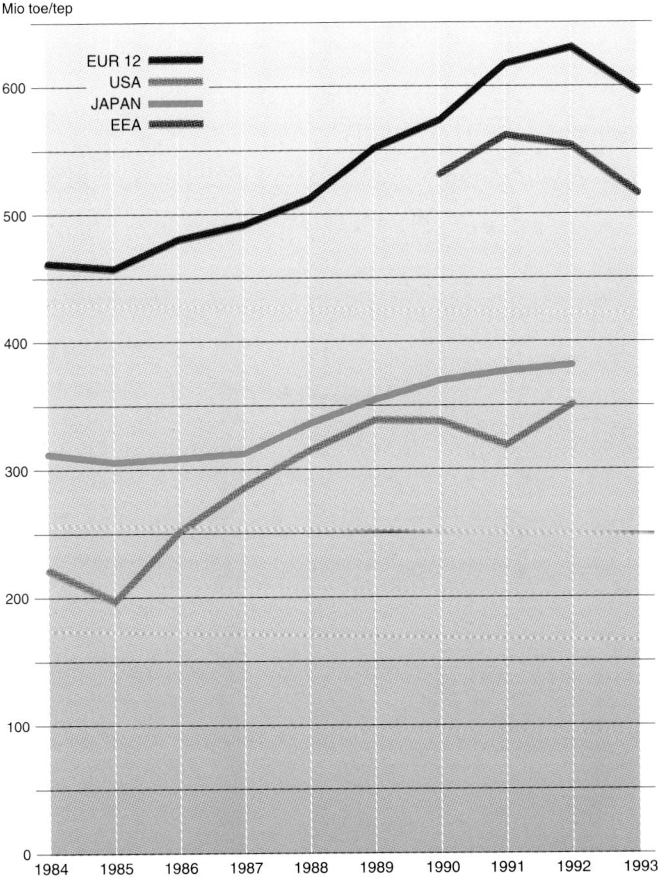

*General statistics*

## 1.8. Energy – Gross inland consumption

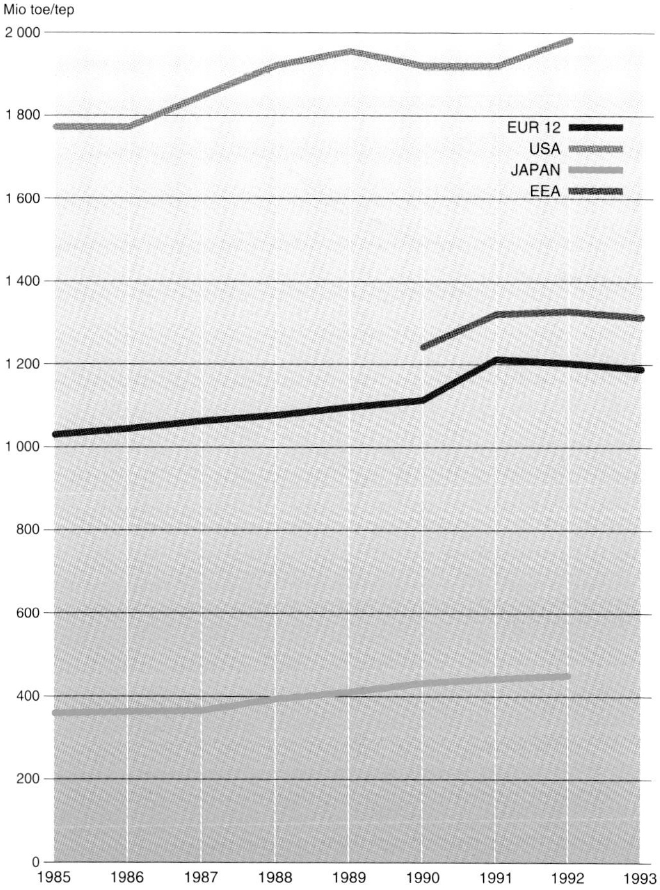

Mio toe/tep

EUR 12
USA
JAPAN
EEA

*General statistics*

## 1.9. Crude-steel production

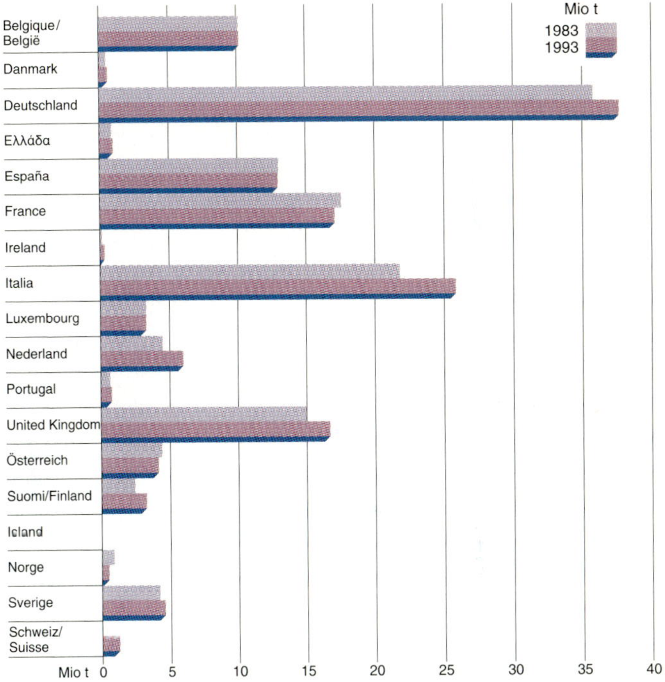

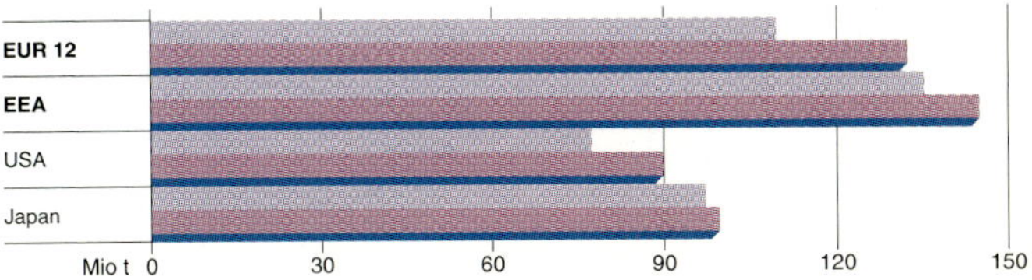

Mio t
1983
1993

*General statistics*

## 1.10. Crop production

1991/93

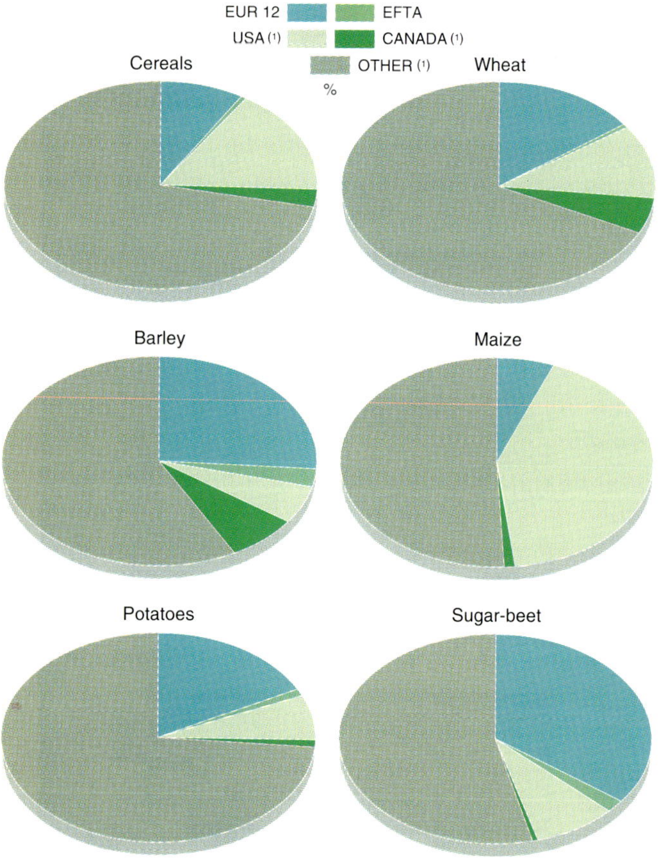

EUR 12
EFTA
USA (¹)
CANADA (¹)
OTHER (¹)

%

Cereals

Wheat

Barley

Maize

Potatoes

Sugar-beet

(¹) Source: FAO.

*General statistics*

## 1.11. Consumption of cereals

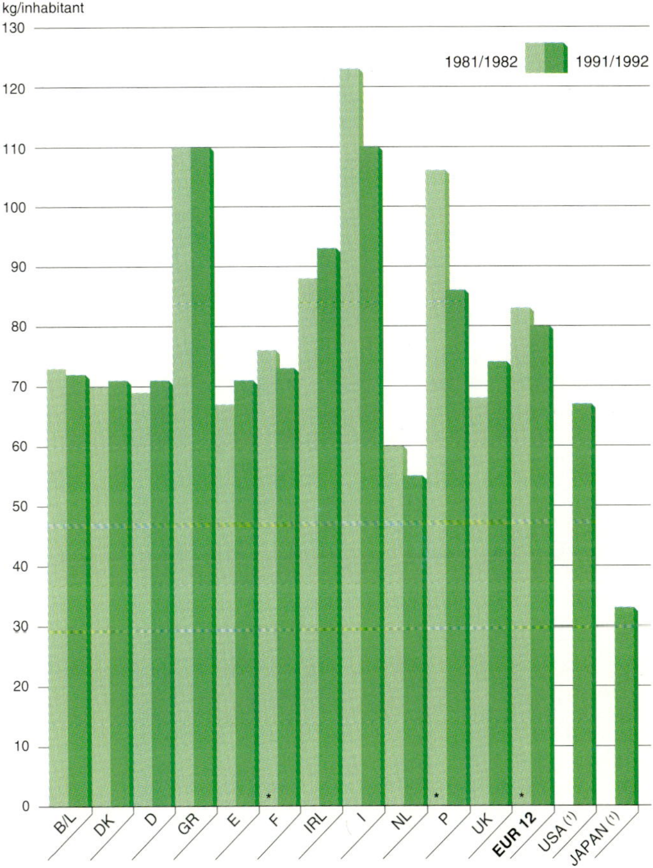

kg/inhabitant

Legend: 1981/1982 1991/1992

Categories: B/L, DK, D, GR, E, F, IRL, I, NL, P, UK, **EUR 12**, USA(¹), JAPAN(¹)

(¹) *Source:* OECD.

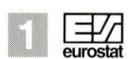

## 1.12. Animal production – 1992
## (1 000 t carcass weight)

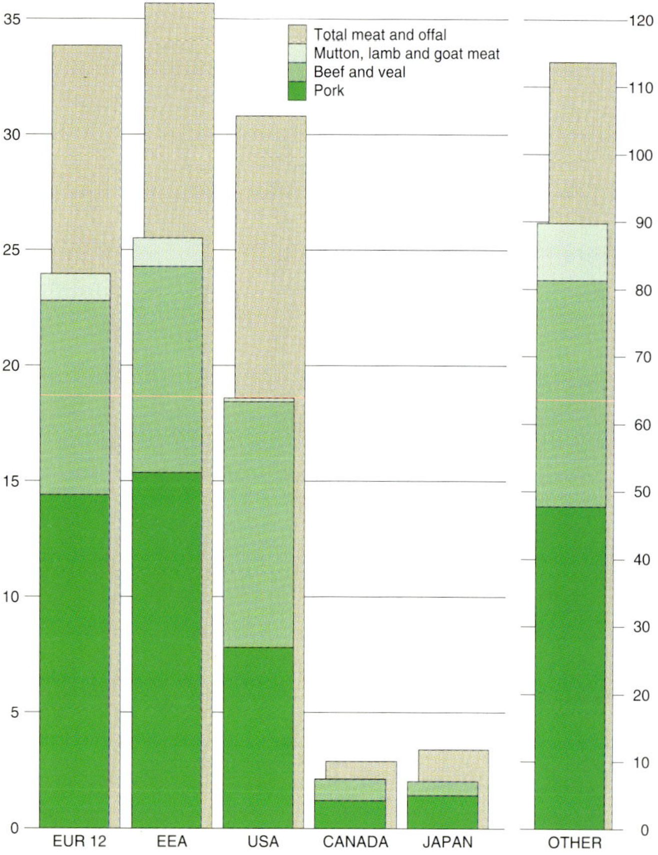
Total meat and offal
Mutton, lamb and goat meat
Beef and veal
Pork
35
30
25
20
15
10
5
0
120
110
100
90
80
70
60
50
40
30
20
10
0
EUR 12
EEA
USA
CANADA
JAPAN
OTHER

*General statistics*

## 1.13. Consumption of beef and veal

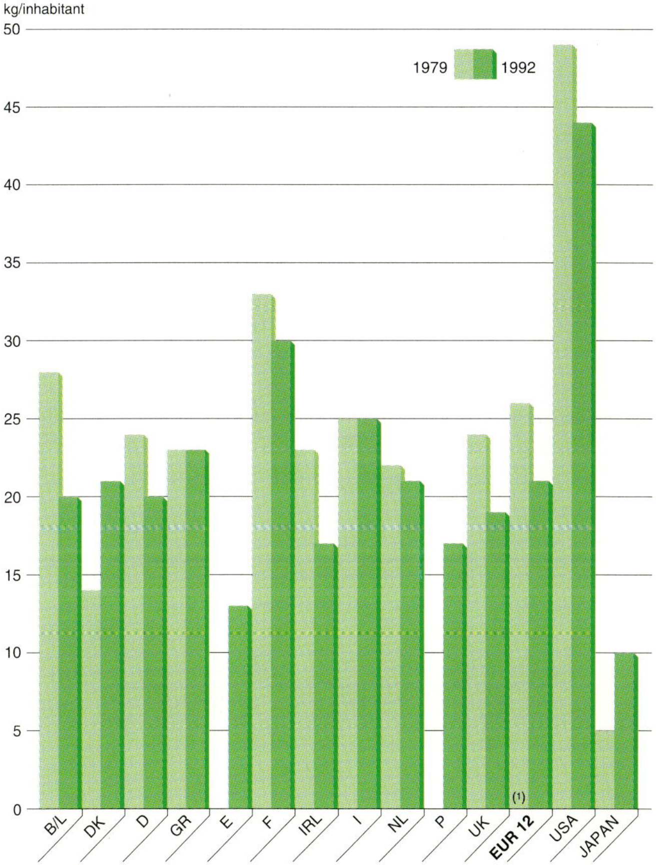

(¹) Excluding Spain and Portugal.

*General statistics*

## 1.14. EU index of producer prices of agricultural products 1993

## EU indices of purchase prices of the means of agricultural production 1993

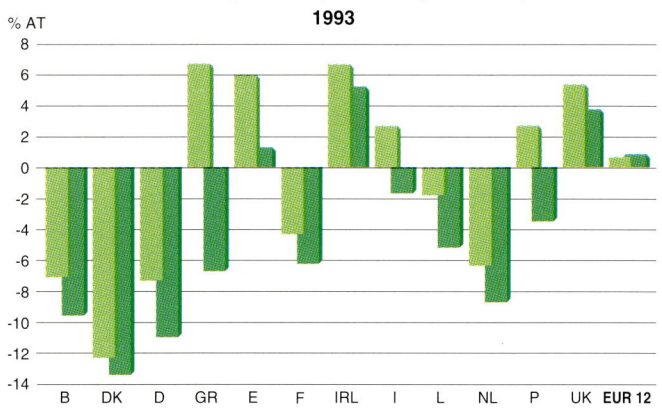

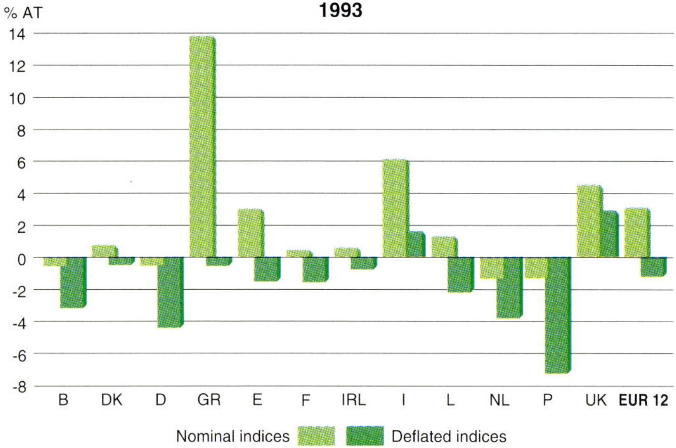

Nominal indices    Deflated indices

*General statistics*

## 1.15. EU index of producer prices of agricultural products
### EUR 12

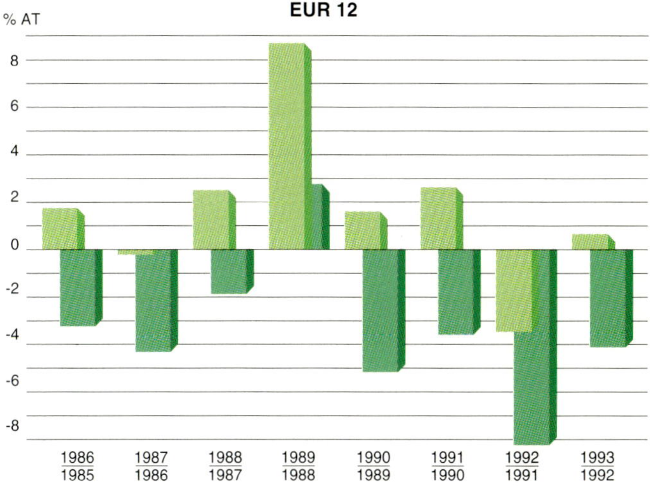

## EU indices of purchase prices of the means of agricultural production
### EUR 12

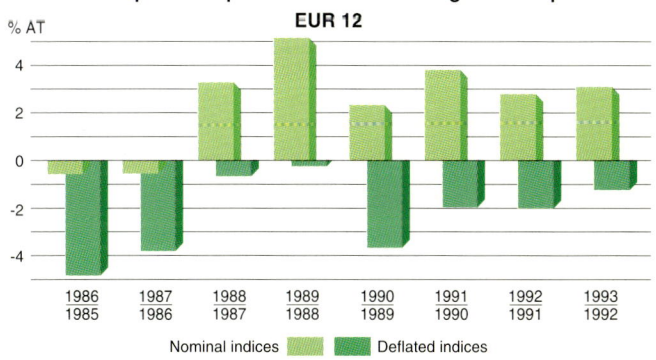

*General statistics*

## 1.16. Trade with EU as a % of total trade – 1993

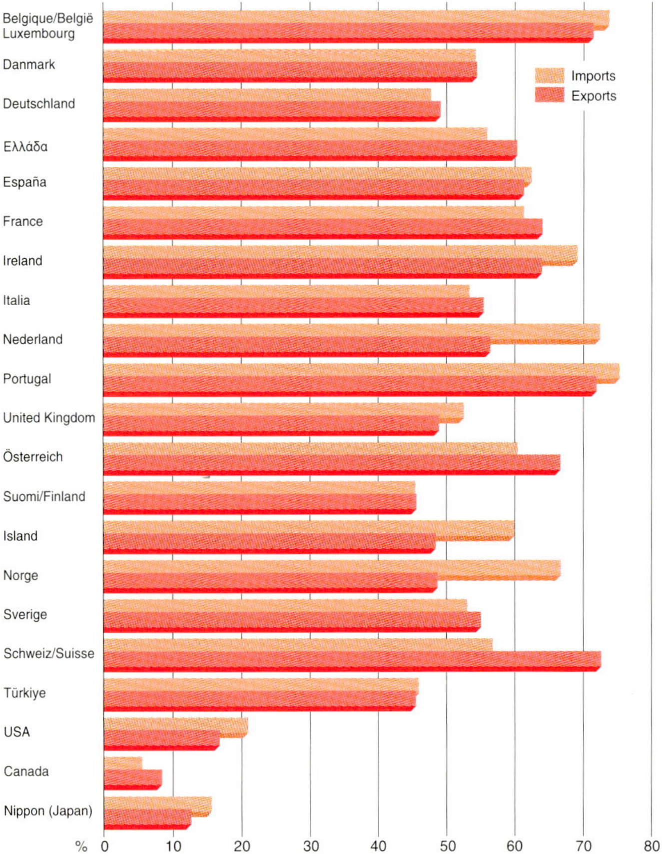

Imports
Exports

- Belgique/België Luxembourg
- Danmark
- Deutschland
- Ελλάδα
- España
- France
- Ireland
- Italia
- Nederland
- Portugal
- United Kingdom
- Österreich
- Suomi/Finland
- Island
- Norge
- Sverige
- Schweiz/Suisse
- Türkiye
- USA
- Canada
- Nippon (Japan)

34

*General statistics*

## 1.17. External trade of the EU

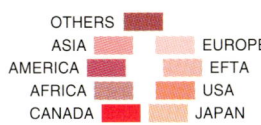

IMPORTS

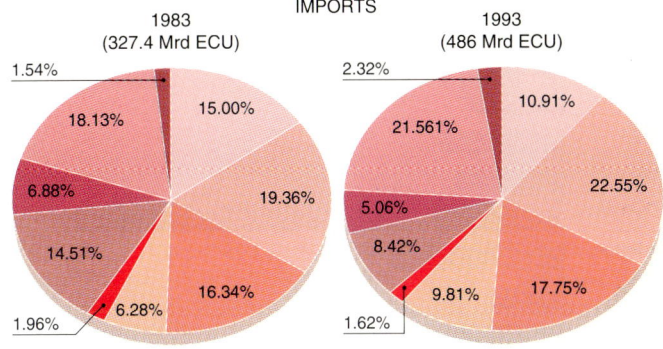

EXPORTS

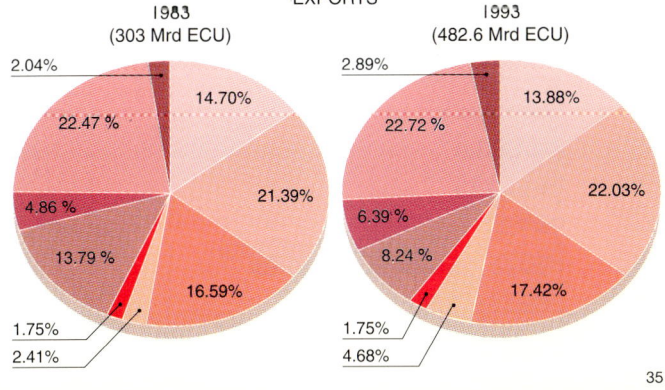

*General statistics*

## 1.18. Carbon dioxide emissions from fossil fuels – in t of $CO_2$ per capita

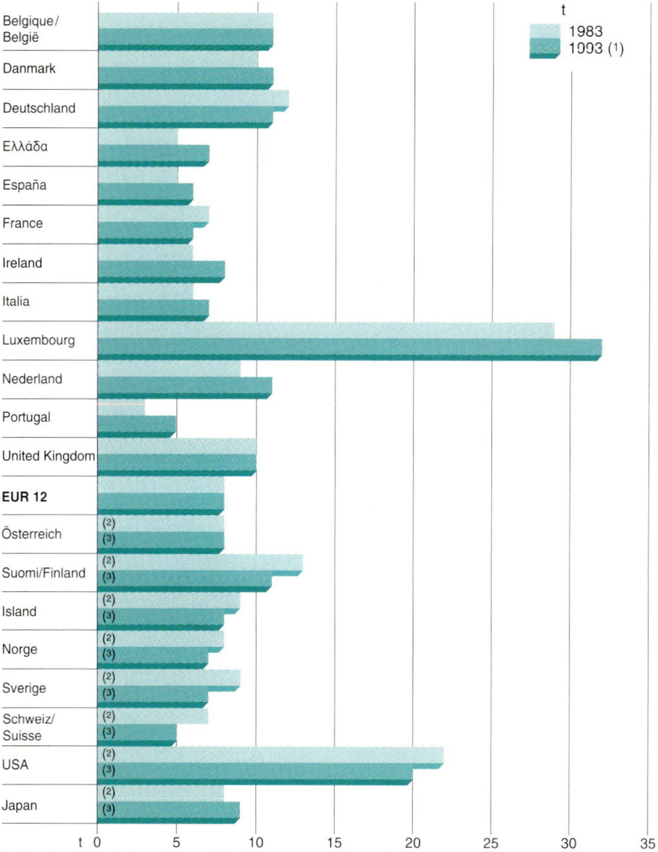

t
1983
1993 (1)

- Belgique/België
- Danmark
- Deutschland
- Ελλάδα
- España
- France
- Ireland
- Italia
- Luxembourg
- Nederland
- Portugal
- United Kingdom
- **EUR 12**
- Österreich (2)(3)
- Suomi/Finland (2)(3)
- Island (2)(3)
- Norge (2)(3)
- Sverige (2)(3)
- Schweiz/Suisse (2)(3)
- USA (2)(3)
- Japan (2)(3)

(1) Eurostat estimates based on provisional data on energy supply for 1993.
(2) 1980.   (3) 1992.

*General statistics*

## 1.19. Quantity of municipal waste – kg per head of population

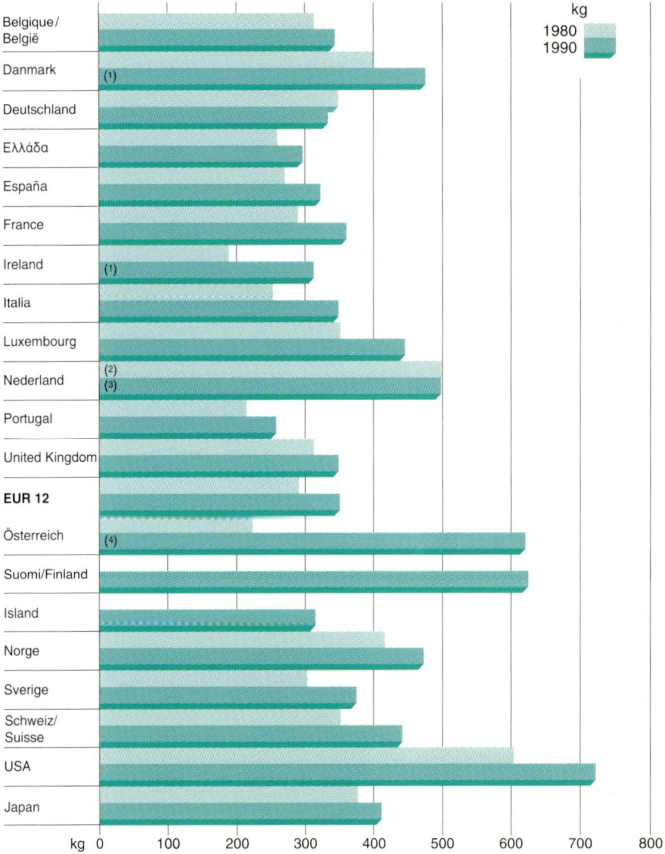

| Country | 1980 | 1990 |
|---|---|---|
| Belgique/België | | |
| Danmark (¹) | | |
| Deutschland | | |
| Ελλάδα | | |
| España | | |
| France | | |
| Ireland (¹) | | |
| Italia | | |
| Luxembourg | | |
| Nederland (²)(³) | | |
| Portugal | | |
| United Kingdom | | |
| **EUR 12** | | |
| Österreich (⁴) | | |
| Suomi/Finland | | |
| Island | | |
| Norge | | |
| Sverige | | |
| Schweiz/Suisse | | |
| USA | | |
| Japan | | |

(¹) 1985.
(²) 1981.
(³) 1989.   (⁴) New method for calculating data.

# Economy and finance

*National accounts*

## 2.1. Gross domestic product at market prices
### (at current prices and current exchange rates) (¹)

(Mrd ECU)

|  | Country | 1989 | 1990 | 1991 | 1992 | 1993 |
|---|---|---|---|---|---|---|
|  | **EUR 12** | **4 440,4** | **4 780,5 \*(²)** | **5 216,9 \*** | **5 463,5 \*** | **5 520,2** |
| 1 | Belgique/België | 139,1 | 151,4 | 159,7 | 170,7 | 180,0 |
| 2 | Danmark | 95,3 | 101,7 | 104,6 | 109,3 | 115,5 |
| 3 | Deutschland | 1 074,5 | 1 182,2 (²) | 1 391,5 | 1 522,3 | 1 631,4 |
| 4 | Ελλάδα | 60,5 | 64,4 | 70,4 | 73,8 | 76,7 |
| 5 | España | 345,4 | 387,8 | 427,3 | 445,3 | 408,4 |
| 6 | France | 877,0 | 941,5 | 970,0 | 1 021,9 | 1 068,6 |
| 7 | Ireland | 32,7 | 35,3 | 36,7 | 39,4 | 40,4 |
| 8 | Italia | 790,1 | 862,1 | 932,3 | 943,0 | 847,3 |
| 9 | Luxembourg | 7,5 | 8,3 | 8,9 | 9,8 | 10,7 |
| 10 | Nederland | 207,5 | 223,3 | 234,6 | 247,5 | 264,0 |
| 11 | Portugal | 46,9 | 52,9 \* | 62,6 \* | 73,4 \* | 72,3 |
| 12 | United Kingdom | 763,8 | 769,6 | 818,2 | 807,0 | 804,8 |
| 13 | Österreich | 114,8 | 124,7 | 133,6 | 143,9 | 155,5 |
| 14 | Suomi/Finland | 103,1 | 106,2 | 98,1 | 82,1 | 71,5 |
| 15 | Island | 4,9 | 4,9 | 5,4 | 5,3 | 5,2 |
| 16 | Norge | 81,7 | 83,1 | 85,7 | 87,4 | 88,3 |
| 17 | Sverige | 173,6 | 180,8 | 193,5 | 191,4 | 158,1 |
|  | **EEA** | **4 918,6** | **5 280,2 \*(²)** | **5 632,8 \*** | **5 843,7 \*** | **5 840,9** |
| 18 | Schweiz/Suisse | 161,3 | 178,2 | 186,8 | 186,8 | 201,2 |
| 19 | Türkiye | 71,6 | 85,4 | 87,2 | 86,8 | : |
| 20 | USA | 4 723,8 | 4 311,6 | 4 564,7 | 4 573,9 | 5 345,8 |
| 21 | Canada | 494,6 \* | 447,4 \* | 471,0 \* | 434,5 \* | : |
| 22 | Nippon (Japan) | 2 607,6 | 2 311,3 | 2 710,6 | 2 824,7 \* | 3 600,6 |

(¹) For exchange rates used see Table 2.29. It must be emphasized that these exchange rates do not reflect the relationships between the domestic purchasing powers of the currencies.

(²) Break in series owing to the reunification of 3.10.1990.

*National accounts*

## 2.2. Gross domestic product at market prices per head
### (at current prices and purchasing power parities) (¹)

*(PPS)(¹)*

| | Country | 1989 | 1990 | 1991 | 1992 | 1993 |
|---|---|---|---|---|---|---|
| | **EUR 12** | **13 641** | **14 592 (²)** | **15 108** | **15 753** | **15 835** |
| 1 | Belgique/België | 14 092 | 15 188 | 16 205 | 17 299 | 17 946 |
| 2 | Danmark | 14 431 | 15 302 | 16 465 | 16 698 | 17 815 |
| 3 | Deutschland | 15 720 | 17 046 (²) | 16 071 | 17 080 | 17 147 |
| 4 | Ελλάδα | 8 204 | 8 433 | 9 043 | 9 613 | 9 998 |
| 5 | España | 10 098 | 10 936 | 11 993 | 12 161 | 12 330 |
| 6 | France | 15 191 | 16 204 | 17 238 | 17 676 | 17 434 |
| 7 | Ireland | 9 145 | 10 401 | 11 292 | 12 246 | 12 826 |
| 8 | Italia | 13 967 | 14 902 | 15 916 | 16 469 | 16 228 |
| 9 | Luxembourg | 19 973 | 21 624 | 23 250 | 24 583 | 25 422 |
| 10 | Nederland | 13 717 | 14 824 | 15 511 | 16 057 | 16 308 |
| 11 | Portugal | 8 233 | 8 683 | 9 705 | 10 406 | 10 935 |
| 12 | United Kingdom | 13 908 | 14 565 | 14 739 | 15 448 | 15 717 |
| 13 | Österreich | 15 382 | 16 647 | 17 381 | 17 102 * | 17 718 |
| 14 | Suomi/Finland | 15 597 | 16 203 | 15 540 | 13 754 * | 14 387 |
| 15 | Island | 16 195 | 17 288 | 18 025 | 17 783 * | 17 542 |
| 16 | Norge | 15 171 | 16 008 | 16 801 | 17 789 * | 18 034 |
| 17 | Sverige | 16 252 | 17 011 | 16 881 | 15 696 * | 15 590 * |
| | **EEA** | **13 790** | **14 737 (²)** | **15 645** | **16 144 *** | **16 193 *** |
| 18 | Schweiz/Suisse | 15 755 | 16 675 * | 17 299 | 16 722 * | 17 314 |
| 19 | Türkiye | 3 022 | 3 363 | 3 487 | 3 727 * | : |
| 20 | USA | 19 300 | 20 336 | 20 920 | 22 133 | 22 542 |
| 21 | Canada | 18 616 | 19 207 | 19 349 | 19 705 * | : |
| 22 | Nippon (Japan) | 14 767 | 16 286 | 17 765 | 18 752 | 19 011 |

(¹) See explanation on page 4.
(²) Break in series owing to the reunification of 3.10.1990.

National accounts

## 2.3. Volume indices of gross domestic product at market prices

*(1985 = 100)*

| | Country | 1989 | 1990 | 1991 | 1992 | 1993 |
|---|---|---|---|---|---|---|
| | **EUR 12** | **113,3 *** | **115,8 *(¹)** | **121,6** | **123,0** | **122,6** |
| 1 | Belgique/België | 112,2 | 115,9 | 118,5 | 120,7 | 118,6 |
| 2 | Danmark | 105,8 | 107,3 | 108,3 | 109,7 | 110,9 |
| 3 | Deutschland | 109,0 | 111,7 *(¹) | 133,5 | 126,1 * | 135,0 |
| 4 | Ελλάδα | 109,9 * | 108,8 * | 112,3 * | 113,3 * | 112,7 |
| 5 | España | 120,1 * | 124,6 * | 127,4 * | 128,2 * | 126,8 |
| 6 | France | 113,2 | 115,9 | 116,6 | 118,0 | 116,8 |
| 7 | Ireland | 121,6 | 132,1 | 135,9 | 142,4 | 148,4 |
| 8 | Italia | 113,7 | 116,1 | 117,5 | 118,5 | 117,6 |
| 9 | Luxembourg | 128,6 | 135,4 | 140,6 | 131,7 | 153,7 |
| 10 | Nederland | 111,7 * | 116,3 * | 118,9 * | 120,2 * | 120,8 |
| 11 | Portugal | 123,9 | 129,2 | 131,8 | 132,2 | 133,9 |
| 12 | United Kingdom | 117,3 * | 117,8 * | 115,5 * | 114,9 * | 117,2 |
| 13 | Österreich | 111,1 | 115,9 | 119,3 | 121,5 | 121,4 |
| 14 | Suomi/Finland | 118,1 | 118,1 | 109,8 | 105,8 | 103,7 |
| 15 | Island | 115,6 | 116,8 | 118,4 | 113,1 * | 115,5 |
| 16 | Norge | 106,3 | 108,1 | 109,8 | 113,4 | 116,2 |
| 17 | Sverige | 110,5 | 112,0 | 110,7 | 108,6 | 106,3 |
| | **EEA** | **113,1 *** | **115,6 *(¹)** | **120,6 *** | **122,1 *** | **121,4** |
| 18 | Schweiz/Suisse | 112,2 | 114,7 | 114,7 | 114,6 | 114,6 |
| 19 | Türkiye | 119,9 | 131,1 | 132,3 | 144,1 | 150,7 |
| 20 | USA | 113,1 * | 114,5 * | 114,0 * | 116,8 * | 120,8 |
| 21 | Canada | 115,6 | 115,2 | 113,1 | 113,8 | 116,4 |
| 22 | Nippon (Japan) | 118,8 | 124,5 | 129,9 | 131,3 * | 131,4 |

(¹) Break in series owing to the reunification of 3.10.1990.

*National accounts*

## 2.4. Annual rates of growth of gross domestic product at market prices (at constant prices) — 1988-93 (¹)

(%)

| | Country | Total | Per head of total population | Per head of occupied population |
|---|---|---|---|---|
| | **EUR 12** | **2,0** | **0,7** | **1,0** |
| 1 | Belgique/België | 1,8 | 1,5 | 1,5 |
| 2 | Danmark | 1,1 | 0,8 | 1,8 |
| 3 | Deutschland | 4,6 | -1,0 | -0,6 |
| 4 | Ελλάδα | 1,3 | 0,7 | 1,1 |
| 5 | España | 2,0 | 1,9 | 1,6 |
| 6 | France | 1,4 | 0,9 | 1,3 |
| 7 | Ireland | 5,5 | 5,4 | 4,7 |
| 8 | Italia | 1,3 | 1,0 | 1,7 |
| 9 | Luxembourg | 5,4 | 4,1 | 2,2 |
| 10 | Nederland | 2,5 | 1,8 | 1,2 |
| 11 | Portugal | 2,7 | 2,9 | 2,4 |
| 12 | United Kingdom | 0,4 | 0,1 | 1,0 |
| 13 | Österreich | 2,6 | 1,6 | 1,5 |
| 14 | Suomi/Finland | -1,5 | -2,0 | 2,3 |
| 15 | Island (¹) | 0,0 | -0,7 | : |
| 16 | Norge | 1,9 | 1,4 | 2,8 |
| 17 | Sverige | -0,3 | -0,9 | 1,6 |
| | **EEA** | **2,0** | **1,5** | **1,9** |
| 18 | Schweiz/Suisse (¹) | 1,2 | 0,5 | : |
| | **CIS (²)** | **-14,4** | **-14,7** | **-12,7** |
| | of which: | | | |
| 19 | Russia (²) | -14,6 | -14,7 | -13,0 |
| 20 | Türkiye (¹) | 4,7 | 2,7 | : |
| 21 | USA | 1,9 | 0,8 | 1,1 |
| 22 | Canada (¹) | 0,6 | -0,7 | : |
| 23 | Nippon (Japan) | 3,0 | 2,6 | 1,5 |

(¹) Estimates based partly on OECD data.
(²) Average 1990/93.

# National accounts

## 2.5. Gross value-added at market prices by branch — 1992

(%)

| | Country | Agriculture, forestry and fishing | Industry (incl. construction) | Services and general government | Gross value-added at market prices |
|---|---|---|---|---|---|
| | **EUR 12** | **2,6** | **33,1** | **64,3** | **100,0** |
| 1 | Belgique/België | 1,8 | 31,4 | 66,7 | 100,0 |
| 2 | Danmark | 3,6 | 27,2 | 69,2 | 100,0 |
| 3 | Deutschland | 1,2 | 39,4 | 59,3 | 100,0 |
| 4 | Ελλάδα | 17,0 | 27,3 | 55,6 | 100,0 |
| 5 | España | 3,8 | 34,0 | 62,2 | 100,0 |
| 6 | France | 3,1 | 30,9 | 66,0 | 100,0 |
| 7 | Ireland | 7,6 | 38,0 | 54,4 | 100,0 |
| 8 | Italia | 3,3 | 33,5 | 63,2 | 100,0 |
| 9 | Luxembourg | 1,7 | 35,8 | 62,5 | 100,0 |
| 10 | Nederland | 4,0 | 30,9 | 65,1 | 100,0 |
| 11 | Portugal | 6,3 | 39,0 | 54,7 | 100,0 |
| 12 | United Kingdom | 1,5 | 34,5 | 64,0 | 100,0 |
| 13 | Österreich ([1]) | 3,4 | 43,9 | 52,7 | 100,0 |
| 14 | Suomi/Finland ([1]) | 6,7 | 38,0 | 55,3 | 100,0 |
| 15 | Ísland ([2]) | 14,9 | 34,3 | 50,8 | 100,0 |
| 16 | Norge ([1]) | 3,8 | 44,7 | 51,5 | 100,0 |
| 17 | Sverige ([1]) | 3,1 | 40,4 | 56,5 | 100,0 |
| | **EEA** | **2,8** | **34,1** | **63,1** | **100,0** |
| 18 | Schweiz/Suisse ([3]) | 4,0 | 39,7 | 56,3 | 100,0 |
| | **CIS** of which: | : | : | : | : |
| 19 | Russia | 9,4 | 54,2 | 35,3 | 100,0 |
| 20 | Türkiye ([2]) | 17,8 | 38,1 | 44,1 | 100,0 |
| 21 | USA ([4]) | 2,3 | 32,7 | 65,0 | 100,0 |
| 22 | Canada ([5]) | 3,3 | 39,6 | 57,1 | 100,0 |
| 23 | Nippon (Japan) | 2,4 | 43,8 | 53,8 | 100,0 |

([1]) 1991.
([2]) 1990.
([3]) 1986.
([4]) 1987.
([5]) 1989.

*National accounts*

## 2.6. Cost structure of gross domestic product at market prices — 1993

(%)

| Country | Remuneration of employees | Taxes linked to production and imports minus subsidies | Consumption of fixed capital | Net operating surplus | Gross domestic product at market prices |
|---|---|---|---|---|---|
| **EUR 12** | **52,2 \*** | **11,0 \*** | **12,1 \*** | **24,7 \*** | **100,0** |
| 1 Belgique/België | 54,3 | 9,7 | 9,6 | 26,4 | 100,0 |
| 2 Danmark | 54,0 | 13,6 | 9,4 | 23,0 | 100,0 |
| 3 Deutschland | 56,3 | 10,9 | 13,5 | 19,3 | 100,0 |
| 4 Ελλάδα | 31,3 | 10,3 | 7,2 | 51,2 | 100,0 |
| 5 España | 46,3 | 7,4 | 11,4 | 34,9 | 100,0 |
| 6 France | 52,7 | 12,2 | 13,3 | 21,8 | 100,0 |
| 7 Ireland | 49,8 | 9,9 | 9,4 | 30,8 | 99,9 |
| 8 Italia | 44,0 | 10,0 | 12,3 | 33,7 | 100,0 |
| 9 Luxembourg | 56,0 | 14,0 | 8,9 | 21,1 | 100,0 |
| 10 Nederland | 53,6 | 10,1 \* | 11,6 | 24,7 \* | 100,0 |
| 11 Portugal | 46,1 | 11,6 | 4,0 \* | 38,3 \* | 100,0 |
| 12 United Kingdom | 56,3 | 13,0 | 10,4 | 20,3 | 100,0 |
| 13 Österreich | 53,6 | 13,0 | 12,8 | 20,6 | 100,0 |
| 14 Suomi/Finland | 54,8 | 11,5 | 17,5 | 16,2 | 100,0 |
| 15 Ísland | 53,4 | 17,8 | 14,2 | 14,7 | 100,1 |
| 16 Norge | 50,9 | 10,8 | 14,9 | 23,4 | 100,0 |
| 17 Sverige | 59,5 | 10,0 | 14,1 | 16,4 | 100,0 |
| **EEA** | **51,8** | **11,3 \*** | **12,2 \*** | **24,7 \*** | **100,0** |
| 18 Schweiz/Suisse | 64,1 | 4,5 \* | 10,6 | 20,9 | 100,0 |
| **CIS** of which: | : | : | : | : | : |
| 19 Russia | 42,9 | 10,0 | : | 47,1 (¹) | 100,0 |
| 20 Türkiye | 49,0 \* | 10,2 | 5,5 | 35,3 \* | 100,0 |
| 21 USA | 60,7 | 7,8 | 12,2 | 19,3 | 100,0 |
| 22 Canada | 57,0 | 12,7 | 12,3 | 18,0 | 100,0 |
| 23 Nippon (Japan) | 57,1 | 7,1 | 15,7 | 20,1 | 100,0 |

(¹) Gross operating surplus.

# National accounts

## 2.7. Use of gross domestic product at market prices — 1993

(%)

| | Country | National private consumption | Collective consumption of general government | Gross fixed capital formation | Change in stocks | Balance of exports and imports of goods and services | Gross domestic product at market prices |
|---|---|---|---|---|---|---|---|
| | **EUR 12** | **63,1** | **17,1** | **19,1** | **-0,4** | **1,0** | **99,9** |
| 1 | Belgique/België | 62,0 | 15,3 | 17,8 | -0,2 | 5,1 | 100,0 |
| 2 | Danmark | 52,6 | 25,9 | 14,8 | -1,1 | 7,8 | 100,0 |
| 3 | Deutschland | 64,8 | 12,9 | 22,2 | -0,2 | 0,3 | 100,0 |
| 4 | Ελλάδα | 76,7 | 15,4 | 20,9 | -0,3 | -12,6 | 100,1 |
| 5 | España | 63,3 | 17,5 | 19,8 | 0,1 | -0,7 | 100,0 |
| 6 | France | 61,5 | 19,5 | 19,1 | -1,4 | 1,4 | 100,1 |
| 7 | Ireland | 56,0 | 16,0 | 14,9 | -0,6 | 13,7 | 100,0 |
| 8 | Italia | 61,9 | 17,7 | 17,1 | -0,2 | 3,5 | 100,0 |
| 9 | Luxembourg | 54,7 | 12,7 | 24,4 | 2,1 | 6,1 | 100,0 |
| 10 | Nederland | 60,9 | 14,6 | 19,7 | -0,2 | 5,0 | 100,0 |
| 11 | Portugal | 67,6 | 17,7 | 25,8 | 0,7 | -11,8 | 100,0 |
| 12 | United Kingdom | 64,2 | 22,0 | 15,1 | 0,0 | -1,3 | 100,0 |
| 13 | Österreich | 55,2 | 19,2 | 24,1 | 0,4 | 1,1 | 100,0 |
| 14 | Suomi/Finland | 56,8 | 23,4 | 14,9 | -0,6 | 5,5 | 100,0 |
| 15 | Island | 60,6 | 20,5 | 15,8 | 0,1 | 3,0 | 100,0 |
| 16 | Norge | 51,5 | 22,1 | 22,0 | -2,3 | 6,8 | 100,1 |
| 17 | Sverige | 54,9 | 28,0 | 14,3 | -0,8 | 3,6 | 100,0 |
| | **EEA** | **63,0** | **17,7** | **18,7** | **-0,4 \*** | **1,1 \*** | **100,1** |
| 18 | Schweiz/Suisse | 62,2 | 15,0 | 23,6 | -0,9 | 0,1 | 100,0 |
| | **CIS** | : | : | : | : | : | : |
| | of which: | | | | | | |
| 19 | Russia | 54,2 | 5,9 | 21,3 | 5,4 | 13,2 | 100,0 |
| 20 | Türkiye | 66,6 | 13,1 | 25,0 | 1,1 | -5,8 \* | 100,0 |
| 21 | USA | 67,6 | 17,1 | 16,2 | 0,3 | 1,2 | 100,0 |
| 22 | Canada | 60,9 | 21,6 | 17,9 | 0,2 | -0,6 | 100,0 |
| 23 | Nippon (Japan) | 57,8 | 9,6 | 30,1 | 0,2 | 2,3 | 100,0 |

47

## 2.8. Final consumption of households per inhabitant by purpose — 1992

(ECU)

| Country | Food, beverages, tobacco | Clothing and footwear | Gross rent, fuel and power | Furniture, furnishings and household equipment and operation | Medical care and health expenses |
|---|---|---|---|---|---|
| **EUR 12** | **1 895** | **730** | **1 765** | **787** | **887** |
| 1 Belgique/België | 1 899 | 817 | 1 791 | 1 126 | 1 244 |
| 2 Danmark | 2 302 | 578 | 3 060 | 678 | 249 |
| 3 Deutschland | 1 551 | 705 | 1 893 | 838 | 1 519 |
| 4 Ελλάδα | 1 596 | 349 | 549 | 331 | 169 |
| 5 España | 1 526 | 647 | 940 | 490 | 326 |
| 6 France | 2 032 | 668 | 2 187 | 836 | 1 073 |
| 7 Ireland | 2 276 | 450 | 804 | 458 | 262 |
| 8 Italia | 2 048 | 1 018 | 1 623 | 974 | 707 |
| 9 Luxembourg | 2 186 | 690 | 2 383 | 1 295 | 1 105 |
| 10 Nederland | 1 449 | 652 | 1 797 | 675 | 1 268 |
| 11 Portugal ([1]) | 1 454 | 409 | 305 | 371 | 202 |
| 12 United Kingdom | 1 875 | 498 | 1 688 | 569 | 139 |
| 13 Österreich ([2]) | 1 728 | 807 | 1 570 | 667 | 465 |
| 14 Suomi/Finland ([2]) | 1 858 | 420 | 1 616 | 517 | 372 |
| 15 Ísland ([2]) | 2 512 | 808 | 1 527 | 857 | 177 |
| 16 Norge ([2]) | 2 063 | 551 | 1 575 | 543 | 425 |
| 17 Sverige ([2]) | 1 748 | 558 | 2 431 | 508 | 225 |
| **EEA ([2])** | **1 953** | **711** | **1 629** | **709** | **695** |
| 18 Schweiz/Suisse ([2]) | 3 106 | 493 | 2 293 | 562 | 1 204 |
| 19 Türkiye | : | : | : | : | : |
| 20 USA ([3]) | 1 618 | 815 | 2 382 | 690 | 1 894 |
| 21 Canada ([2]) | 1 734 | 575 | 2 564 | 936 | 458 |
| 22 Nippon (Japan) ([2]) | 2 066 | 595 | 1 853 | 651 | 1 043 |

([1]) 1986.
([2]) 1991.
([3]) 1989.

*National accounts*

## 2.8. Final consumption of households per inhabitant by purpose — 1992

*(ECU)*

| Transport and communications | Recreation, entertainment, education and cultural services | Miscellaneous goods and services | Total | Total (PPS) | Country | |
|---|---|---|---|---|---|---|
| 1 508 | 861 | 1 524 | 9 923 | : | **EUR 12** | |
| 1 400 | 665 | 1 720 | 10 545 | : | Belgique/België | 1 |
| 1 662 | 1 101 | 1 233 | 10 863 | : | Danmark | 2 |
| 1 645 | 906 | 984 | 10 078 | : | Deutschland | 3 |
| 651 | 243 | 459 | 4 347 | : | Ελλάδα | 4 |
| 1 166 | 496 | 1 911 | 7 500 | : | España | 5 |
| 1 755 | 825 | 1 538 | 10 914 | : | France | 6 |
| 832 | 790 | 630 | 6 540 | : | Ireland | 7 |
| 1 261 | 907 | 1 757 | 10 297 | : | Italia | 8 |
| 2 395 | 493 | 1 712 | 12 027 | : | Luxembourg | 9 |
| 1 303 | 986 | 1 584 | 9 714 | : | Nederland | 10 |
| 589 | 308 | 685 | 4 323 | : | Portugal (¹) | 11 |
| 1 461 | 883 | 1585 | 8 697 | : | United Kingdom | 12 |
| 1 482 | 640 | 1 412 | 8 771 | 8 333 | Österreich (²) | 13 |
| 1 349 | 889 | 1 067 | 8 080 | 5 997 | Suomi/Finland (²) | 14 |
| 1 586 | 1 162 | 1 222 | 9 851 | 7 910 | Ísland (²) | 15 |
| 1 008 | 740 | 977 | 7 875 | 6 153 | Norge (²) | 16 |
| 1 440 | 766 | 641 | 8 326 | 5 847 | Sverige (²) | 17 |
| **1 322** | **752** | **1 213** | **8 989** | : | **EEA (²)** | |
| 1 341 | 1 181 | 1 272 | 11 463 | 8 501 | Schweiz/Suisse (²) | 18 |
| : | : | : | 1 832 | : | Türkiye | 19 |
| 1 790 | 1 242 | 1 933 | 12 304 | : | USA (³) | 20 |
| 1 564 | 1 181 | 1 639 | 10 641 | : | Canada (²) | 21 |
| 1 092 | 1 030 | 1 610 | 9 941 | : | Nippon (Japan) (²) | 22 |

(¹) 1986.
(²) 1991.
(³) 1989.

*National accounts*

## 2.8. Final consumption of households per inhabitant by purpose — 1992

(%)

| | Country | Food, beverages, tobacco | Clothing and footwear | Gross rent, fuel and power | Furniture, furnishings and household equipment and operation | Medical care and health expenses |
|---|---|---|---|---|---|---|
| | **EUR 12** | **19,1** | **7,4** | **17,8** | **7,9** | **8,9** |
| 1 | Belgique/België | 18,0 | 7,7 | 17,0 | 10,7 | 11,8 |
| 2 | Danmark | 21,2 | 5,3 | 28,2 | 6,2 | 2,3 |
| 3 | Deutschland | 15,4 | 7,0 | 18,8 | 8,3 | 15,1 |
| 4 | Ελλάδα | 36,7 | 8,0 | 12,6 | 7,6 | 3,9 |
| 5 | España | 20,3 | 8,6 | 12,5 | 6,5 | 4,3 |
| 6 | France | 18,6 | 6,1 | 20,0 | 7,7 | 9,8 |
| 7 | Ireland | 34,8 | 6,9 | 12,3 | 7,0 | 4,0 |
| 8 | Italia | 19,9 | 9,9 | 15,8 | 9,5 | 6,9 |
| 9 | Luxembourg | 18,2 | 5,7 | 19,8 | 10,8 | 9,2 |
| 10 | Nederland | 14,9 | 6,7 | 18,5 | 7,0 | 13,1 |
| 11 | Portugal ([1]) | 33,6 | 9,5 | 7,0 | 8,6 | 4,7 |
| 12 | United Kingdom | 21,6 | 5,7 | 19,4 | 6,5 | 1,6 |
| 13 | Österreich ([2]) | 19,7 | 9,2 | 17,9 | 7,6 | 5,3 |
| 14 | Suomi/Finland ([2]) | 23,0 | 5,2 | 20,0 | 6,4 | 4,6 |
| 15 | Ísland ([2]) | 25,5 | 8,2 | 15,5 | 8,7 | 1,8 |
| 16 | Norge ([2]) | 26,2 | 7,0 | 20,0 | 6,9 | 5,4 |
| 17 | Sverige ([2]) | 21,0 | 6,7 | 29,2 | 6,1 | 2,7 |
| | **EEA ([2])** | **21,8** | **7,9** | **18,2** | **7,8** | **7,7** |
| 18 | Schweiz/Suisse ([2]) | 27,1 | 4,3 | 20,0 | 4,9 | 10,5 |
| 19 | Türkiye | : | : | : | : | : |
| 20 | USA ([3]) | 13,1 | 6,6 | 19,3 | 5,6 | 15,3 |
| 21 | Canada ([2]) | 16,3 | 5,4 | 24,1 | 8,8 | 4,3 |
| 22 | Nippon (Japan) ([2]) | 20,8 | 6,0 | 18,6 | 6,6 | 10,5 |

([1]) 1986.
([2]) 1991.
([3]) 1989.

National accounts

## 2.8. Final consumption of households per inhabitant by purpose — 1992

(%)

| Transport and communi- cations | Recreation, entertainment, education and cultural services | Miscel- laneous goods and services | Total | Country | |
|---|---|---|---|---|---|
| **15,2** | **8,7** | **15,4** | **100,0** | **EUR 12** | |
| 13,3 | 6,3 | 16,3 | 100,0 | Belgique/België | 1 |
| 15,3 | 10,1 | 11,4 | 100,0 | Danmark | 2 |
| 16,3 | 9,0 | 9,8 | 100,0 | Deutschland | 3 |
| 15,0 | 5,6 | 10,6 | 100,0 | Ελλάδα | 4 |
| 15,5 | 6,6 | 25,5 | 100,0 | España | 5 |
| 16,1 | 7,6 | 14,1 | 100,0 | France | 6 |
| 12,7 | 12,1 | 9,6 | 100,0 | Ireland | 7 |
| 12,3 | 8,8 | 17,7 | 100,0 | Italia | 8 |
| 19,9 | 4,1 | 14,2 | 100,0 | Luxembourg | 9 |
| 13,4 | 10,1 | 16,3 | 100,0 | Nederland | 10 |
| 13,6 | 7,1 | 15,8 | 100,0 | Portugal (¹) | 11 |
| 16,8 | 10,2 | 18,2 | 100,0 | United Kingdom | 12 |
| 16,9 | 7,3 | 16,1 | 100,0 | Österreich (²) | 13 |
| 16,7 | 11,0 | 13,2 | 100,0 | Suomi/Finland (²) | 14 |
| 16,1 | 11,8 | 12,4 | 100,0 | Ísland (²) | 15 |
| 12,8 | 9,4 | 12,4 | 100,0 | Norge (²) | 16 |
| 17,3 | 9,2 | 7,7 | 100,0 | Sverige (²) | 17 |
| **14,8** | **8,3** | **13,5** | **100,0** | **EEA** (²) | |
| 11,7 | 10,3 | 11,1 | 100,0 | Schweiz/Suisse (²) | 18 |
| : | : | : | : | Türkiye | 19 |
| 14,5 | 10,0 | 15,6 | 100,0 | USA (³) | 20 |
| 14,7 | 11,1 | 15,4 | 100,0 | Canada (²) | 21 |
| 11,0 | 10,4 | 16,2 | 100,0 | Nippon (Japan) (²) | 22 |

(¹) 1986.
(²) 1991.
(³) 1989.

*National accounts*

## 2.9. Gross fixed capital formation by product — 1992

(%)

| Country | Dwellings | Non-residential buildings and civil engineering works | Equipment | Other products | Gross fixed capital formation |
|---|---|---|---|---|---|
| **EUR 12** | **23,1** | **30,4** | **41,3** | **5,2** | **100,0** |
| 1 Belgique/België | 24,3 | 30,7 | 41,5 | 3,5 | 100,0 |
| 2 Danmark | 20,1 | 34,7 | 45,2 | 0,0 | 100,0 |
| 3 Deutschland | 26,3 | 30,3 | 43,1 | 0,3 | 100,0 |
| 4 Ελλάδα | 20,9 | 35,1 | 44,1 | 0,0 | 100,0 |
| 5 España | 19,6 | 46,0 | 31,2 | 3,2 | 100,0 |
| 6 France | 25,0 | 31,7 | 35,8 | 7,5 | 100,0 |
| 7 Ireland | 26,9 | 30,7 | 37,8 | 4,6 | 100,0 |
| 8 Italia | 28,0 | 25,1 | 43,6 | 3,4 | 100,0 |
| 9 Luxembourg | 18,8 | 38,4 | 38,8 | 4,0 | 100,0 |
| 10 Nederland | 23,6 | 28,8 | 47,9 | -0,3 | 100,0 |
| 11 Portugal (¹) | 16,9 | 28,4 | 44,7 | 10,0 | 100,0 |
| 12 United Kingdom | 17,4 | 33,9 | 44,3 | 4,3 | 100,0 |
| 13 Österreich (²) | 18,4 | 32,5 | 33,9 | 15,2 | 100,0 |
| 14 Suomi/Finland (³) | 28,2 | 41,5 | 39,1 | -8,8 | 100,0 |
| 15 Ísland (³) | 21,5 | 45,1 | 31,5 | 1,9 | 100,0 |
| 16 Norge (³) | 11,4 | 53,4 | 33,3 | 1,9 | 100,0 |
| 17 Sverige (³) | 36,8 | 29,9 | 32,7 * | 0,6 * | 100,0 |
| **EEA (³)** | **23,2** | **31,0** | **42,0** | **3,8** | **100,0** |
| 18 Schweiz/Suisse (⁴) | 26,7 | 26,2 | 47,1 | 0,0 | 100,0 |
| 19 Türkiye (⁵) | 23,2 | 31,0 | : | : | : |
| 20 USA (³) | 21,9 | 31,8 | 46,5 | -0,2 | 100,0 |
| 21 Canada (³) | 31,5 | 36,5 | 32,5 | -0,5 | 100,0 |
| 22 Nippon (Japan) (³) | 17,0 | 35,6 | 40,5 | 6,9 | 100,0 |

(¹) 1986.
(²) 1990.
(³) 1991.
(⁴) 1989.
(⁵) 1987.

National accounts

## 2.10. Taxes and social contributions — 1993

| | Country | Taxes and social contributions, total | Taxes linked to production and imports | Current taxes on income and wealth | Capital taxes | Social contributions |
|---|---|---|---|---|---|---|
| | | Mio ECU | in % of total | | | |
| | **EUR 12** | : | : | : | : | : |
| 1 | Belgique/België | 82 200 | 27,3 | 36,4 | 0,7 | 35,6 |
| 2 | Danmark | 57 455 | 35,2 | 61,0 | 0,6 | 3,3 |
| 3 | Deutschland (¹) | 690 754 | 30,5 | 27,2 | 0,2 | 42,2 |
| 4 | Ελλάδα | : | : | : | : | : |
| 5 | España | 146 961 | 29,3 | 33,1 | 0,7 | 36,9 |
| 6 | France | 470 058 | 33,3 | 21,0 | 1,1 | 44,6 |
| 7 | Ireland | 14 913 | 41,1 | 42,6 | 0,4 | 15,9 |
| 8 | Italia | 365 402 | 29,6 | 37,5 | 1,6 | 31,3 |
| 9 | Luxembourg (²) | 4 013 | 38,1 | 31,6 | 0,3 | 30,1 |
| 10 | Nederland | 128 889 | 26,7 | 34,6 | 0,5 | 38,2 |
| 11 | Portugal (³) | 15 307 | 45,4 | 25,6 | 0,3 | 28,8 |
| 12 | United Kingdom | 266 538 | 42,0 | 36,6 | 0,6 | 19,7 |
| 13 | Österreich | 67 880 | 30,0 | 29,1 | 0,2 | 34,2 |
| 14 | Suomi/Finland | 32 828 | 32,6 | 35,0 | 0,4 | 32,0 |
| 15 | Island | : | : | : | : | : |
| 16 | Norge | : | : | : | : | : |
| 17 | Sverige | 80 028 | 30,9 | 41,7 | 0,2 | 27,2 |
| | **EEA** | : | : | : | : | : |
| 18 | Schweiz/Suisse | : | : | : | : | : |

(¹) The data for Germany (including West Berlin) correspond to the situation before 3.10.1990.

(²) 1992.

(³) 1989.

*Research and development*

## 2.11. Total public budgetary appropriations for R&D in Mio ECU (current prices and exchange rates)

|   | Country | 1989 | 1990 | 1991 | 1992 | 1993 (¹) |
|---|---|---|---|---|---|---|
|   | **EUR 12 (²)** | **41 861,6** | **44 718,0** | **48 567,2** | **49 792,6** | **50 284,8** |
| 1 | Belgique/België | 898,5 | 922,5 | 981,8 | 1 018,0 | 1 137,1 |
| 2 | Danmark | 758,0 | 771,1 | 790,7 | 764,2 | 796,6 |
| 3 | Deutschland | 11 417,7 | 12 240,4 | 14 360,7 | 15 394,6 | 16 227,0 |
| 4 | Ελλάδα | 158,4 | 147,8 | 152,0 | 142,0 | 148,9 |
| 5 | España | 1 789,9 | 2 147,7 | 2 312,8 | 2 321,1 | 2 049,4 |
| 6 | France | 12 024,1 | 13 029,6 | 13 355,5 | 12 992,3 | 14 008,8 |
| 7 | Ireland | 102,9 | 104,5 | 115,7 | 130,0 | 123,5 |
| 8 | Italia | 5 789,5 | 6 360,9 | 7 028,1 | 7 565,4 | 6 422,1 |
| 9 | Luxembourg | : | : | : | : | : |
| 10 | Nederland | 1 887,8 | 2 041,8 | 2 016,0 | 2 103,4 | 2 196,7 |
| 11 | Portugal | 146,2 | 179,0 | 252,8 | 313,3 | 353,9 |
| 12 | United Kingdom | 6 888,6 | 6 772,7 | 7 201,0 | 7 048,3 | 6 820,8 |
| 13 | Österreich | 666,4 | 696,9 | 839,9 | 918,7 | 1 050,8 |
| 14 | Suomi/Finland | 798,7 | 873,2 | 1 052,0 | 945,8 | 863,3 |
| 15 | Island | : | : | : | : | : |
| 16 | Norge | 851,4 | 893,6 | 927,7 | 1 034,3 | 1 023,4 |
| 17 | Sverige | 2 056,8 | 2 182,5 | 2 456,5 | 2 451,2 | 2 057,7 |
|   | **EEA (³)** | **46 234,8** | **49 364,2** | **53 843,3** | **55 142,7** | **55 280,0** |
| 18 | Schweiz/Suisse | : | : | : | : | : |
| 19 | Türkiye | : | : | : | : | : |
| 20 | USA | : | : | : | : | : |
| 21 | Canada | : | : | : | : | : |
| 22 | Nippon (Japan) | : | : | : | : | : |

(¹) Provisional, excluding Belgium, Austria, Finland and Norway.
(²) Excluding Luxembourg.
(³) Excluding Iceland.

*Research and development*

## 2.11. Total public budgetary appropriations for R&D in Mio PPS (1985 prices and purchasing power parities)

| | Country | 1989 | 1990 | 1991 | 1992 | 1993 (¹) |
|---|---|---|---|---|---|---|
| | **EUR 12 (²)** | **35 506,8** | **36 374,4** | **37 679,4** | **37 256,6** | **36 598,7** |
| 1 | Belgique/België | 780,9 | 760,6 | 784,8 | 775,1 | 817,9 |
| 2 | Danmark | 508,4 | 492,3 | 495,8 | 464,3 | 451,7 |
| 3 | Deutschland | 8 973,1 | 9 248,1 | 10 426,4 | 10 458,5 | 10 173,3 |
| 4 | Ελλάδα | 186,5 | 162,2 | 158,7 | 141,5 | 138,2 |
| 5 | España | 1 756,7 | 1 946,8 | 1 946,4 | 1 891,2 | 1 675,5 |
| 6 | France | 10 101,4 | 10 450,3 | 10 487,1 | 9 812,4 | 9 785,5 |
| 7 | Ireland | 87,3 | 89,1 | 97,8 | 107,7 | 102,0 |
| 8 | Italia | 5 084,9 | 5 229,5 | 5 420,3 | 5 799,7 | 5 661,1 |
| 9 | Luxembourg | : | : | : | : | : |
| 10 | Nederland | 1 600,7 | 1 674,8 | 1 608,1 | 1 611,1 | 1 553,8 |
| 11 | Portugal | 224,8 | 245,2 | 296,8 | 317,1 | 342,2 |
| 12 | United Kingdom | 6 202,1 | 6 075,5 | 5 957,2 | 5 878,1 | 5 897,6 |
| 13 | Österreich | 537,2 | 539,4 | 625,3 | 646,8 | 682,7 |
| 14 | Suomi/Finland | 462,6 | 491,1 | 594,6 | 616,4 | 647,5 |
| 15 | Island | : | : | : | : | : |
| 16 | Norge | 532,4 | 558,8 | 571,6 | 645,4 | 646,8 |
| 17 | Sverige | 1 230,9 | 1 271,1 | 1 322,0 | 1 310,3 | 1 302,2 |
| | **EEA (³)** | **38 270,0** | **39 234,8** | **40 792,9** | **40 475,6** | **39 877,9** |
| 18 | Schweiz/Suisse | : | : | : | : | : |
| 19 | Türkiye | : | : | : | : | : |
| 20 | USA | : | : | : | : | : |
| 21 | Canada | : | : | : | : | : |
| 22 | Nippon (Japan) | : | : | : | : | : |

(¹) Provisional, excluding Belgium, Austria, Finland and Norway.
(²) Excluding Luxembourg.
(³) Excluding Iceland.

*Research and development*

## 2.11. Total public budgetary appropriations for R&D in ECU per capita (current prices and exchange rates)

|   | Country | 1989 | 1990 | 1991 | 1992 | 1993 ([1]) |
|---|---|---|---|---|---|---|
|   | **EUR 12 ([2])** | **128,7** | **136,7** | **140,8** | **143,6** | **144,6** |
| 1 | Belgique/België | 90,5 | 92,6 | 98,2 | 101,3 | 113,5 |
| 2 | Danmark | 147,7 | 150,0 | 153,4 | 147,8 | 153,8 |
| 3 | Deutschland | 184,0 | 193,5 | 179,4 | 190,6 | 199,9 |
| 4 | Ελλάδα | 15,8 | 14,6 | 15,0 | 13,8 | 14,5 |
| 5 | España | 46,0 | 55,1 | 59,2 | 59,3 | 52,3 |
| 6 | France | 214,1 | 230,9 | 235,5 | 227,8 | 242,0 |
| 7 | Ireland | 29,3 | 29,8 | 32,8 | 36,7 | 34,5 |
| 8 | Italia | 100,6 | 110,3 | 121,6 | 130,7 | 110,7 |
| 9 | Luxembourg | : | : | : | : | : |
| 10 | Nederland | 127,2 | 136,6 | 133,8 | 138,5 | 143,5 |
| 11 | Portugal | 14,8 | 18,1 | 25,6 | 31,8 | 37,7 |
| 12 | United Kingdom | 120,4 | 118,0 | 124,9 | 121,8 | 117,8 |
| 13 | Österreich | 87,4 | 90,3 | 106,9 | 116,5 | 131,6 |
| 14 | Suomi/Finland | 160,9 | 175,1 | 209,8 | 187,6 | 170,4 |
| 15 | Island | : | : | : | : | : |
| 16 | Norge | 201,4 | 210,7 | 217,7 | 241,3 | 237,4 |
| 17 | Sverige | 242,2 | 255,0 | 285,1 | 282,8 | 236,0 |
|   | **EEA ([3])** | **131,9** | **139,9** | **145,2** | **148,0** | **147,8** |
| 18 | Schweiz/Suisse | : | : | : | : | : |
| 19 | Türkiye | : | : | : | : | : |
| 20 | USA | : | : | : | : | : |
| 21 | Canada | : | : | : | : | : |
| 22 | Nippon (Japan) | : | : | : | : | : |

([1]) Provisional, excluding Belgium, Austria, Finland and Norway.
([2]) Excluding Luxembourg.
([3]) Excluding Iceland.

# Research and development

## 2.11. Total public budgetary appropriations for R&D in % of GDP

|    | Country | 1989 | 1990 | 1991 | 1992 | 1993 (¹) |
|----|---------|------|------|------|------|----------|
|    | **EUR 12 (²)** | **0,95** | **0,94** | **0,94** | **0,92** | **0,91** |
| 1  | Belgique/België | 0,64 | 0,61 | 0,62 | 0,60 | 0,63 |
| 2  | Danmark | 0,80 | 0,75 | 0,75 | 0,69 | 0,67 |
| 3  | Deutschland | 1,06 | 1,04 | 1,05 | 1,03 | 1,01 |
| 4  | Ελλάδα | 0,32 | 0,28 | 0,27 | 0,24 | 0,23 |
| 5  | España | 0,52 | 0,55 | 0,54 | 0,52 | 0,46 |
| 6  | France | 1,37 | 1,38 | 1,38 | 1,27 | 1,25 |
| 7  | Ireland | 0,32 | 0,30 | 0,32 | 0,34 | 0,33 |
| 8  | Italia | 0,73 | 0,74 | 0,76 | 0,80 | 0,77 |
| 9  | Luxembourg | : | : | : | : | : |
| 10 | Nederland | 0,91 | 0,91 | 0,86 | 0,85 | 0,82 |
| 11 | Portugal | 0,31 | 0,33 | 0,40 | 0,42 | 0,51 |
| 12 | United Kingdom | 0,90 | 0,88 | 0,88 | 0,87 | 0,88 |
| 13 | Österreich | 0,58 | 0,56 | 0,63 | 0,64 | 0,68 |
| 14 | Suomi/Finland | 0,77 | 0,82 | 1,07 | 1,15 | 1,23 |
| 15 | Island (³) | : | : | : | : | : |
| 16 | Norge | 1,04 | 1,07 | 1,08 | 1,18 | 1,16 |
| 17 | Sverige | 1,19 | 1,22 | 1,27 | 1,28 | 1,30 |
|    | **EEA (³)** | **0,94** | **0,94** | **0,95** | **0,93** | **0,92** |
| 18 | Schweiz/Suisse | : | : | : | : | : |
| 19 | Türkiye | : | : | : | : | : |
| 20 | USA | : | : | : | : | : |
| 21 | Canada | : | : | : | : | : |
| 22 | Nippon (Japan) | : | : | : | : | : |

(¹) Provisional, excluding Belgium, Austria, Finland and Norway.
(²) Excluding Luxembourg.
(³) Excluding Iceland.

## 2.11a. Research and development staff 1988-92
## Total R&D staff (full-time equivalent (FTE))

|    | Country          | 1988    | 1989      | 1990    | 1991      | 1992    |
|----|------------------|---------|-----------|---------|-----------|---------|
|    | **EUR 12**       | :       | 1 333 581 | :       | 1 417 598 | :       |
| 1  | Belgique/België  | 36 770  | 40 066    | :       | 40 063    | :       |
| 2  | Danmark          | 23 146  | 24 328    | 25 047  | 25 756    | :       |
| 3  | Deutschland      | :       | 426 447   | :       | 506 171   | 478 825 |
| 4  | Ελλάδα           | :       | 9 387     | 10 147  | 10 905    | 11 291  |
| 5  | España           | 59 879  | 63 155    | 69 684  | 72 405    | :       |
| 6  | France           | 283 099 | 289 283   | 292 965 | 298 575   | :       |
| 7  | Ireland          | 5 827   | 6 397     | 6 967   | 8 144     | 8 799   |
| 8  | Italia           | 135 665 | 140 496   | 144 917 | 143 641   | :       |
| 9  | Luxembourg       | :       | :         | :       | :         | :       |
| 10 | Nederland        | 64 420  | 66 460    | 68 170  | 66 710    | :       |
| 11 | Portugal         | 10 883  | 11 463    | 12 045  | 12 040    | :       |
| 12 | United Kingdom   | 290 000 | 281 000   | 274 000 | 259 000   | 255 000 |
| 13 | Österreich       | :       | 23 084    | :       | :         | :       |
| 14 | Suomi/Finland    | :       | 28 516    | :       | 29 575    | :       |
| 15 | Island           | :       | 1 204     | 1 188   | 1 197     | 1 244   |
| 16 | Norge            | :       | 20 217    | :       | 20 252    | :       |
| 17 | Sverige          | :       | 55 129    | :       | 53 604    | :       |
|    | **EEA**          | :       | :         | :       | :         | :       |
| 18 | Schweiz/Suisse   | :       | 50 250    | :       | :         | :       |
| 19 | Türkiye          | :       | :         | :       | :         | :       |
| 20 | USA              | :       | :         | :       | :         | :       |
| 21 | Canada           | :       | :         | :       | :         | :       |
| 22 | Nippon (Japan)   | :       | :         | :       | :         | :       |

Source: Eurostat and OECD.

*Research and development*

## 2.11a. Research and development staff 1988-92
### R&D staff in enterprises (FTE)

|    | Country | 1988 | 1989 | 1990 | 1991 | 1992 |
|----|---------|------|------|------|------|------|
|    | **EUR 12** | : | 789 111 | : | 798 392 | : |
| 1  | Belgique/België | 22 474 | 22 071 | : | 22 313 | : |
| 2  | Danmark | 13 222 | 13 958 | 14 605 | 15 242 | : |
| 3  | Deutschland | : | 296 510 | : | 321 756 | 306 925 |
| 4  | Ελλάδα | 1 766 | 1 810 | 2 027 | 2 244 | 2 345 |
| 5  | España | 23 678 | 25 865 | 28 508 | 29 151 | : |
| 6  | France | 145 397 | 149 821 | 153 228 | 156 300 | 164 378 |
| 7  | Ireland | 2 715 | 2 872 | 3 032 | 3 971 | 4 316 |
| 8  | Italia | 61 649 | 64 944 | 67 496 | 65 481 | : |
| 9  | Luxembourg | : | : | : | : | : |
| 10 | Nederland | 31 390 | 33 240 | 31 950 | 29 970 | : |
| 11 | Portugal | 2 042 | 2 020 | 1 997 | 1 964 | : |
| 12 | United Kingdom | 185 000 | 176 000 | 165 000 | 150 000 | 142 000 |
| 13 | Österreich | : | 14 854 | : | : | : |
| 14 | Suomi/Finland | : | 14 535 | : | 15 028 | : |
| 15 | Island | : | 235 | 232 | 278 | 291 |
| 16 | Norge | : | 10 164 | : | 9 967 | : |
| 17 | Sverige | : | 35 106 | : | 33 757 | : |
|    | **EEA** | : | · | : | : | : |
| 18 | Schweiz/Suisse | : | 39 300 | : | : | : |
| 19 | Türkiye | : | : | : | : | : |
| 20 | USA | : | : | : | : | : |
| 21 | Canada | : | : | : | : | : |
| 22 | Nippon (Japan) | : | : | : | : | : |

Source: Eurostat and OECD.

*Research and development*

## 2.11a. Research and development staff 1988-92
### Total researchers (or university graduates) involved in R&D (FTE)

|   | Country | 1988 | 1980 | 1990 | 1991 | 1992 |
|---|---|---|---|---|---|---|
| 1 | Belgique/België | 16 646 | 17 620 | : | 18 105 | : |
| 2 | Danmark | 10 369 | 10 962 | 11 505 | 12 049 | : |
| 3 | Deutschland | : | 176 401 | : | : | : |
| 4 | Ελλάδα | : | 5 299 | : | 6 230 | : |
| 5 | España | 31 170 | 32 811 | 37 534 | 40 475 | : |
| 6 | France | 115 163 | 120 430 | 123 938 | 129 205 | : |
| 7 | Ireland | 3 585 | 4 165 | 4 745 | 5 335 | 5 784 |
| 8 | Italia | 74 833 | 76 074 | 77 876 | 75 238 | : |
| 9 | Luxembourg | : | : | : | : | : |
| 10 | Nederland | : | 26 680 | : | : | : |
| 11 | Portugal | 5 004 | : | 5 908 | : | : |
| 12 | United Kingdom | 137 000 | 133 000 | 130 000 | 126 000 | 123 000 |
| 13 | Österreich | : | 8 782 | : | : | : |
| 14 | Suomi/Finland | : | : | : | 14 030 | : |
| 15 | Island | : | 685 | 676 | 687 | 708 |
| 16 | Norge | : | 12 156 | : | 13 460 | : |
| 17 | Sverige | : | 25 585 | : | 26 515 | : |
| 18 | Schweiz/Suisse | : | 14 250 | : | : | : |
| 19 | Türkiye | : | : | : | : | : |
| 20 | USA | : | : | : | : | : |
| 21 | Canada | : | : | : | : | : |
| 22 | Nippon (Japan) | : | : | : | : | : |

Source: Eurostat and OECD.

*Research and development*

## 2.11a. Research and development staff 1988-92
### Total R&D workers per 1 000 employees (¹)

|    | Country | 1988 | 1989 | 1990 | 1991 | 1992 |
|----|---------|------|------|------|------|------|
|    | **EUR 12** | : | 14,1 | : | 13,2 | : |
| 1  | Belgique/België | 15,1 | 16,4 | : | 14,6 | : |
| 2  | Danmark | 14,2 | 14,9 | 14,6 | 14,3 | : |
| 3  | Deutschland | : | 22,5 | : | 18,7 | : |
| 4  | Ελλάδα | : | 4,7 | 3,9 | 5,7 | : |
| 5  | España | 6,0 | 6,8 | 7,2 | 7,7 | : |
| 6  | France | 18,1 | 18,5 | 18,4 | 17,7 | : |
| 7  | Ireland | 7,0 | 7,8 | 8,2 | 8,8 | : |
| 8  | Italia | 7,2 | 7,6 | 7,7 | 7,5 | : |
| 9  | Luxembourg | : | : | : | : | : |
| 10 | Nederland | 15,3 | 15,6 | 15,3 | 13,9 | : |
| 11 | Portugal | 3,7 | : | 4,0 | : | : |
| 12 | United Kingdom | 15,8 | 15,1 | 14,4 | 13,0 | : |
| 13 | Österreich | : | : | : | : | : |
| 14 | Suomi/Finland | : | : | : | : | : |
| 15 | Island | : | : | : | : | : |
| 16 | Norge | : | : | : | : | : |
| 17 | Sverige | : | : | : | : | : |
|    | **EEA** | : | : | · | : | : |
| 18 | Schweiz/Suisse | : | : | : | : | : |
| 19 | Türkiye | : | : | : | : | : |
| 20 | USA | : | : | : | : | : |
| 21 | Canada | : | : | : | : | : |
| 22 | Nippon (Japan) | : | : | : | : | : |

Source: Eurostat and OECD.

(¹) Number of individuals.

*Research and development*

## 2.11b. Gross domestic expenditure on R&D
## in Mio ECU (at current prices and exchange rates)

| | Country | 1988 | 1989 | 1990 | 1991 | 1992 |
|---|---|---|---|---|---|---|
| | **EUR 12** | **81 995** | **89 428** | : | **102 233** | : |
| 1 | Belgique/België | 2 102 | 2 361 | : | 2 654 | : |
| 2 | Danmark | 1 372 | 1 478 | 1 654 | 1 783 | : |
| 3 | Deutschland | 28 914 | 30 853 | 32 493 | 36 328 | : |
| 4 | Ελλάδα | 165 | 229 | 249 | 264 | : |
| 5 | España | 2 074 | 2 589 | 3 275 | 3 731 | : |
| 6 | France | 18 565 | 20 438 | 22 730 | 23 388 | : |
| 7 | Ireland | 243 | 276 | 318 | 376 | : |
| 8 | Italia | 8 639 | 9 799 | 11 171 | 11 516 | : |
| 9 | Luxembourg | : | : | : | : | : |
| 10 | Nederland | 4 353 | 4 403 | 4 520 | 4 492 | : |
| 11 | Portugal | 176 | 236 | 287 | 352 | : |
| 12 | United Kingdom | 15 392 | 16 765 | 16 837 | 17 348 | : |
| 13 | Österreich | : | : | : | : | : |
| 14 | Suomi/Finland | : | : | : | : | : |
| 15 | Island | : | : | : | : | : |
| 16 | Norge | : | : | : | : | : |
| 17 | Sverige | : | : | : | : | : |
| | **EEA** | : | : | : | : | : |
| 18 | Schweiz/Suisse | : | : | : | : | : |
| 19 | Türkiye | : | : | : | : | : |
| 20 | USA | : | : | : | : | : |
| 21 | Canada | : | : | : | : | : |
| 22 | Nippon (Japan) | : | : | : | : | : |

*Research and development*

## 2.11b. Gross domestic expenditure on R&D in Mio PPS (at 1985 prices and purchasing power parities)

|    | Country          | 1988   | 1989   | 1990   | 1991   | 1992 |
|----|------------------|--------|--------|--------|--------|------|
|    | **EUR 12**       | **71 958** | **75 304** | :      | **78 944** | :    |
| 1  | Belgique/België  | 1 911  | 2 052  | :      | 2 122  | :    |
| 2  | Danmark          | 948    | 991    | 1 056  | 1 118  | :    |
| 3  | Deutschland      | 23 325 | 24 247 | 24 550 | 26 376 | :    |
| 4  | Ελλάδα           | 204    | 270    | 274    | 276    | :    |
| 5  | España           | 2 300  | 2 541  | 2 969  | 3 141  | :    |
| 6  | France           | 16 169 | 17 170 | 18 231 | 18 365 | :    |
| 7  | Ireland          | 216    | 234    | 271    | 318    | :    |
| 8  | Italia           | 8 204  | 8 606  | 9 184  | 8 882  | :    |
| 9  | Luxembourg       | :      | :      | :      | :      | :    |
| 10 | Nederland        | 3 734  | 3 734  | 3 707  | 3 583  | :    |
| 11 | Portugal         | 295    | 363    | 393    | 413    | :    |
| 12 | United Kingdom   | 14 651 | 15 094 | 15 103 | 14 351 | :    |
| 13 | Österreich       | :      | :      | :      | :      | :    |
| 14 | Suomi/Finland    | :      | :      | :      | :      | :    |
| 15 | Island           | :      | :      | :      | :      | :    |
| 16 | Norge            | :      | :      | :      | :      | :    |
| 17 | Sverige          | :      | :      | :      | :      | :    |
|    | **EEA**          | :      | :      | :      | :      | :    |
| 18 | Schweiz/Suisse   | :      | :      | :      | :      | :    |
| 19 | Türkiye          | :      | :      | :      | :      | :    |
| 20 | USA              | :      | :      | :      | :      | :    |
| 21 | Canada           | :      | :      | :      | :      | :    |
| 22 | Nippon (Japan)   | :      | :      | :      | :      | :    |

*Research and development*

## 2.11b. Gross domestic expenditure on R&D in % of GDP

|    | Country | 1988 | 1989 | 1990 | 1991 | 1992 |
|----|---------|------|------|------|------|------|
|    | **EUR 12** | **2,02** | **2,02** | : | **1,98** | : |
| 1  | Belgique/België | 1,64 | 1,70 | : | 1,67 | : |
| 2  | Danmark | 1,49 | 1,55 | 1,62 | 1,69 | : |
| 3  | Deutschland | 2,86 | 2,87 | 2,75 | 2,65 | : |
| 4  | Ελλάδα | 0,36 | 0,46 | 0,48 | 0,46 | : |
| 5  | España | 0,71 | 0,75 | 0,84 | 0,87 | : |
| 6  | France | 2,28 | 2,33 | 2,42 | 2,42 | : |
| 7  | Ireland | 0,84 | 0,86 | 0,91 | 1,04 | : |
| 8  | Italia | 1,22 | 1,24 | 1,30 | 1,24 | : |
| 9  | Luxembourg | : | : | : | : | : |
| 10 | Nederland | 2,22 | 2,12 | 2,03 | 1,92 | : |
| 11 | Portugal | 0,43 | 0,50 | 0,54 | 0,56 | : |
| 12 | United Kingdom | 2,18 | 2,20 | 2,19 | 2,13 | : |
| 13 | Österreich | : | : | : | : | : |
| 14 | Suomi/Finland | : | : | : | : | : |
| 15 | Island | : | : | : | : | : |
| 16 | Norge | : | : | : | : | : |
| 17 | Sverige | : | : | : | : | : |
|    | **EEA** | : | : | : | : | : |
| 18 | Schweiz/Suisse | : | : | : | : | : |
| 19 | Türkiye | : | : | : | : | : |
| 20 | USA | : | : | : | : | : |
| 21 | Canada | : | : | : | : | : |
| 22 | Nippon (Japan) | : | : | : | : | : |

## Regional accounts

### 2.12. Gross domestic product at market prices: regional indicators — 1992

| Territorial units (NUTS) Level I / Level II | Total | | Per inhabitant | |
|---|---|---|---|---|
| | ECU | PPS | ECU | PPS |
| | Mio | | EUR 12 = 100 | |
| **BELGIQUE/BELGIË** | 169 067 | 172 071 | 108 | 110 |
| **Vlaams gewest** | 98 838 | 100 594 | 109 | 111 |
| **Région wallonne** | 44 458 | 45 248 | 87 | 88 |
| **Bruxelles/Brussel** | 25 771 | 26 229 | 172 | 175 |
| Antwerpen | 32 661 | 33 241 | 130 | 132 |
| Brabant | 42 610 | 43 367 | 121 | 123 |
| Hainaut | 16 150 | 16 437 | 80 | 82 |
| Liège | 15 572 | 15 849 | 99 | 101 |
| Limburg | 12 534 | 12 757 | 106 | 108 |
| Luxembourg | 3 187 | 3 244 | 87 | 89 |
| Namur | 5 665 | 5 765 | 85 | 87 |
| Oost-Vlaanderen | 21 614 | 21 998 | 103 | 105 |
| West-Vlaanderen | 19 074 | 19 413 | 110 | 112 |
| **DANMARK** | 110 090 | 86 918 | 136 | 108 |

*Regional accounts*

## 2.13. Gross domestic product at market prices: regional indicators — 1992

| Territorial units (NUTS) Level 1 Level 2 | Total | | Per inhabitant | |
|---|---|---|---|---|
| | ECU | PPS | ECU | PPS |
| | Mio | | EUR 12 = 100 | |
| **DEUTSCHLAND** | **1 498 500** | **1 353 500** | **119** | **108** |
| **Baden-Württemberg** | **229 970** | **207 655** | **146** | **132** |
| Stuttgart | 96 204 | 86 869 | 163 | 147 |
| Karlsruhe | 58 475 | 52 801 | 144 | 130 |
| Freiburg | 40 529 | 36 596 | 128 | 116 |
| Tübingen | 34 762 | 31 389 | 133 | 120 |
| **Bayern** | **257 074** | **232 129** | **141** | **127** |
| Oberbayern | 106 389 | 96 066 | 175 | 158 |
| Niederbayern | 18 739 | 16 920 | 109 | 98 |
| Oberpfalz | 17 930 | 16 190 | 112 | 101 |
| Oberfranken | 20 500 | 18 511 | 121 | 109 |
| Mittelfranken | 36 703 | 33 142 | 144 | 130 |
| Unterfranken | 23 895 | 21 576 | 119 | 108 |
| Schwaben | 32 917 | 29 723 | 126 | 114 |
| **Berlin** | **57 359** | **51 832** | **106** | **96** |
| **Brandenburg** | **19 305** | **17 500** | **49** | **44** |
| **Bremen** | **18 440** | **16 650** | **173** | **156** |
| **Hamburg** | **57 309** | **51 748** | **219** | **198** |
| **Hessen** | **152 356** | **137 572** | **166** | **150** |
| Darmstadt | 109 869 | 99 208 | 194 | 175 |
| Gießen | 18 451 | 16 660 | 115 | 104 |
| Kassel | 24 036 | 21 704 | 125 | 113 |
| **Mecklenburg-Vorpommern** | **13 318** | **12 073** | **46** | **41** |
| **Niedersachsen** | **138 258** | **124 842** | **118** | **106** |
| Braunschweig | 31 654 | 28 582 | 122 | 110 |
| Hannover | 43 842 | 39 587 | 134 | 121 |
| Lüneburg | 23 023 | 20 789 | 97 | 87 |
| Weser-Ems | 39 740 | 35 884 | 113 | 102 |

*Regional accounts*

## 2.13. Gross domestic product at market prices: regional indicators — 1992

| Territorial units (NUTS)<br>Level I<br>  Level II | Total | | Per inhabitant | |
|---|---|---|---|---|
| | ECU | PPS | ECU | PPS |
| | Mio | | EUR 12 = 100 | |
| **Nordrhein-Westfalen** | **346 342** | **312 734** | **126** | **114** |
| Düsseldorf | 114 104 | 103 032 | 139 | 125 |
| Köln | 82 716 | 74 690 | 129 | 117 |
| Münster | 42 056 | 37 975 | 107 | 97 |
| Detmold | 36 392 | 32 860 | 120 | 109 |
| Arnsberg | 71 073 | 64 177 | 121 | 109 |
| **Rheinland-Pfalz** | **68 444** | **61 802** | **114** | **103** |
| Koblenz | 23 864 | 21 548 | 106 | 96 |
| Trier | 7 621 | 6 881 | 99 | 90 |
| Rheinhessen-Pfalz | 36 959 | 33 373 | 123 | 111 |
| **Saarland** | **20 473** | **18 487** | **121** | **110** |
| **Sachsen** | **33 872** | **30 704** | **46** | **42** |
| Chemnitz | : | : | : | : |
| Dresden | : | : | : | : |
| Leipzig | : | : | : | : |
| **Sachsen-Anhalt** | **21 102** | **19 129** | **48** | **44** |
| Dessau | : | : | : | : |
| Halle | : | : | : | : |
| Magdeburg | : | : | : | : |
| **Schleswig-Holstein** | **48 155** | **43 483** | **116** | **105** |
| **Thüringen** | **16 728** | **15 164** | **42** | **38** |

## 2.14. Gross domestic product at market prices: regional indicators — 1992

| Territorial units (NUTS) Level I Level II | Total | | Per inhabitant | |
|---|---|---|---|---|
| | ECU | PPS | ECU | PPS |
| | Mio | | EUR 12 = 100 | |
| ΕΛΛΑΔΑ (¹) | 73 844 | 99 147 | 46 | 62 |
| Βόρεια Ελλάδα | 22 472 | 30 172 | 43 | 58 |
| Ανατολική Μακεδονία, Θράκη | 3 743 | 5 026 | 42 | 56 |
| Κεντρική Μακεδονία | 11 873 | 15 941 | 44 | 59 |
| Δυτική Μακεδονία | 2 061 | 2 768 | 45 | 60 |
| Θεσσαλία | 4 795 | 6 437 | 42 | 56 |
| Κεντρική Ελλάδα | 16 776 | 22 525 | 44 | 59 |
| Ήπειρος | 1 857 | 2 494 | 35 | 47 |
| Ιόνια Νησιά | 1215 | 1 631 | 40 | 54 |
| Δυτική Ελλάδα | 4 344 | 5 832 | 39 | 52 |
| Στερεά Ελλάδα | 5 035 | 6 760 | 55 | 74 |
| Πελοπόννησος | 4 326 | 5 808 | 45 | 61 |
| Αττική | 28 248 | 37 927 | 51 | 69 |
| Νησιά | 6 348 | 8 524 | 41 | 54 |
| Βόρειο Αιγαίο | 1 047 | 1 406 | 34 | 45 |
| Νότιο Αιγαίο | 1 819 | 2 442 | 45 | 60 |
| Κρήτη | 3 482 | 4 676 | 41 | 55 |

(¹) See page 8 for translation.

*Regional accounts*

## 2.15. Gross domestic product at market prices: regional indicators — 1992

| Territorial units (NUTS) Level I Level II | Total | | Per inhabitant | |
|---|---|---|---|---|
| | ECU | PPS | ECU | PPS |
| | Mio | | EUR 12 = 100 | |
| **ESPAÑA** | **444 112** | **474 113** | **73** | **78** |
| **Noroeste** | **41 676** | **44 491** | **60** | **64** |
| Galicia | 24 170 | 25 803 | 55 | 59 |
| Asturias | 11 749 | 12 543 | 67 | 72 |
| Cantabria | 5 757 | 6 146 | 70 | 75 |
| **Noreste** | **53 925** | **57 568** | **84** | **89** |
| País Vasco | 28 321 | 30 235 | 85 | 91 |
| Navarra | 7 231 | 7 720 | 89 | 95 |
| Rioja | 3 350 | 3 576 | 82 | 88 |
| Aragón | 15 022 | 16 037 | 80 | 85 |
| **Madrid** | **70 512** | **75 276** | **92** | **98** |
| **Centro** | **50 522** | **53 935** | **59** | **63** |
| Castilla y León | 25 589 | 27 317 | 63 | 67 |
| Castilla-La Mancha | 16 431 | 17 541 | 61 | 65 |
| Extremadura | 8 502 | 9 077 | 48 | 51 |
| **Este** | **138 254** | **147 594** | **84** | **90** |
| Cataluña | 84 306 | 90 001 | 90 | 96 |
| Comunidad Valenciana | 43 577 | 46 520 | 73 | 78 |
| Baleares | 10 372 | 11 073 | 97 | 103 |
| **Sur** | **72 626** | **77 532** | **57** | **61** |
| Andalucía | 60 801 | 64 909 | 56 | 59 |
| Murcia | 10 670 | 11 391 | 66 | 70 |
| Ceuta y Melilla | 1 155 | 1 233 | 58 | 62 |
| **Canarias** | **16 597** | **17 718** | **71** | **75** |

*Regional accounts*

## 2.16. Gross domestic product at market prices: regional indicators — 1992

| Territorial units (NUTS) Level I Level II | Total | | Per Inhabitant | |
|---|---|---|---|---|
| | ECU | PPS | ECU | PPS |
| | Mio | | EUR 12 = 100 | |
| **FRANCE** | **1 020 196** | **1 006 563** | **114** | **113** |
| **Île-de-France** | **291 187** | **287 296** | **173** | **170** |
| **Bassin parisien** | **168 431** | **166 180** | **105** | **103** |
| Champagne-Ardenne | 24 373 | 24 047 | 116 | 115 |
| Picardie | 27 856 | 27 484 | 97 | 96 |
| Haute-Normandie | 29 876 | 29 477 | 110 | 108 |
| Centre | 39 080 | 38 557 | 105 | 103 |
| Basse-Normandie | 21 896 | 21 603 | 100 | 99 |
| Bourgogne | 25 413 | 25 073 | 101 | 100 |
| **Nord-Pas-de-Calais** | **56 412** | **55 659** | **91** | **90** |
| **Est** | **82 928** | **81 820** | **106** | **104** |
| Lorraine | 35 313 | 34 841 | 99 | 98 |
| Alsace | 29 366 | 28 973 | 115 | 114 |
| Franche-Comté | 18 248 | 18 004 | 106 | 104 |
| **Ouest** | **111 281** | **109 794** | **95** | **94** |
| Pays de la Loire | 47 100 | 46 471 | 98 | 96 |
| Bretagne | 41 450 | 40 896 | 95 | 93 |
| Poitou-Charentes | 22 743 | 22 439 | 91 | 90 |
| **Sud-Ouest** | **92 120** | **90 889** | **99** | **97** |
| Aquitaine | 44 293 | 43 701 | 101 | 99 |
| Midi-Pyrénées | 37 731 | 37 226 | 99 | 97 |
| Limousin | 10 103 | 9 968 | 91 | 89 |
| **Centre-Est** | **114 668** | **113 136** | **109** | **107** |
| Rhône-Alpes | 95 787 | 94 507 | 113 | 111 |
| Auvergne | 18 873 | 18 621 | 92 | 91 |
| **Méditerranée** | **103 168** | **101 789** | **98** | **97** |
| Languedoc-Roussillon | 30 184 | 29 781 | 89 | 88 |
| Provence-Alpes-Côte-d'Azur | 69 834 | 68 901 | 103 | 102 |
| Corse | 3 170 | 3 127 | 81 | 80 |

*Regional accounts*

## 2.16. Gross domestic product at market prices: regional indicators — 1992

| Territorial units (NUTS) Level I Level II | Total | | Per inhabitant | |
|---|---|---|---|---|
| | ECU | PPS | ECU | PPS |
| | Mio | | EUR 12 = 100 | |
| **Départements d'outre-mer** ([1]) | **10 041** | **9 750** | **47** | **46** |
| Guadeloupe | 2 199 | 2 135 | 39 | 37 |
| Martinique | 2 794 | 2 714 | 53 | 52 |
| Guyane | 944 | 917 | 56 | 54 |
| Réunion | 4 104 | 3 985 | 47 | 46 |

([1]) 1990.

*Regional accounts*

## 2.17. Gross domestic product at market prices: regional indicators — 1992

| Territorial units (NUTS) Level I Level II | Total | | Per inhabitant | |
|---|---|---|---|---|
| | ECU | PPS | ECU | PPS |
| | Mio | | EUR 12 = 100 | |
| **IRELAND** | 38 709 | 42 679 | 70 | 77 |
| **ITALIA** | 944 747 | 955 110 | 104 | 106 |
| **Nord-Ovest** | 115 350 | 116 615 | 119 | 120 |
| Piemonte | 80 943 | 81 831 | 118 | 120 |
| Valle d'Aosta | 2 389 | 2 415 | 129 | 130 |
| Liguria | 32 018 | 32 369 | 120 | 122 |
| **Lombardia** | 188 482 | 190 549 | 134 | 135 |
| **Nord-Est** | 122 274 | 123 615 | 119 | 120 |
| Trentino-Alto Adige | 17 582 | 17 775 | 124 | 125 |
| Veneto | 81 510 | 82 404 | 117 | 118 |
| Friuli-Venezia Giulia | 23 181 | 23 435 | 122 | 123 |
| **Emilia-Romagna** | 79 494 | 80 366 | 128 | 129 |
| **Centro** | 99 326 | 100 415 | 108 | 109 |
| Toscana | 62 390 | 63 074 | 111 | 112 |
| Umbria | 13 234 | 13 379 | 102 | 103 |
| Marche | 23 702 | 23 962 | 104 | 105 |
| **Lazio** | 97 904 | 98 978 | 119 | 121 |
| **Campania** | 65 032 | 65 745 | 72 | 73 |
| **Abruzzi-Molise** | 22 844 | 23 095 | 91 | 92 |
| Abruzzi | 18 564 | 18 767 | 93 | 94 |
| Molise | 4 280 | 4 327 | 81 | 82 |
| **Sud** | 76 117 | 76 952 | 71 | 72 |
| Puglia | 49 098 | 49 637 | 76 | 77 |
| Basilicata | 6 444 | 6 515 | 66 | 67 |
| Calabria | 20 575 | 20 801 | 62 | 63 |
| **Sicilia** | 57 281 | 57 910 | 72 | 73 |
| **Sardegna** | 20 644 | 20 870 | 79 | 80 |

*Regional accounts*

## 2.18. Gross domestic product at market prices: regional indicators — 1992

| Territorial units (NUTS) Level I Level II | Total | | Per inhabitant | |
|---|---|---|---|---|
| | ECU | PPS | ECU | PPS |
| | Mio | | EUR 12 = 100 | |
| **LUXEMBOURG (GRAND-DUCHÉ)** | 9 768 | 9 660 | 159 | 157 |
| **NEDERLAND** | 247 573 | 243 838 | 104 | 103 |
| **Noord-Nederland** | 26 524 | 26 124 | 106 | 104 |
| Groningen | 11 744 | 11 566 | 135 | 133 |
| Friesland | 8 396 | 8 270 | 89 | 88 |
| Drenthe | 6 384 | 6 288 | 91 | 90 |
| **Oost-Nederland** | 44 271 | 43 603 | 91 | 90 |
| Overijssel | 14 967 | 14 741 | 92 | 91 |
| Gelderland | 26 548 | 26 148 | 93 | 91 |
| Flevoland | 2 756 | 2 714 | 74 | 73 |
| **West-Nederland** | 124 435 | 122 558 | 112 | 110 |
| Utrecht | 18 670 | 18 388 | 115 | 113 |
| Noord-Holland | 44 533 | 43 862 | 117 | 116 |
| Zuid-Holland | 55 487 | 54 650 | 108 | 107 |
| Zeeland | 5 744 | 5 657 | 102 | 101 |
| **Zuid-Nederland** | 52 344 | 51 554 | 100 | 98 |
| Noord-Brabant | 35 991 | 35 448 | 103 | 102 |
| Limburg | 16 352 | 16 106 | 94 | 92 |
| **PORTUGAL** | 74 286 | 103 819 | 48 | 67 |
| **Continente** | 71 943 | 100 545 | 49 | 69 |
| Norte | 23 463 | 32 791 | 43 | 60 |
| Centro | 9 245 | 12 920 | 35 | 48 |
| Lisboa e Vale do Tejo | 34 549 | 48 284 | 67 | 94 |
| Alentejo | 2 468 | 3 449 | 29 | 41 |
| Algarve | 2 218 | 3 100 | 42 | 58 |
| **Açores** | 1 096 | 1 532 | 30 | 41 |
| **Madeira** | 1 247 | 1 742 | 31 | 44 |
| **UNITED KINGDOM** | 805 591 | 892 132 | 89 | 99 |
| **North** | 38 534 | 42 674 | 80 | 88 |
| Cleveland, Durham | 13 471 | 14 918 | 74 | 82 |
| Cumbria | 7 617 | 8 435 | 100 | 110 |
| Northumberland, Tyne and Wear | 17 445 | 19 319 | 78 | 86 |

*Regional accounts*

## 2.19. Gross domestic product at market prices: regional indicators — 1992

| Territorial units (NUTS) Level I Level II | Total | | Per inhabitant | |
|---|---|---|---|---|
| | ECU | PPS | ECU | PPS |
| | Mio | | EUR 12 = 100 | |
| **Yorkshire and Humberside** | **63 767** | **70 618** | **82** | **91** |
| Humberside | 11 809 | 13 078 | 86 | 95 |
| North Yorkshire | 10 015 | 11 091 | 89 | 98 |
| South Yorkshire | 14 544 | 16 106 | 72 | 79 |
| West Yorkshire | 27 397 | 30 341 | 84 | 93 |
| **East Midlands** | **52 992** | **58 685** | **84** | **93** |
| Derbyshire, Nottinghamshire | 24 954 | 27 635 | 81 | 90 |
| Leicestershire, Northamptonshire | 20 712 | 22 937 | 89 | 99 |
| Lincolnshire | 7 327 | 8 114 | 79 | 87 |
| **East Anglia** | **29 583** | **32 761** | **91** | **101** |
| **South-East** | **288 778** | **319 800** | **105** | **116** |
| Bedfordshire, Hertfordshire | 21 801 | 24 143 | 91 | 101 |
| Berkshire, Buckinghamshire, Oxfordshire | 32 314 | 35 786 | 104 | 115 |
| Surrey, East-West Sussex | 33 098 | 36 654 | 86 | 95 |
| Essex | 17 926 | 19 852 | 74 | 82 |
| Greater London | 139 716 | 154 725 | 130 | 144 |
| Hampshire, Isle of Wight | 24 066 | 26 652 | 90 | 100 |
| Kent | 19 854 | 21 987 | 83 | 92 |
| **South-West** | **62 804** | **69 551** | **85** | **94** |
| Avon, Gloucestershire, Wiltshire | 30 715 | 34 015 | 94 | 105 |
| Cornwall, Devon | 17 646 | 19 541 | 74 | 82 |
| Dorset, Somerset | 14 441 | 15 992 | 82 | 90 |
| **West Midlands** | **67 231** | **74 453** | **82** | **91** |
| Hereford-Worcs., Warwickshire | 14 661 | 16 236 | 80 | 88 |
| Shropshire, Staffordshire | 17 497 | 19 377 | 77 | 85 |
| West Midlands (County) | 35 073 | 38 840 | 86 | 95 |
| **North-West** | **80 112** | **88 719** | **80** | **89** |
| Cheshire | 13 920 | 15 415 | 92 | 102 |
| Greater Manchester | 33 033 | 36 582 | 82 | 91 |
| Lancashire | 18 256 | 20 218 | 83 | 92 |
| Merseyside | 14 901 | 16 502 | 66 | 73 |
| **Wales** | **34 064** | **37 723** | **75** | **84** |
| Clwyd, Dyfed, Gwynedd, Powys | 12 767 | 14 138 | 73 | 81 |
| Gwent, Mid-South-West Glamorgan | 21 295 | 23 583 | 77 | 85 |
| **Scotland** | **69 673** | **77 158** | **87** | **97** |
| Borders-Central-Fife-Lothian-Tayside | 25 624 | 28 376 | 88 | 97 |
| Dumfries & Galloway, Strathclyde | 30 724 | 34 025 | 81 | 90 |
| Highlands, Islands | 3 426 | 3 794 | 79 | 88 |
| Grampian | 9 897 | 10 960 | 122 | 135 |
| **Northern Ireland** | **18 052** | **19 991** | **72** | **80** |

*Regional accounts*

## 2.20. Gross value-added at market prices by branch — 1991

(%)

| Territorial units (NUTS)<br>Level I<br>Level II | Agricultural, forestry and fishery products | Industrial products | Services | Total |
|---|---|---|---|---|
| **BELGIQUE/BELGIË** ([1]) | 2,0 | 32,0 | 66,1 | 100,0 |
| **Vlaams gewest** | 2,2 | 35,8 | 62,0 | 100,0 |
| **Région wallonne** | 2,6 | 31,3 | 66,1 | 100,0 |
| **Bruxelles/Brussel** | 0,0 | 19,0 | 81,0 | 100,0 |
| Antwerpen | 1,1 | 36,8 | 62,1 | 100,0 |
| Brabant | 0,8 | 21,7 | 77,6 | 100,0 |
| Hainaut | 2,1 | 31,9 | 66,0 | 100,0 |
| Liège | 1,8 | 35,3 | 62,9 | 100,0 |
| Limburg | 2,1 | 44,0 | 53,9 | 100,0 |
| Luxembourg | 7,3 | 21,0 | 71,7 | 100,0 |
| Namur | 4,0 | 25,3 | 70,8 | 100,0 |
| Oost-Vlaanderen | 2,4 | 38,0 | 59,3 | 100,0 |
| West-Vlaanderen | 4,4 | 33,0 | 62,6 | 100,0 |
| **DANMARK** | 3,9 | 26,4 | 69,6 | 100,0 |

([1]) 1988, at factor cost.

*Regional accounts*

## 2.21. Gross value-added at market prices by branch — 1991

(%)

| Territorial units (NUTS) Level I Level II | Agricultural, forestry and fishery products | Industrial products | Services | Total |
|---|---|---|---|---|
| **DEUTSCHLAND** | 1,3 | 38,6 | 60,2 | 100,0 |
| **Baden-Württemberg** | 1,1 | 44,6 | 54,3 | 100,0 |
| Stuttgart | : | : | : | : |
| Karlsruhe | : | : | : | : |
| Freiburg | : | : | : | : |
| Tübingen | : | : | : | : |
| **Bayern** | 1,5 | 38,7 | 59,8 | 100,0 |
| Oberbayern | : | : | : | : |
| Niederbayern | : | : | : | : |
| Oberpfalz | : | : | : | : |
| Oberfranken | : | : | : | : |
| Mittelfranken | : | : | : | : |
| Unterfranken | : | : | : | : |
| Schwaben | : | : | : | : |
| **Berlin (West)** | 0,2 | 41,0 | 58,8 | 100,0 |
| **Brandenburg** | : | : | : | : |
| **Bremen** | 0,3 | 34,2 | 65,5 | 100,0 |
| **Hamburg** | 0,2 | 25,6 | 74,2 | 100,0 |
| **Hessen** | 0,7 | 31,0 | 68,4 | 100,0 |
| Darmstadt | : | : | : | : |
| Gießen | : | : | : | : |
| Kassel | : | : | : | : |
| **Mecklenburg-Vorpommern** | : | : | : | : |
| **Niedersachsen** | 3,3 | 36,8 | 59,9 | 100,0 |
| Braunschweig | : | : | : | : |
| Hannover | : | : | : | : |
| Lüneburg | : | : | : | : |
| Weser-Ems | : | : | : | : |

*Regional accounts*

## 2.21. Gross value-added at market prices by branch — 1991

(%)

| Territorial units (NUTS)<br>Level I<br>Level II | Agricultural, forestry and fishery products | Industrial products | Services | Total |
|---|---|---|---|---|
| **Nordrhein-Westfalen** | 0,9 | 40,5 | 58,6 | 100,0 |
| Düsseldorf | : | : | : | : |
| Köln | : | : | : | : |
| Münster | : | : | : | : |
| Detmold | : | : | : | : |
| Arnsberg | : | : | : | : |
| **Rheinland-Pfalz** | 1,8 | 42,0 | 56,2 | 100,0 |
| Koblenz | : | : | : | : |
| Trier | : | : | : | : |
| Rheinhessen-Pfalz | : | : | : | : |
| **Saarland** | 0,3 | 40,0 | 59,7 | 100,0 |
| **Sachsen** | : | : | : | : |
| Chemnitz | : | : | : | : |
| Dresden | : | : | : | : |
| Leipzig | : | : | : | : |
| **Sachsen-Anhalt** | : | : | : | : |
| Dessau | : | : | : | : |
| Halle | : | : | : | : |
| Magdeburg | : | : | : | : |
| **Schleswig-Holstein** | 2,8 | 32,3 | 65,0 | 100,0 |
| **Thüringen** | : | : | : | : |

*Regional accounts*

## 2.22. Gross value-added at market prices by branch — 1991

(%)

| Territorial units (NUTS)<br>**Level I**<br>Level II | Agricultural, forestry and fishery products | Industrial products | Services | Total |
|---|---|---|---|---|
| **ΕΛΛΑΔΑ(¹)(²)** | **16,3** | **27,4** | **56,3** | **100,0** |
| **Βόρεια Ελλάδα** | **24,7** | **30,9** | **44,4** | **100,0** |
| Ανατολική Μακεδονία, Θράκη | 28,7 | 32,0 | 39,3 | 100,0 |
| Κεντρική Μακεδονία | 20,7 | 30,0 | 49,3 | 100,0 |
| Δυτική Μακεδονία | 21,1 | 42,0 | 36,9 | 100,0 |
| Θεσσαλία | 32,8 | 27,7 | 39,6 | 100,0 |
| **Κεντρική Ελλάδα** | **28,3** | **30,3** | **41,4** | **100,0** |
| Ήπειρος | 28,0 | 23,6 | 48,4 | 100,0 |
| Ιόνια Νησιά | 23,0 | 18,4 | 58,6 | 100,0 |
| Δυτική Ελλάδα | 30,6 | 25,6 | 43,8 | 100,0 |
| Στερεά Ελλάδα | 22,4 | 43,6 | 33,9 | 100,0 |
| Πελοπόννησος | 34,6 | 25,8 | 39,6 | 100,0 |
| **Αττική** | **2,0** | **26,5** | **71,5** | **100,0** |
| **Νησιά** | **24,3** | **20,0** | **55,7** | **100,0** |
| Βόρειο Αιγαίο | 22,3 | 22,1 | 55,6 | 100,0 |
| Νότιο Αιγαίο | 13,1 | 23,0 | 63,9 | 100,0 |
| Κρήτη | 30,7 | 17,9 | 51,5 | 100,0 |

(¹) At factor cost.
(²) See page 8 for translation.

*Regional accounts*

## 2.23. Gross value-added at market prices by branch — 1991

(%)

| Territorial units (NUTS)<br>**Level I**<br>Level II | Agricultural, forestry and fishery products | Industrial products | Services | Total |
|---|---|---|---|---|
| **ESPAÑA** | **4,0** | **33,5** | **62,5** | **100,0** |
| **Noroeste** | **6,3** | **35,4** | **58,2** | **100,0** |
| Galicia | 8,3 | 34,4 | 57,3 | 100,0 |
| Asturias | 2,7 | 39,0 | 58,2 | 100,0 |
| Cantabria | 4,8 | 32,7 | 62,5 | 100,0 |
| **Noreste** | **3,5** | **41,8** | **54,7** | **100,0** |
| País Vasco | 2,0 | 45,0 | 53,0 | 100,0 |
| Navarra | 4,4 | 41,8 | 53,8 | 100,0 |
| Rioja | 7,7 | 44,8 | 47,6 | 100,0 |
| Aragón | 4,8 | 34,7 | 60,4 | 100,0 |
| **Madrid** | **0,2** | **27,1** | **72,8** | **100,0** |
| **Centro** | **7,5** | **35,3** | **57,1** | **100,0** |
| Castilla y León | 6,1 | 34,8 | 59,0 | 100,0 |
| Castilla-La Mancha | 8,8 | 38,6 | 52,6 | 100,0 |
| Extremadura | 9,3 | 30,0 | 60,7 | 100,0 |
| **Este** | **2,1** | **35,7** | **62,2** | **100,0** |
| Cataluña | 1,4 | 38,8 | 59,8 | 100,0 |
| Comunidad Valenciana | 3,5 | 34,0 | 62,4 | 100,0 |
| Baleares | 1,7 | 18,0 | 80,3 | 100,0 |
| **Sur** | **8,1** | **30,0** | **61,9** | **100,0** |
| Andalucia | 8,2 | 29,8 | 62,0 | 100,0 |
| Murcia | 8,2 | 33,0 | 58,8 | 100,0 |
| Ceuta y Melilla | 0,8 | 9,4 | 89,8 | 100,0 |
| **Canarias** | **3,3** | **21,0** | **75,7** | **100,0** |

*Regional accounts*

## 2.24. Gross value-added at market prices by branch — 1991

(%)

| Territorial units (NUTS) Level I Level II | Agricultural, forestry and fishery products | Industrial products | Services | Total |
|---|---|---|---|---|
| **FRANCE** | **3,2** | **29,8** | **67,0** | **100,0** |
| **Île-de-France** | **0,3** | **27,2** | **72,5** | **100,0** |
| **Bassin parisien** | **5,9** | **34,1** | **60,0** | **100,0** |
| Champagne-Ardenne | 11,7 | 33,4 | 54,9 | 100,0 |
| Picardie | 5,7 | 33,3 | 61,0 | 100,0 |
| Haute-Normandie | 2,6 | 41,2 | 56,2 | 100,0 |
| Centre | 5,3 | 33,1 | 61,7 | 100,0 |
| Basse-Normandie | 5,9 | 31,1 | 63,0 | 100,0 |
| Bourgogne | 6,0 | 30,8 | 63,3 | 100,0 |
| **Nord-Pas-de-Calais** | **1,8** | **32,8** | **65,4** | **100,0** |
| **Est** | **2,9** | **36,9** | **60,2** | **100,0** |
| Lorraine | 2,7 | 34,1 | 63,3 | 100,0 |
| Alsace | 2,9 | 37,4 | 59,7 | 100,0 |
| Franche-Comté | 3,6 | 41,5 | 54,9 | 100,0 |
| **Ouest** | **6,2** | **28,2** | **65,7** | **100,0** |
| Pays de la Loire | 5,4 | 31,4 | 63,2 | 100,0 |
| Bretagne | 7,1 | 24,9 | 68,0 | 100,0 |
| Poitou-Charentes | 6,2 | 27,2 | 66,6 | 100,0 |
| **Sud-Ouest** | **4,9** | **26,8** | **68,3** | **100,0** |
| Aquitaine | 5,7 | 26,7 | 67,6 | 100,0 |
| Midi-Pyrénées | 4,4 | 26,4 | 69,2 | 100,0 |
| Limousin | 3,4 | 28,8 | 67,8 | 100,0 |
| **Centre-Est** | **2,7** | **35,1** | **62,2** | **100,0** |
| Rhône-Alpes | 2,4 | 35,9 | 61,7 | 100,0 |
| Auvergne | 4,3 | 31,0 | 64,7 | 100,0 |
| **Méditerranée** | **3,7** | **22,2** | **74,1** | **100,0** |
| Languedoc-Roussillon | 6,5 | 21,2 | 72,3 | 100,0 |
| Provence-Alpes-Côte-d'Azur | 2,5 | 22,7 | 74,8 | 100,0 |
| Corse | 2,7 | 21,9 | 75,4 | 100,0 |

# Regional accounts

## 2.24. Gross value-added at market prices by branch — 1991

(%)

| Territorial units (NUTS) **Level I** Level II | Agricultural, forestry and fishery products | Industrial products | Services | Total |
|---|---|---|---|---|
| **Départements d'outre-mer** | : | : | : | : |
| Guadeloupe | : | : | : | : |
| Martinique | : | : | : | : |
| Guyane | : | : | : | : |
| Réunion | : | : | : | : |

*Regional accounts*

## 2.25. Gross value-added at market prices by branch — 1991

(%)

| Territorial units (NUTS) Level I Level II | Agricultural, forestry and fishery products | Industrial products | Services | Total |
|---|---|---|---|---|
| **IRELAND** | 7,6 | 37,2 | 55,2 | 100,0 |
| **ITALIA** ([1]) | 3,9 | 30,3 | 65,8 | 100,0 |
| **Nord-Ovest** | 2,5 | 34,2 | 63,3 | 100,0 |
| Piemonte | 2,7 | 37,9 | 59,4 | 100,0 |
| Valle d'Aosta | 2,2 | 26,8 | 71,0 | 100,0 |
| Liguria | 2,0 | 25,3 | 72,6 | 100,0 |
| **Lombardia** | 1,7 | 39,0 | 59,3 | 100,0 |
| **Nord-Est** | 4,0 | 34,3 | 61,8 | 100,0 |
| Trentino-Alto Adige | 5,6 | 24,7 | 69,7 | 100,0 |
| Veneto | 3,9 | 37,6 | 58,5 | 100,0 |
| Friuli-Venezia Giulia | 2,8 | 30,0 | 67,2 | 100,0 |
| **Emilia-Romagna** | 5,0 | 33,6 | 61,5 | 100,0 |
| **Centro** | 3,3 | 32,4 | 64,3 | 100,0 |
| Toscana | 2,5 | 32,5 | 65,0 | 100,0 |
| Umbria | 5,1 | 30,7 | 64,1 | 100,0 |
| Marche | 4,5 | 32,8 | 62,7 | 100,0 |
| **Lazio** | 2,1 | 19,8 | 78,1 | 100,0 |
| **Campania** | 4,9 | 21,8 | 73,4 | 100,0 |
| **Abruzzi-Molise** | 5,9 | 28,8 | 65,3 | 100,0 |
| Abruzzi | 5,8 | 29,5 | 64,7 | 100,0 |
| Molise | 6,2 | 25,9 | 67,9 | 100,0 |
| **Sud** | 8,3 | 21,0 | 70,7 | 100,0 |
| Puglia | 8,3 | 21,9 | 69,7 | 100,0 |
| Basilicata | 8,0 | 22,9 | 69,1 | 100,0 |
| Calabria | 8,3 | 18,0 | 73,7 | 100,0 |
| **Sicilia** | 7,9 | 19,8 | 72,3 | 100,0 |
| **Sardegna** | 5,2 | 25,3 | 69,5 | 100,0 |

([1]) At factor cost.

*Regional accounts*

## 2.26. Gross value-added at market prices by branch — 1991

(%)

| Territorial units (NUTS)<br>Level I<br>Level II | Agricultural, forestry and fishery products | Industrial products | Services | Total |
|---|---|---|---|---|
| **LUXEMBOURG (GRAND-DUCHÉ)** | 1,4 | 32,9 | 65,7 | 100,0 |
| **NEDERLAND** | 4,1 | 30,1 | 65,7 | 100,0 |
| Noord-Nederland | 5,5 | 43,2 | 51,3 | 100,0 |
| Groningen | 3,1 | 54,4 | 42,5 | 100,0 |
| Friesland | 8,1 | 31,7 | 60,2 | 100,0 |
| Drenthe | 6,5 | 36,8 | 56,8 | 100,0 |
| Oost-Nederland | 5,2 | 28,7 | 66,1 | 100,0 |
| Overijssel | 5,0 | 33,3 | 61,7 | 100,0 |
| Gelderland | 4,3 | 27,3 | 68,4 | 100,0 |
| Flevoland | 15,0 | 17,5 | 67,6 | 100,0 |
| West-Nederland | 3,4 | 24,5 | 72,1 | 100,0 |
| Utrecht | 1,9 | 19,1 | 79,0 | 100,0 |
| Noord-Holland | 2,2 | 21,7 | 76,1 | 100,0 |
| Zuid-Holland | 4,6 | 26,4 | 69,0 | 100,0 |
| Zeeland | 5,4 | 42,2 | 52,5 | 100,0 |
| Zuid-Nederland | 4,5 | 34,7 | 60,8 | 100,0 |
| Noord-Brabant | 4,3 | 34,9 | 60,8 | 100,0 |
| Limburg | 4,9 | 34,3 | 60,8 | 100,0 |
| **PORTUGAL** | 5,8 | 37,0 | 57,2 | 100,0 |
| Continente | 5,8 | 37,0 | 57,2 | 100,0 |
| Norte | 4,6 | 47,7 | 47,7 | 100,0 |
| Centro | 10,4 | 43,4 | 46,2 | 100,0 |
| Lisboa e Vale do Tejo | 3,8 | 29,8 | 66,5 | 100,0 |
| Alentejo | 21,6 | 28,0 | 50,5 | 100,0 |
| Algarve | 14,9 | 18,8 | 66,3 | 100,0 |
| Açores | : | : | : | : |
| Madeira | : | : | : | : |
| **UNITED KINGDOM (¹)** | 1,8 | 32,3 | 65,9 | 100,0 |
| North | 1,8 | 40,6 | 57,5 | 100,0 |
| Cleveland, Durham | : | : | : | : |
| Cumbria | : | : | : | : |
| Northumberland, Tyne and Wear | : | : | : | : |

(¹) At factor cost.

*Regional accounts*

## 2.27. Gross value-added at market prices by branch — 1991

(%)

| Territorial units (NUTS)<br>Level I<br>Level II | Agricultural, forestry and fishery products | Industrial products | Services | Total |
|---|---|---|---|---|
| **Yorkshire and Humberside** | 1,9 | 37,8 | 60,3 | 100,0 |
| Humberside | : | : | : | : |
| North Yorkshire | : | : | : | : |
| South Yorkshire | : | : | : | : |
| West Yorkshire | : | : | : | : |
| **East Midlands** | 2,7 | 39,7 | 57,6 | 100,0 |
| Derbyshire, Nottinghamshire | : | : | : | : |
| Leicestershire, Northamptonshire | : | : | : | : |
| Lincolnshire | : | : | : | : |
| **East Anglia** | 4,9 | 31,4 | 63,7 | 100,0 |
| **South-East** | 0,7 | 23,7 | 75,6 | 100,0 |
| Bedfordshire, Hertfordshire | : | : | : | : |
| Berkshire, Buckinghamshire, Oxfordshire | : | : | : | : |
| Surrey, East-West Sussex | : | : | : | : |
| Essex | : | : | : | : |
| Greater London | : | : | : | : |
| Hampshire, Isle of Wight | : | : | : | : |
| Kent | : | : | : | : |
| **South-West** | 3,5 | 30,0 | 66,6 | 100,0 |
| Avon, Gloucestershire, Wiltshire | : | : | : | : |
| Cornwall, Devon | : | : | : | : |
| Dorset, Somerset | : | : | : | : |
| **West Midlands** | 2,0 | 39,3 | 58,6 | 100,0 |
| Hereford-Worcs., Warwickshire | : | : | : | : |
| Shropshire, Staffordshire | : | : | : | : |
| West Midlands (County) | : | : | : | : |
| **North-West** | 0,9 | 36,9 | 62,2 | 100,0 |
| Cheshire | : | : | : | : |
| Greater Manchester | : | : | : | : |
| Lancashire | : | : | : | : |
| Merseyside | : | : | : | : |
| **Wales** | 2,2 | 39,1 | 58,7 | 100,0 |
| Clwyd, Dyfed, Gwynedd, Powys | : | : | : | : |
| Gwent, Mid-South-West Glamorgan | : | : | : | : |
| **Scotland** | 2,7 | 32,7 | 64,6 | 100,0 |
| Borders-Central-Fife-Lothian-Tayside | : | : | : | : |
| Dumfries & Galloway, Strathclyde | : | : | : | : |
| Highlands, Islands | : | : | : | : |
| Grampian | : | : | : | : |
| **Northern Ireland** | 4,0 | 29,7 | 66,3 | 100,0 |

## 2.28. Money market rates

(%)

| | Country | Official discount rate | | | Day-to-day money rate | |
|---|---|---|---|---|---|---|
| | | End 1993 | At 31.12.94 | Since: | December 1993 | December 1994 |
| 1 | Belgique/België | 5,25 | 4,50 | 05.94 | 7,65 | 3,85 |
| 2 | Danmark | 6,25 | 5,00 | 05.94 | 6,27 | 6,16 |
| 3 | Deutschland | 5,75 | 4,50 | 05.94 | 6,19 | 4,90 |
| 4 | Ελλάδα | 21,50 | 20,50 | 11.94 | 19,90 | 17,50 |
| 5 | España | : | : | : | 9,14 | 7,47 |
| 6 | France | : | : | : | 7,02 | 5,32 |
| 7 | Ireland | : | : | : | 6,91 | 5,25 |
| 8 | Italia | 8,00 | 7,50 | 08.94 | 8,59 | 9,04 |
| 9 | Luxembourg | : | : | : | : | : |
| 10 | Nederland | 5,00 | : | : | 5,85 | 5,17 |
| 11 | Portugal | 13,00 | 10,50 | 09.94 | 11,16 | 8,70 |
| 12 | United Kingdom | : | : | : | 5,25 | 5,43 |
| 13 | Österreich | 5,25 | 4,50 | 09.94 | 5,78 | 4,75 |
| 14 | Suomi/Finland | : | : | : | 6,22 | 4,57 |
| 15 | Island | : | : | : | : | : |
| 16 | Norge | : | : | : | 6,42 | 6,58 |
| 17 | Sverige | 5,00 | 7,00 | 10.94 | 7,95 | 7,52 |
| 18 | Schweiz/Suisse | 4,00 | 3,50 | 04.94 | 4,40 | 3,56 |
| 19 | Türkiye | : | : | : | : | : |
| 20 | USA | 3,00 | 4,75 | 11.94 | 2,96 | 5,45 |
| 21 | Canada | 4,16 | 7,00 | 12.94 | 4,13 | 5,54 |
| 22 | Nippon (Japan) | 1,75 | 1,75 | 09.93 | 2,44 | 2,29 |

# Finance

## 2.28. Money market rates

(%)

| Central bank advance rate on securities | | Treasury bills interest rates (3 months) | | Country | |
|---|---|---|---|---|---|
| End 1993 | December 1994 | End 1993 | December 1994 | | |
| 7,25 | 4,85 | 7,97 | 5,30 | Belgique/België | 1 |
| 6,75 | 5,50 | : | : | Danmark | 2 |
| 6,00 | 4,85 | : | : | Deutschland | 3 |
| 25,50 | 24,00 | 18,00 | 15,75 | Ελλάδα | 4 |
| 9,00 | 7,35 | 8,72 | 7,68 | España | 5 |
| 6,20 | 5,00 | 6,27 | 5,81 | France | 6 |
| 7,00 | 6,25 | : | : | Ireland | 7 |
| 8,00 | 8,50 | 7,11 | 8,06 | Italia | 8 |
| : | : | : | : | Luxembourg | 9 |
| 5,50 | 4,50 | : | : | Nederland | 10 |
| 11,25 | 8,88 | 10,98 | 10,45 | Portugal | 11 |
| 5,50 | 6,25 | 4,87 | 5,83 | United Kingdom | 12 |
| 5,60 | 4,70 | : | : | Österreich | 13 |
| 6,18 | 5,55 | : | : | Suomi/Finland | 14 |
| : | 5,40 | : | : | Ísland | 15 |
| 7,00 | 6,75 | 5,62 | 5,97 | Norge | 16 |
| 7,75 | 7,60 | 6,89 | 7,97 | Sverige | 17 |
| 6,63 | 6,25 | : | : | Schweiz/Suisse | 18 |
| : | : | : | : | Türkiye | 19 |
| : | : | 3,06 | 5,60 | USA | 20 |
| : | : | 3,91 | 7,18 | Canada | 21 |
| : | : | 1,63 | 1,63 | Nippon (Japan) | 22 |

87

*Finance*

## 2.29. Conversion rates
## 1 ECU = ... (yearly averages)

| | Country | | 1990 | 1991 | 1992 | 1993 | 1994 |
|---|---|---|---|---|---|---|---|
| 1 | Belgique/België | BFR | 42,4252 | 42,2232 | 41,5932 | 40,4713 | 39,6565 |
| 2 | Danmark | DKR | 7,85645 | 7,90852 | 7,80925 | 7,59359 | 7,54328 |
| 3 | Deutschland | DM | 2,05211 | 2,05076 | 2,02031 | 1,93639 | 1,9237 |
| 4 | Ελλάδα | DR | 201,412 | 225,215 | 247,026 | 268,568 | 288,026 |
| 5 | España | PTA | 129,315 | 128,468 | 132,526 | 149,124 | 158,919 |
| 6 | France | FF | 6,91416 | 6,97334 | 6,84839 | 6,63368 | 6,58263 |
| 7 | Ireland | IRL | 0,767769 | 0,767808 | 0,76072 | 0,79995 | 0,793618 |
| 8 | Italia | LIT | 1521,94 | 1533,23 | 1595,51 | 1841,23 | 1915,06 |
| 9 | Luxembourg | LFR | 42,4257 | 42,2232 | 41,5932 | 40,4713 | 39,6565 |
| 10 | Nederland | HFL | 2,31211 | 2,31093 | 2,27482 | 2,17521 | 2,15827 |
| 11 | Portugal | ESC | 181,107 | 178,614 | 174,714 | 188,37 | 196,896 |
| 12 | United Kingdom | UKL | 0,713856 | 0,701012 | 0,73765 | 0,77999 | 0,775902 |
| 13 | Österreich | ÖS | 14,4401 | 14,4309 | 14,2169 | 13,6238 | 13,5395 |
| 14 | Suomi/Finland | FMK | 4,85488 | 5,00211 | 5,80703 | 6,69628 | 6,19077 |
| 15 | Ísland | IKR | 74,3891 | 73,2840 | 74,6584 | 79,2528 | 83,3015 |
| 16 | Norge | NKR | 7,94837 | 8,01701 | 8,04177 | 8,30954 | 8,37420 |
| 17 | Sverige | SKR | 7,52021 | 7,47926 | 7,53295 | 9,12151 | 9,16308 |
| 18 | Schweiz/Suisse | SFR | 1,76210 | 1,77245 | 1,81776 | 1,73019 | 1,62124 |
| | **CIS** of which: | | : | : | : | : | : |
| 19 | Russia | RUR | : | : | : | : | 1 091,55 |
| 20 | Türkiye | LT | 3 329,06 | 5 153,29 | 8 930,95 | 12 879,28 | 35 535,26 |
| 21 | USA | USD | 1,27322 | 1,23916 | 1,2981 | 1,171 | 1,18952 |
| 22 | Canada | CAD | 1,48519 | 1,41981 | 1,56863 | 1,5107 | 1,6247 |
| 23 | Nippon (Japan) | YEN | 183,678 | 166,493 | 164,223 | 130,147 | 121,322 |

*Finance*

## 2.29. Conversion rates
### 1 PPS = ... (yearly averages)

| | Country | | 1990 | 1991 | 1992 | 1993 | 1994 ([2]) |
|---|---|---|---|---|---|---|---|
| 1 | Belgique/België | BFR | 42,45 | 41,61 | 40,87 | 40,25 | 41,99 |
| 2 | Danmark | DKR | 10,16 | 9,75 | 9,89 | 9,49 | 9,89 |
| 3 | Deutschland | DM | 2,25 | 2,22 | 2,23 | 2,27 | 2,31 |
| 4 | Ελλάδα | DR | 151,48 | 171,25 | 183,95 | 198,91 | 223,77 |
| 5 | España | PTA | 117,70 | 117,30 | 124,13 | 126,19 | 129,76 |
| 6 | France | FF | 7,12 | 6,92 | 6,94 | 7,09 | 6,98 |
| 7 | Ireland | IRL | 0,74 | 0,71 | 0,69 | 0,71 | 0,71 |
| 8 | Italia | LIT | 1 527,00 | 1 554,00 | 1 577,71 | 1 655,00 | 1 648,04 |
| 9 | Luxembourg | LFR | 42,71 | 41,95 | 42,06 | 42,75 | 41,90 |
| 10 | Nederland | HFL | 2,33 | 2,32 | 2,31 | 2,30 | 2,31 |
| 11 | Portugal | ESC | 111,60 | 116,80 | 125,00 | 126,17 | 136,52 |
| 12 | United Kingdom | UKL | 0,66 | 0,68 | 0,67 | 0,69 | 0,68 |
| 13 | Österreich ([1]) | ÖS | 14,00 | 14,20 | 15,12 | 14,96 | 15,67 |
| 14 | Suomi/Finland ([1]) | FMK | 6,38 | 6,30 | 6,87 | 6,57 | 6,95 |
| 15 | Ísland ([1]) | IKR | 82,60 | 85,30 | 85,70 | 88,77 | : |
| 16 | Norge ([1]) | NKR | 9,73 | 9,59 | 9,22 | 9,43 | 9,27 |
| 17 | Sverige ([1]) | SKR | 9,34 | 9,95 | 10,00 | 10,61 | 10,76 |
| 18 | Schweiz/Suisse ([1]) | SFR | 2,20 | 2,23 | 2,34 | 2,30 | 2,37 |
| 19 | Türkiye ([1]) | LI | 1 491,00 | 2 240,00 | 3 520,00 | 6 410,00 | : |
| 20 | USA | USD | 1,08 | 1,07 | 1,05 | 1,08 | 1,03 |
| 21 | Canada ([1]) | CAD | 1,30 | 1,28 | 1,26 | 1,37 | : |
| 22 | Nippon (Japan) | YEN | 211,00 | 205,00 | 199,00 | 197,71 | 193,17 |

([1]) Sources: 1990–92: OECD, National Accounts 1960–92; 1993: Eurostat calculations.

([2]) Estimate (DG II).

## 2.30. Central government debt

*(Mio ECU)*

| | Country | Total | | Domestic | | Foreign | |
|---|---|---|---|---|---|---|---|
| | | End 1992 | End 1993 | End 1992 | End 1993 | End 1992 | End 1993 |
| | **EUR 12** | : | : | : | : | : | : |
| 1 | Belgique/België | 206 421 | 225 212 | 181 256 | 187 483 | 25 165 | 37 729 |
| 2 | Danmark | 77 164 | 84 495 | 63 362 | 62 570 | 13 802 | 21 925 |
| 3 | Deutschland | 609 740 | 690 436 | 431 217 | 424 175 | 178 523 | 266 261 |
| 4 | Ελλάδα | : | : | : | : | : | : |
| 5 | España | 168 993 | 180 779 | 145 163 | 140 732 | 23 830 | 40 047 |
| 6 | France | 316 521 | 376 286 | 308 221 | 367 483 | 8 300 | 8 803 |
| 7 | Ireland | 36 519 | 37 851 | 21 905 | 22 329 | 14 614 | 15 522 |
| 8 | Italia | 908 084 | 926 305 | 872 256 | 888 041 | 35 828 | 38 264 |
| 9 | Luxembourg | 327 | 398 | 174 | 249 | 153 | 149 |
| 10 | Nederland | 163 109 | 170 521 | 163 109 | 170 521 | 0 | 0 |
| 11 | Portugal | 40 933 | 42 842 | 37 839 | 37 805 | 3 094 | 5 037 |
| 12 | United Kingdom | 268 395 | 323 204 | 256 585 | 296 483 | 11 810 | 26 721 |
| 13 | Österreich | 72 230 | 81 487 | 59 696 | 65 847 | 12 534 | 15 640 |
| 14 | Suomi/Finland | 27 292 | 41 100 | 10 727 | 17 020 | 16 565 | 24 080 |
| 15 | Island | 1 982 | 2 227 | 854 | 972 | 1 128 | 1 255 |
| 16 | Norge | 29 464 | : | 23 159 | : | 6 305 | 8 441 |
| 17 | Sverige | 71 008 | 95 807 | 55 108 | 47 440 | 15 900 | 48 367 |
| | **EEA** | : | : | : | : | : | : |
| 18 | Schweiz/Suisse | 31 366 | 42 018 | : | : | : | : |
| 19 | Türkiye | : | : | : | : | : | : |
| 20 | USA | 3 500 642 | 4 064 822 | 3 039 952 | 3 506 152 | 460 690 | 558 670 |
| 21 | Canada | : | : | : | : | : | : |
| 22 | Nippon (Japan) | : | : | : | : | : | : |

*Finance*

## 2.31. Money supply

*(Mio ECU)*

| | Country | Notes and coins in circulation | | Scriptural money | | Total | |
|---|---|---|---|---|---|---|---|
| | | End 1993 | September 1994 | End 1993 | September 1994 | End 1993 | September 1994 |
| | **EUR 12** | : | : | : | : | : | : |
| 1 | Belgique/België | 10 542 | 10 259 | 25 025 | 27 457 | 35 567 | 37 716 |
| 2 | Danmark | : | : | : | : | : | : |
| 3 | Deutschland | 109 510 | 113 671 | 265 716 | 251 501 | 375 226 | 365 172 |
| 4 | Ελλάδα | 5 447 | 5 044 | 4 228 | 4 702 | 9 675 | 9 746 |
| 5 | España | 40 957 | 42 811 | 60 850 | 62 160 | 101 807 | 104 971 |
| 6 | France | 38 419 | 37 960 | 207 664 | 198 005 | 246 083 | 235 965 |
| 7 | Ireland | 2 179 | 2 099 | 2 802 | 2 906 | 4 981 | 5 005 |
| 8 | Italia | 47 005 | 46 353 | 230 421 | 226 093 | 277 426 | 272 446 |
| 9 | Luxembourg | 405 | 400 | 1 757 | 1 858 | 2 162 | 2 258 |
| 10 | Nederland | 17 358 | 17 395 | 51 748 | 52 694 | 69 106 | 70 089 |
| 11 | Portugal | 3 821 | 3 800 | 13 396 | 13 199 | 17 217 | 16 999 |
| 12 | United Kingdom | : | : | : | : | : | : |
| 13 | Österreich | 9 361 | 10 908 | 15 227 | 14 292 | 24 588 | 25 200 |
| 14 | Suomi/Finland | 2 321 | 2 311 | 19 620 | 22 811 | 21 941 | 25 122 |
| 15 | Ísland | 48 | 49 | 342 | 355 | 390 | 404 |
| 16 | Norge | 4 261 | 4349 | 40 753 | 40 079 | 45 014 | 47 728 |
| 17 | Sverige | : | : | : | : | : | : |
| | **EEA** | : | : | : | : | : | : |
| 18 | Schweiz/Suisse | 16 359 | 16 024 | 36 110 | 37 532 | 52 469 | 53 556 |
| 19 | Türkiye | : | : | : | : | : | : |
| 20 | USA | 291 215 | 279 694 | 743 051 | 643 835 | 1 034 266 | 923 529 |
| 21 | Canada | : | : | : | : | : | : |
| 22 | Nippon (Japan) | 327 502 | 297 774 | 839 881 | 817 428 | 1 167 383 | 1 115 202 |

*Finance*

## 2.32. Money supply: M1 (¹)

*(Mrd)*

| | Country | | End of year | | | | |
|---|---|---|---|---|---|---|---|
| | | | 1990 | 1991 | 1992 | 1993 | 1994 (²) |
| 1 | Belgique/België | BFR | 1 316,90 | 1 334,60 | 1 336,00 | 1 432,90 | 1 489,70 |
| 2 | Danmark | DKR | 292,26 | : | : | : | : |
| 3 | Deutschland | DM | 584,19 | 604,22 | 669,58 | 726,32 | 701,30 |
| 4 | Ελλάδα | DR | 1 880,82 | 2 105,22 | 2 357,10 | 2 689,62 | 2 853,80 |
| 5 | España | PTA | 14 128,00 | 15 764,00 | 15 631,20 | 16 180,00 | 16 707,00 |
| 6 | France | FF | 1 689,90 | 1 611,10 | 1 631,10 | 1 618,60 | 1 546,60 |
| 7 | Ireland | IRL | 3,175 | 3,198 | 3,227 | 3,939 | 3 975,50 |
| 8 | Italia | LIT | 442 764 | 489 277 | 491 454 | 529 879 | 526 279 |
| 9 | Luxembourg | LFR | 72,80 | 80,40 | 81,90 | : | : |
| 10 | Nederland | HFL | 124,292 | 129,725 | 135,070 | 149,643 | 150,772 |
| 11 | Portugal | ESC | 2 352,20 | 2 704,90 | 3 163,90 | 3 125,30 | 3 328,00 |
| 12 | United Kingdom | UKL | : | : | : | : | : |
| 13 | Österreich | ÖS | 247,20 | 265,80 | 301,81 | 334,64 | 340,60 |
| 14 | Suomi/Finland | FMK | 44,40 | 130,65 | 134,83 | 141,75 | 151,20 |
| 15 | Island | IKR | 24,644 | 29,556 | 29,942 | 31,620 | 33,970 |
| 16 | Norge | NKR | 306,93 | 327,84 | 356,16 | 377,56 | 401,20 |
| 17 | Sverige | SKR | : | : | : | : | : |
| 18 | Schweiz/Suisse | SFR | 80,53 | 79,08 | 80,83 | 86,69 | 85,44 |

(¹) Sight deposits and notes and coins in circulation.
(²) September 1994.

Finance

## 2.33. Financial market rates (yearly averages)

| | Country | Index of share quotations 1985 = 100 | | Yields on share | |
|---|---|---|---|---|---|
| | | 1993 | 1994 | 1993 | 1994 |
| 1 | Belgique/België | 207 | 231 | 2,93 | 2,67 |
| 2 | Danmark | 148 | 176 | : | : |
| 3 | Deutschland | 147 | 168 | 3,40 | 3,07 |
| 4 | Ελλάδα | 474 | : | : | : |
| 5 | España | 317 | 368 | 5,15 | 3,99 |
| 6 | France (¹) | 130 | 138 | 3,12 | 3,02 |
| 7 | Ireland | 281 | 319 | : | : |
| 8 | Italia | 168 | 210 | 2,25 | 1,67 |
| 9 | Luxembourg | 245 | 353 | : | : |
| 10 | Nederland | 166 | 227 | 3,38 | 2,85 |
| 11 | Portugal (¹) | 89 | 116 | : | : |
| 12 | United Kingdom | 228 | 245 | 3,92 | 3,76 |
| 13 | Österreich (¹) | 67 | 75 | : | : |
| 14 | Suomi/Finland | 220 | 328 | 1,76 | 1,39 |
| 15 | Ísland | : | : | : | : |
| 16 | Norge | 186 | 231 | : | : |
| 17 | Sverige | 294 | 370 | : | : |
| 18 | Schweiz/Suisse (¹) | 147 | 174 | 1,95 | 1,76 |
| 19 | Türkiye | : | : | : | : |
| 20 | USA | 231 | 235 | 2,78 | 2,82 |
| 21 | Canada | 144 | 124 | 2,55 | 2,26 |
| 22 | Nippon (Japan) (¹) | 70 | 74 | 0,78 | 0,70 |

(¹) 1990 = 100.

*Finance*

## 2.33. Financial market rates (yearly averages)

| Yield on fixed interest securities | | | | Country | |
|---|---|---|---|---|---|
| Central government | | Private sector | | | |
| 1993 | 1994 | 1993 | 1994 | | |
| 7,22 | 7,71 | : | : | Belgique/België | 1 |
| 7,19 | 7,95 | 10,43 | 9,93 | Danmark | 2 |
| 6,28 | 6,68 | 6,47 | 6,92 | Deutschland | 3 |
| : | : | : | : | Ελλάδα | 4 |
| 10,16 | 9,70 | 10,92 | 9,99 | España | 5 |
| 7,04 | 7,52 | 7,21 | 7,79 | France | 6 |
| 7,72 | 8,20 | : | : | Ireland | 7 |
| 10,60 | 8,70 | : | : | Italia | 8 |
| 6,92 | 6,39 | 7,58 | 7,46 | Luxembourg | 9 |
| 6,31 | 6,72 | 6,38 | 6,91 | Nederland | 10 |
| 11,19 | 10,16 | : | : | Portugal | 11 |
| 7,87 | 8,05 | 8,98 | 9,20 | United Kingdom | 12 |
| 6,64 | 6,70 | 7,34 | : | Österreich | 13 |
| 8,82 | 9,05 | : | : | Suomi/Finland | 14 |
| : | : | : | : | Island | 15 |
| 6,87 | 7,25 | 7,65 | : | Norge | 16 |
| 8,61 | 9,51 | 8,99 | 10,15 | Sverige | 17 |
| 4,58 | 5,06 | 5,04 | 5,38 | Schweiz/Suisse | 18 |
| : | : | : | : | Türkiye | 19 |
| 6,46 | 7,42 | 7,54 | 8,30 | USA | 20 |
| 7,88 | 8,63 | 8,89 | 9,70 | Canada | 21 |
| 4,26 | 4,49 | 5,02 | 5,04 | Nippon (Japan) | 22 |

*Finance*

## 2.34. Index of share quotations

*(1985 = 100)*

| | Country | 1990 | 1991 | 1992 | 1993 | 1994 |
|---|---|---|---|---|---|---|
| | **EUR 12** | : | : | : | : | : |
| 1 | Belgique/België | : | 190 | 187 | 207 | 231 |
| 2 | Danmark | 146 | 158 | 145 | 148 | 176 |
| 3 | Deutschland | 156 | 141 | 138 | 147 | 168 |
| 4 | Ελλάδα | 907 | 721 | 561 | 448 | : |
| 5 | España | 303 | 311 | 270 | 317 | 368 |
| 6 | France (¹) | 100 | 113 | 117 | 130 | 138 |
| 7 | Ireland | 269 | 241 | 224 | 281 | 319 |
| 8 | Italia | 194 | 156 | 141 | 168 | 210 |
| 9 | Luxembourg | 197 | 187 | 178 | 245 | 353 |
| 10 | Nederland | 131 | 136 | 142 | 166 | 227 |
| 11 | Portugal (¹) | 100 | 86 | 75 | 89 | 116 |
| 12 | United Kingdom | 173 | 190 | 199 | 228 | 245 |
| 13 | Österreich (¹) | 100 | 85 | 67 | 67 | 75 |
| 14 | Suomi/Finland | 254 | 173 | 174 | 295 | 328 |
| 15 | Island | : | : | : | : | : |
| 16 | Norge | 232 | 209 | 195 | 248 | 231 |
| 17 | Sverige | 278 | 263 | 222 | 294 | 370 |
| 18 | Schweiz/Suisse (¹) | 100 | 104 | 113 | 147 | 174 |

(¹) 1990 = 100.

*Finance*

## 2.35. Official gross reserves of convertible currencies

*(Mio ECU)*

| Country | | End of year | | | | |
|---|---|---|---|---|---|---|
| | | 1990 | 1991 | 1992 | 1993 | 1994 (¹) |
| 1 Belg./Lux. | BFR | 8 158 | 8 255 | 7 678 | 9 385 | 11 023 |
| 2 Danmark | DKR | 7 382 | 5 077 | 8 781 | 8 773 | 6 958 |
| 3 Deutschland | DM | 46 191 | 42 895 | 71 992 | 65 167 | 64 370 |
| 4 Ελλάδα | DR | 2 424 | 3 789 | 3 883 | 6 840 | 9 291 |
| 5 España | PTA | 36 237 | 47 950 | 37 023 | 35 661 | 32 674 |
| 6 France | FF | 24 991 | 21 100 | 20 496 | 17 928 | 17 944 |
| 7 Ireland | IRL | 3 558 | 3 967 | 2 581 | 4 999 | 5 010 |
| 8 Italia | LIT | 44 143 | 33 929 | 20 923 | 22 526 | 23 810 |
| 9 Luxembourg | LFR | – | – | – | – | – |
| 10 Nederland | HFL | 11 757 | 12 111 | 16 959 | 26 552 | 26 521 |
| 11 Portugal | ESC | 10 455 | 15 110 | 15 730 | 13 871 | 12 433 |
| 12 United Kingdom | UKL | 24 154 | 28 883 | 28 570 | 31 030 | 30 806 |
| 13 Österreich | ÖS | 6 421 | 7 201 | 9 647 | 12 380 | 13 694 |
| 14 Suomi/Finland | FMK | 6 757 | 5 301 | 4 001 | 4 458 | 8 102 |
| 15 Island | IKR | 315 | 331 | 406 | 368 | 260 |
| 16 Norge | NKR | 10 491 | 9 105 | 9 303 | 16 644 | 15 761 |
| 17 Sverige | DKN | 12 737 | 13 033 | 18 403 | 16 404 | 17 859 |
| 18 Schweiz/Suisse | SFR | 21 434 | 21 629 | 27 187 | 28 259 | 24 869 |

(¹) September 1994.

*Finance*

## 2.36. Official gross reserves of convertible currencies and special drawing rights

*(Mio ECU)*

| | Country | Convertible currencies + ECU | | SDRs | |
|---|---|---|---|---|---|
| | | End 1993 | September 1994 | End 1993 | September 1994 |
| | **EUR 12** | **242 732** | **290 843** | **2 751** | **2 825** |
| 1 | Belgique/Luxembourg | 9 385 | 11 023 | 153 | 146 |
| 2 | Danmark | 8 773 | 6 958 | 76 | 148 |
| 3 | Deutschland | 65 167 | 64 370 | 861 | 883 |
| 4 | Ελλάδα | 6 840 | 9 291 | 0 | 0 |
| 5 | España | 35 661 | 32 674 | 193 | 201 |
| 6 | France | 17 928 | 17 944 | 296 | 291 |
| 7 | Ireland | 4 999 | 5 010 | 118 | 118 |
| 8 | Italia | 22 526 | 23 810 | 215 | 103 |
| 9 | Luxembourg | – | – | 8 | 8 |
| 10 | Nederland | 26 552 | 26 521 | 522 | 517 |
| 11 | Portugal | 13 871 | 12 433 | 51 | 55 |
| 12 | United Kingdom | 31 030 | 30 806 | 258 | 355 |
| 13 | Österreich | 12 380 | 13 694 | 196 | 195 |
| 14 | Suomi/Finland | 4 458 | 8 102 | 103 | 102 |
| 15 | Island | 368 | 260 | 0,1 | 0 |
| 16 | Norge | 16 644 | 15 671 | 354 | 353 |
| 17 | Sverige | 16 404 | 17 859 | 52 | 54 |
| | **EEA** | **292 986** | **296 426** | **3 456** | **3 529** |
| 18 | Schweiz/Suisse | 28 259 | 24 869 | 138 | 220 |
| 19 | Türkiye | 5 581 | 5 434 | 0 | 0 |
| 20 | USA | 37 213 | 35 004 | 8 086 | 8 035 |
| 21 | Canada | 9 385 | 10 885 | 952 | 926 |
| 22 | Nippon (Japan) | 79 498 | 88 762 | 1 382 | 1 547 |

*Finance*

## 2.37. International Monetary Fund (IMF) positions
## 1993-94

*(Mio ECU)*

| | Country | Quota | | SDR allocations | | Reserve position in the Fund ([1]) | |
|---|---|---|---|---|---|---|---|
| | | 31.12.1993 | 30.9.1994 | 31.12.1993 | 30.9.1994 | 31.12.1993 | 30.9.1994 |
| | **EUR 12** | **48 123** | **46 138** | **8 213** | **7 875** | **12 811** | **11 919** |
| 1 | Belgique/België | 3 826 | 3 668 | 598 | 573 | 689 | 662 |
| 2 | Danmark | 1 320 | 1 265 | 221 | 212 | 380 | 357 |
| 3 | Deutschland | 10 165 | 9 745 | 1 493 | 1 432 | 3 540 | 3 241 |
| 4 | Ελλάδα | 725 | 695 | 128 | 123 | 139 | 134 |
| 5 | España | 2 386 | 2 288 | 369 | 354 | 923 | 889 |
| 6 | France | 9 145 | 8 768 | 1 332 | 1 277 | 2069 | 1 915 |
| 7 | Ireland | 647 | 621 | 107 | 103 | 190 | 180 |
| 8 | Italia | 5 662 | 5 428 | 866 | 831 | 1 938 | 1 673 |
| 9 | Luxembourg | 167 | 160 | 21 | 20 | 29 | 28 |
| 10 | Nederland | 4 247 | 4 072 | 654 | 627 | 978 | 971 |
| 11 | Portugal | 688 | 660 | 65 | 63 | 270 | 265 |
| 12 | United Kingdom | 9 145 | 8 768 | 2 359 | 2 262 | 1 666 | 1 604 |
| 13 | Österreich | 1 465 | 1 405 | 222 | 213 | 468 | 451 |
| 14 | Suomi/Finland | 1063 | 1 019 | 176 | 169 | 270 | 232 |
| 15 | Island | 105 | 101 | 20 | 19 | 13 | 12 |
| 16 | Norge | 1 362 | 1 306 | 207 | 199 | 521 | 515 |
| 17 | Sverige | 1 991 | 1 908 | 303 | 291 | 554 | 534 |
| | **EEA** | **54 109** | **51 877** | **9 141** | **8 766** | **14 637** | **13 663** |
| 18 | Schweiz/Suisse | 3 046 | 2 921 | 0 | 0 | 741 | 722 |
| 19 | Türkiye | 792 | 759 | 138 | 132 | 39 | 38 |
| 20 | USA | 32 715 | 31 366 | 6 043 | 5 794 | 10 573 | 9 726 |
| 21 | Canada | 5 328 | 5 108 | 962 | 922 | 850 | 750 |
| 22 | Nippon (Japan) | 10 165 | 9 745 | 1 110 | 1 055 | 7 402 | 6 931 |

([1]) Unconditional drawing rights available.

*Balance of payments*

## 2.38. Balance of payments by main heading — 1993

*(Mio ECU)*

| | Country | Goods (fob) | Transport | Travel | Other services | Investment income | Labour income |
|---|---|---|---|---|---|---|---|
| | **EUR 12** | **54 197** | **-4 972** | **- 892** | **11 391** | **-21 228** | **-3 132** |
| 1 | Belg./Lux. | 3 156 | 1 369 | -1 958 | 3 923 | 2 554 | - 333 |
| 2 | Danmark | 6 675 | 477 | - 144 | 1 530 | -4 092 | : |
| 3 | Deutschland | 38 545 | -4 210 | -23 067 | -13 091 | 7 690 | -2 472 |
| 4 | Ελλάδα | -9 017 | - 255 | 2 002 | 2 563 | -1 264 | 39 |
| 5 | España | -13 702 | 209 | 12 489 | -2 026 | -5 161 | - 1 |
| 6 | France | 6 027 | - 950 | 9 044 | 7 552 | -6 702 | - 280 |
| 7 | Ireland | 6 031 | 493 | 316 | -1 409 | -4 830 | : |
| 8 | Italia | 27 767 | -3 052 | 6 834 | -3 546 | -13 874 | - 60 |
| 9 | Luxembourg | : | : | : | : | : | : |
| 10 | Nederland | 11 065 | 2 480 | -3 607 | 2 218 | 691 | - 102 |
| 11 | Portugal | -5 854 | - 532 | 1 994 | - 374 | - 42 | 67 |
| 12 | United Kingdom | -17 132 | - 724 | -4 566 | 13 118 | 2 146 | : |
| 13 | Österreich | -6 680 | 848 | 4 389 | 1 953 | - 893 | 174 |
| 14 | Suomi/Finland | 5 471 | - 20 | - 312 | -1 154 | -4 254 | 7 |
| 15 | Island | 155 | 35 | - 114 | - 7 | - 185 | 3 |
| 16 | Norge | 6 806 | 2 160 | -1 584 | -1 631 | -2 579 | - 56 |
| 17 | Sverige | 6 579 | 590 | -1 550 | 267 | -5 972 | - 123 |
| | **EEA** | **66 128** | **-1 386** | **464** | **9 908** | **-36 246** | **-3 135** |
| 18 | Schweiz/Suisse | 1 910 | - 500 | 1 042 | 6 109 | 12 314 | -4 177 |
| 19 | Türkiye | -12 101 | 40 | 2 591 | 2 314 | -1 314 | : |
| 20 | USA | -113 583 | 3 248 | 14 583 | 29 320 | 3 338 | - 983 |
| 21 | Canada | 6 491 | - 653 | -5 210 | -3 012 | -17 641 | : |
| 22 | Nippon (Japan) | 120968 | -8 913 | -19 922 | -11 062 | 35 231 | - 685 |

*Balance of payments*

## 2.38. Balance of payments by main heading — 1993

*(Mio ECU)*

| Governmental transactions | Unrequited transfers | Current. balance | Direct investment | Other long-term capital | Portfolio investment | Reserves | Errors and omissions | |
|---|---|---|---|---|---|---|---|---|
| 7 348 | -32 550 | 10 161 | -15 211 | 43 475 | 109 747 | 22 353 | -17 676 | |
| 3 198 | -2 243 | 9 667 | 5 650 | 17 886 | -6 931 | 1 831 | - 536 | 1 |
| 16 | - 440 | 4 022 | 274 | 5 459 | 10 855 | 397 | 1 050 | 2 |
| 6 592 | -26 702 | -16 715 | -10 222 | 4 417 | 102 149 | 18 520 | -12 362 | 3 |
| - 232 | 5 541 | - 624 | 835 | 3 753 | 0 | -2 638 | - 528 | 4 |
| - 873 | 3 900 | -5 165 | 4 026 | 7 429 | 21 659 | 3 967 | - 856 | 5 |
| - 594 | -5 253 | 8 844 | - 38 | -6 146 | 3 217 | 8 024 | 2 252 | 6 |
| 105 | 2 373 | 3 080 | 75 | -1 418 | 1 983 | -2 238 | 642 | 7 |
| 289 | -4 613 | 9 746 | -3 024 | -5 713 | 61 095 | -1 212 | -15 556 | 8 |
| : | : | : | : | : | : | : | : | 9 |
| 89 | -4 389 | 8 445 | -3 994 | -1 358 | 1 592 | -5 783 | 7 571 | 10 |
| - 145 | 5 724 | 837 | 977 | 414 | - 512 | 2 408 | - 134 | 11 |
| -1 150 | -6 700 | -15 009 | -9 599 | 18 817 | 66 608 | - 923 | 4 510 | 12 |
| 235 | - 786 | - 759 | - 536 | -1 243 | 7 515 | -1 916 | - 705 | 13 |
| - 74 | - 469 | - 805 | -1 070 | 2 160 | 4 875 | - 214 | 823 | 14 |
| 113 | - 2 | - 3 | 3 | 85 | - 35 | 52 | - 6 | 15 |
| 140 | -1 199 | 2 061 | 1 008 | 460 | - 239 | -6 567 | -1 376 | 16 |
| 156 | -1 497 | -1 549 | 323 | 12 043 | 963 | -1 070 | -4 142 | 17 |
| 7 867 | -36 750 | 6 851 | -15 313 | 57 049 | 152 620 | 12 028 | -20 794 | |
| 0 | -2 442 | 14 258 | -4 893 | - 127 | -14 780 | - 421 | 988 | 18 |
| - 190 | 3 223 | -5 437 | 531 | 1 168 | 3 374 | - 244 | -1 952 | 19 |
| 2 375 | -27 513 | -89 215 | -31 113 | 3 600 | -6 606 | -1 209 | 17 730 | 20 |
| - 469 | 161 | -20 333 | -1 085 | 153 | 17 618 | 381 | -4 374 | 21 |
| 1 843 | -5 204 | 112 256 | -11 644 | -1 953 | -56 387 | -23 337 | - 560 | 22 |

*Balance of payments*

## 2.39. Transport

*(Mio ECU)*

| | Country | 1989 | 1990 | 1991 | 1992 | 1993 |
|---|---|---|---|---|---|---|
| | **EUR 12** | **2 291** | **-1 914** | **-29 103** | **-10 183** | **54 197** |
| 1 | Belg./Lux. | 894 | - 251 | - 227 | 1 054 | 3 156 |
| 2 | Danmark | 2 193 | 3 822 | 3 831 | 5 560 | 6 675 |
| 3 | Deutschland | 70 455 | 56 622 | 18 417 | 24 998 | 38 545 |
| 4 | Ελλάδα | -6 696 | -7 963 | -8 118 | -8 961 | -9 017 |
| 5 | España | -22 300 | -23 239 | -24 922 | -23 928 | -13 702 |
| 6 | France | -9 675 | -10 664 | -8 093 | 1 388 | 6 027 |
| 7 | Ireland | 2 888 | 2 363 | 2 589 | 4 423 | 6 031 |
| 8 | Italia | -1 465 | 916 | - 153 | 2 155 | 27 767 |
| 9 | Luxembourg | : | : | : | : | : |
| 10 | Nederland | 7 372 | 8 042 | 8 617 | 8 780 | 11 065 |
| 11 | Portugal | -4 429 | -5 346 | -6 349 | -7 278 | -5 854 |
| 12 | United Kingdom | -36 945 | -26 215 | -14 697 | -17 987 | -17 132 |
| 13 | Österreich | -5 062 | -5 497 | -6 975 | -6 810 | -6 680 |
| 14 | Suomi/Finland | - 212 | 570 | 1 892 | 3 031 | 5 471 |
| 15 | Island | 122 | 66 | - 44 | - 1 | 155 |
| 16 | Norge | 3 447 | 5 973 | 7 013 | 7 188 | 6 806 |
| 17 | Sverige | 3 645 | 2 713 | 5 105 | 5 211 | 6 579 |
| | **EEA** | **4 009** | **1 734** | **-22 117** | **-1 175** | **66 128** |
| 18 | Schweiz/Suisse | -3 925 | -5 019 | -3 071 | 377 | 1 910 |
| 19 | Türkiye | -3 863 | -7 454 | -5 967 | -6 293 | -12 101 |
| 20 | USA | -104 703 | -85 232 | -60 158 | -73 601 | -113 583 |
| 21 | Canada | 5 387 | 6 444 | 3 033 | 4 653 | 6 491 |
| 22 | Nippon (Japan) | 69 878 | 49 784 | 83 616 | 102 157 | 120 968 |

# Balance of payments

## 2.39a. Travel

*(Mio ECU)*

| | Country | 1989 | 1990 | 1991 | 1992 | 1993 |
|---|---|---|---|---|---|---|
| | **EUR 12** | **-2 474** | **-4 079** | **-4 861** | **-7 580** | **-4 972** |
| 1 | Belg./Lux. | 989 | 1 054 | 935 | 1 189 | 1 369 |
| 2 | Danmark | 131 | 302 | 308 | 328 | 477 |
| 3 | Deutschland | -1 843 | -2 319 | -3 501 | -4 269 | -4 210 |
| 4 | Ελλάδα | - 469 | - 425 | - 545 | - 464 | - 255 |
| 5 | España | 806 | 498 | 501 | 355 | 209 |
| 6 | France | - 253 | -1 057 | - 946 | -1 233 | - 950 |
| 7 | Ireland | 463 | 520 | 533 | 532 | 493 |
| 8 | Italia | -2 908 | -3 776 | -3 090 | -4 578 | -3 052 |
| 9 | Luxembourg | : | : | : | : | : |
| 10 | Nederland | 2 521 | 2 691 | 2 663 | 2 586 | 2 480 |
| 11 | Portugal | - 599 | - 698 | - 822 | - 857 | - 532 |
| 12 | United Kingdom | -1 313 | - 868 | - 896 | -1 127 | - 724 |
| 13 | Österreich | 1 210 | 1 275 | 1 415 | 1 803 | 848 |
| 14 | Suomi/Finland | - 258 | - 166 | - 212 | - 141 | - 20 |
| 15 | Island | 13 | 30 | 19 | 18 | 35 |
| 16 | Norge | 2 274 | 2 430 | 2 799 | 1 850 | 2 160 |
| 17 | Sverige | 79 | 692 | 557 | 592 | 590 |
| | **EEA** | **844** | **184** | **- 283** | **-3 493** | **-1 386** |
| 18 | Schweiz/Suisse | - 314 | - 426 | - 254 | - 359 | - 500 |
| 19 | Türkiye | 271 | 14 | 189 | 123 | 40 |
| 20 | USA | 2 001 | 2 600 | 4 017 | 4 332 | 3 248 |
| 21 | Canada | - 555 | - 533 | - 407 | - 601 | - 653 |
| 22 | Nippon (Japan) | -6 597 | -6 972 | -7 608 | -7 108 | -8 913 |

## 2.39b. Other services

*(Mio ECU)*

| | Country | 1989 | 1990 | 1991 | 1992 | 1993 |
|---|---|---|---|---|---|---|
| | **EUR 12** | **3 353** | **3 432** | **3 294** | **- 644** | **- 892** |
| 1 | Belg./Lux. | -1 098 | -1 375 | -1 571 | -1 975 | -1 958 |
| 2 | Danmark | - 565 | - 279 | 80 | - 25 | - 144 |
| 3 | Deutschland | -13 695 | -14 919 | -16 662 | -19 740 | -23 067 |
| 4 | Ελλάδα | 1 072 | 1 156 | 1 306 | 1 572 | 2 002 |
| 5 | España | 11 967 | 11 221 | 11 814 | 12 838 | 12 489 |
| 6 | France | 5 649 | 6 244 | 7 315 | 8 706 | 9 044 |
| 7 | Ireland | 70 | 220 | 313 | 199 | 316 |
| 8 | Italia | 4 754 | 4 989 | 5 488 | 3 775 | 6 834 |
| 9 | Luxembourg | : | : | : | : | : |
| 10 | Nederland | -3 110 | -2 929 | -3 171 | -3 352 | -3 607 |
| 11 | Portugal | 1 913 | 2 098 | 2 196 | 1 949 | 1 994 |
| 12 | United Kingdom | -3 603 | -2 994 | -3 812 | -4 601 | -4 566 |
| 13 | Österreich | 4 034 | 4 479 | 5 184 | 4 875 | 4 389 |
| 14 | Suomi/Finland | - 929 | -1 249 | -1 197 | - 838 | - 312 |
| 15 | Island | - 88 | - 109 | - 126 | - 122 | - 114 |
| 16 | Norge | -1 490 | -1 649 | -1 429 | -1 588 | -1 584 |
| 17 | Sverige | -2 296 | -2 655 | -2 902 | -3 034 | -1 550 |
| | **EEA** | **2 584** | **2 249** | **2 824** | **-1 361** | **464** |
| 18 | Schweiz/Suisse | 604 | 784 | 1 106 | 1 105 | 1 042 |
| 19 | Türkiye | 1 826 | 2 115 | 1 710 | 2 174 | 2 591 |
| 20 | USA | 2 468 | 4 374 | 10 571 | 11 762 | 14 583 |
| 21 | Canada | -3 255 | -4 592 | -5 218 | -5 312 | -5 210 |
| 22 | Nippon (Japan) | -17 586 | -16 753 | -16 717 | -17 899 | -19 922 |

# Balance of payments

## 2.40. Merchandise trade balance (fob/fob)

*(Mio ECU)*

| | Country | 1989 | 1990 | 1991 | 1992 | 1993 |
|---|---|---|---|---|---|---|
| | **EUR 12** | **12 573** | **13 438** | **12 286** | **11 808** | **11 391** |
| 1 | Belg./Lux. | 1 075 | 2 251 | 2 575 | 3 451 | 3 923 |
| 2 | Danmark | 1 318 | 2 012 | 2 763 | 2 480 | 1 530 |
| 3 | Deutschland | -5 966 | -7 154 | -9 238 | -11 376 | -13 091 |
| 4 | Ελλάδα | 1 798 | 2 234 | 2 806 | 2 912 | 2 563 |
| 5 | España | -1 779 | -1 810 | -1 610 | -2 613 | -2 026 |
| 6 | France | 7 141 | 7 219 | 7 383 | 7 900 | 7 552 |
| 7 | Ireland | -1 112 | -1 019 | -1 080 | -1 260 | -1 409 |
| 8 | Italia | -2 580 | -2 938 | -3 298 | -3 272 | -3 546 |
| 9 | Luxembourg | : | : | : | : | : |
| 10 | Nederland | 1 268 | 2 028 | 715 | 1 041 | 2 218 |
| 11 | Portugal | - 201 | - 290 | - 403 | - 270 | - 374 |
| 12 | United Kingdom | 11 611 | 10 786 | 11 723 | 12 700 | 13 118 |
| 13 | Österreich | 721 | 1 114 | 1 377 | 971 | 1 953 |
| 14 | Suomi/Finland | - 770 | - 918 | -1 248 | -1 086 | -1 154 |
| 15 | Island | - 16 | 1 | - 16 | - 1 | - 7 |
| 16 | Norge | - 750 | - 616 | -1 006 | -1 238 | -1 631 |
| 17 | Sverige | - 653 | - 783 | 28 | 64 | 267 |
| | **EEA** | **11 106** | **12 236** | **11 399** | **10 642** | **9 908** |
| 18 | Schweiz/Suisse | 4 244 | 4 256 | 4 609 | 4 760 | 6 109 |
| 19 | Türkiye | 1 102 | 1 260 | 1 813 | 1 544 | 2 314 |
| 20 | USA | 22 663 | 21 187 | 25 294 | 27 726 | 29 320 |
| 21 | Canada | -2 898 | -2 592 | -2 702 | -2 421 | -3 012 |
| 22 | Nippon (Japan) | -12 779 | -12 587 | -12 297 | -11 415 | -11 062 |

*Balance of payments*

## 2.41. Current balance

*(Mio ECU)*

| | Country | 1989 | 1990 | 1991 | 1992 | 1993 |
|---|---|---|---|---|---|---|
| | **EUR 12** | **-540** | **-18 370** | **-53 318** | **-49 279** | **10 161** |
| 1 | Belg./Lux. | 2 915 | 2 775 | 3 883 | 5 123 | 9 667 |
| 2 | Danmark | -1 019 | 1 037 | 1 639 | 3 249 | 4 022 |
| 3 | Deutschland | 52 209 | 36 952 | -15 699 | -16 958 | -16 715 |
| 4 | Ελλάδα | -2 311 | -2 844 | -1 113 | -1 675 | -624 |
| 5 | España | -9 927 | -13 265 | -13 520 | -14 342 | -5 165 |
| 6 | France | -5 095 | -12 067 | -5 406 | 3 378 | 8 844 |
| 7 | Ireland | -444 | 45 | 1 204 | 1 883 | 3 080 |
| 8 | Italia | -10 645 | -13 397 | -19 125 | -21 615 | 9 746 |
| 9 | Luxembourg | : | : | : | : | : |
| 10 | Nederland | 7 227 | 7 962 | 6 153 | 5 331 | 8 445 |
| 11 | Portugal | 145 | -150 | -521 | -62 | 837 |
| 12 | United Kingdom | -33 592 | -26 493 | -11 690 | -13 725 | -15 009 |
| 13 | Österreich | 213 | 944 | 64 | -554 | -759 |
| 14 | Suomi/Finland | -5 279 | -5 455 | -5 415 | -3 848 | -805 |
| 15 | Island | -77 | -104 | -252 | -164 | -3 |
| 16 | Norge | 216 | 3 029 | 4 134 | 2 227 | 2 061 |
| 17 | Sverige | -3 075 | -5 262 | -3 804 | -5 869 | -1 549 |
| | **EEA** | **-8 759** | **-26 308** | **-59 428** | **-57 461** | **6 851** |
| 18 | Schweiz/Suisse | 7 298 | 5 452 | 8 333 | 10 930 | 14 258 |
| 19 | Türkiye | 868 | -2 081 | 270 | -740 | -5 437 |
| 20 | USA | -93 567 | -71 613 | -7 112 | -51 851 | -89 215 |
| 21 | Canada | -20 657 | -17 168 | -19 304 | -17 070 | -20 333 |
| 22 | Nippon (Japan) | 51 782 | 28 430 | 59 462 | 90 893 | 112 256 |

*Balance of payments*

## 2.42. Reserves

*(Mio ECU)*

| | Country | 1989 | 1990 | 1991 | 1992 | 1993 |
|---|---|---|---|---|---|---|
| | **EUR 12** | **2 833** | **-36 486** | **-10 873** | **-2 813** | **22 353** |
| 1 | Belg./Lux. | - 208 | - 393 | - 416 | - 466 | 1 831 |
| 2 | Danmark | 3 450 | -2 752 | 2 319 | -3 141 | 397 |
| 3 | Deutschland | 9 136 | -5 348 | - 164 | -33 856 | 18 520 |
| 4 | Ελλάδα | 321 | 14 | -1 437 | 126 | -2 638 |
| 5 | España | -4 426 | -5 362 | -11 430 | 12 691 | 3 967 |
| 6 | France | 680 | -8 538 | 4 083 | 997 | 8 024 |
| 7 | Ireland | 826 | - 670 | - 362 | 1 577 | -2 238 |
| 8 | Italia | -10 173 | -10 173 | 5 561 | 22 061 | -1 212 |
| 9 | Luxembourg | : | : | : | : | : |
| 10 | Nederland | - 474 | - 259 | - 383 | -4 559 | -5 783 |
| 11 | Portugal | -4 271 | -2 888 | -4 814 | - 96 | 2 408 |
| 12 | United Kingdom | 7 970 | - 116 | -3 829 | 1 857 | - 923 |
| 13 | Österreich | - 879 | 29 | - 680 | -1 919 | -1 916 |
| 14 | Suomi/Finland | 967 | -3 192 | 1 568 | 1 598 | - 214 |
| 15 | Island | - 46 | - 58 | - 14 | - 56 | 52 |
| 16 | Norge | - 881 | - 268 | 2 252 | 550 | -6 567 |
| 17 | Sverige | -1 254 | -5 744 | 185 | -5 837 | -1 678 |
| | **EEA** | **740** | **-45 710** | **-7 562** | **-8 473** | **12 028** |
| 18 | Schweiz/Suisse | -1 243 | - 918 | - 801 | -3 387 | - 421 |
| 19 | Türkiye | -2 475 | - 798 | 801 | -1 092 | - 244 |
| 20 | USA | -23 187 | -1 856 | 4 853 | 2 954 | -1 209 |
| 21 | Canada | - 266 | - 352 | 1 914 | 4 382 | 381 |
| 22 | Nippon(Japan) | 11 892 | 5 723 | 5 187 | - 438 | -23 337 |

*Prices*

## 2.43. Consumer price index

*(1985 = 100)*

| Year | **EUR 12** | Belgique/België | Danmark | Deutschland | Ελλάδα | España | France |
|------|-----------|-----------------|---------|-------------|--------|--------|--------|

### General index of consumer prices

| Year | EUR 12 | Belgique/België | Danmark | Deutschland | Ελλάδα | España | France |
|------|--------|-----------------|---------|-------------|--------|--------|--------|
| 1990 | **122,9** | 111,0 | 121,2 | 107,0 | 222,6 | 136,8 | 116,5 |
| 1991 | **129,1** | 114,6 | 124,1 | 110,7 | 266,0 | 145,0 | 120,2 |
| 1992 | **134,6** | 117,4 | 126,7 | 115,1 | 308,1 | 153,5 | 123,0 |
| 1993 | **139,1** | 120,6 | 128,3 | 119,9 | 352,6 | 160,6 | 125,6 |
| 1994 | **143,4** | 123,4 | 130,8 | 123,4 | 391,0 | 168,1 | 127,8 |

### Food, excluding drinks and meals out

| Year | EUR 12 | Belgique/België | Danmark | Deutschland | Ελλάδα | España | France |
|------|--------|-----------------|---------|-------------|--------|--------|--------|
| 1990 | **123,5** | 107,7 | 111,4 | 104,9 | 216,1 | 136,8 | 116,2 |
| 1991 | **130,6** | 109,4 | 112,1 | 108,2 | 259,3 | 141,2 | 119,4 |
| 1992 | **134,7** | 108,9 | 114,0 | 110,8 | 295,8 | 145,5 | 119,6 |
| 1993 | **136,4** | 108,2 | 113,7 | 111,5 | 333,3 | 145,7 | 119,3 |
| 1994 | **140,1** | 110,0 | 117,0 | 113,1 | 376,2 | 153,8 | 121,1 |

### Drinks (home consumption), tobacco

| Year | EUR 12 | Belgique/België | Danmark | Deutschland | Ελλάδα | España | France |
|------|--------|-----------------|---------|-------------|--------|--------|--------|
| 1990 | **127,9** | 119,5 | 116,4 | 109,0 | 271,6 | 151,7 | 120,2 |
| 1991 | **138,0** | 123,9 | 118,8 | 110,9 | 327,3 | 159,9 | 124,2 |
| 1992 | **148,5** | 130,4 | 120,7 | 116,6 | 404,1 | 175,1 | 131,4 |
| 1993 | **156,8** | 134,4 | 117,9 | 121,1 | 478,1 | 190,4 | 140,5 |
| 1994 | **163,7** | 138,2 | 119,2 | 122,4 | 564,5 | 203,3 | 149,6 |

### Clothing, footwear, including repairs

| Year | EUR 12 | Belgique/België | Danmark | Deutschland | Ελλάδα | España | France |
|------|--------|-----------------|---------|-------------|--------|--------|--------|
| 1990 | **125,8** | 124,2 | 126,5 | 107,5 | 242,1 | 143,1 | 122,8 |
| 1991 | **131,0** | 129,2 | 129,6 | 110,1 | 282,0 | 150,7 | 126,7 |
| 1992 | **135,6** | 132,8 | 131,8 | 113,3 | 321,4 | 158,4 | 128,6 |
| 1993 | **141,2** | 135,8 | 132,8 | 116,4 | 355,4 | 182,3 | 130,6 |
| 1994 | **144,3** | 138,2 | 134,1 | 117,9 | 392,8 | 186,9 | 131,1 |

*Prices*

## 2.43. Consumer price index

*(1985 = 100)*

| Ireland | Italia | Luxem-bourg | Neder-land | Portugal | United Kingdom | Year |
|---|---|---|---|---|---|---|
| \multicolumn{7}{c}{General index of consumer prices} ||||||
| 117,6 | 131,8 | 109,0 | 104,2 | 170,9 | 133,3 | 1990 |
| 121,3 | 140,0 | 112,4 | 108,4 | 189,6 | 141,1 | 1991 |
| 125,1 | 147,3 | 115,9 | 112,5 | 206,7 | 146,4 | 1992 |
| 126,9 | 153,8 | 120,1 | 114,9 | 220,0 | 148,7 | 1993 |
| 129,8 | 159,9 | 122,7 | 117,8 | 231,4 | 152,3 | 1994 |
| \multicolumn{7}{c}{Food, excluding drinks and meals out} ||||||
| 116,8 | 127,1 | 108,8 | 100,3 | 158,6 | 125,7 | 1990 |
| 117,7 | 140,2 | 112,1 | 103,3 | 176,4 | 132,1 | 1991 |
| 119,1 | 148,2 | 112,5 | 105,5 | 183,9 | 135,0 | 1992 |
| 118,8 | 150,2 | 111,7 | 105,3 | 185,5 | 137,3 | 1993 |
| 122,8 | 155,5 | 111,0 | 107,2 | 192,4 | 138,8 | 1994 |
| \multicolumn{7}{c}{Drinks (home consumption), tobacco (¹) (²)} ||||||
| 119,3 | 139,8 | 107,9 | 105,5 | 211,5 | 127,4 | 1990 |
| 123,2 | 151,6 | 121,6 | 108,7 | 227,6 | 144,0 | 1991 |
| 130,5 | 161,3 | 126,4 | 116,1 | 242,7 | 156,3 | 1992 |
| 133,6 | 167,8 | 130,7 | 123,0 | 265,2 | 165,7 | 1993 |
| 140,2 | 172,5 | 130,1 | 124,3 | 293,8 | 172,9 | 1994 |
| \multicolumn{7}{c}{Clothing, footwear, including repairs} ||||||
| 109,9 | 137,2 | 116,7 | 94,1 | 191,6 | 119,1 | 1990 |
| 111,6 | 144,6 | 120,7 | 91,5 | 215,8 | 122,7 | 1991 |
| 113,9 | 152,2 | 124,8 | 91,8 | 241,8 | 123,0 | 1992 |
| 114,5 | 158,0 | 129,5 | 93,2 | 258,6 | 123,4 | 1993 |
| 116,0 | 162,9 | 132,0 | 92,3 | 269,3 | 124,6 | 1994 |

(¹) From 1992 onwards, the Italian index does not include tobacco products.
(²) From 1991 onwards, the Luxembourg index does not include spirits or tobacco products.

*Prices*

## 2.43. Consumer price index

*(1985 = 100)*

| Year | Österreich | Suomi/Finland | Island |
|------|------------|---------------|--------|
| **General index of consumer prices** | | | |
| 1990 | 111,3 | 127,4 | 250,5 |
| 1991 | 115,1 | 132,8 | 267,5 |
| 1992 | 119,7 | 136,7 | 278,1 |
| 1993 | 124,0 | 139,7 | 289,5 |
| 1994 | 127,7 | 141,2 | 293,9 |
| **Food, excluding drinks and meals out ($^1$)** | | | |
| 1990 | 108,4 | 116,4 | 254,9 |
| 1991 | 112,8 | 119,1 | 261,6 |
| 1992 | 117,2 | 119,5 | 265,1 |
| 1993 | 120,7 | 118,8 | 271,0 |
| 1994 | 123,0 | 119,0 | 264,5 |
| **Drinks (home consumption), tobacco ($^2$)** | | | |
| 1990 | 111,2 | 138,8 | 255,2 |
| 1991 | 112,6 | 151,2 | 273,5 |
| 1992 | 116,0 | 157,8 | 287,6 |
| 1993 | 117,8 | 163,8 | 300,9 |
| 1994 | : | 164,6 | 307,2 |
| **Clothing, footwear, including repairs** | | | |
| 1990 | 114,2 | 118,2 | 281,7 |
| 1991 | 118,6 | 122,9 | 306,5 |
| 1992 | 123,1 | 127,5 | 318,7 |
| 1993 | 127,6 | 131,8 | 318,1 |
| 1994 | 131,9 | 134,4 | 319,5 |

($^1$) In the case of Austria, including beverages and meals out.
($^2$) In the case of Austria, tobacco only.

*Prices*

## 2.43. Consumer price index

*(1985 = 100)*

| Norge | Sverige | EEA | Schweiz/Suisse | USA | Year |
|---|---|---|---|---|---|
| **General index of consumer prices** | | | | | |
| 135,4 | 135,1 | : | 113,2 | 121,5 | 1990 |
| 140,0 | 147,8 | : | 119,8 | 126,6 | 1991 |
| 143,3 | 151,1 | : | 124,6 | 130,5 | 1992 |
| 146,5 | 158,2 | : | 128,7 | 134,3 | 1993 |
| 148,6 | 161,6 | : | 129,8 | 139,8 | 1994 |
| **Food, excluding drinks and meals out** | | | | | |
| 132,4 | 132,2 | : | 112,6 | 126,9 | 1990 |
| 134,7 | 138,3 | : | 117,6 | 130,8 | 1991 |
| 136,6 | 131,2 | : | 118,7 | 131,3 | 1992 |
| 135,0 | 132,1 | : | 118,5 | 134,5 | 1993 |
| 137,0 | 134,4 | : | 119,1 | 139,0 | 1994 |
| **Drinks (home consumption), tobacco** | | | | | |
| 145,3 | 143,1 | : | 113,3 | 100,0 | 1990 |
| 155,7 | 150,2 | : | 119,3 | 145,2 | 1991 |
| 169,9 | 152,3 | : | 123,1 | 152,5 | 1992 |
| 175,1 | 168,3 | : | 122,9 | 156,3 | 1993 |
| 181,9 | 176,0 | : | 123,5 | 160,0 | 1994 |
| **Clothing, footwear, including repairs** | | | | | |
| 131,8 | 108,7 | : | 113,9 | 118,0 | 1990 |
| 134,2 | 110,6 | : | 118,4 | 122,4 | 1991 |
| 136,5 | 110,5 | : | 122,5 | 125,4 | 1992 |
| 140,1 | 108,6 | : | 125,4 | 127,1 | 1993 |
| 142,2 | 114,5 | : | 125,8 | 125,0 | 1994 |

## 2.43. Consumer price index

*(1985 = 100)*

| Year | **EUR 12** | Belgique/ België | Danmark | Deutsch- land | Ελλάδα | España | France |
|---|---|---|---|---|---|---|---|
| Rent, fuel, power | | | | | | | |
| 1990 | **125,9** | 100,4 | 128,4 | 104,7 | 215,0 | 134,6 | 119,2 |
| 1991 | **132,0** | 103,6 | 133,3 | 109,2 | 271,7 | 144,3 | 125,2 |
| 1992 | **137,1** | 106,6 | 136,3 | 113,9 | 318,8 | 153,5 | 132,3 |
| 1993 | **144,0** | 111,6 | 139,6 | 119,5 | 369,2 | 172,6 | 138,5 |
| 1994 | **154,4** | 114,8 | 142,6 | 123,8 | 408,1 | 180,9 | 143,7 |
| Household goods and services | | | | | | | |
| 1990 | **122,7** | 112,9 | 117,3 | 107,3 | 215,4 | 130,8 | 117,1 |
| 1991 | **128,5** | 115,8 | 120,0 | 110,5 | 252,5 | 137,5 | 120,7 |
| 1992 | **133,7** | 119,3 | 123,1 | 114,4 | 283,6 | 145,0 | 123,7 |
| 1993 | **137,7** | 121,8 | 123,9 | 118,0 | 308,6 | 152,4 | 125,4 |
| 1994 | **140,3** | 123,3 | 124,6 | 120,3 | 336,0 | 155,8 | 126,3 |
| Transport, communications | | | | | | | |
| 1990 | **117,3** | 108,1 | 121,8 | 106,1 | 235,4 | 131,1 | 113,0 |
| 1991 | **123,4** | 109,9 | 124,7 | 112,1 | 281,2 | 142,2 | 116,3 |
| 1992 | **129,4** | 112,0 | 127,5 | 117,1 | 330,0 | 153,0 | 118,8 |
| 1993 | **135,5** | 116,3 | 129,9 | 121,7 | 398,6 | 156,7 | 122,9 |
| 1994 | **141,0** | 119,9 | 133,1 | 125,6 | 424,6 | 166,1 | 125,7 |

## 2.43. Consumer price index

*(1985 = 100)*

| Ireland | Italia | Luxem-bourg | Neder-land | Portugal | United Kingdom | Year |
|---|---|---|---|---|---|---|
| \multicolumn{7}{c}{Rent, fuel, power (¹)} ||||||| 
| 107,7 | 127,5 | 94,2 | 103,5 | 168,6 | 163,3 | 1990 |
| 111,7 | 138,8 | 97,9 | 108,8 | 197,3 | 163,4 | 1991 |
| 113,6 | 145,2 | 100,0 | 113,0 | 215,9 | 163,3 | 1992 |
| 114,7 | 152,1 | 107,0 | 116,6 | 231,9 | 156,0 | 1993 |
| 116,5 | 160,4 | 109,1 | 122,1 | 241,4 | 161,3 | 1994 |
| \multicolumn{7}{c}{Household goods and services} |||||||
| 112,8 | 131,0 | 113,4 | 106,5 | 177,6 | 118,1 | 1990 |
| 116,8 | 138,5 | 117,7 | 109,0 | 200,6 | 126,0 | 1991 |
| 120,0 | 145,1 | 123,5 | 111,8 | 231,3 | 130,4 | 1992 |
| 120,0 | 151,6 | 126,7 | 112,9 | 251,3 | 132,3 | 1993 |
| 123,4 | 156,5 | 128,9 | 113,1 | 263,0 | 133,2 | 1994 |
| \multicolumn{7}{c}{Transport, communications} |||||||
| 109,6 | 123,8 | 102,6 | 106,9 | 169,5 | 122,8 | 1990 |
| 111,0 | 130,9 | 103,9 | 110,6 | 190,7 | 132,6 | 1991 |
| 110,6 | 137,3 | 109,1 | 114,2 | 202,5 | 141,0 | 1992 |
| 113,4 | 145,3 | 114,7 | 117,2 | 225,1 | 146,6 | 1993 |
| 114,5 | 152,1 | 117,8 | 122,0 | 244,1 | 150,3 | 1994 |

(¹) Excluding rents in the case of Portugal.

*Prices*

## 2.43. Consumer price index

*(1985 = 100)*

| Year | Österreich | Suomi/Finland | Island |
|------|------------|---------------|--------|
| Rent, fuel, power | | | |
| 1990 | 107,2 | 133,0 | 217,2 |
| 1991 | 111,8 | 134,1 | 230,3 |
| 1992 | 116,6 | 130,9 | 234,2 |
| 1993 | 121,5 | 133,1 | 236,3 |
| 1994 | 126,3 | 131,4 | 237,8 |
| Household goods and services | | | |
| 1990 | 112,0 | 122,1 | 272,5 |
| 1991 | 115,2 | 127,0 | 290,6 |
| 1992 | 119,0 | 130,9 | 297,9 |
| 1993 | 123,3 | 133,9 | 305,9 |
| 1994 | 126,4 | 136,2 | 309,4 |
| Transport, communications | | | |
| 1990 | 110,9 | 124,0 | 214,3 |
| 1991 | 112,7 | 128,6 | 235,7 |
| 1992 | 116,6 | 133,2 | 248,6 |
| 1993 | 119,7 | 142,7 | 272,1 |
| 1994 | 123,9 | 148,4 | 284,1 |

## 2.43. Consumer price index

*(1985 = 100)*

| Norge | Sverige | EEA | Schweiz/Suisse | USA | Year |
|---|---|---|---|---|---|
| \multicolumn{6}{c}{Rent, fuel, power} | | | | | |

| Norge | Sverige | EEA | Schweiz/Suisse | USA | Year |
|---|---|---|---|---|---|
| | | Rent, fuel, power | | | |
| 137,8 | 140,4 | : | 112,9 | 119,2 | 1990 |
| 144,0 | 166,7 | : | 122,8 | 124,0 | 1991 |
| 147,4 | 179,2 | : | 129,4 | 127,6 | 1992 |
| 151,5 | 189,4 | : | 135,2 | 131,0 | 1993 |
| 152,9 | 192,8 | : | 135,4 | 135,0 | 1994 |
| | | Household goods and services | | | |
| 130,7 | 129,7 | : | 113,1 | 109,2 | 1990 |
| 133,5 | 137,0 | : | 118,2 | 111,8 | 1991 |
| 134,0 | 138,5 | : | 122,9 | 113,7 | 1992 |
| 136,6 | 140,6 | : | 125,5 | 115,0 | 1993 |
| 138,5 | 141,9 | : | 126,1 | 115,5 | 1994 |
| | | Transport, communications | | | |
| 136,2 | 143,3 | : | 108,2 | 113,3 | 1990 |
| 140,3 | 157,6 | : | 112,7 | 116,4 | 1991 |
| 143,2 | 161,0 | : | 118,2 | 118,9 | 1992 |
| 148,1 | 177,7 | : | 124,4 | 122,5 | 1993 |
| 150,3 | 180,8 | : | 126,5 | 127,0 | 1994 |

*Prices*

## 2.43. Consumer price index

*(1985 = 100)*

| Year | EUR 12 | Belgique/Belgïe | Danmark | Deutsch-land | Ελλάδα | España | France |
|---|---|---|---|---|---|---|---|
| Recreation, education, culture ||||||||
| 1990 | **120,8** | 113,2 | 121,3 | 106,1 | 200,9 | 130,5 | 114,6 |
| 1991 | **126,2** | 116,1 | 124,9 | 108,1 | 238,3 | 138,5 | 117,4 |
| 1992 | **132,2** | 117,0 | 127,4 | 112,7 | 285,8 | 149,1 | 120,8 |
| 1993 | **135,8** | 118,7 | 129,7 | 115,9 | 320,8 | 150,9 | 122,0 |
| 1994 | **138,5** | 120,9 | 131,7 | 118,1 | 359,3 | 157,0 | 122,5 |
| Other goods and services, incl. meals and drinks out ||||||||
| 1990 | **132,1** | 120,6 | 120,0 | 114,6 | 209,5 | 149,5 | 126,0 |
| 1991 | **141,2** | 127,0 | 122,1 | 118,0 | 244,9 | 163,0 | 131,6 |
| 1992 | **150,0** | 133,4 | 124,7 | 124,3 | 280,6 | 178,2 | 136,8 |
| 1993 | **154,5** | 137,7 | 127,0 | 135,2 | 315,5 | 160,3 | 141,1 |
| 1994 | **160,8** | 140,1 | 129,3 | 143,2 | 358,9 | 167,3 | 143,9 |
| Fuel and power ||||||||
| 1990 | **101,5** | 82,1 | 116,4 | 85,5 | 173,6 | 99,1 | 100,0 |
| 1991 | **108,3** | 84,5 | 116,6 | 91,3 | 217,2 | 106,5 | 102,2 |
| 1992 | **110,2** | 83,5 | 114,6 | 93,0 | 256,4 | 113,8 | 100,9 |
| 1993 | **113,1** | 85,8 | 113,8 | 94,2 | 288,8 | 119,7 | 102,8 |
| 1994 | : | : | : | : | : | : | : |

*Prices*

## 2.43. Consumer price index

*(1985 = 100)*

| Ireland | Italia | Luxem-bourg | Neder-land | Portugal | United King-dom | Year |
|---|---|---|---|---|---|---|
| \multicolumn{7}{c}{Recreation, education, culture} ||||||| 
| 118,9 | 140,7 | 107,2 | 102,3 | 170,7 | 123,1 | 1990 |
| 124,0 | 148,5 | 109,4 | 103,5 | 183,8 | 132,0 | 1991 |
| 128,6 | 157,0 | 111,7 | 104,9 | 198,6 | 138,4 | 1992 |
| 133,4 | 162,4 | 113,7 | 106,9 | 211,4 | 142,3 | 1993 |
| 137,2 | 167,0 | 115,6 | 108,7 | 227,9 | 145,0 | 1994 |
| \multicolumn{7}{c}{Other goods and services, incl. meals and drinks out} |||||||
| 124,5 | 139,0 | 119,3 | 107,6 | 180,4 | 134,9 | 1990 |
| 129,7 | 148,5 | 124,2 | 110,7 | 205,0 | 148,8 | 1991 |
| 135,7 | 157,7 | 130,0 | 115,3 | 216,7 | 159,0 | 1992 |
| 140,4 | 166,8 | 136,1 | 118,4 | 236,8 | 166,8 | 1993 |
| 145,7 | 173,5 | 139,3 | 120,8 | 250,6 | 173,5 | 1994 |
| \multicolumn{7}{c}{Fuel and power} |||||||
| 98,0 | 116,0 | 77,6 | 80,5 | 135,1 | 114,8 | 1990 |
| 99,4 | 126,3 | 77,3 | 87,8 | 152,3 | 123,7 | 1991 |
| 97,8 | 127,4 | 75,8 | 87,2 | 157,1 | 126,8 | 1992 |
| 98,1 | 133,4 | 80,7 | 83,7 | 165,3 | 129,7 | 1993 |
| : | : | : | : | : | : | 1994 |

## 2.43. Consumer price index

*(1985 = 100)*

| Year | Österreich | Suomi/Finland | Island |
|------|------------|---------------|--------|
| Recreation, education, culture | | | |
| 1990 | 116,0 | 126,7 | 270,2 |
| 1991 | 119,2 | 132,2 | 287,1 |
| 1992 | 124,0 | 140,1 | 305,5 |
| 1993 | 129,9 | 144,6 | 319,8 |
| 1994 | 132,8 | 146,6 | 332,0 |
| Other goods and services, incl. meals and drinks out | | | |
| 1990 | : | 136,3 | 286,4 |
| 1991 | : | 147,0 | 311,7 |
| 1992 | : | 152,3 | 318,3 |
| 1993 | : | 152,9 | 324,3 |
| 1994 | : | 152,9 | 329,1 |
| Fuel and power | | | |
| 1990 | : | : | : |
| 1991 | : | : | : |
| 1992 | : | : | : |
| 1993 | : | : | : |
| 1994 | : | : | : |

## Prices

### 2.43. Consumer price index

*(1985 = 100)*

| Norge | Sverige | EEA | Schweiz/Suisse | USA | Year |
|---|---|---|---|---|---|
| \multicolumn{6}{c}{Recreation, education, culture} ||||||
| 134,6 | 124,1 | : | 111,2 | 122,6 | 1990 |
| 140,5 | 129,7 | : | 115,6 | 128,1 | 1991 |
| 145,1 | 132,8 | : | 128,7 | 131,7 | 1992 |
| 150,0 | 136,5 | : | 134,2 | 134,9 | 1993 |
| 153,2 | 140,1 | : | 135,3 | 138,0 | 1994 |
| \multicolumn{6}{c}{Other goods and services, incl. meals and drinks out} ||||||
| 133,9 | 146,7 | : | : | 134,6 | 1990 |
| 138,5 | 161,1 | : | : | 145,3 | 1991 |
| 141,5 | 164,8 | : | : | 155,2 | 1992 |
| 143,8 | 169,8 | : | : | 163,3 | 1993 |
| 144,1 | 174,1 | : | : | 170,0 | 1994 |
| \multicolumn{6}{c}{Fuel and power} ||||||
| : | : | : | : | 100,4 | 1990 |
| : | : | : | : | 100,7 | 1991 |
| : | : | : | : | 101,3 | 1992 |
| : | : | : | : | 102,4 | 1993 |
| : | : | : | : | 105,0 | 1994 |

# Population and social conditions

*Population*

## 3.1. Area, population, density per square kilometre and estimated population growth

| Country | Area 1 000 km² | Population 1 000 1.1.1993 | Population 1 000 1.1.1994 | Density per km² 1.1.1994 | Projected population (¹) 1 000 Year 2000 | Projected population (¹) 1 000 Year 2020 |
|---|---|---|---|---|---|---|
| **EUR 12** | 2 363,1 | 347 269,7 (²) | 348 556,7 (²) | 147,5 | 355 892 * | 356 033 * |
| 1 Belgique/België | 30,5 | 10 068,3 | 10 101,6 | 331,0 | 10 279 | 10 535 |
| 2 Danmark | 43,1 | 5 180,6 | 5 196,6 | 120,6 | 5 276 | 5 279 |
| 3 Deutschland | 356,9 | 80 974,6 | 81 338,1 (²) | 227,9 | 83 741 | 81 183 |
| 4 Ελλάδα | 132,0 | 10 350,3 (²) | 10 410,5 (²) | 78,7 | 10 573 (³) | 10 080 (³) |
| 5 España | 504,8 | 39 048,0 | 39 117,0 | 77,6 | 39 848 (³) | 38 348 (³) |
| 6 France | 544,0 | 57 529,7 | 57 779,3 (²) | 106,3 | 59 412 | 63 453 |
| 7 Ireland | 70,3 | 3 560,0 | 3 569,0 | 50,8 | 3 616 (³) | 3 876 (³) |
| 8 Italia | 301,3 | 56 960,3 (²) | 57 138,5 (²) | 189,7 | 57 254 (³) | 53 649 (³) |
| 9 Luxembourg | 2,6 | 395,2 | 400,9 | 155,0 | 394 | 410 |
| 10 Nederland | 41,2 | 15 239,2 | 15 341,6 | 372,4 | 16 079 | 17 410 |
| 11 Portugal | 92,4 | 9 864,6 (²) | 9 887,6 (²) | 107,0 | 9 807 (³) | 9 730 (³) |
| 12 United Kingdom | 244,1 | 58 098,9 (²) | 58 276,0 (²) | 238,7 | 59 613 | 62 080 |
| 13 Österreich | 83,9 | 7 962,0 (²) | 8 015,0 (²) | 95,5 | 8 109 | 8 248 |
| 14 Suomi/Finland | 337,1 | 5 066,0 | 5 077,9 | 15,1 | 5 201 (³) | 5 393 (³) |
| 15 Ísland | 103,0 | 262,4 | 265,1 (⁴) | 2,6 | 282 (³) | 328 (³) |
| 16 Norge | 323,9 | 4 299,2 | 4 324,0 | 13,4 | 4 473 | 4 962 |
| 17 Sverige | 450,0 | 8 692,0 | 8 745,1 | 19,4 | 9 015 | 9 467 |
| **EFA** | 3 660,9 | 373 540,2 (²) | 374 983,8 (²) | 102,4 | 382 972 * | 384 331 * |
| 18 Schweiz/Suisse | 41,3 | 6 908,0 | 6 968,5 | 168,8 | 7 336 | 7 538 |
| 19 Türkiye (⁴) | 779,5 | 58 775,0 (⁵) | : | 75,4 (⁵) | 67 748 (³) | 86 513 (³) |
| 20 USA (⁴) | 9 372,6 | 257 907,9 | : | 27,5 (⁵) | 276 242 | 325 939 |
| 21 Canada (⁴) | 9 976,1 | 27 480,0 (⁵) | : | 2,8 (⁵) | 31 029 (³) | 36 887 (³) |
| 22 Nippon (Japan) | 377,8 | 124 336,0 | 124 683,6 | 330,0 | 126 472 (³) | 123 973 (³) |
| ⊕ | 136 255,0 | 5 572 000,0 | : | 40,9 (⁶) | 6 158 030 (³) | 7 887 826 (³) |

(¹) Projections compiled by the NSIs.
(²) Provisional.
(³) Projections compiled by the United Nations.
(⁴) Annual average.
(⁵) 1992.
(⁶) 1993.

## 3.2. Area and regional population — 1992

| Territorial units (NUTS) Level I Level II | Area km² | Total mean population | | Movement of the population | | |
|---|---|---|---|---|---|---|
| | | 1 000 | Density per km² | Birth rate ‰ | Mortality rate ‰ | Migration rate ‰ |
| **EUR 12** | 2 361 162,6 | 346 450,6 | 146,7 | 11,4 | 9,9 | 3,5 |
| **BELGIQUE/BELGIË** | 30 518,1 | 10 045,2 | 329,2 | 12,4 | 10,3 | 2,6 |
| **Vlaams gewest** | 13 512,4 | 5 809,7 | 430,0 | 12,1 | 9,7 | 2,7 |
| **Région wallonne** | 16 844,3 | 3 284,6 | 195,0 | 12,5 | 11,1 | 3,9 |
| **Bruxelles/Brussel** | 161,4 | 950,8 | 5 890,8 | 13,6 | 11,6 | -2,9 |
| Antwerpen | 2 867,4 | 1 615,2 | 563,3 | 12,3 | 9,8 | 3,0 |
| Brabant | 3 358,1 | 2 258,3 | 672,5 | 12,5 | 10,3 | 1,9 |
| Hainaut | 3 785,7 | 1 284,6 | 339,3 | 12,2 | 11,8 | 1,7 |
| Liège | 3 862,4 | 1 008,7 | 261,2 | 12,4 | 11,2 | 4,1 |
| Limburg | 2 422,2 | 758,6 | 313,2 | 12,6 | 7,3 | 2,6 |
| Luxembourg | 4 439,8 | 235,8 | 53,1 | 14,0 | 10,6 | 5,9 |
| Namur | 3 665,9 | 427,9 | 116,7 | 13,2 | 10,7 | 5,2 |
| Oost-Vlaanderen | 2 982,2 | 1 342,2 | 450,1 | 11,7 | 10,6 | 2,1 |
| West-Vlaanderen | 3 134,4 | 1 113,9 | 355,4 | 12,3 | 10,1 | 2,0 |
| **DANMARK** | 43 080,0 | 5 171,4 | 120,0 | 13,1 | 11,8 | 2,2 |

Population

## 3.3. Area and regional population — 1992

| Territorial units (NUTS) Level I Level II | Area km² | Total mean population | | Movement of the population | | |
|---|---|---|---|---|---|---|
| | | 1 000 | Density per km² | Birth rate ‰ | Mortality rate ‰ | Migration rate ‰ |
| DEUTSCHLAND | 356 958,7 | 80 624,6 | 225,9 | 10,0 | 11,0 | 9,6 |
| Baden-Württemberg | 35 751,4 | 10 075,3 | 281,8 | 11,7 | 9,5 | 12,4 |
| Stuttgart | 10 557,6 | 3 779,3 | 358,0 | 11,8 | 9,2 | 12,1 |
| Karlsruhe | 6 919,1 | 2 595,0 | 375,1 | 11,0 | 10,2 | 13,8 |
| Freiburg | 9 357,2 | 2 027,0 | 216,6 | 11,7 | 9,7 | 12,6 |
| Tübingen | 8 917,5 | 1 674,0 | 187,7 | 12,4 | 8,9 | 11,0 |
| Bayern | 70 553,9 | 11 683,1 | 165,6 | 11,5 | 10,3 | 13,8 |
| Oberbayern | 17 528,8 | 3 883,6 | 221,6 | 11,2 | 9,8 | 13,5 |
| Niederbayern | 10 331,0 | 1 101,1 | 106,6 | 11,6 | 10,4 | 13,7 |
| Oberpfalz | 9 691,4 | 1 026,3 | 105,9 | 11,7 | 10,5 | 13,8 |
| Oberfranken | 7 231,3 | 1 089,1 | 150,6 | 11,1 | 11,6 | 15,5 |
| Mittelfranken | 7 245,8 | 1 631,4 | 225,2 | 11,2 | 10,9 | 14,7 |
| Unterfranken | 8 532,5 | 1 281,5 | 150,2 | 11,8 | 10,1 | 13,2 |
| Schwaben | 9 993,2 | 1 670,0 | 167,1 | 12,2 | 10,2 | 12,9 |
| Berlin | 889,1 | 3 455,9 | 3 886,9 | 8,6 | 12,2 | 9,3 |
| Brandenburg | 29 476,5 | 2 542,7 | 80,0 | 5,3 | 11,5 | 6,2 |
| Bremen | 404,2 | 684,8 | 1 694,0 | 9,9 | 12,1 | 5,4 |
| Hamburg | 755,31 | 1 678,8 | 2 222,6 | 9,8 | 12,2 | 14,3 |
| Hessen | 21 114,3 | 5 080,0 | 278,5 | 10,4 | 10,8 | 14,9 |
| Darmstadt | 7 444,6 | 3 622,9 | 486,6 | 10,2 | 10,5 | 14,7 |
| Gießen | 5 381,1 | 1 024,1 | 190,3 | 10,8 | 10,7 | 14,4 |
| Kassel | 8 288,6 | 1 233,1 | 148,8 | 10,5 | 11,7 | 15,7 |
| Mecklenburg-Vorpommern | 23 420,7 | 1 878,3 | 80,2 | 5,8 | 10,8 | -9,2 |
| Niedersachsen | 47 348,6 | 7 526,7 | 159,0 | 11,1 | 11,1 | 13,5 |
| Braunschweig | 8 096,6 | 1 662,8 | 205,4 | 10,4 | 11,5 | 14,7 |
| Hannover | 9 048,1 | 2 095,2 | 231,6 | 10,4 | 11,9 | 15,0 |
| Lüneburg | 15 244,3 | 1 524,0 | 100,0 | 10,9 | 11,1 | 13,7 |
| Weser-Ems | 14 958,5 | 2 244,7 | 150,1 | 12,5 | 9,9 | 10,9 |

Population

## 3.3. Area and regional population — 1992

| Territorial units (NUTS) Level I Level II | Area km² | Total mean population | | Movement of the population | | |
|---|---|---|---|---|---|---|
| | | 1 000 | Density per km² | Birth rate ‰ | Mortality rate ‰ | Migration rate ‰ |
| **Nordrhein-Westfalen** | 34 071,5 | 17 594,5 | 516,4 | 11,2 | 10,7 | 9,2 |
| Düsseldorf | 5 288,4 | 5 273,2 | 997,1 | 10,8 | 11,3 | 10,2 |
| Köln | 7 364,6 | 4 090,8 | 555,5 | 11,2 | 10,2 | 8,6 |
| Münster | 6 902,1 | 2 518,4 | 364,9 | 12,0 | 9,8 | 7,4 |
| Detmold | 6 517,5 | 1 939,4 | 297,6 | 11,6 | 10,7 | 8,6 |
| Arnsberg | 7 998,9 | 3 772,7 | 471,7 | 11,0 | 11,2 | 9,8 |
| **Rheinland-Pfalz** | 19 845,5 | 3 851,1 | 194,1 | 11,1 | 11,1 | 15,5 |
| Koblenz | 8 092,9 | 1 433,8 | 177,2 | 11,3 | 11,4 | 15,6 |
| Trier | 4 922,2 | 491,7 | 99,9 | 11,2 | 10,9 | 15,2 |
| Rheinhessen-Pfalz | 6 830,4 | 1 925,6 | 281,9 | 10,9 | 10,9 | 15,4 |
| **Saarland** | 2 570,3 | 1 080,4 | 420,4 | 10,1 | 11,6 | 8,1 |
| **Sachsen** | 18 408,1 | 4 659,9 | 253,1 | 5,4 | 13,2 | -0,3 |
| Chemnitz | 6 079,5 | 1 734,2 | 285,3 | 5,4 | 13,9 | 0,4 |
| Dresden | 7 932,3 | 1 788,8 | 225,5 | 5,4 | 12,5 | -1,1 |
| Leipzig | 4 396,4 | 1 137,0 | 258,6 | 5,5 | 13,3 | -0,4 |
| **Sachsen-Anhalt** | 20 442,9 | 2 810,2 | 137,5 | 5,8 | 12,7 | -2,4 |
| Dessau | 4 254,0 | 583,5 | 137,2 | 5,4 | 13,0 | -1,8 |
| Halle | 4 869,1 | 1 001,9 | 205,8 | 5,8 | 12,8 | -2,3 |
| Magdeburg | 11 319,8 | 1 224,7 | 108,2 | 6,0 | 12,5 | -2,9 |
| **Schleswig-Holstein** | 15 731,9 | 2 664,1 | 169,3 | 10,8 | 11,4 | 12,2 |
| **Thüringen** | 16 175,5 | 2 558,9 | 158,2 | 5,7 | 11,8 | -4,2 |

## 3.4. Area and regional population — 1992

| Territorial units (NUTS) Level I Level II | Area km² | Total mean population | | Movement of the population | | |
|---|---|---|---|---|---|---|
| | | 1 000 | Density per km² | Birth rate ‰ | Mortality rate ‰ | Migration rate ‰ |
| ΕΛΛΑΔΑ (¹) | 131 957,0 | 10 313,7 | 78,2 | 10,1 | 9,5 | 5,9 |
| Βόρεια Ελλάδα | 56 792,0 | 3 323,6 | 58,5 | 10,1 | 9,3 | 6,2 |
| Ανατολική Μακεδονία, Θράκη | 14 157,0 | 570,0 | 40,3 | 10,2 | 10,8 | 2,2 |
| Κεντρική Μακεδονία | 19 147,0 | 1 721,5 | 89,9 | 10,1 | 8,6 | 7,9 |
| Δυτική Μακεδονία | 9 451,0 | 293,3 | 31,0 | 10,1 | 9,6 | 4,0 |
| Θεσσαλία | 14 037,0 | 738,8 | 52,6 | 9,9 | 9,5 | 6,1 |
| Κεντρική Ελλάδα | 53 899,0 | 2 446,6 | 45,4 | 9,1 | 10,5 | 10,1 |
| Ήπειρος | 9 203,0 | 341,2 | 37,1 | 8,6 | 10,2 | 8,4 |
| Ιόνια Νησιά | 2 307,0 | 194,9 | 84,5 | 9,3 | 11,9 | 14,4 |
| Δυτική Ελλάδα | 11 350,0 | 713,0 | 62,8 | 10,3 | 9,7 | 8,1 |
| Στερεά Ελλάδα | 15 549,0 | 586,9 | 37,7 | 8,4 | 10,1 | 10,9 |
| Πελοπόννησος | 15 490,0 | 610,5 | 39,4 | 8,5 | 11,4 | 11,2 |
| Αττική | 3 808,0 | 3 539,9 | 929,6 | 10,6 | 8,9 | 2,0 |
| Νησιά | 17 458,0 | 1 003,6 | 57,5 | 11,0 | 10,3 | 7,9 |
| Βόρειο Αιγαίο | 3 836,0 | 199,0 | 52,0 | 9,2 | 13,8 | 10,7 |
| Νότιο Αιγαίο | 5 286,0 | 260,0 | 49,2 | 11,4 | 0,2 | 10,8 |
| Κρήτη | 8 336,0 | 543,9 | 65,2 | 11,4 | 9,6 | 5,5 |

(¹) Translation: see p. 8.

*Population*

## 3.5. Area and regional population — 1992

| Territorial units (NUTS) Level I Level II | Area km² | Total mean population | | Movement of the population | | |
|---|---|---|---|---|---|---|
| | | 1 000 | Density per km² | Birth rate ‰ | Mortality rate ‰ | Migration rate ‰ |
| **ESPAÑA** | **504 790,0** | **39 085,1** | **77,4** | **10,0** | **8,4** | **-0,1** |
| **Noroeste** | **45 297,0** | **4 437,8** | **98,0** | **7,4** | **9,7** | **-0,2** |
| Galicia | 29 434,0 | 2 792,8 | 94,9 | 7,6 | 9,5 | -0,2 |
| Asturias | 10 565,0 | 1 118,6 | 105,9 | 6,7 | 10,1 | -0,2 |
| Cantabria | 5 298,0 | 526,4 | 99,4 | 8,0 | 9,3 | -0,2 |
| **Noreste** | **70 366,0** | **4 118,8** | **58,5** | **8,1** | **8,5** | **-0,4** |
| País Vasco | 7 261,0 | 2 129,5 | 293,3 | 7,7 | 7,8 | -0,2 |
| Navarra | 10 421,0 | 521,7 | 50,1 | 8,8 | 8,5 | -0,1 |
| La Rioja | 5 034,0 | 260,3 | 51,7 | 8,7 | 9,4 | -0,9 |
| Aragón | 47 650,0 | 1 207,3 | 25,3 | 8,2 | 9,6 | -0,9 |
| **Madrid** | **7 995,0** | **4 910,2** | **614,2** | **10,2** | **7,1** | **0,0** |
| **Centro** | **215 025,0** | **5 466,1** | **25,4** | **9,0** | **9,0** | **-0,2** |
| Castilla y León | 94 193,0 | 2 618,2 | 27,8 | 7,5 | 9,1 | 0,0 |
| Castilla-La Mancha | 79 230,0 | 1 716,7 | 21,7 | 10,3 | 8,9 | -0,5 |
| Extremadura | 41 602,0 | 1 131,2 | 27,2 | 10,6 | 8,8 | -0,3 |
| **Este** | **60 249,0** | **10 501,5** | **174,3** | **10,0** | **8,9** | **0,0** |
| Cataluña | 31 930,0 | 6 018,2 | 188,5 | 9,6 | 8,6 | -0,1 |
| Comunidad Valenciana | 23 305,0 | 3 797,7 | 163,0 | 10,3 | 9,1 | -0,1 |
| Baleares | 5 014,0 | 685,7 | 136,8 | 12,3 | 10,2 | 1,1 |
| **Sur** | **98 616,0** | **8 149,0** | **82,6** | **12,5** | **7,9** | **0,1** |
| Andalucía | 87 268,0 | 6 983,7 | 80,0 | 12,4 | 7,9 | 0,0 |
| Murcia | 11 317,0 | 1 038,1 | 91,7 | 12,9 | 8,0 | 0,8 |
| Ceuta y Melilla | 31,0 | 127,1 | 4 101,6 | 16,7 | 5,9 | -3,3 |
| **Canarias** | **7 242,0** | **1 501,7** | **207,4** | **11,6** | **6,8** | **0,8** |

# Population

## 3.6. Area and regional population — 1992

| Territorial units (NUTS) Level I Level II | Area km² | Total mean population | | Movement of the population | | |
|---|---|---|---|---|---|---|
| | | 1 000 | Density per km² | Birth rate ‰ | Mortality rate ‰ | Migration rate ‰ |
| **FRANCE (¹)** | **543 964,6** | **57 372,1** | **105,5** | **13,0** | **9,1** | **1,6** |
| **Île-de-France** | **12 012,2** | **10 861,6** | **904,2** | **15,3** | **7,2** | **-0,8** |
| **Bassin parisien** | **145 644,6** | **10 369,0** | **71,2** | **12,7** | **9,4** | **0,7** |
| Champagne-Ardenne | 25 605,8 | 1 350,3 | 52,7 | 12,9 | 9,2 | -0,4 |
| Picardie | 19 399,4 | 1 841,1 | 94,9 | 13,8 | 8,9 | 2,5 |
| Haute-Normandie | 12 317,4 | 1 754,2 | 142,4 | 13,9 | 8,7 | -5,9 |
| Centre | 39 150,8 | 2 401,2 | 61,3 | 11,9 | 9,6 | 1,4 |
| Basse-Normandie | 17 589,3 | 1 403,3 | 79,8 | 12,6 | 9,0 | 2,5 |
| Bourgogne | 31 581,9 | 1 618,9 | 51,3 | 11,2 | 10,8 | 4,7 |
| **Nord-Pas-de-Calais** | **12 414,1** | **3 978,7** | **320,5** | **14,3** | **9,1** | **-2,7** |
| **Est** | **48 029,9** | **5 048,3** | **105,1** | **13,1** | **8,7** | **-2,4** |
| Lorraine | 23 547,4 | 2 295,9 | 97,5 | 12,7 | 8,9 | -5,8 |
| Alsace | 8 280,2 | 1 642,3 | 198,3 | 13,9 | 8,6 | -1,9 |
| Franche-Comté | 16 202,3 | 1 110,1 | 68,5 | 12,7 | 8,6 | 4,0 |
| **Ouest** | **85 099,1** | **7 542,1** | **88,6** | **11,8** | **9,5** | **4,0** |
| Pays de la Loire | 32 081,8 | 3 104,0 | 96,8 | 12,5 | 8,6 | 4,0 |
| Bretagne | 27 207,8 | 2 823,1 | 103,8 | 11,8 | 10,1 | 3,1 |
| Poitou-Charentes | 25 809,5 | 1 614,1 | 62,5 | 10,5 | 10,3 | 5,9 |
| **Sud-Ouest** | **103 598,5** | **6 014,3** | **58,1** | **10,6** | **10,6** | **4,0** |
| Aquitaine | 41 308,4 | 2 833,7 | 68,6 | 10,8 | 10,1 | 5,9 |
| Midi-Pyrénées | 45 347,8 | 2 462,1 | 54,3 | 10,9 | 10,1 | 2,7 |
| Limousin | 16 942,3 | 718,5 | 42,4 | 9,0 | 13,1 | 1,0 |
| **Centre-Est** | **69 711,0** | **6 777,7** | **97,2** | **12,8** | **8,7** | **1,5** |
| Rhône-Alpes | 43 698,1 | 5 460,4 | 125,0 | 13,4 | 8,1 | 1,7 |
| Auvergne | 26 012,9 | 1 317,3 | 50,6 | 10,1 | 11,3 | 1,0 |
| **Méditerranée** | **67 455,2** | **6 780,4** | **100,5** | **12,1** | **10,1** | **5,5** |
| Languedoc-Roussillon | 27 375,8 | 2 171,2 | 79,3 | 11,6 | 10,3 | 8,5 |
| Provence-Alpes-Côte d'Azur | 31 399,6 | 4 357,1 | 138,8 | 12,4 | 10,0 | 3,9 |
| Corse | 8 679,8 | 252,1 | 29,0 | 11,3 | 11,0 | 8,1 |

(¹) Not including DOM.

*Population*

## 3.6. Area and regional population — 1992

| Territorial units (NUTS) Level I Level II | Area km² | Total mean population | | Movement of the population | | |
|---|---|---|---|---|---|---|
| | | 1 000 | Density per km² | Birth rate ‰ | Mortality rate ‰ | Migration rate ‰ |
| **Départements d'outre-mer** | 88 851,0 | 1 538,5 | 17,3 | 20,7 | 5,4 | 2,2 |
| Guadeloupe | 1 705,0 | 408,0 | 239,3 | 17,9 | 5,6 | -12,3 |
| Martinique | 1 100,0 | 372,5 | 338,6 | 16,9 | 5,9 | 8,0 |
| Guyane | 83 534,0 | 134,0 | 1,6 | 29,5 | 4,2 | 19,0 |
| Réunion | 2 512,0 | 624,1 | 248,4 | 22,8 | 5,3 | 4,6 |

# Population

## 3.7. Area and regional population — 1992

| Territorial units (NUTS) Level I / Level II | Area km² | Total mean population 1 000 | Density per km² | Birth rate ‰ | Mortality rate ‰ | Migration rate ‰ |
|---|---|---|---|---|---|---|
| **IRELAND** | **68 894,6** | **3 549,1** | **51,5** | **14,5** | **8,7** | **-1,2** |
| **ITALIA** | **301 302,9** | **56 858,8** | **188,7** | **10,1** | **9,6** | **3,0** |
| **Nord-Ovest** | **34 079,2** | **6 089,2** | **178,7** | **7,6** | **11,8** | **4,4** |
| Piemonte | 25 398,9 | 4 301,9 | 169,4 | 7,8 | 11,3 | 4,4 |
| Valle d'Aosta | 3 263,5 | 116,6 | 35,7 | 8,5 | 10,7 | 12,9 |
| Liguria | 5 418,1 | 1 670,8 | 308,4 | 7,0 | 13,2 | 3,9 |
| **Lombardia** | **23 858,7** | **8 867,9** | **371,7** | **8,7** | **9,4** | **4,0** |
| **Nord-Est** | **39 816,0** | **6 477,1** | **162,7** | **9,0** | **9,9** | **3,9** |
| Trentino - Alto Adige | 13 607,3 | 893,7 | 65,7 | 11,2 | 9,0 | 4,4 |
| Veneto | 18 364,6 | 4 387,6 | 238,9 | 9,0 | 9,3 | 3,9 |
| Friuli - Venezia Giulia | 7 844,1 | 1 195,8 | 152,4 | 7,5 | 12,4 | 3,8 |
| **Emilia-Romagna** | **22 124,4** | **3 913,5** | **176,9** | **7,2** | **10,9** | **7,2** |
| **Centro** | **41 141,9** | **5 772,3** | **140,3** | **7,8** | **11,0** | **5,0** |
| Toscana | 22 992,0 | 3 527,7 | 153,4 | 7,4 | 11,4 | 4,6 |
| Umbria | 8 456,0 | 813,2 | 96,2 | 8,2 | 10,7 | 6,4 |
| Marche | 9 693,5 | 1 431,3 | 147,7 | 8,5 | 10,0 | 5,0 |
| **Lazio** | **17 227,3** | **5 151,9** | **299,1** | **10,0** | **8,9** | **2,9** |
| **Campania** | **13 595,3** | **5 648,6** | **415,5** | **14,6** | **7,8** | **0,4** |
| **Abruzzi-Molise** | **15 231,8** | **1 583,5** | **104,0** | **10,1** | **10,1** | **4,4** |
| Abruzzi | 10 794,2 | 1 252,4 | 116,0 | 10,0 | 9,9 | 5,0 |
| Molise | 4 437,7 | 331,2 | 74,6 | 10,4 | 10,6 | 2,3 |
| **Sud** | **44 429,8** | **6 723,5** | **151,3** | **12,6** | **8,0** | **-1,0** |
| Puglia | 19 357,1 | 4 040,9 | 208,8 | 12,6 | 7,7 | -0,4 |
| Basilicata | 9 992,3 | 610,4 | 61,1 | 12,0 | 9,0 | -1,7 |
| Calabria | 15 080,3 | 2 072,2 | 137,4 | 12,9 | 8,4 | -1,7 |
| **Sicilia** | **25 706,9** | **4 981,9** | **193,8** | **13,8** | **9,2** | **1,6** |
| **Sardegna** | **24 089,9** | **1 649,3** | **68,5** | **9,8** | **8,1** | **1,4** |

*Population*

## 3.8. Area and regional population — 1992

| Territorial units (NUTS) Level I Level II | Area km² | Total mean population | | Movement of the population | | |
|---|---|---|---|---|---|---|
| | | 1 000 | Density per km² | Birth rate ‰ | Mortality rate ‰ | Migration rate ‰ |
| **LUXEMBOURG (GRAND-DUCHÉ)** | **2 586,4** | **392,5** | **151,8** | **13,1** | **10,2** | **10,9** |
| **NEDERLAND** | **41 028,9** | **15 182,3** | **370,0** | **13,0** | **8,6** | **2,9** |
| Noord-Nederland | 11 388,3 | 1 605,2 | 140,9 | 11,9 | 9,2 | 0,5 |
| Groningen | 2 967,1 | 555,4 | 187,2 | 11,2 | 9,8 | -1,1 |
| Friesland | 5 740,7 | 602,8 | 105,0 | 12,6 | 9,0 | 0,0 |
| Drenthe | 2 680,4 | 446,9 | 166,7 | 11,7 | 8,9 | 3,2 |
| Oost-Nederland | 10 494,5 | 3 108,2 | 296,2 | 13,3 | 8,4 | 4,2 |
| Overijssel | 3 420,0 | 1 035,8 | 302,9 | 13,4 | 8,7 | 1,7 |
| Gelderland | 5 143,7 | 1 834,3 | 356,6 | 12,8 | 8,6 | 1,8 |
| Flevoland | 1 930,8 | 238,1 | 123,3 | 16,6 | 5,0 | 32,8 |
| West-Nederland | 11 854,1 | 7 116,8 | 600,4 | 13,2 | 8,8 | 3,2 |
| Utrecht | 1 434,3 | 1 042,1 | 726,6 | 13,8 | 8,0 | 3,5 |
| Noord-Holland | 4 042,2 | 2 430,9 | 601,4 | 13,0 | 9,0 | 3,6 |
| Zuid-Holland | 3 445,8 | 3 283,5 | 952,9 | 13,2 | 8,8 | 2,9 |
| Zeeland | 2 931,9 | 360,2 | 122,9 | 12,6 | 9,7 | 2,6 |
| Zuid-Nederland | 7 292,0 | 3 352,1 | 459,7 | 12,6 | 7,9 | 2,0 |
| Noord-Brabant | 5 081,9 | 2 234,4 | 439,7 | 13,1 | 7,6 | 2,6 |
| Limburg | 2 209,4 | 1 117,7 | 505,9 | 11,7 | 8,5 | 0,9 |
| **PORTUGAL** | **91 970,5** | **9 857,5** | **107,2** | **11,7** | **10,3** | **-0,5** |
| Continente | 88 927,0 | 9 366,3 | 105,3 | 11,5 | 10,2 | -0,4 |
| Norte | 21 290,2 | 3 478,7 | 163,4 | 13,0 | 9,0 | -0,7 |
| Centro | 23 667,3 | 1 714,5 | 72,4 | 10,4 | 11,6 | -0,5 |
| Lisboa e Vale do Tejo | 11 982,1 | 3 292,6 | 274,8 | 10,9 | 10,0 | -0,3 |
| Alentejo | 26 996,9 | 538,6 | 19,9 | 9,2 | 13,4 | -0,6 |
| Algarve | 4 990,5 | 342,0 | 68,5 | 11,3 | 12,2 | 2,3 |
| Açores | 2 247,5 | 237,7 | 105,7 | 15,5 | 11,0 | -2,6 |
| Madeira | 796,0 | 253,5 | 318,5 | 13,4 | 10,1 | -1,5 |
| **UNITED KINGDOM** | **244 111,0** | **57 998,4** | **237,6** | **13,5** | **10,9** | **0,9** |
| North | 15 401,0 | 3 098,9 | 201,2 | 12,9 | 12,0 | 0,8 |
| Cleveland, Durham | 3 019,0 | 1 167,1 | 386,6 | 13,5 | 11,5 | -1,4 |
| Cumbria | 6 810,0 | 490,2 | 72,0 | 12,4 | 12,1 | 0,7 |
| Northumberland, Tyne and Wear | 5 572,0 | 1 441,6 | 258,7 | 12,6 | 12,3 | 2,5 |

## Population

### 3.9. Area and regional population — 1992

| Territorial units (NUTS) Level I / Level II | Area km² | Total mean population 1 000 | Density per km² | Birth rate ‰ | Mortality rate ‰ | Migration rate ‰ |
|---|---|---|---|---|---|---|
| **Yorkshire and Humberside** | **15 420,0** | **5 002,3** | **324,4** | **13,4** | **11,1** | **0,7** |
| Humberside | 3 512,0 | 881,4 | 251,0 | 13,1 | 11,0 | 1,9 |
| North Yorkshire | 8 309,0 | 723,1 | 87,0 | 11,7 | 11,5 | 1,6 |
| South Yorkshire | 1 560,0 | 1 304,3 | 836,1 | 13,5 | 11,4 | -0,4 |
| West Yorkshire | 2 039,0 | 2 093,5 | 1 026,7 | 14,2 | 10,7 | 0,6 |
| **East Midlands** | **15 630,0** | **4 061,9** | **259,9** | **13,1** | **10,7** | **3,4** |
| Derbyshire, Nottinghamshire | 4 795,0 | 1 972,6 | 411,4 | 13,1 | 11,1 | 2,0 |
| Leicestershire, Northamptonshire | 4 920,0 | 1 492,5 | 303,4 | 13,7 | 9,7 | 3,1 |
| Lincolnshire | 5 915,0 | 596,8 | 100,9 | 11,8 | 11,9 | 8,8 |
| **East Anglia** | **12 573,0** | **2 088,6** | **166,1** | **12,5** | **10,6** | **1,0** |
| **South-East** | **27 222,0** | **17 703,4** | **650,3** | **14,0** | **10,1** | **-0,2** |
| Bedfordshire, Hertfordshire | 2 869,0 | 1 530,9 | 533,6 | 14,3 | 9,0 | 0,6 |
| Berkshire, Buckinghamshire, Oxfordshire | 5 750,0 | 1 990,8 | 346,2 | 13,9 | 8,5 | 1,6 |
| Surrey, East-West Sussex | 5 463,0 | 2 469,9 | 452,1 | 11,9 | 12,3 | 3,7 |
| Essex | 3 672,0 | 1 555,8 | 423,7 | 13,1 | 10,4 | 1,6 |
| Greater London | 1 579,0 | 6 904,6 | 4 372,8 | 15,4 | 9,6 | -2,6 |
| Hampshire, Isle of Wight | 4 158,0 | 1 713,1 | 412,0 | 12,9 | 10,3 | 0,4 |
| Kent | 3 731,0 | 1 538,3 | 412,3 | 13,3 | 11,1 | -1,0 |
| **South-West** | **23 850,0** | **4 746,3** | **199,0** | **12,1** | **11,6** | **4,8** |
| Avon, Gloucestershire, Wiltshire | 7 470,0 | 2 089,1 | 279,7 | 13,0 | 10,4 | 3,2 |
| Cornwall, Devon | 10 275,0 | 1 520,5 | 148,0 | 11,5 | 12,6 | 5,4 |
| Dorset, Somerset | 6 105,0 | 1 136,7 | 186,2 | 11,2 | 12,7 | 7,0 |
| **West Midlands** | **13 013,0** | **5 277,4** | **405,5** | **13,6** | **10,6** | **-0,7** |
| Hereford-Worcs., Warwickshire | 5 907,0 | 1 182,3 | 200,2 | 12,2 | 10,8 | 4,4 |
| Shropshire, Staffordshire | 6 206,0 | 1 464,6 | 236,0 | 12,7 | 10,3 | -0,3 |
| West Midlands (County) | 890,0 | 2 630,5 | 2 926,0 | 14,8 | 10,7 | -3,3 |
| **North-West** | **7 331,0** | **6 399,6** | **873,0** | **13,7** | **11,7** | **-0,7** |
| Cheshire | 2 328,0 | 966,9 | 415,3 | 13,1 | 10,5 | 0,6 |
| Greater Manchester | 1 287,0 | 2 573,5 | 1 999,6 | 14,5 | 11,6 | -1,2 |
| Lancashire | 3 063,0 | 1 413,5 | 461,5 | 13,2 | 12,3 | 3,0 |
| Merseyside | 652,0 | 1 445,7 | 2 217,3 | 13,2 | 11,9 | -4,3 |
| **Wales** | **20 768,0** | **2 898,5** | **139,6** | **12,9** | **11,7** | **1,3** |
| Clwyd, Dyfed, Gwynedd, Powys | 17 141,0 | 1 124,7 | 65,6 | 12,0 | 12,2 | 2,8 |
| Gwent, Mid-South-West Glamorgan | 3 627,0 | 1 773,8 | 489,1 | 13,5 | 11,3 | 0,3 |
| **Scotland** | **78 783,0** | **5 111,2** | **64,9** | **12,9** | **11,9** | **0,3** |
| Borders-Central-Fife-Lothian-Tayside | 18 124,0 | 1 872,6 | 103,3 | 12,6 | 11,9 | 1,6 |
| Dumfries & Galloway, Strathclyde | 20 204,0 | 2 438,6 | 120,7 | 13,0 | 12,3 | -3,0 |
| Highlands, Islands | 31 703,0 | 277,6 | 8,8 | 12,9 | 11,8 | 5,0 |
| Grampian | 8 752,0 | 522,4 | 59,7 | 13,1 | 10,4 | 9,4 |
| **Northern Ireland** | **14 120,0** | **1 610,3** | **114,0** | **15,9** | **9,3** | **7,5** |

## 3.10. Population by age and sex — yearly average 1993

(1 000)

| Country | Under 15 | | From 15 to 64 | |
|---|---|---|---|---|
| | Male | Female | Male | Female |
| **EUR 12** | 31 759,3 | 30 135,0 | 117 447,9 | 116 262,9 |
| 1 Belgique/België | 937,3 | 892,8 | 3 372,4 | 3 321,1 |
| 2 Danmark | 453,6 | 432,3 | 1 774,5 | 1 726,0 |
| 3 Deutschland | 6 814,5 | 6 464,1 | 28 364,8 | 27 264,0 |
| 4 Ελλάδα (¹) | 933,9 | 898,5 | 3 490,1 | 3 499,8 |
| 5 España (¹) | 3 562,0 | 3 343,8 | 13 251,9 | 13 287,3 |
| 6 France | 5 856,4 | 5 589,0 | 18 864,8 | 18 904,2 |
| 7 Ireland | 471,0 | 446,6 | 1 125,4 | 1 112,3 |
| 8 Italia (¹) | 4 501,7 | 4 257,6 | 19 514,3 | 19 721,6 |
| 9 Luxembourg | 36,8 | 35,0 | 138,2 | 133,5 |
| 10 Nederland | 1 433,0 | 1 370,4 | 5 329,8 | 5 160,4 |
| 11 Portugal (¹) | 941,5 | 899,9 | 3 239,6 | 3 400,1 |
| 12 United Kingdom (¹) | 5 800,0 | 5 505,1 | 18 982,0 | 18 732,6 |
| 13 Österreich (¹) | 722,6 | 684,1 | 2 728,3 | 2 664,4 |
| 14 Suomi/Finland | 495,3 | 474,2 | 1 714,3 | 1 681,9 |
| 15 Island | 33,6 | 32,0 | 85,8 | 83,6 |
| 16 Norge | 426,0 | 404,2 | 1 417,5 | 1 368,5 |
| 17 Sverige | 831,7 | 789,0 | 2 824,9 | 2 737,6 |
| **EEA** | 34 271,4 | 32 521,4 | 126 229,2 | 124 809,5 |
| 18 Schweiz/Suisse | 603,4 | 573,1 | 2 368,6 | 2 349,2 |
| **CIS (²)(³)** of which: | 39 057,5 | 37 761,6 | 79 946,9 (⁴) | 75 742,9 (⁴) |
| 19 Russia (⁵)(³) | 17 595,3 | 16 939,2 | 43 663,5 | 40 103,9 |
| 20 Türkiye (⁶) | 10 469,0 | 10 032,0 | 17 602,0 | 17 156,0 |
| 21 USA | 29 053,2 | 27 699,9 | 83 551,2 | 84 812,5 |
| 22 Canada (⁶) | 2 896,6 | 2 756,6 | 9 096,8 | 9 371,2 |
| 23 Nippon (Japan) | 10 613,6 * | 10 083,4 * | 43 634,7 * | 43 334,6 * |

(¹) Provisional.

(²) 1992.

(³) The data refer to the beginning of the year.

(⁴) 16-59 years in the case of men and 16-54 years in the case of women.

(⁵) 1994.

(⁶) 1991.

# Population

## 3.10. Population by age and sex — yearly average 1993

(1 000)

| 65 and over | | Total | | Country | |
|---|---|---|---|---|---|
| Male | Female | Male | Female | | |
| **20 510,8** | **31 822,4** | **169 717,9** | **178 220,3** | **EUR 12** | |
| 622,1 | 938,8 | 4 931,8 | 5 152,6 | Belgique/België | 1 |
| 330,9 | 471,3 | 2 559,0 | 2 629,6 | Danmark | 2 |
| 4 254,0 | 8 017,8 | 39 433,4 | 41 745,9 | Deutschland | 3 |
| 682,5 | 858,1 | 5 124,1 | 5 256,3 | Ελλάδα (¹) | 4 |
| 2 320,8 | 3 316,7 | 19 134,6 | 19 947,9 | España (¹) | 5 |
| 3 357,9 | 5 082,2 | 28 079,1 | 29 575,4 | France | 6 |
| 175,1 | 233,0 | 1 771,5 | 1 791,8 | Ireland | 7 |
| 3 680,7 | 5 373,5 | 27 696,7 | 29 352,7 | Italia (¹) | 8 |
| 20,5 | 34,0 | 195,5 | 202,6 | Luxembourg | 9 |
| 797,8 | 1 198,9 | 7 560,6 | 7 729,8 | Nederland | 10 |
| 576,9 | 818,0 | 4 758,1 | 5 118,0 | Portugal (¹) | 11 |
| 3 691,5 | 5 480,0 | 28 473,6 | 29 717,6 | United Kingdom (¹) | 12 |
| 420,7 | 771,4 | 3 871,6 | 4 119,9 | Österreich (¹) | 13 |
| 254,1 | 446,6 | 2 463,7 | 2 602,7 | Suomi/Finland | 14 |
| 12,9 | 15,9 | 132,3 | 131,5 | Ísland (²) | 15 |
| 289,0 | 400,8 | 2 132,5 | 2 179,5 | Norge (²) | 16 |
| 651,2 | 884,2 | 4 307,8 | 4 410,8 | Sverige | 17 |
| **22 139,9** | **34 349,2** | **182 640,6** | **191 680,0** | **EEA** | |
| 416,9 | 627,1 | 3 388,9 | 3 549,4 | Schweiz/Suisse | 18 |
| **13 931,1 (⁴)** | **34 875,2 (⁴)** | **132 935,5** | **148 379,7** | **CIS (²)(³)** of which: | |
| 8 214,2 | 21 481,0 | 69 473,0 | 78 524,1 | Russia (⁵)(³) | 19 |
| 1 115,0 | 1 333,0 | 29 186,0 | 28 521,0 | Türkiye (⁶) | 20 |
| 13 293,2 | 19 498,0 | 125 897,6 | 132 010,3 | USA | 21 |
| 1 309,0 | 1 831,2 | 13 302,4 | 13 689,2 | Canada (⁶) | 22 |
| 6 962,3 * | 10 093,4 * | 61 220,6 * | 63 501,4 * | Nippon (Japan) | 23 |

(¹) Provisional.
(²) 1992.
(³) The data refer to the beginning of the year.
(⁴) 16-59 years in the case of men and 16-54 years in the case of women.
(⁵) 1994.
(⁶) 1991.

## 3.11. Population by age and sex — yearly average 1993

(% of total)

| Country | Under 15 | | From 15 to 64 | |
|---|---|---|---|---|
| | Male | Female | Male | Female |
| **EUR 12** | **9,1** | **8,7** | **33,8** | **33,4** |
| 1 Belgique/België | 9,3 | 8,9 | 33,4 | 32,9 |
| 2 Danmark | 8,7 | 8,3 | 34,2 | 33,3 |
| 3 Deutschland | 8,4 | 8,0 | 34,9 | 33,6 |
| 4 Ελλάδα (¹) | 9,2 | 8,7 | 33,6 | 33,7 |
| 5 España (¹) | 9,1 | 8,6 | 33,9 | 34,0 |
| 6 France | 10,2 | 9,7 | 32,7 | 32,8 |
| 7 Ireland | 13,2 | 12,5 | 31,6 | 31,2 |
| 8 Italia (¹) | 7,9 | 7,5 | 34,2 | 34,6 |
| 9 Luxembourg | 9,2 | 8,8 | 34,7 | 33,5 |
| 10 Nederland | 9,4 | 9,0 | 34,9 | 33,7 |
| 11 Portugal (¹) | 9,5 | 9,1 | 32,8 | 34,4 |
| 12 United Kingdom (¹) | 10,0 | 9,5 | 32,6 | 32,2 |
| 13 Österreich (¹) | 9,0 | 8,6 | 34,1 | 33,3 |
| 14 Suomi/Finland | 9,8 | 9,4 | 33,8 | 33,2 |
| 15 Island | 12,7 | 12,1 | 32,5 | 31,7 |
| 16 Norge | 9,9 | 9,4 | 32,9 | 31,7 |
| 17 Sverige | 9,5 | 9,1 | 32,4 | 31,4 |
| **EEA** | **9,2** | **8,7** | **33,7** | **33,3** |
| 18 Schweiz/Suisse | 8,7 | 8,3 | 34,1 | 33,9 |
| **CIS (²)(³)** | **13,9** | **13,4** | **28,4 (⁴)** | **26,9 (⁴)** |
| of which: | | | | |
| 19 Russia (⁵)(³) | 11,9 | 11,5 | 29,5 | 27,1 |
| 20 Türkiye (⁶) | 18,1 | 17,4 | 30,5 | 29,7 |
| 21 USA | 11,3 | 10,7 | 32,4 | 32,9 |
| 22 Canada (⁶) | 10,7 | 10,2 | 33,7 | 34,7 |
| 23 Nippon (Japan) * | 8,5 | 8,1 | 35,0 | 34,7 |

(¹) Provisional.
(²) 1992.
(³) The data refer to the beginning of the year.
(⁴) 16-59 years in the case of men and 16-54 years in the case of women.
(⁵) 1994.
(⁶) 1991.

## Population

### 3.11. Population by age and sex — yearly average 1993

(% of total)

| 65 and over | | Total | | Country | |
|---|---|---|---|---|---|
| Male | Female | Male | Female | | |
| **5,9** | **9,1** | **48,8** | **51,2** | **EUR 12** | |
| 6,2 | 9,3 | 48,9 | 51,1 | Belgique/België | 1 |
| 6,4 | 9,1 | 49,3 | 50,7 | Danmark | 2 |
| 5,2 | 9,9 | 48,6 | 51,4 | Deutschland | 3 |
| 6,6 | 8,3 | 49,4 | 50,6 | Ελλάδα (¹) | 4 |
| 5,9 | 8,5 | 49,0 | 51,0 | España (¹) | 5 |
| 5,8 | 8,8 | 48,7 | 51,3 | France | 6 |
| 4,9 | 6,5 | 49,7 | 50,3 | Ireland | 7 |
| 6,5 | 9,4 | 48,5 | 51,5 | Italia (¹) | 8 |
| 5,1 | 8,6 | 49,1 | 50,9 | Luxembourg | 9 |
| 5,2 | 7,8 | 49,4 | 50,6 | Nederland | 10 |
| 5,8 | 8,3 | 48,2 | 51,8 | Portugal (¹) | 11 |
| 6,3 | 9,4 | 48,9 | 51,1 | United Kingdom (¹) | 12 |
| 5,3 | 9,7 | 48,4 | 51,6 | Österreich (¹) | 13 |
| 5,0 | 8,8 | 48,6 | 51,4 | Suomi/Finland | 14 |
| 4,9 | 6,0 | 50,2 | 49,8 | Ísland | 15 |
| 6,7 | 9,4 | 49,5 | 50,5 | Norge | 16 |
| 7,5 | 10,1 | 49,4 | 50,6 | Sverige | 17 |
| **5,9** | **9,2** | **48,8** | **51,2** | **EEA** | |
| 6,0 | 9,0 | 48,8 | 51,2 | Schweiz/Suisse | 18 |
| **5,0 (⁴)** | **12,4 (⁴)** | **47,3** | **52,7** | **CIS (²)(³)** of which: | |
| 5,5 | 14,5 | 46,9 | 53,1 | Russia (⁵)(³) | 19 |
| 1,9 | 2,3 | 50,6 | 49,4 | Türkiye (⁶) | 20 |
| 5,2 | 7,6 | 48,8 | 51,2 | USA | 21 |
| 4,8 | 6,8 | 49,3 | 50,7 | Canada (⁶) | 22 |
| 5,6 | 8,1 | 49,1 | 50,9 | Nippon (Japan) * | 23 |

(¹) Provisional.
(²) 1992.
(³) The data refer to the beginning of the year.
(⁴) 16-59 years in the case of men and 16-54 years in the case of women.
(⁵) 1991.
(⁶) 1994.

*Population*

## 3.12. Births, marriages and deaths — 1993

| | Country | Births | | Marriages | | Deaths | | Infant mortality rate ‰ |
|---|---|---|---|---|---|---|---|---|
| | | 1 000 | Per 1 000 population | 1 000 | Per 1 000 population | 1 000 | Per 1 000 population | |
| | **EUR 12** | **3 844,2 \*** | **11,0 \*** | **1 826,6 \*** | **5,3 \*** | **3 513,7 \*** | **10,1 \*** | **6,7 \*** |
| 1 | Belgique/België | 120,0 | 11,9 | 54,1 | 5,4 | 106,6 | 10,6 | 8,0 (¹) |
| 2 | Danmark | 67,4 | 13,0 | 31,6 | 6,1 | 62,8 | 12,1 | 5,4 |
| 3 | Deutschland | 798,4 | 9,8 | 442,4 | 5,4 | 897,3 | 11,0 | 5,8 |
| 4 | Ελλάδα | 101,8 | 9,8 | 62,2 | 6,0 | 97,4 | 9,4 | 8,5 |
| 5 | España \* | 380,6 (¹) | 9,7 | 196,3 (¹) | 5,2 | 338,7 (¹) | 8,7 | 7,6 \* |
| 6 | France | 711,5 | 12,3 | 255,2 | 4,4 | 531,9 (¹) | 9,2 | 6,8 |
| 7 | Ireland | 49,5 | 13,9 | 15,7 | 4,4 | 31,7 | 8,9 | 6,7 (²) |
| 8 | Italia | 538,2 (¹) | 9,4 | 292,2 | 5,1 | 541,2 | 9,5 | 8,3 |
| 9 | Luxembourg | 5,4 | 13,6 | 2,4 | 6,0 | 3,9 | 9,8 | 8,5 (²) |
| 10 | Nederland | 195,7 | 12,8 | 88,3 | 5,8 | 137,8 | 9,0 | 6,8 |
| 11 | Portugal | 114,0 | 11,6 | 68,2 | 6,9 | 106,4 | 10,8 | 8,7 |
| 12 | United Kingdom \* | 761,7 | 13,1 | 349,7 (³) | 6,1 (³) | 658,0 | 11,3 | 6,6 (²) |
| 13 | Österreich | 95,2 | 11,9 | 45,0 | 5,6 | 82,5 | 10,3 | 6,5 |
| 14 | Suomi/Finland | 64,8 | 12,8 | 24,7 | 4,9 | 50,6 | 10,0 | 4,4 |
| 15 | Island | 4,6 | 17,6 | 1,2 | 4,7 | 1,8 | 6,6 | 4,8 |
| 16 | Norge | 59,7 | 13,8 | 19,5 | 4,5 | 46,6 | 10,7 | 5,8 (²) |
| 17 | Sverige | 118,0 | 13,5 | 34,0 | 3,9 | 97,0 | 11,1 | 4,8 |
| | **EEA** | **4 091,3 \*** | **11,2 \*** | **1 951,0 \*** | **5,2 \*** | **3 792,3 \*** | **10,1 \*** | **6,6 \*** |
| 18 | Schweiz/Suisse | 83,8 | 12,1 | 43,3 | 6,2 | 62,5 | 9,0 | 5,6 (¹) |
| | **CIS** | **3 857,9** | **13,5** | **2 266,6** | **7,9** | **3 592,6** | **12,6** | **25,0** |
| | of which: | | | | | | | |
| 19 | Russia | 1 379,0 | 9,4 | 1 106,7 | 7,5 | 2 129,3 | 14,5 | 19,9 |
| 20 | Türkiye (³) | 1 655,4 | 28,9 | 450,8 (⁴) | 8,2 (⁴) | 415,2 | 7,2 | 63,2 (⁴) |
| 21 | USA (²) | 4 084,0 | 15,9 | 2 362,0 | 9,3 | 2 177,0 | 8,5 | 8,5 |
| 22 | Canada | 397,1 | 13,8 | 187,7 (⁵) | 7,1 (⁵) | 201,0 | 7,0 | 6,8 (⁵) |
| 23 | Nippon (Japan) (²) | 1 209,0 | 9,7 | 742,4 | 6,1 | 856,6 | 6,9 | 4,5 |

(¹) Provisional.
(²) 1992.
(³) 1991.
(⁴) 1989.
(⁵) 1990.

Population

## 3.13. Size of private households (¹)

(1 000)

| | Country | Year | Number of persons constituting household | | | | | Total |
|---|---|---|---|---|---|---|---|---|
| | | | 1 | 2 | 3 | 4 | 5 or more | |
| | **EUR 12** | **1993** | **36 111** | **40 386** | **24 451** | **22 405** | **10 979** | **134 333** |
| 1 | Belgique/België | 1993 | 1 094 | 1 224 | 766 | 618 | 324 | 4 026 |
| 2 | Danmark | 1993 | 1 081 | 751 | 322 | 288 | 84 | 2 526 |
| 3 | Deutschland | 1993 | 12 038 | 11 327 | 5 966 | 4 718 | 1 730 | 35 779 |
| 4 | Ελλάδα | 1993 | 707 | 1 041 | 724 | 807 | 356 | 3636 |
| 5 | España | 1993 | 1 427 | 2 842 | 2 530 | 2 866 | 2 202 | 11 867 |
| 6 | France | 1993 | 6 229 | 7 212 | 3 908 | 3 309 | 1 853 | 22 511 |
| 7 | Ireland | 1993 | 242 | 250 | 169 | 188 | 262 | 1 111 |
| 8 | Italia | 1993 | 4 210 | 4 845 | 4 559 | 4 280 | 1 640 | 19 534 |
| 9 | Luxembourg | 1993 | 37 | 44 | 29 | 26 | 16 | 152 |
| 10 | Nederland | 1993 | 1 959 | 2 064 | 899 | 1 021 | 382 | 6 324 |
| 11 | Portugal | 1993 | 411 | 843 | 803 | 737 | 428 | 3 220 |
| 12 | United Kingdom | 1993 | 6 677 | 7 945 | 3 778 | 3 548 | 1 701 | 23 647 |
| 13 | Österreich | 1993 | 852 | 851 | 552 | 494 | 310 | 3 058 |
| 14 | Suomi/Finland | 1993 | 716 | 626 | 327 | 290 | 162 | 2 121 |
| 15 | Island | | : | : | : | : | : | : |
| 16 | Norge | 1990 | 601 | 460 | 266 | 280 | 145 | 1 750 |
| 17 | Sverige | 1990 | 1 516 | 1 189 | 471 | 453 | 201 | 3 830 |
| | **FEA (²)** | **1993** | **39 795** | **43 512** | **26 067** | **23 923** | **11 797** | **145 094** |
| 18 | Schweiz/Suisse | 1993 | 935 | 912 | 430 | 418 | 186 | 2 882 |
| | **CIS** | **1989** | **15 672** | **22 140** | **18 265** | **17 280** | **13 234** | **86 591** |
| | of which: | | | | | | | |
| 19 | Russia | 1989 | 10 126 | 13 759 | 11 281 | 10 154 | 5 052 | 50 372 |
| 20 | Türkiye | 1985 | 453 | 990 | 1 235 | 1 793 | 5 258 | 9 729 |
| 21 | USA | 1992 | 23 974 | 30 734 | 16 398 | 14 710 | 9 853 | 95 669 |
| 22 | Canada | 1991 | 2 297 | 3 144 | 1 744 | 1 769 | 1 065 | 10 018 |
| 23 | Nippon (Japan) | 1991 | 8 597 | 8 610 | 7 414 | 8 797 | 7 088 | 40 506 |

(¹) Private households as distinct from institutional households, boarding schools, communities, homes for the aged, etc.
(²) Except Iceland.

## 3.14. Number of pupils and students by level of education
### (full-time and part-time education)

*(1 000)*

| School year | EUR 12 (¹) | Belgique/ België (²) | Danmark | Deutsch- land (¹) | Ελλάδα (²) | España | France |
|---|---|---|---|---|---|---|---|
| Total (including special education) (³) ||||||||
| 1975/1976 | 67 249 * | 2 143 | 977 * | 13 121 | 1 736 | 7 481 | 11 047 |
| 1980/1981 | 67 477 * | 2 093 | 1 040 | 12 797 | 1 765 | 8 373 | 11 388 |
| 1985/1986 | 65 234 | 2 103 | 1 006 | 11 233 | 1 890 | 9 073 | 11 401 |
| 1990/1991 | 63 878 | 2 058 | 948 | 10 614 | 1 868 | 8 840 | 11 800 |
| 1992/1993 | 68 483 * | 2 050 | 938 | 13 629 | 1 861 | 8 707 | 12 000 |
| Primary education ||||||||
| 1975/1976 | 28 893 * | 942 | 481 * | 3 903 | 937 | 3 697 | 4 754 |
| 1980/1981 | 26 097 | 823 | 435 | 2 784 | 901 | 3 650 | 4 740 |
| 1985/1986 | 23 101 | 730 | 403 | 2 272 | 888 | 3 537 | 4 123 |
| 1990/1991 | 21 904 | 719 | 340 | 2 561 | 813 | 2 820 | 4 149 |
| 1992/1993 | 22 727 * | 712 | 325 | 3 470 | 791 | 2 554 | 4 063 |
| Secondary education, lower level ||||||||
| 1975/1976 | : | : | 233 * | 5 222 | 374 | 1 916 | 3 257 |
| 1980/1981 | 18 992 * | 394 | 299 | 5 309 | 452 | 2 123 | 3 261 |
| 1985/1986 | 17 475 * | 433 | 263 | 3 910 | 441 | 2 297 | 3 476 |
| 1990/1991 | 15 675 * | 384 | 242 | 3 431 | 446 | 2 062 | 3 446 |
| 1992/1993 | 16 911 * | 373 | 227 | 4 787 | 443 | 1 919 | 3 479 |
| Secondary education, higher level ||||||||
| 1975/1976 | : | : | 152 * | 2 553 | 305 | 1 273 | 1 898 |
| 1980/1981 | 15 553 * | 595 | 200 | 3 119 | 288 | 1 854 | 2 119 |
| 1985/1986 | 16 743 * | 632 | 224 | 3 225 | 373 | 2 259 | 2 254 |
| 1990/1991 | 17 023 * | 619 | 222 | 2 564 | 405 | 2 694 | 2 506 |
| 1992/1993 | 18 219 * | 617 | 229 | 2 898 | 422 | 2 825 | 2 506 |
| University ||||||||
| 1975/1976 | 5 185 * | 176 | 111 * | 1 044 | 117 | 548 | 1 053 |
| 1980/1981 | 6 005 * | 217 | 106 | 1 223 | 121 | 698 | 1 176 |
| 1985/1986 | 7 191 | 248 | 116 | 1 550 | 182 | 934 | 1 357 |
| 1990/1991 | 8 801 | 276 | 143 | 1 799 | 195 | 1 222 | 1 699 |
| 1992/1993 | 10 042 * | 286 | 157 | 2 106 | 200 | 1 368 | 1 952 |
| Percentage enrolment (education or training) in the 16–18 age group ||||||||
| 1991/1992 | 80* | 90 | 81 | 94 | : | 66 | 89 |

(¹) 1975/76–1990/91: excluding the new German Länder;
1992/93: including the new German Länder.

(²) The data for 1992/93 are not available. The reference period is therefore the 1991/92 academic year.

(³) Because of comparability problems, the data for pre-primary education are not included.

*Education and training*

### 3.14. Number of pupils and students by level of education
### (full-time and part-time education)

(1 000)

| Ireland | Italia | Luxem-bourg | Neder-land (¹) | Portugal (²) | United Kingdom (³) | School year |
|---|---|---|---|---|---|---|
| | Total (including special education) (⁴) |||||||
| 748 * | 10 748 | 49 | 3 811 | 1 746 | 13 642 * | 1975/1976 |
| 808 * | 10 900 | 50 | 3 888 | 1 826 | 12 549 | 1980/1981 |
| 853 | 10 300 | 50 | 3 714 | 1 987 | 11 726 | 1985/1986 |
| 877 | 9 632 | 49 | 3 553 | 1 970 | 11 794 | 1990/1991 |
| 889 | 9 467 | 49 | 3 539 | 2 024 * | 13 330 | 1992/1993 |
| | Primary education |||||||
| 414 | 4 835 | 29 | 1 972 | 1 211 | 5 725 | 1975/1976 |
| 430 | 4 423 | 25 | 1 743 | 1 240 | 4 911 | 1980/1981 |
| 428 | 3 703 | 22 | 1 469 | 1 238 | 4 296 | 1985/1986 |
| 425 | 3 056 | 24 | 1 443 | 1 020 | 4 553 | 1990/1991 |
| 399 | 2 960 | 25 | 1 415 | 941 * | 5 072 | 1992/1993 |
| | Secondary education, lower level |||||||
| 187 | 2 779 | : | 1 015 * | 340 | 2 832 | 1975/1976 |
| 200 | 2 885 | 13 | 1 060 * | 309 | 2 688 | 1980/1981 |
| 212 | 2 757 | 13 | 987 * | 376 | 2 310 | 1985/1986 |
| 201 | 2 262 | 12 | 774 | 443 | 1 972 | 1990/1991 |
| 208 | 2 059 | 12 | 747 | 496 * | 2 161 | 1992/1993 |
| | Secondary education, higher level |||||||
| 101 | 2 113 | : | 450 * | 106 | 4 203 * | 1975/1976 |
| 123 | 2 452 | 12 | 629 * | 188 | 3 976 | 1980/1981 |
| 142 | 2 639 | 14 | 753 * | 271 | 3 957 | 1985/1986 |
| 158 | 2 856 | 12 | 748 | 321 | 3 917 | 1990/1991 |
| 174 | 2 833 | 11 | 763 | 396 * | 4 545 | 1992/1993 |
| | University |||||||
| 46 * | 977 | 1 | 291 | 89 | 733 * | 1975/1976 |
| 55 * | 1 126 | 1 | 364 | 90 | 828 | 1980/1981 |
| 70 | 1 192 | 1 | 406 | 102 | 1 033 | 1985/1986 |
| 90 | 1 452 | 1 | 479 | 186 | 1 258 | 1990/1991 |
| 108 | 1 615 | 1 | 507 | 191 * | 1 551 | 1992/1993 |
| | Percentage enrolment (education or training) in the 16–18 age group |||||||
| 76 | : | 66 | 91 | 51 | 71 | 1991/1992 |

(¹) Primary education begins at the age of four years, at least one year before the Member States.
(²) The data for 1992/93 are not available. The reference period is therefore the 1991/92 academic year.
(³) 1992/93: break in the series for primary education.
(⁴) Because of comparability problems, the data for pre-primary education are not included.

*Education and training*

## 3.14. Number of pupils and students by level of education (full-time and part-time education)

(1 000)

| School year | Österreich | Suomi/Finland (¹) | Island (¹) |
|---|---|---|---|
| *Total (including special education) (²)* | | | |
| 1975/1976 | 1 553 | 988 | 57 |
| 1980/1981 | 1 472 | 944 | 56 |
| 1985/1986 | 1 368 | 923 | 57 |
| 1990/1991 | 1 323 | 983 | 61 |
| 1992/1993 | 1 373 | 1 013 | 62 |
| *Primary education* | | | |
| 1975/1976 | 520 | 454 | 27 |
| 1980/1981 | 400 | 373 | 25 |
| 1985/1986 | 344 | 380 | 25 |
| 1990/1991 | 370 | 391 | 25 |
| 1992/1993 | 382 | 393 | 25 |
| *Secondary education, lower level* | | | |
| 1975/1976 | 524 | 245 | 13 |
| 1980/1981 | 472 | 233 | 13 |
| 1985/1986 | 390 | 193 | 12 |
| 1990/1991 | 342 | 205 | 12 |
| 1992/1993 | 373 | 207 | 11 |
| *Secondary education, higher level* | | | |
| 1975/1976 | 404 | 199 | 13 |
| 1980/1981 | 462 | 227 | 14 |
| 1985/1986 | 461 | 222 | 15 |
| 1990/1991 | 405 | 222 | 17 |
| 1992/1993 | 395 | 240 | 18 |
| *University* | | | |
| 1975/1976 | 105 | 90 | 4 |
| 1980/1981 | 137 | 113 | 4 |
| 1985/1986 | 173 | 128 | 5 |
| 1990/1991 | 206 | 166 | 5 |
| 1992/1993 | 221 | 174 | 6 |
| *Percentage enrolment (education or training) in the 16–18 age group* | | | |
| 1991/1992 | 77 | 84 | : |

(¹) The data for 1992/93 are not available. The reference period is therefore the 1991/92 academic year.

(²) Because of comparability problems, the data for pre-primary education are not included.

# Education and training

## 3.14. Number of pupils and students by level of education (full-time and part-time education)

(1 000)

| Norge | Sverige | EEA (¹) | Schweiz/Suisse | School year |
|---|---|---|---|---|
| | | Total (including special education) (²) | | |
| 804 | 1 410 * | 72 061 * | : | 1975/1976 |
| 853 | 1 476 | 72 278 | 1 204 | 1980/1981 |
| 822 | 1 430 | 69 833 | 1 127 | 1985/1986 |
| 843 | 1 366 | 68 454 | 1 116 | 1990/1991 |
| 878 | 1 420 | 73 229 * | 1 168 | 1992/1993 |
| | | Primary education | | |
| 391 | 713 | 30 998 | : | 1975/1976 |
| 390 | 667 | 27 952 | 451 | 1980/1981 |
| 335 | 613 | 24 798 | 377 | 1985/1986 |
| 309 | 578 | 23 577 | 404 | 1990/1991 |
| 311 | 595 | 24 433 * | 420 | 1992/1993 |
| | | Secondary education, lower level | | |
| 183 | 314 | : | : | 1975/1976 |
| 197 | 365 | 20 272 | 362 | 1980/1981 |
| 195 | 333 | 18 598 | 315 | 1985/1986 |
| 162 | 303 | 16 699 | 272 | 1990/1991 |
| 156 | 292 | 17 950 * | 280 | 1992/1993 |
| | | Secondary education, higher level | | |
| 154 | 220 | : | : | 1975/1976 |
| 173 | 269 | 16 698 | 299 | 1980/1981 |
| 209 | 301 | 17 951 | 320 | 1985/1986 |
| 229 | 292 | 18 188 | 296 | 1990/1991 |
| 245 | 306 | 19 423 * | 282 | 1992/1993 |
| | | University | | |
| 67 | : | : | : | 1975/1976 |
| 74 | 175 | 6 508 | 85 | 1980/1981 |
| 89 | 183 | 7 769 | 110 | 1985/1986 |
| 142 | 193 | 9 513 | 137 | 1990/1991 |
| 166 | 227 | 10 836 * | 146 | 1992/1993 |
| | | Percentage enrolment (education or training) in the 16–18 age group | | |
| : | 77 | : | 85 | 1991/1992 |

(¹) 1975/76–1990/91: excluding the new German Länder;
1992/93: including the new German Länder.
(²) Because of comparability problems, the data for pre-primary education are not included.

*Employment*

## 3.15. Working population and employment — 1993

| | Country | Civilian working population | | Civilian employment | |
|---|---|---|---|---|---|
| | | 1 000 | As % of total population | 1 000 | % of females |
| | **EUR 12** | **153 941** | **45,0** | **137 576** | **41,0** |
| 1 | Belgique/België | 4 073 | 41,0 | 3 744 | 40,0 |
| 2 | Danmark | 2 875 | 56,0 | 2 567 | 47,0 |
| 3 | Deutschland | 39 113 | 49,0 | 36 111 | 42,0 |
| 4 | Ελλάδα | 4 101 | 41,0 | 3 715 | 35,0 |
| 5 | España | 15 263 | 39,0 | 11 868 | 34,0 |
| 6 | France | 24 718 | 44,0 | 21 908 | 44,0 |
| 7 | Ireland | 1 352 | 39,0 | 1 149 | 35,0 |
| 8 | Italia | 22 235 | 40,0 | 19 898 | 35,0 |
| 9 | Luxembourg | 169 | 43,0 | 165 | 36,0 |
| 10 | Nederland | 7 085 | 47,0 | 6 640 | 40,0 |
| 11 | Portugal | 4 714 | 48,0 | 4 464 | 44,0 |
| 12 | United Kingdom | 28 244 | 49,0 | 25 348 | 45,0 |
| 13 | Österreich | 3 728 | 47,0 | 3 570 | 42,0 |
| 14 | Suomi/Finland | 2 474 | 49,0 | 2 030 | 49,0 |
| 15 | Island | 143 | 55,0 | 140 | 46,0 |
| 16 | Norge | 2 097 | 49,0 | 1 971 | 47,0 |
| 17 | Sverige | 4 286 | 49,0 | 3 912 | 49,0 |
| | **EEA** | **166 668** | **45,0** | **149 199** | **41,0** |
| 18 | Schweiz/Suisse | 3 550 | 52,0 | 3 388 | 38,0 |
| | **CIS** of which: | **155 690** (¹) | **55,3** (¹) | **126 297** | **51,0** |
| 19 | Russia | 83 767 (²) | 56,6 (²) | 71 000 | 51,4 |
| 20 | Türkiye | 20 196 | 34,0 | 18 600 | 30,0 |
| 21 | USA | 128 040 | 50,0 | 119 306 | 46,0 |
| 22 | Canada | 13 946 | 49,0 | 12 377 | 45,0 |
| 23 | Nippon (Japan) | 66 149 | 53,0 | 64 495 | 40,0 |

(¹) 1991.
(²) 1994.

# Employment

## 3.16. Civilian employment by occupational status — 1993

| Country | Employers, self-employed and family workers | | Employees | |
|---|---|---|---|---|
| | 1 000 | % civilian employment | 1 000 | % civilian employment |
| **EUR 12** | **24 015** | **17,0** | **113 749** | **83,0** |
| 1 Belgique/België | 671 | 18,0 | 3 073 | 82,0 |
| 2 Danmark | 276 | 11,0 | 2 291 | 89,0 |
| 3 Deutschland | 3 731 | 10,0 | 32 380 | 90,0 |
| 4 Ελλάδα | 1 736 | 47,0 | 1 980 | 53,0 |
| 5 España | 3 106 | 26,0 | 8 700 | 74,0 |
| 6 France | 3 094 | 14,0 | 18 813 | 86,0 |
| 7 Ireland | 275 | 24,0 | 873 | 76,0 |
| 8 Italia | 5 840 | 29,0 | 14 426 | 71,0 |
| 9 Luxembourg | 18 | 11,0 | 146 | 89,0 |
| 10 Nederland | 781 | 12,0 | 5 859 | 88,0 |
| 11 Portugal | 1 154 | 26,0 | 3 310 | 74,0 |
| 12 United Kingdom | 3 333 | 13,0 | 21 897 | 87,0 |
| 13 Österreich | 471 | 13,0 | 3 072 | 87,0 |
| 14 Suomi/Finland | 325 | 15,0 | 1 800 | 85,0 |
| 15 Island | 28 | 20,0 | 112 | 80,0 |
| 16 Norge | 203 | 10,0 | 1 761 | 90,0 |
| 17 Sverige | 407 | 10,0 | 3 778 | 90,0 |
| **EEA** | **25 452** | **17,0** | **124 310** | **83,0** |
| 18 Schweiz/Suisse | : | : | : | : |
| **CIS** | **11 318** | **9,0** | **114 637** | **91,0** |
| of which: | | | | |
| 19 Russia | 5 738 | 8,1 | 65 262 | 91,9 |
| 20 Türkiye | 11 222 | 60,0 | 7 378 | 40,0 |
| 21 USA | 10 362 | 9,0 | 107 236 | 91,0 |
| 22 Canada | 1 248 | 10,0 | 10 993 | 90,0 |
| 23 Nippon (Japan) | 12 990 | 20,0 | 51 190 | 80,0 |

*Employment*

### 3.17. Civilian employment by main sectors of economic activity — 1993

*(1 000)*

| | Country | Agriculture | Industry | Services | Total |
|---|---|---|---|---|---|
| | **EUR 12** | **7 644** | **43 330** | **86 280** | **137 945** |
| 1 | Belgique/België | 99 | 1 103 | 2 542 | 3 744 |
| 2 | Danmark | 131 | 667 | 1 757 | 2 567 |
| 3 | Deutschland | 1 272 | 13 702 | 21 138 | 36 111 |
| 4 | Ελλάδα | 791 | 899 | 2 026 | 3 715 |
| 5 | España | 1 212 | 3 658 | 6 998 | 11 868 |
| 6 | France | 1 195 | 6023 | 14 658 | 21 908 |
| 7 | Ireland | 157 | 322 | 667 | 1 149 |
| 8 | Italia | 1 488 | 6 576 | 12 203 | 20 267 |
| 9 | Luxembourg | 5 | 43 | 115 | 165 |
| 10 | Nederland | 256 | 1 472 | 4 421 | 6 640 |
| 11 | Portugal | 516 | 1 467 | 2 481 | 4 464 |
| 12 | United Kingdom | 522 | 7 399 | 17 274 | 25 348 |
| 13 | Österreich | 245 | 1 250 | 2 074 | 3 570 |
| 14 | Suomi/Finland | 174 | 548 | 1 308 | 2 030 |
| 15 | Island | 15 | 37 | 89 | 140 |
| 16 | Norge | 110 | 455 | 1 404 | 1 971 |
| 17 | Sverige | 139 | 992 | 2 780 | 3 912 |
| | **EEA** | **8 327** | **46 612** | **93 934** | **149 567** |
| 18 | Schweiz/Suisse | 191 | 1 126 | 2 073 | 3 389 |
| | **CIS** of which: | **25 115 *** | **44 785 *** | **55 908 *** | **125 808 *** |
| 19 | Russia | 9 795 | 27 945 | 33 112 | 70 852 |
| 20 | Türkiye | 8 168 | 4 113 | 6 319 | 18 600 |
| 21 | USA | 3 262 | 28 694 | 87 335 | 119 306 |
| 22 | Canada | 550 | 2 753 | 9 090 | 12 377 |
| 23 | Nippon (Japan) | 3 832 | 22 122 | 38 542 | 64 495 |

*Employment*

## 3.18. Civilian employment by main sectors of economic activity — 1993

(%)

| | Country | Agriculture | Industry | Services | Total |
|---|---|---|---|---|---|
| | **EUR 12** | **6,0** | **32,0** | **63,0** | **100,0** |
| 1 | Belgique/België | 3,0 | 29,0 | 68,0 | 100,0 |
| 2 | Danmark | 5,0 | 26,0 | 69,0 | 100,0 |
| 3 | Deutschland | 4,0 | 38,0 | 59,0 | 100,0 |
| 4 | Ελλάδα | 21,0 | 24,0 | 55,0 | 100,0 |
| 5 | España | 10,0 | 31,0 | 59,0 | 100,0 |
| 6 | France | 5,0 | 28,0 | 67,0 | 100,0 |
| 7 | Ireland | 14,0 | 28,0 | 58,0 | 100,0 |
| 8 | Italia | 7,0 | 32,0 | 60,0 | 100,0 |
| 9 | Luxembourg | 3,0 | 26,0 | 70,0 | 100,0 |
| 10 | Nederland | 4,0 | 24,0 | 72,0 | 100,0 |
| 11 | Portugal | 12,0 | 33,0 | 56,0 | 100,0 |
| 12 | United Kingdom | 2,0 | 29,0 | 69,0 | 100,0 |
| 13 | Österreich | 7,0 | 35,0 | 58,0 | 100,0 |
| 14 | Suomi/Finland | 9,0 | 27,0 | 64,0 | 100,0 |
| 15 | Island | 11,0 | 26,0 | 63,0 | 100,0 |
| 16 | Norge | 6,0 | 23,0 | 71,0 | 100,0 |
| 17 | Sverige | 4,0 | 25,0 | 71,0 | 100,0 |
| | **EEA** | **6,0** | **31,0** | **63,0** | **100,0** |
| 18 | Schweiz/Suisse | 6,0 | 33,0 | 61,0 | 100,0 |
| | **CIS** | **20,0** | **35,6** | **44,4** | **100,0** |
| | of which: | | | | |
| 19 | Russia | 13,8 | 39,5 | 46,7 | 100,0 |
| 20 | Türkiye | 44,0 | 22,0 | 34,0 | 100,0 |
| 21 | USA | 3,0 | 24,0 | 73,0 | 100,0 |
| 22 | Canada | 4,0 | 22,0 | 73,0 | 100,0 |
| 23 | Nippon (Japan) | 6,0 | 34,0 | 60,0 | 100,0 |

# 3.19. Employees by economic activity (spring 1993)

(1 000)

| No | NACE Rev.1 | EUR 12 | Belgique/België | Danmark | Deutschland |
|---|---|---|---|---|---|
| A–B | **AGRICULTURE, HUNTING, FORESTRY AND FISHING** | 2 327 | 13 | 53 | 552 |
| 01 | Agriculture, hunting, and related service activities | 1 999 | 12 | 45 | 482 |
| C–F | **INDUSTRY** | 38 265 | 992 | 612 | 12 922 |
| C | **Mining and quarrying** | 709 | 10 | 2 | 299 |
| D | **Manufacturing** | 28 258 | 759 | 474 | 9 581 |
| 15 | Manufacture of food products and beverages | 2 119 | 83 | 97 | : |
| 18 | Manufacture of wearing apparel; dressing and dyeing of fur | 1 153 | 27 | 13 | : |
| 22 | Publishing, printing and reproduction of recorded media | 1 098 | 37 | 45 | : |
| 24 | Chemical industry | 2 041 | 89 | 24 | 818 |
| 28 | Manufacture of fabricated metal products | 1 638 | 62 | 38 | : |
| 29 | Manufacture of machinery and equipement n.e.c. | 1 841 | 45 | 75 | : |
| E | **Production and distribution of electricity, gas and water** | 1 300 | 32 | 16 | 377 |
| F | **Construction** | 7 998 | 191 | 119 | 2 664 |
| G–P | **SERVICES** | 72 649 | 2068 | 1617 | 18 906 |
| G | **Wholesale and retail trade; repair of motor vehicles and household goods** | 14 793 | 353 | 279 | 4 265 |
| 50 | Sale of motor vehicles | 1 572 | 49 | 45 | : |
| 51 | Wholesale trade and commission trade, except of motor vehicles and motorcycles | 2 951 | 102 | 96 | : |
| 52 | Retail trade, except of motor vehicles and motorcycles; repair of personal and household goods | 5 884 | 202 | 138 | : |
| H | **Hotels and restaurants** | 3 467 | 58 | 63 | 702 |
| I | **Transport, storage and communication** | 7 462 | 248 | 166 | 2 085 |
| 60 | Land transport; transport via pipelines | 3 007 | 110 | 52 | 729 |
| 64 | Post and telecommunications | 2 383 | 74 | 58 | 656 |
| J | **Financial intermediation** | 4 553 | 134 | 80 | 1 140 |
| 65 | Financial intermediation, except insurance and pension funding | 3 062 | 94 | 57 | 825 |
| K | **Real estate, renting and business activities** | 5 289 | 157 | 148 | 135 |
| 74 | Other service activities provided mainly to business | 3 506 | 116 | 93 | : |
| L | **Public administration and defence; compulsory social security** | 10 745 | 347 | 174 | 3153 |
| M | **Education** | 8 618 | 334 | 177 | 1 747 |
| N | **Health and social work** | 9 664 | 319 | 412 | 1 977 |
| O | **Other community, social and personal service activities** | 4 537 | 100 | 107 | 1 445 |
| 92 | Recreational, cultural and sporting activities | 1 618 | 43 | 52 | 299 |
| 93 | Other service activities | 847 | 24 | 13 | : |
| P | **Households with employed persons** | 1 215 | 7 | 12 | 109 |
|  | **TOTAL** | 113 749 | 3 073 | 2 291 | 32 380 |

# Employment

## 3.19. Employees by economic activity (spring 1993)

(1 000)

| Ελλάδα | España | France | Ireland | Italia | Luxembourg | Nederland | Portugal | United Kingdom |
|---|---|---|---|---|---|---|---|---|
| 36 | 377 | 273 | 23 | 587 | 1 | 94 | 94 | 226 |
| 24 | 298 | 222 | 18 | 526 | 1 | 90 | 72 | 208 |
| 621 | 3 030 | 5 423 | 285 | 5 385 | 41 | 1 380 | 1 235 | 6 340 |
| 17 | 55 | 68 | 6 | 78 | 0 | 11 | 17 | 144 |
| 403 | 2 074 | 3 942 | 210 | 3 978 | 23 | 1 014 | 915 | 4 886 |
| 64 | 309 | 531 | : | 279 | 2 | 151 | 96 | 506 |
| 75 | 127 | 161 | : | 437 | 0 | 10 | 142 | 161 |
| 23 | 112 | 220 | : | 136 | 2 | 120 | 43 | 360 |
| 20 | 124 | 284 | 15 | 246 | 1 | 86 | 46 | 288 |
| 20 | 176 | 407 | : | 517 | 2 | 83 | 58 | 274 |
| 14 | 134 | 332 | : | 460 | 2 | 82 | 29 | 668 |
| 39 | 79 | 197 | 13 | 188 | 1 | 39 | 29 | 289 |
| 161 | 822 | 1 216 | 57 | 1 141 | 17 | 315 | 274 | 1 021 |
| 1 323 | 5 293 | 13 090 | 563 | 8 454 | 103 | 3 949 | 1 982 | 15 301 |
| 225 | 1 161 | 2 405 | 120 | 1 343 | 21 | 874 | 392 | 3 355 |
| 41 | 211 | 362 | : | 261 | 3 | 71 | 97 | 432 |
| 72 | 353 | 863 | : | 345 | 6 | 357 | 91 | 666 |
| 113 | 597 | 1 180 | : | 737 | 12 | 445 | 204 | 2 257 |
| 97 | 370 | 496 | 44 | 437 | 6 | 151 | 138 | 905 |
| 178 | 512 | 1 310 | 54 | 952 | 10 | 380 | 185 | 1 383 |
| 49 | 239 | 567 | 16 | 450 | 5 | 170 | 77 | 543 |
| 45 | 153 | 472 | 20 | 321 | 3 | 109 | 55 | 418 |
| 78 | 212 | 715 | 39 | 575 | 14 | 194 | 124 | 1 147 |
| 57 | 240 | 471 | 27 | 427 | 12 | 118 | 99 | 634 |
| 61 | 453 | 1571 | 5 | 552 | 8 | 487 | 115 | 1 598 |
| 50 | 386 | 992 | : | 374 | 7 | 371 | 87 | 1 030 |
| 266 | 748 | 2 064 | 66 | 1 483 | 15 | 488 | 320 | 1 620 |
| 182 | 601 | 1 609 | 64 | 1 448 | 9 | 407 | 302 | 1 738 |
| 133 | 544 | 1 829 | 68 | 968 | 9 | 770 | 188 | 2 446 |
| 78 | 265 | 710 | 34 | 506 | 4 | 181 | 125 | 983 |
| 44 | 127 | 272 | 18 | 87 | 2 | 90 | 41 | 542 |
| 14 | 59 | 148 | : | 251 | 1 | 37 | 56 | 242 |
| 22 | 325 | 356 | 6 | 178 | 2 | 10 | 90 | 97 |
| 1 980 | 8 700 | 18 813 | 873 | 14 426 | 146 | 5 859 | 3 310 | 21 897 |

*Employment*

## 3.20. Normal weekly hours worked by full-time and part-time employees (1993)

| No | NACE Rev. 1 | EUR 12 | Belgique/ België | Danmark | Deutsch- land |
|---|---|---|---|---|---|
| A–B | **AGRICULTURE, HUNTING, FORESTRY AND FISHING** | 40,5 | 37,5 | 35,7 | 39,4 |
| 01 | Agriculture, hunting, and related service activities | 39,7 | 37,7 | 33,8 | 39,6 |
| C–F | **INDUSTRY** | 39,4 | 38,1 | 35,9 | 37,9 |
| C | **Mining and quarrying** | 41,8 | 39,6 | 37,5 | 39,4 |
| D | **Manufacturing** | 39,1 | 37,9 | 35,5 | 37,5 |
| 15 | Manufacture of food products and beverages | 39,7 | 37,3 | 33,8 | : |
| 18 | Manufacture of wearing apparel; dressing and dyeing of fur | 39,2 | 36,5 | 35,7 | : |
| 22 | Publishing, printing and reproduction of recorded media | 37,5 | 37,6 | 30,5 | : |
| 24 | Chemical industry | 39,3 | 38,0 | 37,1 | 38,3 |
| 28 | Manufacture of fabricated metal products | 40,2 | 38,1 | 36,5 | : |
| 29 | Manufacture of machinery and equipment n.e.c. | 40,6 | 38,0 | 37,0 | : |
| E | **Production and distribution of electricity, gas and water** | 39,0 | 37,5 | 36,2 | 38,2 |
| F | **Construction** | 40,1 | 38,8 | 37,2 | 39,0 |
| G–P | **SERVICES** | 35,8 | 34,2 | 33,1 | 35,9 |
| G | **Wholesale and retail trade; repair of motor vehicles and household goods** | 36,2 | 34,6 | 32,8 | 35,4 |
| 50 | Sale of motor vehicles | 40,1 | 37,4 | 32,6 | : |
| 51 | Wholesale and commission trade, except of motor vehicles and motorcycles | 40,1 | 38,0 | 38,0 | : |
| 52 | Retail trade, except of motor vehicles and motorcycles; repair of personal and household goods | 33,8 | 32,2 | 29,3 | : |
| H | **Hotels and restaurants** | 35,9 | 33,7 | 25,5 | 38,4 |
| I | **Transport, storage and communication** | 39,6 | 38,3 | 36,8 | 38,4 |
| 60 | Land transport; transport via pipelines | 40,9 | 39,2 | 39,4 | 38,9 |
| 64 | Post and telecommunications | 37,0 | 37,5 | 31,4 | 35,4 |
| J | **Financial intermediation** | 37,7 | 36,9 | 35,5 | 36,8 |
| 65 | Financial intermediation, except insurance and pension funding | 37,6 | 36,7 | 35,1 | 36,4 |
| K | **Real estate, renting and business activities** | 37,1 | 35,3 | 33,4 | 36,6 |
| 74 | Other service activities provided mainly to business | 36,3 | 34,6 | 32,3 | : |
| L | **Public administration and defence; compulsory social security** | 37,4 | 36,0 | 36,0 | 37,2 |
| M | **Education** | 31,5 | 28,8 | 32,8 | 34,6 |
| N | **Health and social work** | 34,0 | 32,9 | 32,7 | 34,7 |
| O | **Other community, social and personal service activities** | 35,0 | 34,2 | 29,9 | 34,3 |
| 92 | Recreational, cultural and sporting activities | 34,3 | 34,1 | 28,3 | 34,7 |
| 93 | Other service activities | 35,0 | 31,9 | 30,1 | : |
| P | **Households with employed persons** | 27,4 | 27,5 | 15,9 | 21,2 |
|  | **TOTAL** | 37,1 | 35,5 | 33,9 | 36,7 |

150

# Employment

## 3.20. Normal weekly hours worked by full-time and part-time employees (1993)

| Ελλάδα | España | France | Ireland | Italia | Luxem-bourg | Nederland | Portugal | United Kingdom |
|---|---|---|---|---|---|---|---|---|
| 44,6 | 44,3 | 39,2 | 48,9 | 39,7 | 45,6 | 30,5 | 46,8 | 41,5 |
| 43,9 | 42,1 | 38,0 | 50,1 | 39,5 | 47,1 | 30,0 | 46,0 | 41,1 |
| 41,1 | 40,2 | 39,5 | 40,2 | 40,0 | 40,1 | 36,2 | 42,6 | 41,8 |
| 41,1 | 39,1 | 39,3 | 43,4 | 40,4 | 40,7 | 38,9 | 42,5 | 50,3 |
| 41,2 | 40,2 | 39,4 | 40,1 | 39,8 | 39,8 | 35,6 | 42,4 | 41,4 |
| 42,3 | 40,6 | 39,9 | : | 40,4 | 39,3 | 33,3 | 43,1 | 41,2 |
| 40,5 | 39,6 | 38,5 | : | 38,9 | 36,0 | 32,0 | 43,4 | 37,6 |
| 41,1 | 39,7 | 39,4 | : | 40,0 | 37,6 | 26,8 | 42,1 | 38,4 |
| 40,8 | 40,0 | 39,2 | 40,4 | 40,0 | 39,9 | 37,9 | 41,5 | 41,4 |
| 41,7 | 40,3 | 39,4 | : | 40,1 | 40,4 | 38,2 | 42,8 | 42,5 |
| 40,8 | 40,2 | 39,7 | : | 40,0 | 40,1 | 38,3 | 42,5 | 42,4 |
| 39,7 | 40,0 | 38,9 | 38,7 | 38,9 | 40,0 | 38,0 | 39,2 | 40,4 |
| 41,2 | 40,4 | 39,9 | 40,9 | 40,8 | 40,4 | 37,8 | 43,9 | 42,6 |
| 39,5 | 38,3 | 36,3 | 36,8 | 36,3 | 37,6 | 30,9 | 38,8 | 35,1 |
| | | | | | | | | |
| 42,6 | 40,4 | 38,5 | 38,0 | 40,0 | 38,4 | 30,2 | 43,0 | 33,4 |
| 43,4 | 40,7 | 40,1 | : | 40,5 | 38,9 | 34,2 | 43,0 | 40,6 |
| | | | | | | | | |
| 41,5 | 41,2 | 40,3 | : | 40,6 | 40,5 | 36,4 | 42,3 | 41,2 |
| | | | | | | | | |
| | | | | | | | | |
| 43,0 | 39,9 | 36,8 | : | 39,6 | 37,0 | 24,6 | 43,4 | 29,7 |
| 46,0 | 41,5 | 39,2 | 35,4 | 39,6 | 42,8 | 22,3 | 45,5 | 28,9 |
| 44,0 | 40,6 | 38,7 | 40,7 | 39,2 | 38,9 | 35,1 | 42,6 | 43,2 |
| 44,2 | 41,6 | 40,2 | 42,2 | 39,8 | 40,2 | 36,3 | 45,2 | 45,6 |
| 39,0 | 38,5 | 36,4 | 39,5 | 37,3 | 36,6 | 31,2 | 39,5 | 41,1 |
| 39,7 | 39,2 | 38,6 | 38,5 | 38,3 | 39,3 | 36,1 | 36,8 | 37,9 |
| | | | | | | | | |
| 39,3 | 39,3 | 38,9 | 38,6 | 38,6 | 39,1 | 35,8 | 36,7 | 37,3 |
| 40,1 | 37,8 | 38,3 | 38,9 | 37,7 | 36,5 | 31,5 | 39,5 | 37,6 |
| | | | | | | | | |
| 40,1 | 37,5 | 37,6 | : | 37,1 | 36,3 | 30,1 | 39,5 | 36,9 |
| | | | | | | | | |
| 39,3 | 38,7 | 36,9 | 38,8 | 36,9 | 38,0 | 35,4 | 39,3 | 39,6 |
| 28,5 | 34,4 | 30,2 | 30;2 | 27,7 | 32,0 | 31,6 | 31,0 | 32,7 |
| 39,1 | 38,6 | 35,7 | 00,7 | 37,1 | 35,6 | 27,3 | 38,1 | 32,0 |
| | | | | | | | | |
| 38,7 | 38,4 | 35,2 | 36,8 | 37,4 | 36,4 | 28,2 | 37,5 | 35,1 |
| 38,1 | 38,1 | 35,1 | 36,0 | 35,7 | 36,8 | 25,3 | 38,9 | 34,1 |
| 41,6 | 38,1 | 35,9 | : | 37,9 | 34,8 | 28,4 | 35,7 | 31,9 |
| 36,2 | 29,1 | 26,5 | 29,3 | 31,6 | 26,1 | 12,6 | 32,1 | 19,8 |
| 40,1 | 39,2 | 37,3 | 38,2 | 37,8 | 38,4 | 32,0 | 40,5 | 37,1 |

151

*Employment*

## 3.21. Unemployment, 1990-94

| Country | 1990 | 1991 | 1992 | 1993 | 1994 |
|---|---|---|---|---|---|
| Estimated number of unemployed (Annual averages in 1 000) | | | | | |
| **EUR 12** | : | 13 735 | 15 096 | 16 932 | : |
| 1 Belgique/België | 301 | 303 | 332 | 386 | 413 |
| 2 Danmark | 233 | 259 | 277 | 304 | : |
| 3 Deutschland | : | 2 199 | 2 538 | 2 870 | : |
| 4 Ελλάδα | 282 | 303 | : | : | : |
| 5 España | 2 435 | 2 471 | 2 806 | 3 519 | 3760 |
| 6 France | 2 166 | 2 308 | 2 468 | 2 679 | : |
| 7 Ireland | 192 | 219 | 246 | 255 | 244 |
| 8 Italia | 2 356 | 2 408 | 2 462 | 2 687 | 2883 |
| 9 Luxembourg | 3 | 3 | 3 | 4 | : |
| 10 Nederland | 515 | 493 | 499 | 622 | : |
| 11 Portugal | 227 | 204 | 198 | 162 | 317 |
| 12 United Kingdom | 2 009 | 2 568 | 2 965 | 3 042 | 2778 |
| Proportion of women among all unemployed (Annual averages in %) | | | | | |
| **EUR 12** | : | 51,3 | 49,8 | 48,6 | : |
| 1 Belgique/België | 61,6 | 60,5 | 59,8 | 58,7 | 58,3 |
| 2 Danmark | 52,1 | 53,4 | 52,8 | 51,2 | : |
| 3 Deutschland | : | 53,0 | 55,1 | 53,0 | : |
| 4 Ελλάδα | 61,8 | 59,9 | : | : | : |
| 5 España | 52,1 | 51,3 | 49,8 | 46,6 | 48,4 |
| 6 France | 57,8 | 56,7 | 55,3 | 53,0 | : |
| 7 Ireland | 36,1 | 36,7 | 37,7 | 37,9 | 38,5 |
| 8 Italia | 58,3 | 57,3 | 56,7 | 56,3 | 56,1 |
| 9 Luxembourg | 52,2 | 50,2 | 51,3 | 50,6 | : |
| 10 Nederland | 54,6 | 54,6 | 53,1 | 52,6 | : |
| 11 Portugal | 60,5 | 61,4 | 52,6 | 52,8 | 51,4 |
| 12 United Kingdom | 40,2 | 36,5 | 32,8 | 32,9 | 33,1 |

*Employment*

### 3.21. Unemployment, 1990-94

| Country | 1990 | 1991 | 1992 | 1993 | 1994 |
|---|---|---|---|---|---|

*Proportion aged under 25 among all unemployed*
*(Annual averages in %)*

| | Country | 1990 | 1991 | 1992 | 1993 | 1994 |
|---|---|---|---|---|---|---|
| | **EUR 12** | : | 33,4 | 31,7 | 31,5 | : |
| 1 | Belgique/België | 28,5 | 27,9 | 27,1 | 26,7 | 25,4 |
| 2 | Danmark | 26,1 | 23,7 | 22,4 | 20,6 | : |
| 3 | Deutschland | : | 16,0 | 13,9 | 13,2 | : |
| 4 | Ελλάδα | 45,5 | 44,4 | : | : | : |
| 5 | España | 39,8 | 37,2 | 35,6 | 35,2 | 33,7 |
| 6 | France | 30,4 | 29,3 | 28,2 | 28,0 | : |
| 7 | Ireland | 32,5 | 34,2 | 35,7 | 35,0 | 33,9 |
| 8 | Italia | 50,1 | 49,6 | 48,5 | 49,0 | 48,2 |
| 9 | Luxembourg | 33,7 | 31,7 | 32,4 | 36,6 | : |
| 10 | Nederland | 31,3 | 31,6 | 32,6 | 34,3 | : |
| 11 | Portugal | 45,5 | 41,8 | 42,7 | 37,6 | 34,6 |
| 12 | United Kingdom | 31,3 | 33,3 | 31,3 | 30,8 | 30,5 |

*Proportion of women among all unemployed aged under 25*
*(Annual averages in %)*

| | Country | 1990 | 1991 | 1992 | 1993 | 1994 |
|---|---|---|---|---|---|---|
| | **EUR 12** | : | 51,0 | 49,5 | 48,2 | : |
| 1 | Belgique/België | 61,6 | 58,2 | 56,6 | 54,4 | 54,0 |
| 2 | Danmark | 50,8 | 53,1 | 52,7 | 51,2 | : |
| 3 | Deutschland | : | 51,9 | 52,1 | 49,5 | : |
| 4 | Ελλάδα | 65,3 | 62,2 | : | : | : |
| 5 | España | 55,3 | 54,1 | 51,9 | 48,5 | 49,8 |
| 6 | France | 57,8 | 56,5 | 55,0 | 52,6 | : |
| 7 | Ireland | 41,2 | 41,1 | 41,3 | 40,9 | 41,5 |
| 8 | Italia | 55,8 | 53,1 | 52,7 | 52,0 | 51,8 |
| 9 | Luxembourg | 57,3 | 45,0 | 42,9 | 38,1 | : |
| 10 | Nederland | 52,9 | 52,3 | 48,6 | 47,5 | : |
| 11 | Portugal | 57,4 | 60,4 | 53,0 | 54,7 | 53,5 |
| 12 | United Kingdom | 40,3 | 36,9 | 35,4 | 35,7 | 35,9 |

*Employment*

## 3.22. Unemployment rates, 1990-94

*(annual averages in %)*

| | Country | 1990 | 1991 | 1992 | 1993 | 1994 |
|---|---|---|---|---|---|---|
| | EUR 12 | : | 8,8 | 9,6 | 10,6 | : |
| 1 | Belgique/België | 7,6 | 7,5 | 8,2 | 9,4 | 10,0 |
| 2 | Danmark | 8,1 | 8,9 | 9,5 | 10,3 | : |
| 3 | Deutschland | : | 5,6 | 6,4 | 7,2 | : |
| 4 | Ελλάδα | 7,1 | 7,7 | : | : | : |
| 5 | España | 16,2 | 16,4 | 18,2 | 21,8 | 23,0 |
| 6 | France | 9,0 | 9,5 | 10,0 | 10,8 | : |
| 7 | Ireland | 14,5 | 16,2 | 17,8 | 18,4 | 17,7 |
| 8 | Italia | 10,0 | 10,1 | 10,3 | 11,1 | 11,8 |
| 9 | Luxembourg | 1,7 | 1,6 | 1,9 | 2,6 | : |
| 10 | Nederland | 7,5 | 7,1 | 7,2 | 8,8 | : |
| 11 | Portugal | 4,6 | 4,0 | 3,9 | 5,1 | 6,1 |
| 12 | United Kingdom | 7,0 | 8,9 | 10,2 | 10,4 | 9,6 |
| 13 | Österreich | 3,2 | 3,5 | 3,6 | 4,4 | : |
| 14 | Suomi/Finland | 3,4 | 7,6 | 13,0 | 17,3 | : |
| 15 | Island | 1,8 | 1,5 | 3,0 | : | : |
| 16 | Norge | 5,2 | 5,5 | 5,9 | 6,2 | : |
| 17 | Sverige | 1,5 | 2,7 | 4,8 | 7,7 | : |
| | EEA | : | : | : | : | : |
| 18 | Schweiz/Suisse | 0,6 | 1,2 | 2,7 | 4,4 | : |
| | CIS | – | – | 0,3 | 0,9 | : |
| | of which: | | | | | |
| 19 | Russia | – | – | 0,3 | 1,0 | : |
| 20 | Türkiye | : | : | : | : | |
| 21 | USA | 5,5 | 6,7 | 7,4 | 6,8 | : |
| 22 | Canada | 8,1 | 10,2 | 11,2 | 11,6 | : |
| 23 | Nippon (Japan) | 2,1 | 2,1 | 2,2 | 2,5 | : |

*NB.* For countries 1-12: harmonized unemployment rates (EU). For countries 14,15,18, 21, 22 and 23: standardized unemployment rates (OECD).
Other countries: data derived from labour force surveys, as a percentage of the total working population.

*Employment*

## 3.23. Unemployment rates — April 1994

(%)

| Territorial units (NUTS)<br>**Level I**<br>Level II | Total | Men | Women | Age < 25 | Age ≥ 25 |
|---|---|---|---|---|---|
| **EUR 12** | 11,4 | 10,2 | 13,1 | 21,7 | 9,6 |
| **BELGIQUE/BELGIË** | 9,7 | 7,7 | 12,4 | 22,0 | 8,1 |
| **Vlaams gewest** | 7,4 | 5,4 | 10,3 | 15,8 | 6,3 |
| **Région wallonne** | 12,9 | 10,7 | 16,1 | 31,8 | 10,6 |
| **Bruxelles/Brussel** | 12,9 | 12,5 | 13,6 | 30,1 | 11,1 |
| Antwerpen | 8,6 | 6,7 | 11,7 | 17,9 | 7,5 |
| Brabant | 9,0 | 8,0 | 10,3 | 22,9 | 7,6 |
| Hainaut | 15,4 | 13,1 | 18,8 | 37,9 | 12,5 |
| Liège | 13,0 | 10,7 | 16,3 | 29,9 | 10,9 |
| Limburg | 10,3 | 5,9 | 16,7 | 19,4 | 8,9 |
| Luxembourg | 7,5 | 5,5 | 10,5 | 20,4 | 5,8 |
| Namur | 11,9 | 9,9 | 14,9 | 29,0 | 9,7 |
| Oost-Vlaanderen | 7,1 | 5,4 | 9,4 | 15,3 | 6,0 |
| West-Vlaanderen | 5,8 | 4,1 | 8,3 | 11,7 | 5,0 |
| **DANMARK** | 10,7 | 10,3 | 11,2 | 13,8 | 10,1 |

## 3.24. Unemployment rates — April 1994

(%)

| Territorial units (NUTS) Level I  Level II | Total | Men | Women | Age < 25 | Age ≥ 25 |
|---|---|---|---|---|---|
| **DEUTSCHLAND** | **8,6** | **7,4** | **10,3** | **8,2** | **8,7** |
| **Baden-Württemberg** | **5,4** | **5,3** | **5,6** | **6,1** | **5,3** |
| Stuttgart | 5,5 | 5,4 | 5,5 | 6,3 | 5,3 |
| Karlsruhe | 5,5 | 5,4 | 5,6 | 6,5 | 5,4 |
| Freiburg | 5,7 | 5,6 | 5,9 | 6,3 | 5,6 |
| Tübingen | 4,9 | 4,7 | 5,2 | 5,0 | 4,9 |
| **Bayern** | **4,8** | **4,4** | **5,3** | **4,5** | **4,9** |
| Oberbayern | 4,0 | 4,0 | 4,0 | 3,8 | 4,0 |
| Niederbayern | 4,6 | 3,9 | 5,6 | 4,5 | 4,6 |
| Oberpfalz | 5,6 | 4,8 | 6,6 | 4,6 | 5,7 |
| Oberfranken | 5,4 | 4,5 | 6,5 | 4,8 | 5,5 |
| Mittelfranken | 5,9 | 5,5 | 6,3 | 5,6 | 5,9 |
| Unterfranken | 5,6 | 5,1 | 6,4 | 5,3 | 5,7 |
| Schwaben | 4,5 | 4,3 | 4,8 | 4,2 | 4,5 |
| **Berlin** | **11,1** | **10,4** | **11,8** | **12,0** | **10,9** |
| **Brandenburg** | **15,9** | **10,7** | **21,7** | **13,4** | **16,3** |
| **Bremen** | **10,3** | **10,8** | **9,7** | **11,4** | **10,2** |
| **Hamburg** | **6,8** | **7,4** | **6,0** | **7,5** | **6,7** |
| **Hessen** | **6,0** | **5,9** | **6,3** | **6,8** | **5,9** |
| Darmstadt | 5,4 | 5,5 | 5,3 | 6,2 | 5,3 |
| Gießen | 6,8 | 6,2 | 7,8 | 7,0 | 6,8 |
| Kassel | 7,3 | 6,7 | 8,3 | 7,9 | 7,2 |
| **Mecklenburg-Vorpommern** | **18,8** | **14,4** | **23,6** | **14,7** | **19,4** |
| **Niedersachsen** | **7,7** | **7,3** | **8,4** | **7,6** | **7,8** |
| Braunschweig | 9,3 | 8,8 | 10,1 | 8,2 | 9,5 |
| Hannover | 7,6 | 7,5 | 7,7 | 7,7 | 7,6 |
| Lüneburg | 6,2 | 5,7 | 7,1 | 7,0 | 6,1 |
| Weser-Ems | 7,8 | 7,1 | 8,9 | 7,3 | 7,9 |

*Employment*

### 3.24. Unemployment rates — April 1994

(%)

| Territorial units (NUTS) **Level I** Level II | Total | Men | Women | Age < 25 | Age ≥ 25 |
|---|---|---|---|---|---|
| **Nordrhein-Westfalen** | **8,0** | **7,8** | **8,2** | **8,0** | **8,0** |
| Düsseldorf | 8,5 | 8,6 | 8,4 | 8,3 | 8,6 |
| Köln | 7,5 | 7,3 | 7,7 | 8,0 | 7,4 |
| Münster | 7,2 | 7,0 | 7,4 | 7,3 | 7,1 |
| Detmold | 6,7 | 5,8 | 8,0 | 6,6 | 6,7 |
| Arnsberg | 9,0 | 8,8 | 9,2 | 8,8 | 9,0 |
| **Rheinland-Pfalz** | **5,9** | **5,6** | **6,4** | **6,7** | **5,8** |
| Koblenz | 5,4 | 4,9 | 6,0 | 6,3 | 5,2 |
| Trier | 5,2 | 5,0 | 5,5 | 5,6 | 5,2 |
| Rheinhessen-Pfalz | 6,5 | 6,3 | 7,0 | 7,2 | 6,4 |
| **Saarland** | **9,1** | **9,3** | **8,7** | **10,1** | **9,0** |
| **Sachsen** | **15,8** | **9,9** | **22,3** | **11,9** | **16,4** |
| Chemnitz | 17,3 | 10,7 | 24,8 | 12,3 | 18,2 |
| Dresden | 15,4 | 9,9 | 21,3 | 11,2 | 16,1 |
| Leipzig | 14,1 | 8,9 | 20,0 | 12,4 | 14,4 |
| **Sachsen-Anhalt** | **18,5** | **12,7** | **24,8** | **15,4** | **19,0** |
| Dessau | 19,3 | 12,8 | 26,4 | 15,1 | 19,9 |
| Halle | 18,3 | 12,8 | 24,0 | 15,0 | 18,8 |
| Magdeburg | 18,4 | 12,6 | 24,0 | 15,9 | 18,8 |
| **Schleswig-Holstein** | **6,4** | **6,3** | **6,5** | **6,9** | **6,3** |
| **Thüringen** | **16,9** | **11,0** | **23,5** | **12,9** | **17,6** |

*Employment*

## 3.25. Unemployment rates — April 1993

*(%)*

| Territorial units (NUTS)<br>Level I<br>Level II | Total | Men | Women | Age < 25 | Age ≥ 25 |
|---|---|---|---|---|---|
| **ΕΛΛΑΔΑ (¹)** | **9,4** | **6,1** | **15,0** | **28,8** | **6,4** |
| **Βόρεια Ελλάδα** | **8,7** | **5,5** | **14,2** | **27,5** | **6,0** |
| Ανατολική Μακεδονία, Θράκη | 7,5 | 4,7 | 11,5 | 19,6 | 5,4 |
| Κεντρική Μακεδονία | 9,0 | 5,6 | 14,7 | 27,1 | 6,4 |
| Δυτική Μακεδονία | 11,9 | 9,0 | 17,3 | 45,1 | 6,9 |
| Θεσσαλία | 7,8 | 4,2 | 14,4 | 30,0 | 5,0 |
| **Κεντρική Ελλάδα** | **8,5** | **4,8** | **15,1** | **31,2** | **5,0** |
| Ήπειρος | 8,9 | 5,3 | 15,1 | 41,0 | 5,4 |
| Ιόνια Νησιά | 4,5 | 3,3 | 6,6 | 17,1 | 2,7 |
| Δυτική Ελλάδα | 10,2 | 6,4 | 16,6 | 29,3 | 6,6 |
| Στερεά Ελλάδα | 10,1 | 5,3 | 19,9 | 35,8 | 5,6 |
| Πελοπόννησος | 6,6 | 3,0 | 13,0 | 30,2 | 3,6 |
| **Αττική** | **11,7** | **8,1** | **17,6** | **31,9** | **8,5** |
| **Νησιά** | **4,5** | **3,1** | **6,9** | **16,7** | **2,3** |
| Βόρειο Αιγαίο | 5,5 | 3,8 | 9,5 | 19,4 | 3,5 |
| Νότιο Αιγαίο | 4,8 | 3,4 | 7,8 | 16,0 | 2,3 |
| Κρήτη | 4,0 | 2,7 | 6,0 | 16,4 | 2,1 |

(¹) Translation: see p. 8.

*Employment*

### 3.26. Unemployment rates — April 1994

(%)

| Territorial units (NUTS)<br>Level I<br>Level II | Total | Men | Women | Age < 25 | Age ≥ 25 |
|---|---|---|---|---|---|
| **ESPAÑA** | **24,4** | **20,1** | **31,5** | **45,4** | **19,9** |
| **Noroeste** | **20,9** | **18,0** | **25,1** | **45,1** | **17,1** |
| Galicia | 19,7 | 17,7 | 22,5 | 42,5 | 16,5 |
| Asturias | 22,5 | 18,8 | 28,3 | 48,5 | 17,9 |
| Cantabria | 24,4 | 17,8 | 35,6 | 50,9 | 19,5 |
| **Noreste** | **21,5** | **16,1** | **30,6** | **47,8** | **16,8** |
| País Vasco | 25,2 | 20,4 | 32,9 | 55,5 | 19,5 |
| Navarra | 15,1 | 10,3 | 23,7 | 32,8 | 12,1 |
| La Rioja | 18,3 | 12,4 | 29,3 | 33,5 | 15,9 |
| Aragón | 18,2 | 11,6 | 29,3 | 41,7 | 14,1 |
| **Madrid** | **20,9** | **17,3** | **26,7** | **39,8** | **17,2** |
| **Centro** | **23,5** | **17,9** | **34,6** | **43,4** | **19,3** |
| Castilla y León | 21,7 | 15,7 | 32,6 | 46,7 | 17,2 |
| Castilla-La Mancha | 20,7 | 16,3 | 30,3 | 36,9 | 16,7 |
| Extremadura | 32,3 | 25,6 | 45,9 | 46,9 | 28,8 |
| **Este** | **22,3** | **18,0** | **28,8** | **40,6** | **18,0** |
| Cataluña | 21,3 | 17,5 | 27,1 | 40,4 | 17,0 |
| Comunidad Valenciana | 24,7 | 19,5 | 33,2 | 42,7 | 20,5 |
| Baleares | 17,0 | 14,2 | 21,1 | 30,4 | 14,1 |
| **Sur** | **33,3** | **28,6** | **41,8** | **53,2** | **27,8** |
| Andalucía | 34,7 | 29,8 | 43,6 | 54,4 | 30,2 |
| Murcia | 25,1 | 21,0 | 30,9 | 44,6 | 19,7 |
| Ceuta y Melilla | 27,9 | 21,4 | 39,6 | 66,6 | 19,8 |
| **Canarias** | **28,3** | **25,2** | **33,3** | **51,1** | **22,4** |

## 3.27. Unemployment rates — April 1994

(%)

| Territorial units (NUTS) Level I  Level II | Total | Men | Women | Age < 25 | Age ≥ 25 |
|---|---|---|---|---|---|
| **FRANCE** | **12,2** | **10,6** | **14,1** | **27,2** | **10,4** |
| **Île-de-France** | **10,9** | **10,4** | **11,4** | **18,8** | **9,9** |
| **Bassin parisien** | **13,3** | **11,3** | **15,8** | **31,4** | **11,0** |
| Champagne-Ardenne | 13,8 | 11,6 | 16,7 | 31,2 | 11,4 |
| Picardie | 14,8 | 12,7 | 17,6 | 33,6 | 12,2 |
| Haute-Normandie | 14,8 | 13,0 | 17,0 | 33,7 | 12,4 |
| Centre | 11,9 | 9,9 | 14,4 | 28,3 | 9,9 |
| Basse-Normandie | 13,5 | 11,9 | 15,4 | 34,5 | 10,8 |
| Bourgogne | 11,7 | 9,5 | 14,5 | 28,5 | 9,7 |
| **Nord-Pas-de-Calais** | **16,3** | **14,9** | **18,0** | **35,0** | **13,5** |
| **Est** | **9,7** | **8,3** | **11,6** | **21,5** | **8,1** |
| Lorraine | 10,7 | 9,2 | 12,6 | 24,3 | 8,8 |
| Alsace | 8,3 | 7,3 | 9,5 | 16,8 | 7,0 |
| Franche-Comté | 10,0 | 7,8 | 12,9 | 23,3 | 8,2 |
| **Ouest** | **11,6** | **9,8** | **13,9** | **28,5** | **9,6** |
| Pays de la Loire | 12,1 | 10,2 | 14,4 | 29,5 | 9,9 |
| Bretagne | 10,5 | 8,7 | 12,7 | 24,5 | 8,8 |
| Poitou-Charentes | 12,8 | 10,9 | 15,0 | 33,4 | 10,5 |
| **Sud-Ouest** | **12,3** | **10,4** | **14,6** | **30,8** | **10,4** |
| Aquitaine | 13,3 | 11,3 | 15,5 | 33,6 | 11,1 |
| Midi-Pyrénées | 11,7 | 9,7 | 14,2 | 27,4 | 10,0 |
| Limousin | 10,7 | 9,1 | 12,5 | 30,8 | 8,7 |
| **Centre-Est** | **11,4** | **10,1** | **13,0** | **27,9** | **9,6** |
| Rhône-Alpes | 11,3 | 10,1 | 12,8 | 27,5 | 9,6 |
| Auvergne | 11,8 | 10,1 | 13,8 | 30,0 | 9,7 |
| **Méditerranée** | **15,9** | **14,5** | **17,6** | **29,2** | **14,2** |
| Languedoc-Roussillon | 15,7 | 13,7 | 18,1 | 30,2 | 13,8 |
| Provence-Alpes-Côte d'Azur | 16,1 | 15,0 | 17,3 | 28,7 | 14,4 |
| Corse | 15,2 | 12,3 | 19,9 | 27,5 | 13,5 |

## Employment

### 3.27. Unemployment rates — April 1994

(%)

| Level I<br>Level II<br>Territorial units (NUTS) | Total | Men | Women | Age < 25 | Age ≥ 25 |
|---|---|---|---|---|---|
| **Départements d'outre-mer** | : | : | : | : | : |
| Guadeloupe | : | : | : | : | : |
| Martinique | : | : | : | : | : |
| Guyane | : | : | : | : | : |
| Réunion | : | : | : | : | : |

*Employment*

## 3.28. Unemployment rates — April 1994

(%)

| Territorial units (NUTS)<br>**Level I**<br>Level II | Total | Men | Women | Age < 25 | Age ≥ 25 |
|---|---|---|---|---|---|
| **IRELAND** | **15,2** | **15,0** | **15,7** | **24,1** | **13,0** |
| **ITALIA** | **11,4** | **9,0** | **15,6** | **31,8** | **7,9** |
| **Nord-Ovest** | **8,9** | **6,5** | **12,4** | **27,8** | **5,7** |
| Piemonte | 8,4 | 6,1 | 11,8 | 26,9 | 5,1 |
| Valle d'Aosta | 5,7 | 4,9 | 6,7 | 15,7 | 4,0 |
| Liguria | 10,5 | 8,0 | 14,5 | 32,2 | 7,6 |
| **Lombardia** | **6,1** | **4,3** | **8,9** | **17,5** | **4,0** |
| **Nord-Est** | **6,3** | **4,3** | **9,4** | **14,9** | **4,4** |
| Trentino-Alto Adige | 4,3 | 3,1 | 6,1 | 8,3 | 3,4 |
| Veneto | 6,5 | 4,4 | 10,1 | 15,0 | 4,7 |
| Friuli-Venezia Giulia | 6,8 | 5,1 | 9,3 | 21,7 | 4,3 |
| **Emilia-Romagna** | **6,6** | **4,4** | **9,7** | **18,9** | **4,6** |
| **Centro** | **7,9** | **4,9** | **12,4** | **22,5** | **5,7** |
| Toscana | 8,2 | 5,1 | 12,8 | 22,1 | 6,0 |
| Umbria | 8,9 | 6,2 | 13,2 | 32,2 | 5,2 |
| Marche | 6,6 | 3,7 | 10,9 | 17,5 | 5,2 |
| **Lazio** | **11,0** | **8,4** | **15,5** | **41,4** | **7,2** |
| **Campania** | **23,1** | **18,4** | **32,3** | **60,1** | **15,7** |
| **Abruzzi-Molise** | **11,3** | **7,4** | **17,8** | **36,0** | **7,7** |
| Abruzzi | 9,6 | 5,7 | 16,1 | 32,1 | 6,4 |
| Molise | 17,6 | 13,6 | 23,9 | 49,3 | 12,7 |
| **Sud** | **17,5** | **14,4** | **23,8** | **46,5** | **12,6** |
| Puglia | 15,1 | 12,8 | 20,0 | 41,2 | 10,3 |
| Basilicata | 16,9 | 12,9 | 24,5 | 52,6 | 11,5 |
| Calabria | 22,3 | 18,0 | 29,9 | 56,3 | 17,1 |
| **Sicilia** | **21,9** | **18,1** | **30,9** | **54,9** | **15,6** |
| **Sardegna** | **20,3** | **16,2** | **28,2** | **47,6** | **14,7** |

# Employment

## 3.29. Unemployment rates — April 1994

(%)

| Territorial units (NUTS)<br>Level I<br>Level II | Total | Men | Women | Age < 25 | Age ≥ 25 |
|---|---|---|---|---|---|
| **LUXEMBOURG (GRAND–DUCHÉ)** | **3,4** | **3,1** | **3,8** | **6,3** | **2,9** |
| **NEDERLAND** | **7,6** | **6,5** | **9,1** | **11,1** | **6,8** |
| **Noord-Nederland** | **9,3** | **7,7** | **11,7** | **14,2** | **8,1** |
| Groningen | 10,0 | 8,4 | 12,5 | 14,7 | 8,9 |
| Friesland | 8,6 | 7,1 | 11,4 | 14,5 | 7,2 |
| Drenthe | 9,2 | 7,7 | 11,3 | 13,3 | 8,2 |
| **Oost-Nederland** | **7,3** | **6,1** | **9,2** | **10,1** | **6,7** |
| Overijssel | 8,2 | 6,7 | 10,5 | 12,4 | 7,0 |
| Gelderland | 6,9 | 5,7 | 8,7 | 8,6 | 6,5 |
| Flevoland | 7,3 | 6,2 | 8,9 | 11,0 | 6,5 |
| **West-Nederland** | **7,6** | **6,9** | **8,5** | **11,2** | **6,8** |
| Utrecht | 6,3 | 5,7 | 7,2 | 9,6 | 5,6 |
| Noord-Holland | 7,9 | 7,4 | 8,7 | 12,1 | 7,1 |
| Zuid-Holland | 7,8 | 7,1 | 8,8 | 11,2 | 7,0 |
| Zeeland | 7,0 | 5,8 | 8,8 | 9,5 | 6,4 |
| **Zuid-Nederland** | **7,1** | **5,8** | **9,2** | **10,5** | **6,4** |
| Noord-Brabant | 7,1 | 5,6 | 9,3 | 10,8 | 6,3 |
| Limburg | 7,2 | 6,0 | 8,9 | 9,9 | 6,6 |
| **PORTUGAL** | **6,7** | **5,9** | **7,8** | **14,5** | **5,3** |
| **Continente** | **6,8** | **5,9** | **7,7** | **14,6** | **5,3** |
| Norte | 5,8 | 5,0 | 6,7 | 10,0 | 4,8 |
| Centro | 4,4 | 3,2 | 5,9 | 11,7 | 3,4 |
| Lisboa e Vale do Tejo | 8,3 | 7,9 | 8,9 | 20,7 | 6,4 |
| Alentejo | 11,7 | 8,9 | 15,7 | 25,7 | 8,7 |
| Algarve | 6,4 | 6,2 | 6,8 | 13,5 | 5,6 |
| **Açores** | **6,9** | **3,2** | **13,5** | **14,7** | **4,7** |
| **Madeira** | **4,8** | **4,8** | **4,8** | **11,3** | **3,1** |
| **UNITED KINGDOM** | **9,7** | **11,5** | **7,3** | **16,6** | **8,3** |
| **North** | **11,6** | **14,4** | **7,4** | **19,5** | **9,8** |
| Cleveland, Durham | 11,9 | 14,8 | 7,5 | 19,9 | 10,1 |
| Cumbria | 8,3 | 10,0 | 6,2 | 15,2 | 6,9 |
| Northumberland, Tyne and Wear | 12,4 | 15,7 | 7,8 | 20,7 | 10,6 |

*Employment*

## 3.30. Unemployment rates — April 1994

(%)

| Territorial units (NUTS) Level I  Level II | Total | Men | Women | Age < 25 | Age ≥ 25 |
|---|---|---|---|---|---|
| **Yorkshire and Humberside** | **9,7** | **11,8** | **7,0** | **17,3** | **8,1** |
| Humberside | 10,8 | 12,6 | 8,2 | 19,1 | 9,0 |
| North Yorkshire | 6,3 | 7,1 | 5,5 | 10,1 | 5,5 |
| South Yorkshire | 11,7 | 14,3 | 7,8 | 20,1 | 9,9 |
| West Yorkshire | 9,3 | 11,5 | 6,5 | 17,2 | 7,7 |
| **East Midlands** | **8,7** | **10,3** | **6,6** | **15,6** | **7,3** |
| Derbyshire, Nottinghamshire | 9,9 | 11,9 | 7,1 | 17,6 | 8,4 |
| Leicestershire, Northamptonshire | 7,3 | 8,6 | 5,9 | 13,2 | 6,1 |
| Lincolnshire | 8,2 | 9,2 | 7,1 | 15,1 | 6,9 |
| **East Anglia** | **7,2** | **8,2** | **5,9** | **12,0** | **6,1** |
| **South-East** | **9,6** | **11,2** | **7,7** | **15,9** | **8,4** |
| Bedfordshire, Hertfordshire | 7,4 | 8,6 | 5,9 | 12,7 | 6,4 |
| Berkshire, Buckinghamshire, Oxfordshire | 6,0 | 7,0 | 4,6 | 9,2 | 5,3 |
| Surrey, East-West Sussex | 7,1 | 8,5 | 5,3 | 12,1 | 6,2 |
| Essex | 8,6 | 9,8 | 7,0 | 15,1 | 7,3 |
| Greater London | 13,1 | 15,2 | 10,8 | 21,5 | 11,5 |
| Hampshire, Isle of Wight | 7,7 | 9,1 | 5,8 | 12,2 | 6,8 |
| Kent | 9,0 | 10,7 | 6,7 | 15,6 | 7,8 |
| **South-West** | **8,4** | **9,9** | **6,6** | **13,7** | **7,3** |
| Avon, Gloucestershire, Wiltshire | 7,9 | 9,4 | 6,2 | 12,7 | 6,9 |
| Cornwall, Devon | 9,6 | 11,1 | 7,7 | 15,6 | 8,3 |
| Dorset, Somerset | 8,0 | 9,5 | 6,1 | 13,2 | 7,0 |
| **West Midlands** | **9,9** | **11,5** | **7,8** | **17,1** | **8,4** |
| Hereford and Worcester, Warwickshire | 7,3 | 8,2 | 6,3 | 12,1 | 6,3 |
| Shropshire, Staffordshire | 7,5 | 8,6 | 6,2 | 12,7 | 6,4 |
| West Midlands (County) | 12,4 | 14,8 | 9,3 | 22,0 | 10,5 |
| **North-West** | **10,2** | **12,4** | **7,2** | **18,9** | **8,4** |
| Cheshire | 8,0 | 9,3 | 6,2 | 14,6 | 6,7 |
| Greater Manchester | 10,1 | 12,4 | 7,0 | 18,2 | 8,3 |
| Lancashire | 8,1 | 10,0 | 5,7 | 15,4 | 6,7 |
| Merseyside | 14,0 | 17,1 | 9,8 | 26,3 | 11,4 |
| **Wales** | **9,6** | **11,7** | **6,7** | **17,9** | **7,9** |
| Clwyd, Dyfed, Gwynedd, Powys | 8,9 | 10,3 | 7,1 | 16,3 | 7,4 |
| Gwent, Mid-South-West Glamorgan | 10,1 | 12,6 | 6,5 | 18,9 | 8,2 |
| **Scotland** | **9,7** | **11,8** | **7,0** | **16,5** | **8,2** |
| Borders-Central-Fife-Lothian-Tayside | 8,8 | 10,8 | 6,4 | 15,0 | 7,5 |
| Dumfries and Galloway, Strathclyde | 10,8 | 13,2 | 7,6 | 19,0 | 9,0 |
| Highlands, Islands | 13,2 | 14,8 | 10,9 | 19,8 | 12,0 |
| Grampian | 6,2 | 7,0 | 5,3 | 9,6 | 5,4 |
| **Northern Ireland** | **14,4** | **16,8** | **10,8** | **20,5** | **13,0** |

## 3.31. Current expenditure on social protection as percentage of gross domestic product at market prices

| | Country | 1989 | 1990 | 1991 | 1992 |
|---|---|---|---|---|---|
| | **EUR 12** | **25,1** | **25,3** | **26,1** | **27,1** |
| 1 | Belgique/België | 26,7 | 27,0 | 27,6 | 27,8 |
| 2 | Danmark | 29,9 | 29,6 | 30,7 | 31,4 |
| 3 | Deutschland | 27,5 | 27,0 | 27,0 | 27,3 |
| 4 | Ελλάδα | 20,8 | 20,5 | 20,2 | 19,3 |
| 5 | España | 20,0 | 20,5 | 21,7 | 22,5 |
| 6 | France | 27,5 | 27,6 | 28,5 | 29,2 |
| 7 | Ireland | 19,7 | 19,7 | 20,9 | 21,6 |
| 8 | Italia | 23,1 | 23,3 | 24,6 | 25,6 |
| 9 | Luxembourg | 25,2 | 25,9 | 27,6 | 28,0 |
| 10 | Nederland | 31,0 | 32,2 | 32,5 | 33,0 |
| 11 | Portugal | 14,5 | 14,9 | 16,9 | 17,6 |
| 12 | United Kingdom | 21,7 | 22,7 | 24,7 | 27,2 |
| 13 | Österreich | 26,8 | 26,7 | 27,3 | 28,2 |
| 14 | Suomi/Finland | 24,4 | 26,1 | 31,1 | 35,4 |
| 15 | Island | 17,8 | 17,1 | 17,5 | 18,2 |
| 16 | Norge | : | 29,0 | 29,5 | 31,6 |
| 17 | Sverige | 35,2 | 35,8 | 37,6 | 40,0 |
| | **EEA** | : | : | : | : |
| 18 | Schweiz/Suisse | : | 16,0 | 16,9 | 20,8 |
| | **CIS** | : | : | : | : |
| | of which: | | | | |
| 19 | Russia | : | 19,1 | – | – (¹) |

(¹) 1993.

## 3.32. Current expenditure on social protection per inhabitant
## Total population

*(Yearly averages in ECU)*

| | Country | 1989 | 1990 | 1991 | 1992 |
|---|---|---|---|---|---|
| | **EUR 12** | **3 415** | **3 690** | **4 048** | **4 348** |
| 1 | Belgique/België | 3 728 | 4 088 | 4 374 | 4 687 |
| 2 | Danmark | 5 558 | 5 889 | 6 284 | 6 687 |
| 3 | Deutschland | 4 768 | 5 083 | 5 446 | 5 858 |
| 4 | Ελλάδα | 1 020 | 1 066 | 1 125 | 1 127 |
| 5 | España | 1 781 | 2 048 | 2 374 | 2 555 |
| 6 | France | 4 280 | 4 584 | 4 826 | 5 196 |
| 7 | Ireland | 1 803 | 1 960 | 2 141 | 2 352 |
| 8 | Italia | 3 220 | 3 540 | 4 035 | 4 259 |
| 9 | Luxembourg | 4 353 | 4 810 | 5 385 | 5 827 |
| 10 | Nederland | 4 330 | 4 807 | 5 049 | 5 387 |
| 11 | Portugal | 690 | 806 | 1 086 | 1 326 |
| 12 | United Kingdom | 2 897 | 3 048 | 3 491 | 3 783 |
| 13 | Österreich | 4 018 | 4 313 | 4 658 | 5 134 |
| 14 | Suomi/Finland | 5 056 | 5 537 | 6 103 | 5 762 |
| 15 | Island | 3 451 | 3 287 | 3 663 | 3 712 |
| 16 | Norge | : | 5 703 | 5 931 | 6 440 |
| 17 | Sverige | 7 095 | 7 471 | 8 330 | 8 767 |
| | **EEA** | : | : | : | : |
| 18 | Schweiz/Suisse | : | 4 198 | 4 595 | 5 596 |

Social protection

### 3.33. Current expenditure on social protection per inhabitant

*(Yearly averages in PPS)*

| | Country | 1989 | 1990 | 1991 | 1992 |
|---|---|---|---|---|---|
| | **EUR 12** | **3 372** | **3 649** | **4 020** | **4 327** |
| 1 | Belgique/België | 3 675 | 3 972 | 4 297 | 4 671 |
| 2 | Danmark | 4 095 | 4 308 | 4 809 | 5 035 |
| 3 | Deutschland | 4 383 | 4 686 | 5 109 | 5 380 |
| 4 | Ελλάδα | 1 386 | 1 416 | 1 466 | 1 461 |
| 5 | España | 1 948 | 2 170 | 2 492 | 2 683 |
| 6 | France | 4 135 | 4 388 | 4 764 | 5 046 |
| 7 | Ireland | 1 839 | 2 023 | 2 262 | 2 486 |
| 8 | Italia | 3 327 | 3 617 | 4 062 | 4 344 |
| 9 | Luxembourg | 4 755 | 5 156 | 5 848 | 6 245 |
| 10 | Nederland | 4 282 | 4 785 | 5 100 | 5 375 |
| 11 | Portugal | 1 138 | 1 282 | 1 587 | 1 761 |
| 12 | United Kingdom | 3 001 | 3 302 | 3 637 | 4 182 |
| 13 | Österreich | 3 814 | 4 121 | 4 422 | 4 834 |
| 14 | Suomi/Finland | 3 512 | 3 907 | 4 515 | 4 949 |
| 15 | Island | 2 673 | 2 743 | 2 942 | 3 080 |
| 16 | Norge | : | 4 317 | 4 634 | : |
| 17 | Sverige | 5 224 | 5 575 | 5 891 | 6 290 |
| | **EEA** | : | : | : | · |
| 18 | Schweiz/Suisse | : | 2 884 | 3 145 | 3 742 |

## 3.34. Esspros — Current expenditure by type

(Mio ECU)

| | Year | EUR 12 | Belgique/Belgïe | Danmark | Deutsch-land | Ελλάδα | España | France |
|---|---|---|---|---|---|---|---|---|
| 1. Social protection benefits | 1989 | 1 061 564 | 35 148,2 | 27 706,6 | 286 319,8 | 9 262,5 | 65 988,2 | 230 086,5 |
| | 1990 | 1 152 574 | 38 663,6 | 29 399,8 | 308 347,0 | 9 940,7 | 76 265,8 | 247 962,3 |
| | 1991 | 1 271 175 | 41 713,0 | 31 515,3 | 335 010,9 | 10 693,4 | 88 716,0 | 261 913,9 |
| | 1992 | 1 373 483 | 44 853,3 | 33 650,4 | 364 806,6 | 10 875,4 | 95 794,3 | 282 966,2 |
| of which: | | | | | | | | |
| — cash benefits | 1989 | 759 848 | 27 045,0 | 17 807,2 | 200 740,5 | 8 327,3 | 48 911,8 | 165 716,1 |
| | 1990 | 827 997 | 29 380,9 | 18 900,9 | 215 192,7 | 9 083,5 | 56 486,3 | 178 463,5 |
| | 1991 | 899 136 | 31 639,5 | 20 139,3 | 227 890,1 | 9 770,6 | 65 904,4 | 189 020,2 |
| | 1992 | 973 531 | 34 021,4 | 21 558,6 | 245 832,0 | 9 944,2 | 71 766,1 | 203 599,0 |
| — benefits in kind | 1989 | 302 195 | 8 103,2 | 9 899,5 | 85 579,3 | 935,2 | 17 076,4 | 64 370,5 |
| | 1990 | 324 577 | 9 282,7 | 10 498,9 | 93 154,4 | 857,2 | 19 779,5 | 69 498,8 |
| | 1991 | 372 039 | 10 073,5 | 11 376,0 | 107 120,8 | 922,8 | 22 811,7 | 72 893,8 |
| | 1992 | 399 952 | 10 831,8 | 12 091,8 | 118 974,6 | 931,2 | 24 028,2 | 79 367,2 |
| 2. Administrative costs | 1989 | 38 178 | 1 377,5 | 816,5 | 7 124,6 | 346,9 | 1 743,0 | 9 704,1 |
| | 1990 | 42 195 | 1 385,0 | 870,0 | 7 904,5 | 439,7 | 2 013,5 | 10 471,4 |
| | 1991 | 46 490 | 1 531,6 | 874,2 | 9 421,9 | 442,6 | 2 359,4 | 10 628,6 |
| | 1992 | 48 927 | 1 630,8 | 931,5 | 10 352,0 | 440,1 | 2 431,4 | 11 427,7 |
| 3. Other current expenditure | 1989 | 10 207 | 520,6 | : | 2 453,0 | 631,7 | 1 511,2 | 1 710,2 |
| | 1990 | 9 882 | 697,4 | : | 2 367,8 | 375,9 | 1 518,6 | 1 663,5 |
| | 1991 | 12 306 | 515,9 | : | 2 636,6 | 338,0 | 1 573,3 | 2 809,1 |
| | 1992 | 13 717 | 601,0 | : | 2 615,3 | 311,8 | 1 644,6 | 3 745,0 |
| 4. Total current expenditure | 1989 | 1 109 949 | 37 046,3 | 28 523,1 | 295 897,4 | 10 241,1 | 69 242,4 | 241 500,8 |
| | 1990 | 1 204 651 | 40 746,0 | 30 269,8 | 318 619,4 | 10 756,3 | 79 797,9 | 260 097,2 |
| | 1991 | 1 329 971 | 43 760,5 | 32 389,5 | 347 069,4 | 11 473,8 | 92 648,7 | 275 351,7 |
| | 1992 | 1 436 127 | 47 085,1 | 34 582,0 | 377 774,0 | 11 627,3 | 99 870,2 | 298 138,9 |

*Social protection*

### 3.34. Esspros — Current expenditure by type

*(Mio ECU)*

| Ireland | Italia | Luxem-bourg | Neder-land | Portugal | United Kingdom | Year | | |
|---|---|---|---|---|---|---|---|---|
| 6 049,4 | 173 140,3 | 1 582,9 | 61 514,5 | 6 386,3 | 158 378,5 | 1989 | 1. | Social |
| 6 557,2 | 190 420,0 | 1 764,5 | 68 834,0 | 7 483,8 | 166 935,5 | 1990 | | protection |
| 7 206,1 | 216 912,0 | 2 010,3 | 72 852,2 | 10 095,8 | 192 536,0 | 1991 | | benefits |
| 7 967,8 | 229 587,1 | 2 205,3 | 78 297,8 | 12 296,8 | 210 153,0 | 1992 | | |
| | | | | | | | | of which: |
| 3 989,8 | 127 560,4 | 1 159,9 | 47 140,5 | 4 360,6 | 106 609,4 | 1989 | | – cash |
| 4 284,3 | 143 045,6 | 1 289,9 | 55 111,1 | 5 181,9 | 111 576,2 | 1990 | | benefits |
| 4 700,1 | 156 485,5 | 1 481,0 | 57 773,3 | 6 630,9 | 127 701,1 | 1991 | | |
| 5 210,0 | 169 650,0 | 1 616,0 | 61 108,4 | 7 919,5 | 141 277,0 | 1992 | | |
| 2 059,7 | 45 579,9 | 422,9 | 14 373,9 | 2 025,7 | 51 769,1 | 1989 | | – benefits |
| 2 272,9 | 47 374,4 | 474,7 | 13 722,9 | 2 301,8 | 55 359,3 | 1990 | | in kind |
| 2 506,1 | 60 426,5 | 529,4 | 15 078,9 | 3 464,9 | 64 835,0 | 1991 | | |
| 2 757,8 | 59 937,1 | 589,3 | 17 189,4 | 4 377,3 | 68 875,9 | 1992 | | |
| 282,6 | 6 513,9 | 48,9 | 2 445,2 | 430,4 | 7 344,5 | 1989 | 2. | Administrative |
| 300,9 | 7 721,7 | 56,1 | 2 625,1 | 462,0 | 7 945,0 | 1990 | | costs |
| 330,5 | 8 343,8 | 60,3 | 2 792,3 | 586,2 | 9 118,7 | 1991 | | |
| 368,5 | 8 406,6 | 65,7 | 3 053,5 | 735,6 | 9 084,0 | 1992 | | |
| 7,6 | 2 922,9 | 11,7 | 330,0 | 10,9 | 97,5 | 1989 | 3. | Other |
| 8,1 | 2 683,4 | 15,8 | 417,4 | 19,6 | 114,7 | 1990 | | current |
| 9,0 | 3 781,5 | 14,0 | 447,7 | 24,8 | 156,2 | 1991 | | expenditure |
| 10,4 | 4 119,6 | 16,1 | 451,4 | 39,3 | 162,7 | 1992 | | |
| 6 339,6 | 182 577,1 | 1 643,5 | 64 289,7 | 6 827,6 | 165 820,1 | 1989 | 4. | Total |
| 6 866,2 | 200 825,1 | 1 836,4 | 71 876,4 | 7 965,4 | 174 995,2 | 1990 | | current |
| 7 545,7 | 229 037,3 | 2 084,6 | 76 092,2 | 10 706,8 | 201 810,9 | 1991 | | expenditure |
| 8 346,8 | 242 113,3 | 2 287,1 | 81 802,6 | 13 071,7 | 219 399,7 | 1992 | | |

## 3.34. Esspros — Current expenditure by type

*(Mio ECU)*

| | Year | Österreich | Suomi/Finland | Island |
|---|---|---|---|---|
| 1. Social protection benefits | 1989 | : | 24 227 | 855 |
| | 1990 | : | 26 668 | 821 |
| | 1991 | : | 29 631 | 927 |
| | 1992 | : | 28 250 | 950 |
| of which: | | | | |
| — cash benefits | 1989 | : | 15 453 | 429 |
| | 1990 | : | 16 791 | 418 |
| | 1991 | : | 19 000 | 469 |
| | 1992 | : | 18 902 | 489 |
| — benefits in kind | 1989 | : | 8 774 | 426 |
| | 1990 | : | 9 876 | 403 |
| | 1991 | : | 10 631 | 458 |
| | 1992 | : | 9 348 | 461 |
| 2. Administrative costs | 1989 | : | 919 | 17 |
| | 1990 | : | 1 004 | 16 |
| | 1991 | : | 963 | 18 |
| | 1992 | : | 848 | 20 |
| 3. Other current expenditure | 1989 | : | — | 0 |
| | 1990 | : | — | 0 |
| | 1991 | : | — | 0 |
| | 1992 | : | — | 0 |
| 4. Total current expenditure | 1989 | : | 25 146 | 872 |
| | 1990 | : | 27 672 | 837 |
| | 1991 | : | 30 595 | 945 |
| | 1992 | : | 29 097 | 969 |

Social protection

### 3.34. Esspros — Current expenditure by type

*(Mio ECU)*

| Norge | Sverige | EEA | Schweiz/Suisse | Year | |
|---|---|---|---|---|---|
| : | 58 953 | : | : | 1989 | 1. Social |
| 25 534 | 62 674 | : | 26 366 | 1990 | protection |
| 24 711 | 70 394 | : | 29 176 | 1991 | benefits |
| 27 027 | 74 677 | : | 32 114 | 1992 | |
| | | | | | of which: |
| : | 36 547 | : | : | 1989 | — cash |
| 15 350 | 38 048 | : | 20 086 | 1990 | benefits |
| 16 378 | 43 587 | : | 22 148 | 1991 | |
| 17 397 | 48 805 | : | 24 529 | 1992 | |
| : | 22 406 | : | : | 1989 | — benefits |
| 8 184 | 24 626 | : | 6 280 | 1990 | in kind |
| 8 333 | 26 807 | : | 7 028 | 1991 | |
| 9 629 | 25 872 | : | 7 585 | 1992 | |
| : | 1 543 | : | : | 1989 | 2. Administrative |
| 562 | 1 650 | : | 804 | 1990 | costs |
| 565 | 1 607 | : | 940 | 1991 | |
| 579 | 1 528 | : | 1 354 | 1992 | |
| : | : | : | : | 1989 | 3. Other |
| 93 | : | : | 1 363 | 1990 | current |
| : | : | : | 1 493 | 1991 | expenditure |
| : | : | : | 4 641 | 1992 | |
| : | 60 496 | : | : | 1989 | 4. Total |
| 24 189 | 64 324 | : | 28 533 | 1990 | current |
| 25 276 | 72 001 | : | 31 618 | 1991 | expenditure |
| 27 606 | 76 205 | : | 38 108 | 1992 | |

*Social protection*

### 3.35. Esspros — Current receipts by type

(Mio ECU)

| | Year | **EUR 12** | Belgique/Belgïe | Danmark | Deutsch-land | Ελλάδα | España | France |
|---|---|---|---|---|---|---|---|---|
| 1. Employer's social contributions | 1989 | **503 519** | 16 702,2 | 2 712,6 | 126 995,2 | 5 010,5 | 37 119,2 | 128 509,3 |
| | 1990 | **539 238** | 18 148,0 | 2 611,6 | 140 130,9 | 5 090,6 | 42 926,1 | 137 660,0 |
| | 1991 | **579 167** | 18 055,9 | 2 523,1 | 152 779,5 | 5 534,2 | 47 728,2 | 142 772,4 |
| | 1992 | **608 930** | 19 526,1 | 2 598,8 | 164 468,6 | 5 580,2 | 53 217,3 | 150 464,0 |
| 2. Protected person's social contribution of which: | 1989 | **283 837** | 10 046,7 | 1 488,7 | 95 156,4 | 2 375,7 | 12 274,4 | 69 925,9 |
| | 1990 | **310 221** | 11 647,0 | 1 752,1 | 103 110,0 | 2 753,6 | 14 041,3 | 75 608,5 |
| | 1991 | **338 165** | 11 992,4 | 1 731,3 | 112 700,2 | 3 125,3 | 15 877,1 | 78 556,3 |
| | 1992 | **362 992** | 12 502,2 | 1 917,2 | 122 428,4 | 3 178,4 | 17 377,8 | 85 197,3 |
| — employees | 1989 | 216 302 | 8 378,5 | 1 485,9 | 68 182,0 | 2 375,7 | 6 253,1 | 55 308,0 |
| | 1990 | : | 9 550,3 | : | 74 576,4 | 2 753,6 | 7 215,9 | 59 983,0 |
| | 1991 | : | 10 892,4 | : | 83 277,4 | 3 125,3 | 7 875,5 | : |
| | 1992 | : | 11 324,2 | : | 90 651,3 | 3 178,4 | 8 403,6 | : |
| — self employed | 1989 | 33 448 | 1 368,7 | 2,8 | 3 792,5 | (¹) | 3 529,6 | 12 481,2 |
| | 1990 | : | 1 468,0 | : | 4 051,0 | (¹) | 3 843,3 | 13 384,4 |
| | 1991 | : | 725,9 | : | 4 252,6 | (¹) | 4 288,5 | : |
| | 1992 | : | 769,3 | : | 4 647,1 | (¹) | 4 610,4 | : |
| 3. Current general government contributions | 1989 | **334 317** | 10 543,1 | 24 783,1 | 80 876,7 | 1 904,2 | 19 596,9 | 42 587,9 |
| | 1990 | **361 554** | 10 828,8 | 26 674,1 | 84 130,7 | 1 755,1 | 21 547,2 | 44 029,2 |
| | 1991 | **412 158** | 10 173,1 | 28 680,9 | 99 615,7 | 1 901,8 | 24 222,1 | 48 871,8 |
| | 1992 | **439 076** | 10 097,6 | 30 640,4 | 107 967,2 | 1 818,0 | 27 929,3 | 52 344,9 |
| 4. Other current receipts | 1989 | **77 985** | 3 559,6 | 2 077,2 | 10 634,0 | 650,3 | 1 642,5 | 5 830,0 |
| | 1990 | **84 705** | 4 076,3 | 2 247,6 | 12 302,9 | 1 049,4 | 1 882,0 | 6 560,2 |
| | 1991 | **88 243** | 4 334,9 | 2 321,2 | 14 571,2 | 1 018,3 | 2 060,7 | 7 141,5 |
| | 1992 | **91 695** | 4 640,0 | 2 382,8 | 15 307,5 | 1 016,3 | 2 106,2 | 7 329,7 |
| 5. Total current receipts | 1989 | **1 199 655** | 40 851,6 | 31 061,6 | 313 662,3 | 9 940,7 | 70 628,7 | 246 853,1 |
| | 1990 | **1 295 577** | 44 700,1 | 33 285,4 | 339 674,5 | 10 648,7 | 80 396,6 | 263 857,9 |
| | 1991 | **1 417 733** | 44 556,3 | 35 256,5 | 379 666,6 | 11 579,6 | 89 888,1 | 277 342,0 |
| | 1992 | **1 502 964** | 46 765,9 | 37 539,2 | 410 171,7 | 11 592,9 | 100 630,6 | 295 335,9 |

(¹) Included in 'employees'.

## Social protection

### 3.35. Esspros — Current receipts by type

*(Mio ECU)*

| Ireland | Italia | Luxem-bourg | Neder-land | Portugal | United Kingdom | Year | | |
|---|---|---|---|---|---|---|---|---|
| 1 514,2 | 99 404,2 | 598,9 | 23 228,6 | 3 352,5 | 58 371,1 | 1989 | 1. | Employer's |
| 1 670,1 | 111 971,5 | 656,0 | 16 564,8 | 3 901,7 | 57 906,8 | 1990 | | social |
| 1 807,4 | 121 175,8 | 706,1 | 17 716,1 | 4 589,1 | 63 779,2 | 1991 | | contributions |
| 1 913,2 | 124 584,9 | 785,4 | 18 777,0 | 5 189,0 | 61 829,2 | 1992 | | |
| 970,9 | 28 180,6 | 412,8 | 25 961,3 | 1 558,4 | 35 485,4 | 1989 | 2. | Protected |
| 1 055,3 | 31 706,2 | 462,7 | 32 155,8 | 1 819,2 | 34 108,8 | 1990 | | person's |
| 1 132,4 | 36 723,0 | 496,6 | 35 667,5 | 2 216,0 | 37 947,2 | 1991 | | social |
| 1 267,6 | 39 266,8 | 559,1 | 39 288,8 | 2 588,0 | 37 420,8 | 1992 | | contribution of which: |
| 898,0 | 19 345,6 | 355,5 | 19 128,0 | 1 407,6 | 33 184,3 | 1989 | | — employees |
| 972,4 | 21 576,4 | 400,5 | 25 024,8 | 1 651,6 | 31 762,0 | 1990 | | |
| 1 041,8 | 24 617,2 | 424,9 | 27 658,8 | 2 015,3 | 35 397,4 | 1991 | | |
| 1 156,5 | 25 394,1 | 478,3 | 30 812,0 | 2 356,7 | 34 844,7 | 1992 | | |
| 72,9 | 8 835,0 | 46,6 | 1 624,2 | 140,2 | 1 553,8 | 1989 | | — self-employed |
| 82,9 | 10 129,8 | 50,6 | 1 225,7 | 156,4 | 1 570,2 | 1990 | | |
| 90,6 | 12 105,8 | 58,9 | 1 383,8 | 187,4 | 1 665,2 | 1991 | | |
| 111,1 | 13 872,7 | 66,4 | 1 555,7 | 213,5 | 1 627,0 | 1992 | | |
| 3 811,2 | 55 787,3 | 688,7 | 14 227,9 | 2 119,2 | 77 391,1 | 1989 | 3. | Current |
| 4 013,7 | 61 173,2 | 826,4 | 20 655,6 | 2 418,5 | 83 499,2 | 1990 | | general |
| 4 539,8 | 70 870,4 | 894,5 | 21 288,8 | 2 803,6 | 98 295,6 | 1991 | | government |
| 5 065,6 | 75 423,9 | 1 040,8 | 21 315,3 | 4 017,9 | 101 415,8 | 1992 | | contributions |
| 71,5 | 6 331,1 | 122,9 | 12 399,0 | 318,0 | 34 349,2 | 1989 | 4. | Other |
| 72,1 | 6 339,3 | 173,3 | 13 155,9 | 462,1 | 36 244,0 | 1990 | | current |
| 75,6 | 7 014,6 | 172,4 | 14 005,9 | 516,5 | 35 009,9 | 1991 | | receipts |
| 107,1 | 7 285,2 | 184,6 | 14 918,9 | 621,9 | 36 065,0 | 1992 | | |
| 6 367,8 | 189 703,2 | 1 823,3 | 75 816,8 | 7 348,1 | 205 597,7 | 1989 | 5. | Total |
| 6 811,2 | 211 192,2 | 2 118,4 | 82 532,3 | 8 601,5 | 211 758,6 | 1990 | | current |
| 7 555,2 | 235 783,8 | 2 269,6 | 88 678,3 | 10 125,2 | 235 031,9 | 1991 | | receipts |
| 8 353,5 | 246 560,8 | 2 569,5 | 94 300,0 | 12 416,8 | 236 727,2 | 1992 | | |

## 3.36. Esspros — Social protection benefits by type

*(Mio ECU)*

| | Year | EUR 12 | Belgique/België | Danmark | Deutschland | Ελλάδα | España | France |
|---|---|---|---|---|---|---|---|---|
| 1. Sickness | 1990 | **283 110** | 8 975 | 5 780 | 86 744 | 1 048 | 19 793 | 65 798 |
| | 1991 | **320 485** | 9 888 | 6 190 | 96 221 | 1 068 | 23 087 | 69 225 |
| | 1992 | **347 388** | 10 539 | 6 476 | 106 669 | 1 013 | 24 642 | 75 261 |
| 2. Invalidity; disability | 1990 | **106 628** | 3 538 | 2 572 | 27 513 | 1 133 | 6 407 | 15 194 |
| | 1991 | **118 064** | 3 745 | 2 720 | 30 301 | 1 099 | 7 644 | 15 804 |
| | 1992 | **128 808** | 4 004 | 2 861 | 31 719 | 1 012 | 8 117 | 16 653 |
| 3. Employment injury; occupational diseases | 1990 | **24 278** | 834 | 237 | 9 563 | 10 | 1 835 | 5 523 |
| | 1991 | **25 294** | 896 | 250 | 10 335 | 9 | 2 060 | 5 622 |
| | 1992 | **26 980** | 866 | 255 | 11 274 | 9 | 2 257 | 5 876 |
| 4. Old age | 1990 | **430 440** | 12 525 | 10 746 | 92 498 | 5 723 | 24 917 | 91 156 |
| | 1991 | **467 131** | 13 792 | 11 209 | 98 652 | 6 256 | 27 716 | 95 849 |
| | 1992 | **503 197** | 15 343 | 11 799 | 107 058 | 6 402 | 29 571 | 103 694 |
| 5. Survivors | 1990 | **97 449** | 4 465 | 24 | 37 295 | 1 058 | 7 649 | 19 062 |
| | 1991 | **104 174** | 4 552 | 25 | 38 783 | 1 104 | 8 731 | 19 638 |
| | 1992 | **112 127** | 4 688 | 23 | 41 047 | 1 105 | 9 967 | 20 959 |
| 6. Maternity | 1990 | **10 890** | 298 | 536 | 2 459 | 53 | 733 | 3 792 |
| | 1991 | **12 328** | 378 | 550 | 2 898 | 68 | 841 | 3 938 |
| | 1992 | **13 953** | 409 | 600 | 3 063 | 70 | 879 | 4 160 |
| 7. Family | 1990 | **80 999** | 3 166 | 3 030 | 22 389 | 115 | 599 | 21 015 |
| | 1991 | **88 541** | 3 186 | 3 192 | 27 065 | 115 | 637 | 2 190 |
| | 1992 | **94 455** | 3 239 | 3 436 | 29 376 | : | 866 | 22 827 |
| 8. Placing; vocational guidance; mobility | 1990 | **14 334** | 626 | 1 263 | 6 086 | : | 665 | 2 305 |
| | 1991 | **16 476** | 621 | 1 507 | 7 245 | : | 751 | 2 979 |
| | 1992 | **17 455** | 683 | 1 726 | 7 781 | : | 657 | 3 351 |
| 9. Unemployment | 1990 | **62 472** | 3 646 | 3 242 | 12 610 | 289 | 12 300 | 13 986 |
| | 1991 | **72 703** | 4 031 | 3 652 | 12 043 | 405 | 15 548 | 16 213 |
| | 1992 | **80 992** | 4 433 | 4 065 | 14 685 | 578 | 17 046 | 18 469 |
| 10. Housing | 1990 | **21 734** | : | 689 | 2 244 | 74 | 482 | 7 093 |
| | 1991 | **22 801** | : | 772 | 2 346 | 76 | 523 | 7 500 |
| | 1992 | **25 013** | : | 857 | 2 312 | 74 | 559 | 7 923 |
| 11. Miscellaneous | 1990 | **20 241** | 591 | 1 467 | 8 947 | 439 | 886 | 3 038 |
| | 1991 | **23 177** | 625 | 1 448 | 9 123 | 495 | 1 179 | 3 958 |
| | 1992 | **24 115** | 649 | 1 551 | 9 821 | 498 | 1 235 | 3 794 |
| 12. Total benefits | 1990 | **1 152 574** | 38 664 | 29 400 | 308 347 | 9 941 | 76 266 | 247 962 |
| | 1991 | **1 271 175** | 41 713 | 31 515 | 335 011 | 10 893 | 88 716 | 261 914 |
| | 1992 | **1 373 483** | 44 853 | 33 679 | 364 807 | 10 975 | 95 794 | 282 966 |

## 3.36. Esspros — Social protection benefits by type

*(Mio ECU)*

| Ireland | Italia | Luxem-bourg | Nederland | Portugal | United Kingdom | Year | |
|---|---|---|---|---|---|---|---|
| 1 878 | 41 343 | 432 | 14 790 | 2 147 | 34 383 | 1990 | 1. Sickness |
| 2 069 | 53 173 | 482 | 15 683 | 2 749 | 40 651 | 1991 | |
| 2 316 | 52 577 | 538 | 17 122 | 3 836 | 46 369 | 1992 | |
| 422 | 13 898 | 217 | 15 723 | 996 | 19 016 | 1990 | 2. Invalidity; |
| 464 | 14 364 | 236 | 16 734 | 1 227 | 23 728 | 1991 | disability |
| 513 | 14 693 | 259 | 18 248 | 1 443 | 29 286 | 1992 | |
| 39 | 4 510 | 56 | (¹) | 176 | 1 495 | 1990 | 3. Employment injury; |
| 39 | 4 954 | 62 | (¹) | 297 | 771 | 1991 | occupational |
| 39 | 5 216 | 70 | (¹) | 304 | 814 | 1992 | diseases |
| 1 443 | 96 476 | 564 | 21 837 | 2 640 | 69 915 | 1990 | 4. Old age |
| 1 554 | 108 111 | 653 | 23 012 | 3 243 | 77 086 | 1991 | |
| 1 657 | 118 826 | 722 | 24 646 | 3 892 | 79 587 | 1992 | |
| 446 | 21 055 | 261 | 3 690 | 547 | 1 896 | 1990 | 5. Survivors |
| 476 | 23 243 | 325 | 3 902 | 711 | 2 686 | 1991 | |
| 510 | 25 244 | 345 | 4 245 | 875 | 3 118 | 1992 | |
| 139 | 888 | 27 | 276 | 69 | 1 620 | 1990 | 6. Maternity |
| 155 | 1 091 | 30 | 293 | 90 | 1 998 | 1991 | |
| 170 | 1 011 | 33 | 284 | 105 | 2 169 | 1992 | |
| 1 011 | 8 809 | 170 | 3 794 | 434 | 16 468 | 1990 | 7. Family |
| 1 093 | 8 097 | 193 | 4 058 | 502 | 19 214 | 1991 | |
| 1 218 | 7 937 | 212 | 3 906 | 579 | 20 744 | 1992 | |
| 152 | 148 | 4 | : | 49 | 3 036 | 1990 | 8. Placing; |
| 163 | 159 | 5 | : | 254 | 2 793 | 1991 | vocational guidance; |
| 169 | 159 | 3 | : | 215 | 2 712 | 1992 | mobility |
| 677 | 3 224 | 10 | 5 742 | 154 | 6 592 | 1990 | 9. Unemployment |
| 818 | 3 649 | 15 | 6 021 | 236 | 10 073 | 1991 | |
| 992 | 3 850 | 15 | 6 557 | 405 | 9 898 | 1992 | |
| 231 | 32 | 4 | 761 | 2 | 10 122 | 1990 | 10. Housing |
| 241 | 34 | 4 | 834 | 3 | 10 469 | 1991 | |
| 214 | 34 | 5 | 831 | 3 | 12 202 | 1992 | |
| 119 | 39 | 20 | 2 219 | 270 | 2 393 | 1990 | 11. Miscellaneous |
| 136 | 37 | 6 | 2 317 | 784 | 3 069 | 1991 | |
| 171 | 40 | 4 | 2 458 | 640 | 3 254 | 1992 | |
| 6 557 | 190 420 | 1 765 | 68 834 | 7 484 | 166 936 | 1990 | 12. Total benefits |
| 7 206 | 216 912 | 2 010 | 72 852 | 10 096 | 192 536 | 1991 | |
| 7 968 | 229 587 | 2 205 | 78 298 | 12 297 | 210 153 | 1992 | |

(¹) Included in 2. 'Invalidity - disability'.

## 3.36. Esspros — Social protection benefits by type

*(Mio ECU)*

| | Year | Österreich | Suomi/Finland | Island |
|---|---|---|---|---|
| 1. Sickness | 1990 | : | 7 100 | 410 |
| | 1991 | : | 7 336 | 463 |
| | 1992 | : | 6 096 | 457 |
| 2. Invalidity; disability | 1990 | : | 3 773 | 68 |
| | 1991 | : | 4 125 | 79 |
| | 1992 | : | 3 895 | 86 |
| 3. Employment injury; occupational diseases | 1990 | : | 502 | 5 |
| | 1991 | : | 536 | 5 |
| | 1992 | : | 519 | 5 |
| 4. Old age | 1990 | : | 8 452 | 166 |
| | 1991 | : | 9 024 | 188 |
| | 1992 | : | 8 254 | 201 |
| 5. Survivors | 1990 | : | 1 075 | 24 |
| | 1991 | : | 1 155 | 26 |
| | 1992 | : | 1 080 | 29 |
| 6. Maternity | 1990 | : | 681 | 15 |
| | 1991 | : | 754 | 16 |
| | 1992 | : | 689 | 16 |
| 7. Family | 1990 | : | 2 923 | 102 |
| | 1991 | : | 3 166 | 117 |
| | 1992 | : | 2 901 | 114 |
| 8. Placing; vocational guidance; mobility | 1990 | : | 810 | 3 |
| | 1991 | : | 1 037 | 1 |
| | 1992 | : | 1 177 | 1 |
| 9. Unemployment | 1990 | : | 653 | 18 |
| | 1991 | : | 1 647 | 19 |
| | 1992 | : | 2 744 | 30 |
| 10. Housing | 1990 | : | 197 | – |
| | 1991 | : | 256 | – |
| | 1992 | : | 323 | – |
| 11. Miscellaneous | 1990 | : | 499 | 12 |
| | 1991 | : | 595 | 13 |
| | 1992 | : | 572 | 12 |
| 12. Total benefits | 1990 | : | 26 666 | 821 |
| | 1991 | : | 29 631 | 927 |
| | 1992 | : | 28 250 | 950 |

## 3.36. Esspros — Social protection benefits by type

*(Mio ECU)*

| Norge | Sverige | EEA | Schweiz/Suisse | Year | |
|---|---|---|---|---|---|
| 7 123 | 22 652 | : | 5 798 | 1990 | 1. Sickness |
| 6 739 | 23 068 | : | 6 495 | 1991 | |
| 7 044 | 18 526 | : | 6 971 | 1992 | |
| 2 764 | – (²) | : | 2 053 | 1990 | 2. Invalidity; |
| 3 016 | – (²) | : | 2 249 | 1991 | disability |
| 4 074 | : | : | 2 460 | 1992 | |
| – (¹) | 1 421 | : | 1 230 | 1990 | 3. Employment injury; |
| – (¹) | 1 635 | : | 1 365 | 1991 | occupational |
| – (¹) | 1 676 | : | 1 440 | 1992 | diseases |
| 7 645 | 25 579 | : | 19 591 | 1990 | 4. Old age |
| 8 614 | 28 742 | : | 17 122 | 1991 | |
| 8 914 | 35 724 | : | 18 243 | 1992 | |
| 383 | – | : | : | 1990 | 5. Survivors |
| 389 | – | : | – (²) | 1991 | |
| 402 | : | : | – (²) | 1992 | |
| 313 | 2 095 | : | 224 | 1990 | 6. Maternity |
| 394 | 2 400 | : | 249 | 1991 | |
| 451 | 2 511 | : | 255 | 1992 | |
| 2 444 | 7 644 | : | 514 | 1990 | 7. Family |
| 2 398 | 9 236 | : | 561 | 1991 | |
| 2 838 | 9 451 | : | 585 | 1992 | |
| 100 | – | : | 10 | 1990 | 8. Placing; |
| – | – | : | 10 | 1991 | vocational guidance; |
| – | : | : | 30 | 1992 | mobility |
| 1 591 | 2 916 | : | 224 | 1990 | 9. Unemployment |
| 1 843 | 4 835 | : | 621 | 1991 | |
| 2 167 | 6 315 | : | 1 642 | 1992 | |
| 144 | – | : | – | 1990 | 10. Housing |
| 35 | – | : | – | 1991 | |
| 193 | : | : | – | 1992 | |
| 1 027 | 366 | : | 502 | 1990 | 11. Miscellaneous |
| 1 281 | 478 | : | 501 | 1991 | |
| 943 | 474 | : | 487 | 1992 | |
| 23 534 | 62 673 | : | 30 145 | 1990 | 12. Total benefits |
| 24 709 | 70 393 | : | 29 176 | 1991 | |
| 27 027 | 74 677 | : | 32 114 | 1992 | |

(¹) Included in 1. 'Sickness'.

(²) Included in 4. 'Old age'.

## 3.37. Esspros — Current receipts by sector of origin

(Mio ECU)

| | Year | EUR 12 | Belgique/ België | Danmark | Deutsch-land | Ελλάδα | España | France |
|---|---|---|---|---|---|---|---|---|
| 1. Enterprises | 1989 | : | 13 635,5 | 1 590,6 | 107 964,2 | : | 29 184,5 | 88 972,7 |
| | 1990 | : | 15 359,0 | 1 434,9 | 115 871,0 | : | 34 109,0 | 94 175,3 |
| | 1991 | : | 17 239,7 | 1 285,3 | 127 419,1 | : | 38 138,6 | 98 876,6 |
| | 1992 | : | 18 246,2 | 1 296,5 | 136 956,9 | : | 42 629,3 | 103 244,2 |
| 2. Central government | 1989 | : | 13 378,9 | 14 770,9 | 80 056,0 | : | 22 292,5 | 58 764,9 |
| | 1990 | : | 14 134,6 | 16 024,3 | 85 170,9 | : | 24 756,4 | 60 634,1 |
| | 1991 | : | 13 715,0 | 16 779,4 | 94 004,2 | : | 27 759,5 | 66 151,9 |
| | 1992 | : | 14 515,7 | 18 130,2 | 101 222,5 | : | 31 861,3 | 71 078,0 |
| 3. Local government | 1989 | : | 1 036,6 | 11 134,2 | 23 854,8 | : | 4 012,8 | 12 518,7 |
| | 1990 | : | 1 176,5 | 11 826,5 | 27 209,1 | : | 4 545,3 | 13 878,3 |
| | 1991 | : | 1 219,0 | 13 139,3 | 35 792,1 | : | 4 944,8 | 13 895,8 |
| | 1992 | : | | 13 812,5 | 38 908,5 | : | 5 364,2 | 14 893,1 |
| 4. Social security funds | 1989 | : | 97,7 | : | 668,6 | : | 1 600,0 | 6 824,4 |
| | 1990 | : | 108,6 | : | 926,9 | : | 1 645,7 | 7 267,8 |
| | 1991 | : | 112,5 | : | 1 065,5 | : | 1 750,8 | 7 213,2 |
| | 1992 | : | | : | 1 156,2 | : | 1 983,4 | 7 767,8 |
| 5. Households | 1989 | : | 10 462,0 | 1 488,7 | 99 597,6 | : | 13 376,7 | 79 364,1 |
| | 1990 | : | 11 274,6 | 1 752,1 | 108 196,0 | : | 15 228,0 | 87 430,9 |
| | 1991 | : | 11 770,6 | 1 731,3 | 118 779,4 | : | 17 213,1 | 90 731,3 |
| | 1992 | : | | 1 917,2 | 129 172,7 | : | 18 721,3 | 97 856,4 |
| 6. Private non-profit institutions | 1989 | : | 51,7 | 2 077,2 | 1 394,1 | : | 159,6 | 408,4 |
| | 1990 | : | 49,0 | 2 247,6 | 2 230,9 | : | 108,8 | 471,5 |
| | 1991 | : | 47,4 | 2 321,2 | 2 458,1 | : | 77,5 | 473,2 |
| | 1992 | : | | 2 382,8 | 2 656,9 | : | 66,9 | 496,4 |
| 7. Miscellaneous | 1989 | : | 38,9 | : | 127,0 | : | 2,6 | : |
| | 1990 | : | 30,9 | : | 69,7 | : | 3,4 | : |
| | 1991 | : | 30,8 | : | 148,2 | : | 3,8 | : |
| | 1992 | : | | : | 98,0 | : | 4,2 | : |
| 8. Total receipts (¹) | 1989 | 1 199 654,0 | 40 851,6 | 31 061,6 | 313 662,3 | 9 940,7 | 70 628,7 | 246 853,3 |
| | 1990 | 1 295 577,0 | 44 700,1 | 33 285,4 | 339 674,5 | 10 648,7 | 80 396,6 | 263 857,9 |
| | 1991 | 1 417 733,0 | 44 556,3 | 35 256,5 | 379 666,6 | 11 579,6 | 89 888,1 | 277 342,0 |
| | 1992 | 1 502 964,0 | 44 765,9 | 37 359,2 | 410 171,7 | 11 592,9 | 100 630,6 | 295 335,9 |

(¹) Net of transfers between agencies.

## 3.37. Esspros — Current receipts by sector of origin

*(Mio ECU)*

| Ireland | Italia | Luxem-bourg | Neder-land | Portugal | United Kingdom | Year | | |
|---|---|---|---|---|---|---|---|---|
| 918,6 | 76 494,6 | 495,6 | 23 998,6 | 2 975,2 | 72 015,2 | 1989 | 1. | Enterprises |
| 1 012,2 | 84 442,3 | 575,2 | 19 057,4 | 3 466,2 | 73 017,1 | 1990 | | |
| 1 094,0 | 90 655,9 | 621,0 | 20 396,7 | 3 971,3 | 75 117,2 | 1991 | | |
| 1 183,0 | 92 382,6 | 695,1 | 21 712,8 | 4 580,0 | 71 858,8 | 1992 | | |
| 3 970,1 | 69 408,2 | 824,2 | 21 118,6 | 2 607,2 | 84 613,1 | 1989 | 2. | Central government |
| 4 211,8 | 77 493,1 | 965,5 | 27 160,6 | 2 997,5 | 91 033,5 | 1990 | | |
| 4 767,7 | 89 047,7 | 1 037,8 | 28 197,3 | 3 488,5 | 106 938,9 | 1991 | | |
| 5 336,5 | 95 076,1 | 1 193,3 | 28 476,6 | 4 737,7 | 112 533,5 | 1992 | | |
| 432,2 | 12 710,0 | 68,1 | 2 679,7 | 39,9 | 13 159,6 | 1989 | 3. | Local government |
| 458,0 | 14 283,7 | 74,6 | 2 005,4 | 65,1 | 13 198,6 | 1990 | | |
| 481,0 | 15 715,8 | 80,3 | 2 047,7 | 96,7 | 14 620,3 | 1991 | | |
| 470,9 | 16 083,0 | 88,3 | 2 147,8 | 133,6 | 14 642,9 | 1992 | | |
| 1,1 | 762,7 | 4,4 | 206,8 | 7,6 | 77,4 | 1989 | 4. | Social security funds |
| 1,0 | 966,5 | 8,9 | 141,4 | 10,7 | 137,8 | 1990 | | |
| 1,3 | 973,8 | 5,7 | 151,7 | 21,6 | 123,8 | 1991 | | |
| 1,4 | 915,8 | 5,6 | 141,4 | 25,4 | 135,6 | 1992 | | |
| 974,7 | 30 327,7 | 425,5 | 26 451,9 | 1 712,4 | 35 718,8 | 1989 | 5. | Households |
| 1 059,2 | 34 006,6 | 479,1 | 32 703,7 | 2 056,4 | 34 355,7 | 1990 | | |
| 1 136,3 | 39 390,6 | 517,2 | 36 259,8 | 2 539,4 | 38 231,2 | 1991 | | |
| 1 272,7 | 42 103,3 | 580,6 | 39 961,5 | 2 681,9 | 37 556,4 | 1992 | | |
| 12,5 | : | 4,0 | : | 4,0 | 12,7 | 1989 | 6. | Private non-profit institutions |
| 15,0 | : | 4,4 | : | 4,6 | 15,7 | 1990 | | |
| 14,7 | : | 4,9 | : | 6,1 | 0,0 | 1991 | | |
| 15,6 | : | 5,3 | : | 10,7 | 0,0 | 1992 | | |
| 58,6 | : | 1,5 | 1 361,3 | 1,8 | : | 1989 | 7. | Miscellaneous |
| 54,0 | : | 10,7 | 1 463,8 | 1,0 | : | 1990 | | |
| 60,2 | : | 2,7 | 1 625,1 | 1,6 | : | 1991 | | |
| 73,4 | : | l,3 | 1 859,9 | 247,5 | : | 1992 | | |
| 6 367,8 | 189 703,2 | 1 823,3 | 75 816,9 | 7 348,1 | 205 597,8 | 1989 | 8. | Total receipts (¹) |
| 6 811,2 | 211 192,2 | 2 118,4 | 82 532,3 | 8 601,5 | 211 758,4 | 1990 | | |
| 7 555,2 | 235 783,8 | 2 269,6 | 88 678,3 | 10 125,2 | 253 031,9 | 1991 | | |
| 8 353,5 | 246 560,8 | 2 569,5 | 94 300,0 | 12 416,8 | 236 727,2 | 1992 | | |

(¹) Net of transfers between agencies.

## 3.37. Esspros — Current receipts by sector of origin

*(Mio ECU)*

| | Year | Österreich | Suomi/Finland | Island |
|---|---|---|---|---|
| 1. Enterprises | 1989 | : | 12 575 | 209 |
| | 1990 | : | 14 012 | 198 |
| | 1991 | : | 13 816 | 271 |
| | 1992 | : | 11 007 | 285 |
| 2. Central government | 1989 | : | 7 584 | 518 |
| | 1990 | : | 8 582 | 526 |
| | 1991 | : | 10 871 | 554 |
| | 1992 | : | 9 964 | 556 |
| 3. Local government | 1989 | : | 4 392 | 93 |
| | 1990 | : | 4 942 | 56 |
| | 1991 | : | 5 313 | 60 |
| | 1992 | : | 4 682 | 66 |
| 4. Social security funds | 1989 | : | – | 1 |
| | 1990 | : | – | 7 |
| | 1991 | : | – | 2 |
| | 1992 | : | – | 2 |
| 5. Households | 1989 | : | 2 103 | 51 |
| | 1990 | : | 2 532 | 50 |
| | 1991 | : | 2 433 | 57 |
| | 1992 | : | 3 205 | 61 |
| 6. Private non-profit institutions | 1989 | : | – | – |
| | 1990 | : | – | – |
| | 1991 | : | – | – |
| | 1992 | : | – | – |
| 7. Miscellaneous | 1989 | : | – | – |
| | 1990 | : | – | – |
| | 1991 | : | – | – |
| | 1992 | : | – | – |
| 8. Total receipts ([1]) | 1989 | : | 27 740 | 872 |
| | 1990 | : | 30 068 | 837 |
| | 1991 | : | 32 433 | 945 |
| | 1992 | : | 28 859 | 969 |

([1]) Net of transfers between agencies.

## Social protection

### 3.37. Esspros — Current receipts by sector of origin

*(Mio ECU)*

| Norge | Sverige | EEA | Schweiz/Suisse | Year | | |
|---|---|---|---|---|---|---|
| : | : | : | : | 1989 | 1. | Enterprises |
| 6 723 | : | : | 13 994 | 1990 | | |
| 7 006 | : | : | 14 972 | 1991 | | |
| 6 894 | : | : | 14 906 | 1992 | | |
| : | : | : | : | 1989 | 2. | Central |
| 8 434 | : | : | 3 619 | 1990 | | government |
| 7 697 | : | : | 3 829 | 1991 | | |
| 11 332 | : | : | 4 058 | 1992 | | |
| : | : | : | : | 1989 | 3. | Local |
| 4 503 | : | : | 1 603 | 1990 | | government |
| 6 032 | : | : | 1 776 | 1991 | | |
| 4 482 | : | : | 1 923 | 1992 | | |
| : | : | : | : | 1989 | 4. | Social |
| 87 | : | : | 6 582 | 1990 | | security funds |
| 86 | : | : | 6 789 | 1991 | | |
| 102 | : | : | 8 819 | 1992 | | |
| : | : | : | : | 1989 | 5. | Households |
| 3 881 | : | : | 16 033 | 1990 | | |
| 3 887 | : | : | 17 338 | 1991 | | |
| 4 216 | : | : | 18 257 | 1992 | | |
| : | : | : | : | 1989 | 6. | Private non-profit |
| – | : | : | – | 1990 | | institutions |
| – | : | : | – | 1991 | | |
| – | : | : | – | 1992 | | |
| : | : | : | : | 1989 | 7. | Miscellaneous |
| – | : | : | 1 762 | 1990 | | |
| – | : | : | 2 330 | 1991 | | |
| – | : | : | 4 330 | 1992 | | |
| : | : | : | : | 1989 | 8. | Total receipts (¹) |
| 23 628 | : | : | 43 592 | 1990 | | |
| 24 709 | : | : | 47 033 | 1991 | | |
| 27 027 | : | : | 52 293 | 1992 | | |

(¹) Net of transfers between agencies.

*Wages and salaries*

### 3.38. Indices of real wages in industry ([1])
### (Average gross hourly earnings of manual workers — males and females)

*(October 1985 = 100)*

| | Country | October 1989 | October 1990 | October 1991 | October 1992 | October 1993 |
|---|---|---|---|---|---|---|
| 1 | Belgique/België | 103,0 | 103,3 | 107,0 | 109,4 | 108,8 |
| 2 | Danmark ([2]) | 106,4 | 108,1 | 110,5 | 112,2 | 113,1 |
| 3 | Deutschland | 111,9 | 114,9 | 118,2 | 120,1 | 120,9 |
| 4 | Ελλάδα ([3])([4]) | 98,3 | 94,5 | 93,5 | 90,0 | 90,2 |
| 5 | España | 107,7 | 108,7 | 113,4 | 115,6 | 117,5 |
| 6 | France ([5]) | : | : | : | : | : |
| 7 | Ireland ([6]) | 110,3 | 112,7 | 115,3 | 117,4 | 122,6 |
| 8 | Italia | : | : | : | : | : |
| 9 | Luxembourg | 110,4 | 107,6 | 109,3 | 112,7 | 113,2 |
| 10 | Nederland | 106,0 | 106,8 | 105,8 | 108,0 | 109,8 |
| 11 | Portugal | 104,5 | 105,6 | 109,8 | 115,0 | 113,3 |
| 12 | United Kingdom | 108,6 | 106,5 | 110,3 | 112,1 | 112,1 |
| 13 | Österreich | 107,2 | 109,3 | 112,7 | 114,7 | : |
| 14 | Suomi/Finland ([3]) | 113,6 | 119,8 | 120,1 | 118,0 | 118,2 |
| 15 | Island | 117,0 | 114,8 | 113,2 | 115,8 | 109,6 |
| 16 | Norge ([2])([7]) | 109,4 | 115,5 | 113,5 | 114,2 | 114,9 |
| 17 | Sverige | 110,3 | 110,2 | 104,8 | 107,9 | 105,1 |
| 18 | Schweiz/Suisse ([8]) | 106,7 | 106,3 | 108,2 | 109,4 | 108,5 |
| 19 | USA | 95,5 | 93,4 | 91,9 | 91,0 | 90,3 |
| 20 | Nippon (Japan) ([3]) | 108,9 | 112,7 | 115,9 | 119,8 | 122,7 |

([1]) Data compiled by deflation of consumer price indices.
([2]) Excluding building and civil engineering.
([3]) Manufacturing industries.
([4]) Three-monthly averages.
([5]) The indices are not published owing to an amendement to the survey between April and October 1988.
([6]) September.
([7]) Third quarter.
([8]) Hourly and monthly earnings.

# Wages and salaries

## 3.39. Indices of wages in industry
### (Average gross hourly earnings of manual workers — males and females)

*(October 1985 = 100)*

| Country | | October 1990 | October 1991 | October 1992 | October 1993 | April 1994 |
|---|---|---|---|---|---|---|
| 1 Belgique/België | Total | 116,1 | 122,9 | 128,3 | 132,1 | : |
| | Males | 116,0 | 122,6 | 128,3 | 131,1 | : |
| | Females | 116,8 | 123,9 | 129,3 | 134,2 | : |
| 2 Danmark (¹) | Total | 131,9 | 137,4 | 141,7 | 145,0 | : |
| | Males | 132,6 | 137,8 | 142,1 | 145,4 | : |
| | Females | 130,4 | 135,6 | 137,0 | 143,0 | : |
| 3 Deutschland | Total | 124,3 | 132,4 | 139,4 | 145,8 | : |
| | Males | 124,0 | 131,7 | 138,4 | 144,3 | : |
| | Females | 124,4 | 133,4 | 140,6 | 147,6 | : |
| 4 Ελλάδα (²) | Total | 212,2 | 247,2 | 275,8 | 310,4 | : |
| | Males | 213,0 | 247,4 | 274,2 | 308,3 | : |
| | Females | 214,3 | 248,5 | 278,1 | 313,6 | : |
| 5 España | Total | 150,1 | 165,1 | 172,9 | 188,3 | 192,6 |
| | Males | : | : | : | : | : |
| | Females | : | : | : | : | : |
| 6 France (³) | Total | : | : | : | : | : |
| | Males | : | : | : | : | : |
| | Females | : | : | : | : | : |
| 7 Ireland (⁴) | Total | 131,7 | 139,5 | 146,1 | 154,5 | : |
| | Males | 131,3 | 138,7 | 145,4 | 153,9 | : |
| | Females | 132,8 | 140,2 | 147,2 | 156,0 | : |
| 8 Italia | Total | : | : | : | : | : |
| | Males | : | : | : | : | : |
| | Females | : | : | : | : | : |
| 9 Luxembourg | Total | 117,8 | 122,5 | 130,4 | 135,6 | : |
| | Males | 117,7 | 122,7 | 130,7 | 135,1 | : |
| | Females | 120,9 | 128,0 | 134,3 | 144,9 | : |
| 10 Nederland | Total | 112,1 | 116,1 | 122,3 | 126,7 | : |
| | Males | 112,0 | 116,1 | 122,4 | 126,7 | : |
| | Females | 116,1 | 120,1 | 127,7 | 134,2 | : |
| 11 Portugal | Total | 183,6 | 208,5 | 237,9 | 248,6 | : |
| | Males | : | : | : | : | : |
| | Females | : | : | : | : | : |
| 12 United Kingdom | Total | 145,2 | 155,9 | 164,1 | 166,2 | 168,6 |
| | Males | 145,9 | 156,6 | 164,7 | 166,8 | 169,0 |
| | Females | 146,1 | 156,6 | 167,4 | 170,4 | 172,3 |

(¹) Excluding building and civil engineering.
(²) Manufacturing industries; three-monthly averages.
(³) The indices are not published owing to an amendement to the survey between April 1988 and October 1988.
(⁴) March and September.

## 3.39. Indices of wages in industry
### (Average gross hourly earnings of manual workers — males and females)

*(October 1985 = 100)*

| Country | | October 1990 | October 1991 | October 1992 | October 1993 | April 1994 |
|---|---|---|---|---|---|---|
| 13 Österreich | Total | : | : | : | : | : |
| | Males | : | : | : | : | : |
| | Females | : | : | : | : | : |
| 14 Suomi/Finland | Total | 152,6 | 158,7 | 160,4 | 163,1 | 166,6 |
| | Males | 150,8 | 156,7 | 158,3 | 161,1 | 164,1 |
| | Females | 151,5 | 157,7 | 159,1 | 162,1 | 166,3 |
| 15 Island | Total | 270,8 | 287,8 | 298,3 | 297,1 | 297,4 |
| | Males | 278,1 | 293,9 | 306,6 | 304,3 | 305,9 |
| | Females | 248,7 | 269,3 | 273,2 | 275,3 | 271,5 |
| 16 Norge ([1])([2]) | Total | 155,6 | 158,4 | 163,0 | 167,5 | 168,9 |
| | Males | 154,9 | 157,4 | 161,9 | 166,5 | 167,7 |
| | Females | 160,2 | 164,6 | 169,2 | 173,2 | 175,3 |
| 17 Sverige | Total | : | : | : | : | : |
| | Males | : | : | : | : | : |
| | Females | : | : | : | : | : |
| 18 Schweiz/Suisse([3]) | Total | 122,0 | 130,5 | 136,7 | 140,0 | : |
| | Males | 121,7 | 130,1 | 136,2 | 139,3 | : |
| | Females | 123,5 | 132,4 | 138,8 | 143,1 | : |

([1]) Excluding building and civil engineering.
([2]) Third quarter.
([3]) Hourly and monthly earnings.

# Wages and salaries

## 3.40. Wages in industry
### (Average gross hourly earnings of manual workers)

| | Country | | October | | | | | April |
|---|---|---|---|---|---|---|---|---|
| | | | 1980 | 1990 | 1991 | 1992 | 1993 | 1994 |
| | | | *In national currency* | | | | | |
| 1 | Belgique/België | BFR | 229 | 342 | 364 | 380 | 395 | : |
| 2 | Danmark | DKR | 51,31 | 94,66 | 98,58 | 101,69 | 104,07 | : |
| 3 | Deutschland | DM | 13,58 | 20,47 | 21,80 | 22,96 | 24,02 | : |
| 4 | Ελλάδα | DR | : | 718 | 838 | 929 | 1051 | : |
| 5 | España | PTA | : | 763 | 844 | 905 | 964 | 979 |
| 6 | France | FF | 22,84 | 45,08 | 47,25 | 49,02 | 50,26 | 50,43 |
| 7 | Ireland | IRL | 2,33 | 5,37 | 5,67 | 5,95 | 6,30 | : |
| 8 | Italia | LIT | 3934 | : | : | : | : | : |
| 9 | Luxembourg | LFR | 233 | 355 | 375 | 399 | 415 | : |
| 10 | Nederland | HFL | 14,46 | 19,11 | 15,79 | 20,85 | 21,60 | : |
| 11 | Portugal | ESC | 69 | 325 | 369 | 421 | 440 | : |
| 12 | United Kingdom | UKL | 2,39 | 5,46 | 5,86 | 6,17 | 6,25 | 6,34 |
| 13 | Österreich | ÖS | 55,40 | : | : | 117,40 | : | : |
| 14 | Suomi/Finland | FMK | 21,11 | 51,08 | 52,16 | 52,52 | 53,44 | : |
| 15 | Ísland | IKR | 28,64 | 438,41 | 465,85 | 482,94 | 480,95 | : |
| 16 | Norge | NKR | 39,75 | 96,12 | 97,84 | 100,71 | 103,47 | : |
| 17 | Sverige | SKR | 33,93 | 74,40 | 77,90 | 81,60 | 84,20 | : |
| 18 | Schweiz/Suisse | SFR | 14,12 | 21,98 | 23,52 | 24,63 | 25,23 | : |
| | | | *In current PPS* | | | | | |
| 1 | Belgique/België | | 4,95 | 8,06 | 8,75 | 9,3 | 9,41 | : |
| 2 | Danmark | | 5,28 | 9,32 | 10,11 | 10,28 | 10,77 | : |
| 3 | Deutschland | | 4,76 | 9,10 | 9,82 | 10,3 | 10,54 | : |
| 4 | Ελλάδα | | : | 4,74 | 4,90 | 5,05 | 5,17 | : |
| 5 | España | | : | 6,48 | 7,20 | 7,29 | 7,72 | 7,71 |
| 6 | France | | 3,55 | 6,33 | 6,83 | 7,06 | 7,25 | 7,49 |
| 7 | Ireland | | 3,58 | 7,26 | 7,09 | 8,62 | 8,75 | : |
| 8 | Italia | | 4,17 | : | : | : | : | : |
| 9 | Luxembourg | | 5,24 | 8,31 | 8,93 | 9,49 | 9,94 | : |
| 10 | Nederland | | 4,56 | 8,20 | 8,53 | 9,03 | 9,43 | : |
| 11 | Portugal | | 1,92 | 2,91 | 3,16 | 3,37 | 3,18 | : |
| 12 | United Kingdom | | 3,98 | 8,27 | 8,75 | 9,21 | 9,06 | 9,06 |
| 13 | Österreich | | : | : | : | 7,82 | : | : |
| 14 | Suomi/Finland | | : | 7,42 | 7,74 | 7,71 | 7,80 | : |
| 15 | Ísland | | : | 4,92 | 5,13 | 5,37 | 5,26 | : |
| 16 | Norge | | : | 9,16 | 9,54 | 10,40 | 10,59 | : |
| 17 | Sverige | | : | 7,38 | 7,31 | 7,77 | 7,86 | : |
| 18 | Schweiz/Suisse | | : | 9,26 | 9,84 | 10,62 | 10,74 | : |

*Wages and salaries*

## 3.41. Average gross hourly earnings in industry — October 1993
## Manual workers (males and females)

*(ECU)*

| No | NACE | B | DK |
|---|---|---|---|
| A | All industries (NACE 1-5) | 9,52 | : |
| B | All industries (NACE 1-5, except 16+17) | 9,50 | 13,49 |
| C | Mining and quarrying (NACE 11, 13, 21, 23) | 9,50 | 12,79 |
| D | Manufacturing industries (NACE 12, 14, 15, 22, 24-26, 3, 4) | 9,54 | 13,50 |
| 11 | Extraction and briquetting of solid fuels | : | |
| 12 | Coke ovens | | |
| 13 | Extraction of petroleum and natural gas | : | |
| 14 | Mineral oil refining | 17,18 | 15,21 |
| 16 | Production and distribution of electricity, gas, steam and hot water | | |
| 17 | Water supply; collection, purification and distribution of water | 11,76 | : |
| 21 | Extraction and preparation of metalliferous ores | : | : |
| 22 | Production and preliminary processing of metals | 12,05 | 13,89 |
| 23 | Extraction of minerals other than metalliferous and energy-producing minerals; peat extraction | 9,50 | 12,79 |
| 24 | Manufacture of non-metallic mineral products | 10,24 | 13,71 |
| 25 | Chemical industry | 11,50 | 13,94 |
| 26 | Production of man-made fibres | 10,63 | : |
| 30 | Metal manufacture; mechanical, electrical and instrument engineering | 9,95 | 13,01 |
| 31 | Manufacture of metal articles | 9,23 | 12,97 |
| 32 | Mechanical engineering | 9,88 | 13,09 |
| 33 | Manufacture of office machinery and data-processing machinery | 8,44 | 11,61 |
| 34 | Electrical engineering | 9,57 | 12,24 |
| 35 | Manufacture of motor vehicles, of motor vehicle parts and accessories | 10,87 | 12,66 |
| 36 | Manufacture of other means of transport | 9,98 | 14,37 |
| 37 | Instrument engineering | 9,52 | 12,42 |
| 41/42 | Food, drink and tobacco industry | 9,09 | 14,33 |
| 43 | Textile industry | 8,41 | 12,07 |
| 44 | Manufacture of leather and of leather goods | 7,76 | 11,26 |
| 45 | Footwear and clothing industry | 6,97 | 10,90 |
| 46 | Timber and wooden furniture industries | 8,46 | 12,02 |
| 47 | Manufacture of paper and paper products; printing and publishing | 10,68 | 16,52 |
| 48 | Manufacture of rubber and plastics | 9,71 | 13,75 |
| 49 | Other manufacturing industries | 7,98 | 12,37 |
| 50 | Building and civil engineering | 9,35 | : |

## Wages and salaries

### 3.41. Average gross hourly earnings in industry — October 1993
### Manual workers (males and females)

(ECU)

| D | GR | E | F | IRL | I | L | NL | P | UK |
|---|---|---|---|---|---|---|---|---|---|
| 12,65 | 3,81 | 6,28 | 7,51 | 7,82 | : | 10,03 | 10,10 | 2,28 | 8,20 |
| 12,60 | 3,80 | 6,27 | 7,51 | 7,67 | : | 10,00 | 10,08 | 2,23 | 8,07 |
| 12,63 | 5,88 | 9,89 | 8,34 | 9,88 | : | 10,24 | 13,46 | 2,64 | 9,55 |
| 12,59 | 3,70 | 6,44 | 7,57 | 7,60 | : | 10,75 | 10,01 | 2,24 | 8,07 |
| 12,79 | 7,20 | 11,90 | : | : | : | : | : | : | : |
| : | : | : | : | : | : | : | : | : | : |
| 15,92 | 6,83 | 11,27 | 10,92 | : | : | : | : | : | : |
| 16,77 | 5,83 | : | : | : | : | : | : | 5,56 | 14,29 |
| 14,87 | 5,12 | 9,99 | : | 10,07 | : | 12,80 | : | 6,22 | 11,24 |
| 13,24 | 4,46 | 8,53 | : | : | : | 14,94 | : | 2,79 | 10,05 |
| : | 5,42 | 8,81 | 8,39 | : | : | : | : | : | : |
| 13,18 | 5,07 | 8,87 | 8,52 | : | : | 12,39 | 12,09 | 3,61 | 8,99 |
| 11,98 | 4,14 | 6,56 | 7,58 | : | : | 10,24 | : | 2,65 | 7,75 |
| 11,79 | 4,23 | 6,41 | 7,73 | 8,80 | : | 9,38 | 10,02 | 2,71 | 7,66 |
| 13,61 | 3,73 | 7,25 | 8,94 | 9,30 | : | 9,69 | : | 3,28 | 9,02 |
| 13,42 | 3,93 | : | 9,14 | : | : | : | : | 4,81 | : |
| 13,19 | 4,17 | 7,20 | 7,83 | : | : | 9,55 | 9,52 | 2,76 | 8,36 |
| 12,09 | 3,81 | 6,55 | 7,55 | 7,09 | : | 9,59 | 9,46 | 2,33 | 7,42 |
| 13,24 | 3,90 | 7,18 | 7,75 | 7,38 | : | 10,82 | 9,88 | 2,68 | 8,33 |
| 12,52 | 2,91 | 7,32 | 7,49 | 7,48 | : | : | : | : | 9,11 |
| 12,12 | 3,99 | 6,92 | 7,49 | 6,81 | : | 7,86 | 9,24 | 3,07 | 7,65 |
| 15,15 | 4,61 | 8,63 | 8,13 | 7,68 | : | 8,29 | 9,25 | 3,29 | 9,57 |
| 13,88 | 5,27 | 8,58 | 9,06 | 9,34 | : | : | 9,73 | 3,96 | 9,41 |
| 11,73 | 3,31 | 7,20 | 7,35 | 7,51 | : | : | : | 2,72 | 7,88 |
| 11,22 | 3,51 | 6,00 | 7,52 | 7,70 | : | 8,10 | 10,31 | 2,33 | 7,78 |
| 10,35 | 3,64 | 5,00 | 6,28 | 6,58 | : | 12,25 | 9,14 | 1,92 | 6,58 |
| 8,90 | 3,71 | 5,72 | 6,49 | 5,74 | : | : | : | 2,34 | 6,64 |
| 8,74 | 3,11 | 4,30 | 5,86 | 4,85 | : | : | 7,61 | 1,74 | 5,57 |
| 11,55 | 3,55 | 4,81 | 6,86 | 6,41 | : | 8,80 | 8,94 | 1,82 | 6,74 |
| 13,06 | 3,80 | 7,00 | 8,48 | 9,21 | : | 10,85 | 11,14 | 3,08 | 8,89 |
| 11,26 | 3,79 | 6,92 | 7,41 | 7,68 | : | 12,53 | 9,58 | 2,37 | 7,40 |
| 10,29 | 3,17 | 5,74 | 6,93 | 7,48 | : | : | : | 2,12 | 6,68 |
| 12,62 | : | 5,47 | 7,20 | : | : | 9,11 | 10,19 | 2,17 | 7,74 |

*Wages and salaries*

### 3.42. Hourly labour costs in industry (¹)
### (manual and non-manual workers) (²)

*(national currency)*

| | Country | | 1981 | 1984 | 1988 | 1992 |
|---|---|---|---|---|---|---|
| 1 | Belgique/België | BFR | 499 | 595 | 670 | 788 (⁴) |
| 2 | Danmark | DKR | 76,3 | 96,95 | 122,89 | 142,43 (⁴) |
| 3 | Deutschland | DM | 27,49 | 31,65 | 37,57 | 46,75 |
| 4 | Ελλάδα | DR | 236 | 491 | 876 | 1 419 |
| 5 | España | PTA | : | : | 1 232 | 1 685 |
| 6 | France | FF | 58,18 | 83,6 | 105,18 | 128,7 |
| 7 | Ireland | IRL | 4,21 | 6,49 | 8,01 | 9,4 |
| 8 | Italia | LIT | 9 345 | 14 354 | 21 065 | : |
| 9 | Luxembourg | LFR | 401 | 498 | 586 | 720 |
| 10 | Nederland | HFL | 30,06 | 34,53 | 38,08 | 43,67 |
| 11 | Portugal | ESC | : | 265 | 488 | 933 |
| 12 | United Kingdom | UKL | 4,11 | 5,22 | 7,19 | 9,45 |
| 13 | Österreich | ÖS | 144,0 | : | 215,1 | 272,8 |
| 14 | Suomi/Finland | FMK | : | : | : | 102,0 |
| 15 | Island | IKR | : | : | 457,9 | 638,0 |
| 16 | Norge | NKR | : | : | : | : |
| 17 | Sverige (³) | SKR | : | 77,39 | 104,49 | 143,30 |
| 18 | Schweiz/Suisse | SFR | : | : | : | : |

(¹) Except NACE 16 + 17.
(²) In establishments with 10 or more employees.
(³) In establishments with 5 or more employees.
(⁴) 1991.

## Wages and salaries

### 3.42. Hourly labour costs in industry (¹)
### (manual and non-manual workers) (²)

| | Country | 1981 | 1984 | 1988 | 1992 |
|---|---|---|---|---|---|
| | | | In ECU | | |
| 1 | Belgique/België | 12,08 | 13,09 | 15,43 | 18,66 (⁴) |
| 2 | Danmark | 9,63 | 11,90 | 15,45 | 18,01 (⁴) |
| 3 | Deutschland | 10,93 | 14,14 | 18,11 | 23,14 |
| 4 | Ελλάδα | 3,83 | 5,56 | 5,23 | 5,75 |
| 5 | España | : | : | 8,95 | 12,72 |
| 6 | France | 9,63 | 12,17 | 14,95 | 18,79 |
| 7 | Ireland | 6,09 | 8,94 | 10,33 | 12,36 |
| 8 | Italia | 7,40 | 10,39 | 13,7 | : |
| 9 | Luxembourg | 9,71 | 10,96 | 13,49 | 17,31 |
| 10 | Nederland | 10,83 | 13,68 | 16,31 | 19,20 |
| 11 | Portugal | : | 2,29 | 2,87 | 5,34 |
| 12 | United Kingdom | 7,43 | 8,84 | 10,82 | 12,81 |
| 13 | Österreich | : | : | 14,75 | 19,19 |
| 14 | Suomi/ Finland | : | : | : | 17,56 |
| 15 | Island | : | : | 9,00 | : |
| 16 | Norge | : | : | : | : |
| 17 | Sverige (³) | : | 11,89 | 14,43 | 19,02 |
| | | | In current PPS | | |
| 1 | Belgique/België | 11,26 | 13,59 | 15,43 | 18,94 (⁴) |
| 2 | Danmark | 7,76 | 9,45 | 11,73 | 14,61 (⁴) |
| 3 | Deutschland | 10,32 | 12,87 | 16,19 | 20,96 |
| 4 | Ελλάδα (³) | 4,52 | 6,32 | 7,00 | 7,71 |
| 5 | España | : | : | 10,94 | 13,58 |
| 6 | France | 8,90 | 11,69 | 14,33 | 18,50 |
| 7 | Ireland (⁴) | 6,10 | 8,35 | 10,40 | 13,62 |
| 8 | Italia | 9,12 | 11,21 | 14,33 | : |
| 9 | Luxembourg | 9,19 | 10,84 | 13,43 | 17,12 |
| 10 | Nederland | 9,92 | 12,47 | 15,47 | 18,90 |
| 11 | Portugal | : | 4,39 | 5,14 | 7,46 |
| 12 | United Kingdom | 6,75 | 8,71 | 11,34 | 14,10 |
| 13 | Österreich | : | : | 13,63 | 18,23 |
| 14 | Suomi/Finland | : | : | : | 14,98 |
| 15 | Island | : | : | 6,44 | : |
| 16 | Norge | : | : | : | : |
| 17 | Sverige | : | : | 11,12 | 13,51 |

(¹) Except NACE 16 + 17.
(²) In establishments with 10 or more employees..
(³) In establishments with 5 or more employees.
(⁴) 1991.

*Wages and salaries*

## 3.43. Structure of labour costs in industry (¹)
## (manual and non-manual workers) (²)

*(% of total costs)*

| Country | Year | Direct costs (³) | | | | Indirect costs (⁴) | |
|---|---|---|---|---|---|---|---|
| | | | of which: | | | | of which: |
| | | Total | Basic salaries | Premiums and bonuses | Payments for days not worked | Total | Social security |
| 1 Belgique/België | 1984 | 75,3 | 55,3 | 10,7 | 9,1 | 24,7 | 23,9 |
| | 1988 | 70,1 | 51,3 | 9,6 | 8,9 | 29,9 | 28,7 |
| | 1992 | 70,2 (⁵) | 51,4 (⁵) | : | : | 29,8 (⁵) | 28,7 (⁵) |
| 2 Danmark | 1984 | 92,5 | 83,6 | 0,7 | 8,1 | 7,5 | 5,6 |
| | 1988 | 96,3 | 83,2 | 0,8 | 12,3 | 3,7 | 2,9 |
| | 1992 | 96,3 (⁵) | 83,2 (⁵) | : | : | 3,7 (⁵) | 2,9 (⁵) |
| 3 Deutschland | 1984 | 77,0 | 56,7 | 8,6 | 11,4 | 23,0 | 20,7 |
| | 1988 | 76,6 | 56,3 | 8,7 | 11,5 | 23,4 | 21,1 |
| | 1992 | 76,5 | 55,8 | 8,6 | 12,0 | 23,5 | 21,4 |
| 4 Ελλάδα | 1984 | 81,0 | 62,0 | 12,0 | 7,0 | 19,0 | 18,0 |
| | 1988 | 80,0 | 61,0 | 11,0 | 7,0 | 20,0 | 19,0 |
| | 1992 | 78,1 | 61,0 | 11,5 | 5,6 | 19,7 | 19,3 |
| 5 España | 1984 | : | : | : | : | : | : |
| | 1988 | 75,1 | 55,5 | 7,0 | 12,5 | 24,9 | 24,5 |
| | 1992 | 75,1 (⁵) | 55,5 (⁵) | : | : | 24,9 (⁵) | 24,5 (⁵) |
| 6 France | 1984 | 68,8 | 53,3 | 5,0 | 9,5 | 31,2 | 27,8 |
| | 1988 | 68,5 | 52,0 | 6,2 | 9,5 | 31,5 | 28,2 |
| | 1992 | 70,3 | 48,7 | 8,3 | 9,7 | 29,6 | 26,7 |
| 7 Ireland | 1984 | 82,4 | 69,7 | 1,0 | 11,7 | 17,5 | 14,8 |
| | 1988 | 83,3 | 73,3 | 1,3 | 8,6 | 16,7 | 13,2 |
| | 1992 | 84,1 | 74,1 | 2,0 | 7,4 | 15,9 | 13,5 |
| 8 Italia | 1984 | 73,3 | 54,3 | 7,8 | 11,0 | 26,7 | 24,7 |
| | 1988 | 70,6 | 51,1 | 7,8 | 11,4 | 29,4 | 26,2 |
| | 1992 | : | : | : | : | : | : |
| 9 Luxembourg | 1984 | 83,7 | 69,2 | 3,0 | 11,2 | 16,3 | 14,8 |
| | 1988 | 83,3 | 68,0 | 3,9 | 11,2 | 16,7 | 15,7 |
| | 1992 | 83,7 | 68,4 | 4,6 | 10,4 | 16,3 | 15,6 |
| 10 Nederland | 1984 | 72,9 | 56,9 | 7,5 | 8,3 | 27,1 | 24,0 |
| | 1988 | 72,8 | 54,6 | 7,2 | 11,0 | 27,2 | 23,7 |
| | 1992 | 74,8 | 55,7 | 7,5 | 11,6 | 25,2 | 22,7 |
| 11 Portugal | 1984 | 75,0 | 59,0 | 10,4 | 5,4 | 25,0 | 17,9 |
| | 1988 | 74,3 | 55,9 | 11,9 | 6,1 | 25,7 | 21,4 |
| | 1992 | 75,1 | 56,6 | 11,4 | 6,8 | 24,9 | 19,7 |
| 12 United Kingdom | 1984 | 83,3 | 71,7 | 1,1 | 10,2 | 16,7 | 14,1 |
| | 1988 | 85,7 | 72,8 | 1,4 | 9,8 | 14,3 | 11,7 |
| | 1992 | 84,8 | 70,3 | 2,0 | 7,5 | 15,2 | 12,7 |

(¹) Except NACE 16 + 17.
(²) In establishments with 10 or more employees..
(³) Basic salaries plus premiums and bonuses plus payments for days not worked plus payments in kind.
(⁴) Social security plus vocational training costs plus other expenditure.
(⁵) 1991.

## Wages and salaries

### 3.43. Structure of labour costs in industry (¹)
### (manual and non-manual workers) (²)

(% of total costs)

| Country | Year | Direct costs (³) | | | | Indirect costs (⁴) | |
| | | Total | of which: | | | Total | of which: |
| | | | Basic salaries | Premiums and bonuses | Payments for days not worked | | Social security |
|---|---|---|---|---|---|---|---|
| 13 Österreich | 1984 | 76,1 | 52,3 | 12,0 | 9,0 | 23,9 | 18,3 |
| | 1988 | 76,1 | 51,8 | 11,8 | 9,1 | 23,9 | 17,7 |
| | 1992 | 76,4 | 68,2 | 15,6 | 15,4 | 23,6 | : |
| 14 Suomi/Finland (⁵) | 1984 | : | : | : | : | : | : |
| | 1988 | 75,9 | 61,7 | 0,5 | 13,7 | 24,1 | 21,2 |
| | 1992 | 76,0 | 58,8 | 1,3 | 15,9 | 24,0 | 21,1 |
| 15 Island | 1984 | : | : | : | : | : | : |
| | 1988 | 88,6 | 73,6 | 4,1 | 10,9 | 11,4 | 9,7 |
| | 1992 | 88,1 | 72,2 | 5,3 | 10,6 | 11,9 | 10,1 |
| 16 Norge | 1984 | : | : | : | : | : | : |
| | 1988 | : | : | : | : | : | : |
| | 1992 | : | : | : | : | : | : |
| 17 Sverige | 1984 | 71,6 | 60,6 | – | 11,0 | 28,4 | 28,4 |
| | 1988 | 69,8 | 58,8 | – | 11,0 | 30,2 | 30,2 |
| | 1992 | 68,7 | 56,4 | : | 12,2 | 31,3 | 31,3 |

(¹) Except NACE 16 + 17.
(²) In establishments with 10 or more employees..
(³) Basic salaries plus premiums and bonuses plus payments for days not worked plus payments in kind.
(⁴) Social security plus vocational training costs plus other expenditure.
(⁵) Manufacturing industries.

## 3.44. Average gross hourly earnings in agriculture
(full-time employed permanent manual workers)

|  | Belgique/België | Danmark | Deutschland ($^1$) | Ελλάδα | España |
|---|---|---|---|---|---|
| **A – Total workers** | | | **Indices (1986 = 100)** | | |
| 1982 | 88,6 | 72,1 | : | : | : |
| 1984 | 96,3 | 82,8 | 94,8 | : | : |
| 1986 | 88,6 | 100,0 | 100,0 | : | 100,0 |
| 1988 | 105,5 | 120,1 | 105,1 | : | 134,3 |
| 1991 | 123,9 | 146,9 | 119,4 | : | 179,4 |
| | | | ECU | | |
| 1991 | 6,43 | 10,22 | 8,15 | | 4,39 |
| **B – By nature of work carried out** | | | | | |
| General agriculture | 6,36 | 9,83 | 7,97 | : | 4,34 ($^2$) |
| Stock keeping | 6,84 | 10,37 | 7,84 | : | 4,62 ($^2$) |
| Specialized crops | 6,39 | 10,61 | 7,88 | : | 4,37 ($^2$) |
| **C – By size of farms** | | | | | |
| 1 or 2 workers | 6,07 | 9,72 | 7,68 | : | 4,26 |
| 3 to 9 workers | 6,47 | 10,58 | 7,89 | : | 4,31 |
| 10 or more workers | 6,76 | 10,78 | 8,05 | : | 4,88 |
| **D – By receipt of benefits in kind** 1991 | | | | | |
| Free accommodation and meals | 5,87 | 8,68 | : | : | 4,67 |
| Free accommodation only | 6,68 | 10,47 | : | : | 4,76 |
| Free meals only | 6,11 | 9,30 | : | : | 4,39 |
| No free accommodation or meals | 6,44 | 10,55 | : | : | 4,33 |

($^1$) Data concerning male manual workers without any benefits in kind, employed on a general agriculture and stock-keeping holding of 50 ha or more.

($^2$) Male manual workers.

## Wages and salaries

### 3.44. Average gross hourly earnings in agriculture
### (full-time employed permanent manual workers)

| France | Ireland | Italia | Luxem-bourg | Nederland | Portugal | United Kingdom |
|---|---|---|---|---|---|---|
| **Indices (1986 = 100)** | | | | | | |
| : | 73,1 | : | 77,8 | 94,3 | : | 76,8 |
| : | 87,3 | 90,8 | 90,4 | 93,5 | : | 88,9 |
| 100,0 | 100,0 | 100,0 | 100,0 | 100,0 | : | 100,0 |
| 108,2 | 108,1 | 116,4 | 110,4 | 105,1 | : | 117,6 |
| 123,9 | 136,4 | 136,3 | 128,3 | 116,4 | : | 154,3 |
| **ECU** | | | | | | |
| 5,72 | 5,04 | 6,08 | 5,01 | 7,52 | 1,50 | 4,32 |
| 5,69 (²) | 4,77 | 5,97 (²) | 4,73 | : | 1,55 (²) | 4,32 (²) |
| 5,84 (²) | 5,34 | 6,29 (²) | 4,93 | : | 1,57 (²) | 4,59 (²) |
| 5,88 (²) | 4,96 | 6,24 (²) | 5,87 | 7,38 | 1,67 (²) | 4,17 (²) |
| 5,37 | 4,53 | 5,89 | 4,75 | 7,05 | 1,39 | 4,07 |
| 5,70 | 5,17 | 6,48 | 5,48 | 7,91 | 1,50 | 4,42 |
| 6,11 | 5,97 | 6,66 | 6,58 | : | 1,59 | 4,54 |
| 4,29 | 4,09 | 5,82 | 4,32 | : | 1,15 | 3,31 |
| 5,67 | 6,05 | 6,14 | 5,12 | : | 1,48 | 4,64 |
| 5,31 | 4,51 | 6,64 | 5,32 | : | 1,35 | 3,09 |
| 5,79 | 5,11 | 6,07 | 6,14 | : | 1,55 | 4,10 |

(¹) Data concerning male manual workers without any benefits in kind, employed on a general agriculture and stock-keeping holding of 50 ha or more.

(²) Male manual workers.

# Energy and industry

# Industrial production

## 4.1. General indices of industrial production (¹)

(1985 = 100)

|    | Country          | 1989  | 1990  | 1991  | 1992  | 1993  |
|----|------------------|-------|-------|-------|-------|-------|
|    | **EUR 12**       | **113,6** | **115,7** | **115,5** | **114,5** | **110,7** |
| 1  | Belgique/België  | 112,7 | 117,7 | 115,3 | 115,3 | 109,2 |
| 2  | Danmark          | 107,3 | 107,8 | 110,2 | 112,0 | 108,9 |
| 3  | Deutschland      | 113,1 | 118,7 | 122,5 | 121,2 | 112,0 |
| 4  | Ελλάδα           | 105,3 | 103,3 | 101,7 | 100,7 | 97,9  |
| 5  | España           | 116,1 | 116,2 | 115,3 | 112,0 | 106,9 |
| 6  | France           | 112,1 | 114,2 | 114,2 | 112,9 | 108,6 |
| 7  | Ireland          | 137,3 | 143,8 | 148,5 | 162,0 | 171,3 |
| 8  | Italia           | 118,7 | 117,9 | 115,4 | 113,6 | 110,7 |
| 9  | Luxembourg       | 118,7 | 118,1 | 118,6 | 117,6 | 113,9 |
| 10 | Nederland        | 107,9 | 110,1 | 113,2 | 113,0 | 112,0 |
| 11 | Portugal         | 124,1 | 135,3 | 135,1 | 132,1 | 126,0 |
| 12 | United Kingdom   | 109,6 | 109,3 | 104,9 | 104,5 | 107,0 |
| 13 | Österreich       | 112,9 | 121,6 | 123,6 | 122,2 | 119,8 |
| 14 | Suomi/Finland    | 116,4 | 116,2 | 105,8 | 107,4 | 112,8 |
| 15 | Island           | 125,4 | 120,3 | 82,6  | 128,0 | :     |
| 16 | Norge            | 124,1 | 126,5 | 129,1 | 137,5 | 142,7 |
| 17 | Sverige          | 108,1 | 109,3 | 103,2 | 99,1  | 101,5 |
|    | **EEA**          | :     | :     | :     | :     | :     |
| 18 | Schweiz/Suisse   | 115,2 | 118,3 | 118,9 | :     | :     |
|    | **CIS**          | **115,0** | **114,0** | **105,0** | **86,0**  | **73,0** |
|    | of which:        |       |       |       |       |       |
| 19 | Russia           | 114,0 | 114,0 | 105,0 | 86,0  | 72,0  |
| 20 | Türkiye          | 126,7 | 138,8 | 141,3 | :     | :     |
| 21 | USA              | 112,3 | 112,3 | 110,2 | 112,8 | 117,5 |
| 22 | Canada           | 114,9 | 114,7 | 113,4 | :     | :     |
| 23 | Nippon (Japan)   | 120,3 | 125,4 | 127,7 | 120,4 | 115,3 |
|    | ⊕                | :     | :     | :     | :     | :     |

(¹) Excluding construction.

*Industrial production*

## 4.2. Production of copper, lead and zinc ores, bauxite and potash — 1993

*(1 000 t)*

| Country | Copper ore | Lead ore | Zinc ore | Bauxite | Potash (K₂O content) |
|---|---|---|---|---|---|
| | Metal content | | | | |
| **EUR 12** | **154,0** | **104,7** | **406,8** | : | : |
| 1 Belgique/België | – | – | – | – | – |
| 2 Danmark | – | – | – | – | – |
| 3 Deutschland | – | – | – | – | 3 525,0 |
| 4 Ελλάδα | – | 26,4 | 22,0 | 1 684,9 | – |
| 5 España | 3,5 | 25,3 | 170,2 | – | 629,0 |
| 6 France | 0,1 | – | 13,8 | 104,0 | 1 141,0 |
| 7 Ireland | – | 44,6 | 193,7 | – | – |
| 8 Italia | – | 7,4 | 7,1 | 98,0 | 13,0 |
| 9 Luxembourg | – | – | – | 90,1 | – |
| 10 Nederland | – | – | – | – | – |
| 11 Portugal | 150,4 | – | – | – | – |
| 12 United Kingdom | – | 1,0 | – | – | 530,0 |
| 13 Österreich | – | 1,4 | 19,0 | – | – |
| 14 Suomi/Finland | 11,1 | 0,6 | 22,0 | – | – |
| 15 Island | – | – | – | – | – |
| 16 Norge | 8,7 | 1,7 | 14,3 | – | – |
| 17 Sverige | 88,7 | 113,1 | 173,3 | – | – |
| **EEA** | **262,5** | **221,5** | **635,4** | : | : |
| 18 Schweiz/Suisse | – | – | – | – | – |
| 19 Türkiye | 22,9 | 11,3 | 32,5 | 361,5 | – |
| 20 USA | 1 786,6 | 362,9 | 513,7 | 46,0 | 938,0 |
| 21 Canada | 711,2 | 182,3 | 1 007,0 | 59,3 | 7 289,0 |
| 22 Nippon (Japan) | 10,3 | 16,5 | 118,6 | – | – |
| ⊕ | 9 276,9 (¹) | 2 982,5 (¹) | 7 229,3 (¹) | 106 577,6 (¹) | 23 382,0 |

(¹) 1992.

# Industrial production

## 4.3. Production of aluminium, copper, lead, zinc and tin — 1993

(1 000 t)

| | Country | Aluminium (primary) | Copper (refined) | Lead (refined) | Zinc | Tin (refined) |
|---|---|---|---|---|---|---|
| | **EUR 12** | **2 144,3** | **1 304,1** | **1 347,7** | **1 809,7** | **5,6** |
| 1 | Belgique/België | – | 298,9 | 108,0 | 210,1 | 0,2 |
| 2 | Danmark | – | – | – | – | – |
| 3 | Deutschland | 551,9 | 632,2 | 334,6 | 380,2 | 0,1 |
| 4 | Ελλάδα | 147,7 | – | – | – | 0,2 |
| 5 | España | 355,9 | 179,2 | 54,1 | 341,6 | 2,0 |
| 6 | France | 462,2 | 59,2 | 258,7 | 309,8 | – |
| 7 | Ireland | – | – | 12,0 | – | – |
| 8 | Italia | 155,7 | 88,0 | 188,1 | 253,0 | – |
| 9 | Luxembourg | – | – | – | – | – |
| 10 | Nederland | 231,8 | – | 24,2 | 206,8 | 0,2 |
| 11 | Portugal | – | – | 4,0 | 2,8 | 0,1 |
| 12 | United Kingdom | 239,1 | 46,6 | 364,0 | 105,4 | 2,8 |
| 13 | Österreich | – | 52,7 | 22,8 | – | – |
| 14 | Suomi/Finland | – | 73,4 | – | 170,9 | – |
| 15 | Island | 94,2 | – | – | – | – |
| 16 | Norge | 888,0 | 37,2 | – | 133,4 | – |
| 17 | Sverige | 82,4 | 98,8 | 84,5 | – | – |
| | **EEA** | **3 114,7** | **1 566,2** | **1 455,0** | **2 114,0** | **5,6** |
| 18 | Schweiz/Suisse | – | – | – | – | – |
| 19 | Türkiye | 58,5 | 104,2 | 5,1 | 18,5 | – |
| 20 | USA | 3 694,8 | 2 232,6 | 1 216,5 | 398,9 | 0,2 |
| 21 | Canada | 2 308,9 | 561,6 | 220,0 | 661,9 | – |
| 22 | Nippon (Japan) | 10,3 | 1 188,8 | 309,5 | 695,7 | 0,8 |
| ⊕ | | 19 454,3 (¹) | 11 127,3 (¹) | 5 287,3 (¹) | 6 885,8 (¹) | 182,7 (¹) |

(¹) 1992.

## 4.4. Raw materials supply (¹)
## (consolidated balance sheets) — 1987

*(1 000 t)*

| Raw material | Country | Mining production | Domestic recovery | Imports | Decrease in stocks | Total |
|---|---|---|---|---|---|---|
| Aluminium | **EUR 12** | **1 052** | **1 314** | **4 876** | **1 032** | **8 274** |
| | USA | 156 | 852 | 6 894 | 61 | 7 963 |
| | Japan | – | 894 | 1 891 | – | 2 785 |
| Copper | **EUR 12** | **19** | **981** | **2 328** | **96** | **3 424** |
| | USA | 1 244 | 498 | 790 | 98 | 2 630 |
| | Japan | 24 | 595 | 1 224 | 81 | 1 924 |
| Lead | **EUR 12** | **176** | **540** | **804** | **36** | **1 556** |
| | USA | 319 | 658 | 224 | – | 1 201 |
| | Japan | 28 | 120 | 221 | 21 | 390 |
| Zinc | **EUR 12** | **605** | **388** | **1 518** | **60** | **2 572** |
| | USA | 233 | 82 | 843 | 5 | 1 163 |
| | Japan | 166 | 74 | 679 | 10 | 929 |
| Iron | **EUR 12** | **5 826** | **52 282** | **86 820** | **3 884** | **148 812** |
| | USA | 29 065 | 63 542 | 25 695 | : | 118 302 |
| | Japan | 161 | 34 767 | 76 145 | : | 110 073 |
| Manganese | **EUR 12** | **2** | **1** | **1 199** | **104** | **1 206** |
| | USA | 2 | : | 556 | 32 | 590 |
| | Japan | : | : | 728 | : | 728 |
| Chromium | **EUR 12** | **21** | **50** | **734** | **33** | **838** |
| | USA | – | 95 | 320 | – | 415 |
| | Japan | 3 | – | 471 | : | 474 |
| Nickel | **EUR 12** | **11** | **53** | **227** | **24** | **314** |
| | USA | – | 32 | 147 | 8 | 187 |
| | Japan | – | : | 152 | 6 | 158 |
| Titanium | **EUR 12** | **–** | **2** | **771** | **17** | **790** |
| | USA | 116 | – | 520 | 10 | 646 |
| | Japan | – | – | 214 | : | 214 |
| Fluorine | **EUR 12** | **409** | **:** | **137** | **:** | **546** |
| | USA | 64 | – | 324 | 23 | 411 |
| | Japan | : | – | 211 | : | 211 |
| Phosphate | **EUR 12** | **–** | **127** | **8 162** | **71** | **8 360** |
| | USA | 12 470 | – | 300 | 789 | 13 559 |
| | Japan | : | – | 1 035 | : | 1 035 |

(¹) Metal or other net content.

Industrial production

## 4.4. Raw materials supply (¹)
## (consolidated balance sheets) — 1987

(1 000 t)

| Utilization | | | | | |
|---|---|---|---|---|---|
| Consumption | Exports | Increase in stocks | Total | Country | Raw material |
| **6 432** | **1 841** | – | **8 274** | **EUR 12** | Aluminium |
| 6 392 | 1 571 | – | 7 963 | USA | |
| 2 519 | 217 | 49 | 2 785 | Japan | |
| **2 811** | **613** | – | **3 424** | **EUR 12** | Copper |
| 2 188 | 444 | – | 2 630 | USA | |
| 1 641 | 283 | – | 1 924 | Japan | |
| **1 322** | **234** | – | **1 556** | **EUR 12** | Lead |
| 1 023 | 171 | 7 | 1 201 | USA | |
| 355 | 35 | – | 390 | Japan | |
| **1 910** | **662** | – | **2 572** | **EUR 12** | Zinc |
| 903 | 260 | – | 1 163 | USA | |
| 846 | 83 | – | 929 | Japan | |
| 118 359 | 30 453 | – | 148 812 | **EUR 12** | Iron |
| 105 865 | 12 437 | : | 118 302 | USA | |
| 94 691 | 15 382 | : | 110 073 | Japan | |
| **1 186** | **119** | – | **1 306** | **EUR 12** | Manganese |
| 547 | 43 | – | 590 | USA | |
| 694 | 34 | : | 728 | Japan | |
| **781** | **57** | – | **838** | **EUR 12** | Chromium |
| 385 | 13 | 17 | 415 | USA | |
| 466 | 8 | : | 474 | Japan | |
| **258** | **57** | – | **314** | **EUR 12** | Nickel |
| 162 | 25 | – | 187 | USA | |
| 155 | 3 | – | 158 | Japan | |
| **558** | **232** | – | **790** | **EUR 12** | Titanium |
| 565 | 81 | – | 646 | USA | |
| 167 | 47 | : | 214 | Japan | |
| **489** | **56** | : | **546** | **EUR 12** | Fluorine |
| 405 | 6 | – | 411 | USA | |
| 206 | 5 | : | 211 | Japan | |
| 7 251 | 1 109 | – | 8 360 | **EUR 12** | Phosphate |
| 7 005 | 6 554 | – | 13 559 | USA | |
| 943 | 92 | : | 1 035 | Japan | |

(¹) Metal or other net content.

*Industrial production*

## 4.4. Raw materials supply (¹)
## (consolidated balance sheets) — 1987

(t)

| Raw material | Country | Availability | | | | |
| --- | --- | --- | --- | --- | --- | --- |
| | | Mining production | Domestic recovery | Imports | Decrease in stocks | Total |
| Tin | **EUR 12** | 4 202 | 14 491 | 36 966 | 13 832 | 69 491 |
| | USA | 100 | 16 159 | 46 412 | – | 62 671 |
| | Japan | 86 | 5 000 | 32 993 | : | 38 079 |
| Cobalt | **EUR 12** | – | 744 | 7 375 | 973 | 9 092 |
| | USA | – | 1 025 | 8 874 | – | 9 899 |
| | Japan | – | – | 5 012 | : | 5 012 |
| Molybdenum | **EUR 12** | – | 1 261 | 44 090 | 21 737 | 67 088 |
| | USA | 34 073 | 1 000 | 4 826 | – | 39 899 |
| | Japan | 100 | – | 11 560 | : | 11 660 |
| Niobium | **EUR 12** | – | 31 | 3 056 | 672 | 3 759 |
| | USA | – | – | 2 753 | – | 2 753 |
| | Japan | – | – | 1 423 | : | 1 423 |
| Tantalum | **EUR 12** | – | 15 | 716 | 97 | 828 |
| | USA | – | 57 | 211 | – | 268 |
| | Japan | – | – | 17 | : | 17 |
| Vanadium | **EUR 12** | – | 41 | 7 084 | 151 | 7 276 |
| | USA | 900 | 2 275 | 4 138 | 421 | 8 734 |
| | Japan | – | – | 1 695 | : | 1 695 |
| Tungsten | **EUR 12** | 1 084 | 1 171 | 4 979 | 2 710 | 9 944 |
| | USA | 34 | 1 500 | 7 792 | 260 | 9 586 |
| | Japan | 209 | – | 2 040 | : | 2 249 |
| Mercury | **EUR 12** | 1 571 | – | 1 102 | 363 | 3 036 |
| | USA | 74 | 265 | 626 | – | 965 |
| | Japan | – | 213 | 75 | : | 288 |
| Antimony | **EUR 12** | 91 | 6 721 | 27 365 | 281 | 34 458 |
| | USA | – | 15 833 | 23 371 | – | 39 204 |
| | Japan | – | – | 12 465 | : | 12 465 |
| Zirconium | **EUR 12** | – | – | 135 | 2 | 136 |
| | USA | 44 | – | 35 | – | 79 |
| | Japan | – | – | 126 | : | 126 |

(¹) Metal content.

# Industrial production

## 4.4. Raw materials supply (¹)
## (consolidated balance sheets) — 1987

(t)

| Utilization | | | | | |
|---|---|---|---|---|---|
| Consumption | Exports | Increase in stocks | Total | Country | Raw material |
| **54 877** | **14 614** | – | **69 491** | **EUR 12** | Tin |
| 45 236 | 16 828 | 607 | 62 671 | USA | |
| 37 460 | 619 | : | 38 079 | Japan | |
| **6 604** | **2 488** | – | **9 092** | **EUR 12** | Cobalt |
| 7 591 | 803 | 1 505 | 9 899 | USA | |
| 4 998 | 14 | : | 5 012 | Japan | |
| **38 467** | **28 621** | – | **67 088** | **EUR 12** | Molybdenum |
| 15 656 | 20 073 | 4 170 | 39 899 | USA | |
| 11 579 | 81 | : | 11 660 | Japan | |
| **3 254** | **505** | – | **3 759** | **EUR 12** | Niobium |
| 2 714 | 39 | : | 2 753 | USA | |
| 1 423 | – | : | 1 423 | Japan | |
| **699** | **129** | – | **828** | **EUR 12** | Tantalum |
| 97 | 171 | : | 268 | USA | |
| – | 17 | : | 17 | Japan | |
| **5 419** | **1 857** | – | **7 276** | **EUR 12** | Vanadium |
| 7 658 | 1 076 | – | 8 734 | USA | |
| 1 642 | 53 | : | 1 695 | Japan | |
| **5 790** | **4 154** | – | **9 944** | **EUR 12** | Tungsten |
| 7 462 | 2 124 | – | 9 586 | USA | |
| 1 980 | 269 | : | 2 249 | Japan | |
| **2 273** | **763** | – | **3 036** | **EUR 12** | Mercury |
| 691 | 188 | 86 | 965 | USA | |
| 88 | 200 | : | 288 | Japan | |
| **26 563** | **7 895** | – | **34 458** | **EUR 12** | Antimony |
| 37 403 | 1 195 | 606 | 39 204 | USA | |
| 12 465 | – | : | 12 465 | Japan | |
| **122** | **14** | – | **136** | **EUR 12** | Zirconium |
| 62 | 12 | 5 | 79 | USA | |
| 126 | – | : | 126 | Japan | |

(¹) Metal content.

## 4.5. Production of cement

(Mio t)

| | Country | 1991 | 1992 | 1993 |
|---|---|---|---|---|
| | **EUR 12** | **172,7** | **172,5** | **156,9** |
| 1 | Belgique/België | 7,2 | 9,4 | 7,5 |
| 2 | Danmark | 1,6 | 1,8 | 1,7 |
| 3 | Deutschland | 31,1 | 33,2 | 32,5 |
| 4 | Ελλάδα | 13,4 | 13,6 | 12,6 |
| 5 | España | 28,0 | 25,1 | 23,9 |
| 6 | France | 24,8 | 22,6 | 20,5 |
| 7 | Ireland | 1,5 | 1,5 | 1,5 |
| 8 | Italia | 40,8 | 41,4 | 34,7 |
| 9 | Luxembourg | 0,7 | : | – |
| 10 | Nederland | 4,5 | 3,1 | 3,3 |
| 11 | Portugal | 7,5 | 7,6 | 7,3 |
| 12 | United Kingdom | 11,6 | 12,5 | 11,4 |
| 13 | Österreich | 5,0 | 5,0 | 4,9 |
| 14 | Suomi/Finland | 1,3 | 1,1 | 1,1 |
| 15 | Island | 0,0 | 0,0 | 0,0 |
| 16 | Norge | 1,1 | 1,3 | 1,2 |
| 17 | Sverige | 2,2 | 1,9 | 2,0 |
| | **EEA** | **181,4** | **181,9** | **166,2** |
| 18 | Schweiz/Suisse | 4,7 | 4,3 | 4,5 |
| | **CIS** | **123,6** | **101,4** | **79,4** |
| | of which: | | | |
| 19 | Russia | 77,5 | 61,7 | 49,9 |
| 20 | Türkiye | 27,4 | 30,2 | 32,7 |
| 21 | USA | 65,1 | 69,5 | 72,4 |
| 22 | Canada | 9,6 | : | : |
| 23 | Nippon (Japan) | 92,4 | 95,8 | 94,7 |
| ⊕ | | **1 153,0** | **1 173,3** | **1278,2** |

# Industrial production

## 4.6. Production of certain basic chemicals — 1993

(1 000 t)

| | Country | Sulphuric acid $H_2SO_4$ (100 %) | Caustic soda NaOH (100 %) | Chlorine $Cl_2$ |
|---|---|---|---|---|
| | **EUR 12** | : | : | : |
| 1 | Belgique/België | 1 906 | : | : |
| 2 | Danmark | : | : | : |
| 3 | Deutschland | 2 740 | 2 858 | 2 812 |
| 4 | Ελλάδα | : | : | : |
| 5 | España | : | 643 | 588 |
| 6 | France | 2 359 | 1 473 | 1 388 |
| 7 | Ireland | : | : | : |
| 8 | Italia | 1 620 | 965 | 885 |
| 9 | Luxembourg | – | – | – |
| 10 | Nederland | – | – | – |
| 11 | Portugal | : | 77 | 71 |
| 12 | United Kingdom | 984 | 904 | 459 |
| 13 | Österreich | : | : | : |
| 14 | Suomi/Finland | 1 107 | : | 100 |
| 15 | Island | – | – | – |
| 16 | Norge | : | : | : |
| 17 | Sverige | 928 | : | 247 |
| | EEA | : | : | : |
| 18 | Schweiz/Suisse | : | : | : |
| | **CIS** | **13 370** | **1 789** | : |
| | of which: | | | |
| 19 | Russia | 8 242 | 1 423 | : |
| 20 | Türkiye | : | 93 | 78 |
| 21 | USA | 40 270 | 12 012 | 18 036 |
| 22 | Canada | 2 953 | 1 490 | 1 402 |
| 23 | Nippon (Japan) | 7 100 | 3 867 | 978 |
| | ⊕ | **122 374** ([1]) | **36 090** ([1]) | **47 318** ([1]) |

([1]) 1991.

## 4.7. Chemicals: production of ammonia, fertilizers and plastics — 1993

*(1 000 t)*

| Country | Synthetic ammonia NH₃ (¹) | Nitrogenous fertilizers N | Phosphate fertilizers P₂O₅ | Potash fertilizers K₂O | Plastics |
|---|---|---|---|---|---|
| **EUR 12** | **8 926** | **8 822** | **2 238** | **6 373** | : |
| 1 Belg./Lux. | 589 | 755 | 340 (¹) | 331 | : |
| 2 Danmark | 3 | 120 | 65 | 18 | – |
| 3 Deutschland | 1 165 | 1 205 | 224 | 3 525 | 10 638 |
| 4 Ελλάδα | : | 297 | 117 | – | – |
| 5 España | 580 | 584 | 181 | 628 | : |
| 6 France | 1 483 | 1 893 | 933 | 1 210 | 3 847 |
| 7 Ireland | : | 286 | 3 | – | – |
| 8 Italia | 1 400 | 991 | 325 | 131 | – |
| 9 Luxembourg | – | – | – | – | – |
| 10 Nederland | 3 580 | 1 830 | 287 | – | 3 853 |
| 11 Portugal | 126 | 102 | 37 | – | : |
| 12 United Kingdom | : | 759 | 66 | 530 | : |
| 13 Österreich | : | 210 | 76 | – | 944 |
| 14 Suomi/Finland | 26 | 241 | 139 | – | : |
| 15 Island | 8 | 10 | 4 | 3 | – |
| 16 Norge | : | 491 | 211 | : | : |
| 17 Sverige | – | 140 | 24 | – | : |
| **EEA** | : | **9 914** | **2 692** | : | : |
| 18 Schweiz/Suisse | – | 24 | 2 | : | : |
| **CIS** | **16 280** | **8 588** | **3 467** | **4 688** | **2 651** |
| of which: | | | | | |
| 19 Russia | 9 900 | 4 777 | 2 512 | 2 628 | 2 015 |
| 20 Türkiye | 460 | 831 | 474 | : | : |
| 21 USA | : | 13 761 | 10 684 | 930 | 19 400 |
| 22 Canada | : | 1 326 | 395 | 7 289 | – |
| 23 Nippon (Japan) | : | 906 | 393 | : | 11 020 |
| ⊕ | : | **79 933** | **34 817** | **23 382** | : |

(¹) 1992.

*Industrial production*

## 4.8. Motor vehicles, production and assembly — 1993

*(1 000)*

| Country | Passenger cars | | Commercial motor vehicles | |
|---|---|---|---|---|
| | Production | Assembly | Production | Assembly |
| **EUR 12** | **10 810** | : | **1 200** | : |
| 1 Belgique/België | 373 | 1 065 (¹) | 33 | 9 (¹) |
| 2 Danmark | – | 1 | – | 1 |
| 3 Deutschland | 3 753 | – | 237 | – |
| 4 Ελλάδα | – | – | – | – |
| 5 España | 1 505 | – | 261 | – |
| 6 France | 2 836 | – | 320 | – |
| 7 Ireland | – | – | – | – |
| 8 Italia | 1 117 | – | 150 | – |
| 9 Luxembourg | – | – | – | – |
| 10 Nederland | 80 | – | 6 | – |
| 11 Portugal | – | 78 (¹) | – | 52 (¹) |
| 12 United Kingdom | 1 146 | : | 193 | – |
| 13 Österreich | 41 | – | 4 | – |
| 14 Suomi/Finland | – | – | – | – |
| 15 Island | – | 0 | – | 0 |
| 16 Norge | – | – | – | – |
| 17 Sverige | 279 | – | 58 | – |
| **EEA** | **11 130** | : | **1 262** | : |
| 18 Schweiz/Suisse | – | – | – | – |
| 19 Türkiye | 360 | 221 | 60 | 66 |
| 20 USA | 5 981 | – | 4 883 | – |
| 21 Canada | 1 349 | – | 890 | – |
| 22 Nippon (Japan) | 8 497 | – | 2 730 | – |
| ⊕ | : | : | : | : |

(¹) 1992.

## 4.9. Merchant vessels under construction and launched (¹)

*(1 000 tonnes gross)*

| | Country | Under construction end June 1994 | Launched in 1993 |
|---|---|---|---|
| | **EUR 12** | **2 774,5** | **3 471,6** |
| 1 | Belgique/België | 30,2 | 2,6 |
| 2 | Danmark | 355,4 | 959,8 |
| 3 | Deutschland | 673,1 | 963,1 |
| 4 | Ελλάδα | 16,8 | 1,5 |
| 5 | España | 282,0 | 555,5 |
| 6 | France | 388,3 | 40,8 |
| 7 | Ireland | : | : |
| 8 | Italia | 739,9 | 468,9 |
| 9 | Luxembourg | – | |
| 10 | Nederland | 152,8 | 152,2 |
| 11 | Portugal | 12,4 | 97,7 |
| 12 | United Kingdom | 123,6 | 229,5 |
| 13 | Österreich | | |
| 14 | Suomi/Finland | 464,9 | 182,0 |
| 15 | Island | 0,2 | |
| 16 | Norge | 87,6 | 160,9 |
| 17 | Sverige | 0,1 | 0,9 |
| | **EEA** | **3 327,3** | **3 815,4** |
| 18 | Schweiz/Suisse | – | – |
| 19 | Türkiye | 159,2 | 35,5 |
| 20 | USA | 22,1 | 13,7 |
| 21 | Canada | 0,3 | 26,0 |
| 22 | Nippon (Japan) | 4 810,5 | 9 085,9 |
| | ⊕ | **15 844,6** | **20 024,9** |

(¹) Ships of 100 tonnes gross or over, excluding ships without engines.

*Industrial production*

### 4.10. Production of man-made fibres — 1992

*(1 000 t)*

| | Country | Fibre | | | |
|---|---|---|---|---|---|
| | | Cellulosic | | Non-cellulosic | |
| | | Yarn (¹) | Staple | Yarn | Staple |
| | **EUR 12** | **356,2** | : | **985,0** | **1 614,9** |
| 1 | Benelux | 49,9 | : | 150,0 | 120,7 |
| 2 | Danmark | – | – | : | 40,0 |
| 3 | Deutschland | 162,8 | : | 387,0 | 431,3 |
| 4 | Ελλάδα | 5,0 | : | 6,4 | 1,0 |
| 5 | España | 22,5 | : | 67,3 | 203,1 |
| 6 | France | 2,1 | : | 54,2 | 68,2 |
| 7 | Ireland | – | – | 24,6 | 84,2 |
| 8 | Italia | 35,3 | : | 216,7 | 458,7 |
| 9 | Luxembourg | – | – | – | – |
| 10 | Nederland | : | : | : | |
| 11 | Portugal | – | | 11,5 | 62,2 |
| 12 | United Kingdom | 78,5 | : | 67,3 | 145,5 |
| 13 | Österreich | 128,3 | : | 0,9 | 39,7 |
| 14 | Suomi/Finland | 56,0 | : | – | 11,0 |
| 15 | Island | : | : | : | |
| 16 | Norge | – | – | – | – |
| 17 | Sverige | 17,6 | : | – | – |
| | **EEA** | **558,1** | : | **985,9** | **1 665,6** |
| 18 | Schweiz/Suisse | – | – | – | – |
| 19 | Türkiye | 10,5 | : | 135,5 | 200,4 |
| 20 | USA | 224,5 | 124,8 | 1 759,4 | 1 870,6 |
| 21 | Canada | 36,3 | 24,8 | 57,9 | 61,2 |
| 22 | Nippon (Japan) | 253,3 | 167,5 | 719,0 | 730,0 |
| | ● | **2 619,8** | **1 487,0** | **8 292,0** | **8 920,4** |

(¹) Including staple.

## 4.11. Production of cotton and woollen yarns and fabrics (¹) — 1993

*(1 000 t)*

| | Country | Cotton | | Wool | |
|---|---|---|---|---|---|
| | | Yarns | Fabrics | Yarns | Fabrics |
| | **EUR 12** | **846** | : | : | : |
| 1 | Belgique/België | 43 | 54 | 81 | 4 |
| 2 | Danmark | 2 | : | 2 | 1 |
| 3 | Deutschland | 154 | 134 | 35 | 29 |
| 4 | Ελλάδα | 104 | 61 (²) | : | : |
| 5 | España | 128 | 78 (²) | 32 (²) | : |
| 6 | France | 150 | 116 | 47 | 33 |
| 7 | Ireland | : | : | 9 | : |
| 8 | Italia | 134 | 167 (²) | 466 | 170 |
| 9 | Luxembourg | – | – | – | – |
| 10 | Nederland | : | : | 2 | 2 |
| 11 | Portugal | 116 | 74 | 24 | 11 |
| 12 | United Kingdom | 15 | 108 | 67 | 42 |
| 13 | Österreich | 23 | 15 | 6 | 1 |
| 14 | Suomi/Finland | 1 | 2 | : | 1 |
| 15 | Island | – | – | 1 | 0 |
| 16 | Norge | : | 1 | 3 | 1 |
| 17 | Sverige | : | : | 2 | 1 |
| | **EEA** | **870** | : | : | : |
| 18 | Schweiz/Suisse | : | : | : | : |
| 19 | Türkiye | 319 | 449 | 46 | : |
| 20 | USA | 1 348 | 801 (²) | 570 (²) | 47 (²) |
| 21 | Canada | : | : | : | : |
| 22 | Nippon (Japan) | 284 | 1 206 | 84 | 286 |
| | ⊕ | : | : | : | : |

(¹) The figures in this table must be treated with great reserve as regards comparability between countries. National statistics are far from consistent in their inclusion of mixed yarns and fabrics.
(²) 1992.

*Industrial production*

## 4.12. Production of tobacco — 1992

*(1 000 t)*

| | Country | Cigars and cigarillos (Mrd) | Cigarettes (Mrd) | Tobacco ([1]) |
|---|---|---|---|---|
| | **EUR 12** | : | **674,6** | : |
| 1 | Belgique/België | 1,4 | 27,9 | 4,2 |
| 2 | Danmark | 0,4 | 6,6 | 4,4 |
| 3 | Deutschland | 1,3 | 183,0 | 11,5 |
| 4 | Ελλάδα | : | 29,4 | 1,9 |
| 5 | España | : | 87,0 | : |
| 6 | France | 0,8 | 50,6 | 3,3 |
| 7 | Ireland | : | 5,1 | : |
| 8 | Italia | : | 85,5 | 1,5 |
| 9 | Luxembourg | : | 9,4 | : |
| 10 | Nederland | 1,4 | 77,0 | 28,0 |
| 11 | Portugal | : | 16,2 | : |
| 12 | United Kingdom | : | 96,9 | 6,9 |
| 13 | Österreich | : | 15,8 | 0,1 ([2]) |
| 14 | Suomi/Finland | : | 8,1 | 1,0 ([2]) |
| 15 | Island | — | — | — |
| 16 | Norge | : | 1,8 ([3]) | 5,4 ([2]) |
| 17 | Sverige | : | 9,6 ([3]) | 5,2 ([2]) |
| | **EEA** | : | : | : |
| 18 | Schweiz/Suisse | : | 32,9 ([3]) | 0,5 ([2]) |
| | **CIS** of which: | : | **258,0** | : |
| 19 | Russia | : | 147,0 | : |
| 20 | Türkiye | : | 67,5 | 3,2 |
| 21 | USA | : | 709,7 | 78,1 |
| 22 | Canada | : | 42,0 ([3]) | 6,4 |
| 23 | Nippon (Japan) | : | 270,2 ([3]) | 7,9 |
| | ⊕ | : | : | : |

([1]) Smoking and chewing tobacco, snuff.
([2]) 1990.
([3]) 1991.

*Industrial production*

## 4.13. Production of wood pulp, paper and board — 1992

*(1 000 t)*

| | Country | Wood pulp | News-print | Other paper and board | Total |
|---|---|---|---|---|---|
| | | 1 | 2 | 3 | 2 + 3 |
| | **EUR 12** | **9 425** | **3 127** | **37 466** | **40 593** |
| 1 | Belgique/België | 453 | 107 | 1 210 | 1 317 |
| 2 | Danmark | 66 | : | 357 | 357 |
| 3 | Deutschland | 2 097 | 1 265 | 11 956 | 13 221 |
| 4 | Ελλάδα | 25 | – | 320 | 320 |
| 5 | España | 1 454 | 172 | 3 277 | 3 449 |
| 6 | France | 2 512 | 783 | 7 054 | 7 837 |
| 7 | Ireland | – | : | : | : |
| 8 | Italia | 508 | 101 | 5 597 | 5 698 |
| 9 | Luxembourg | – | – | – | – |
| 10 | Nederland | 175 | : | 2 553 | 2 553 |
| 11 | Portugal | 1 619 | : | 864 | 864 |
| 12 | United Kingdom | 516 | 699 | 4 278 | 4 977 |
| 13 | Österreich | 1 339 | 458 | 2 693 | 3 151 |
| 14 | Suomi/Finland | 8 331 | 1 257 | 7 455 | 8 712 |
| 15 | Island | – | – | – | – |
| 16 | Norge | 2 008 | 934 | 829 | 1 763 |
| 17 | Sverige | 9 566 | 2 326 | 6 384 | 8 710 |
| | **EEA** | **30 669** | **9 102** | **54 827** | **62 129** |
| 18 | Schweiz/Suisse | 327 | : | 1 021 | 1 021 |
| | **CIS** of which: | **5 565** | **846** | **4 371** | **5 217** |
| 19 | Russia | 5 468 | 845 | 3 659 | 4 504 |
| 20 | Türkiye | 320 | 72 | 740 | 812 |
| 21 | USA | 56 653 | 7 635 | 66 556 | 74 191 |
| 22 | Canada | 23 006 | 9 228 | 7 582 | 16 810 |
| 23 | Nippon (Japan) | 11 538 | 2 917 | 25 552 | 28 469 |
| | ⊕ | : | : | : | : |

## Industrial production

### 4.14. Building: number of dwellings completed (¹) — 1993

| | Country | Dwellings completed (1 000) | Rooms completed (1 000) | Dwellings completed per 1 000 inhabitants |
|---|---|---|---|---|
| | **EUR 12** | : | : | : |
| 1 | Belgique/België (²) | 47,5 | 252,1 | 4,7 |
| 2 | Danmark | 13,0 | : | 5,3 (⁵) |
| 3 | Deutschland | 314,5 (⁵) | 1 420,3 (³) | 4,9 (³)(⁴) |
| 4 | Ελλάδα | 117,3 (⁶) | 386,1 (⁶) | 10,9 (⁶) |
| 5 | España | 208,4 | 1 050,7 | 5,3 |
| 6 | France | 299,0 | 1 447,0 (⁷) | 7,4 (⁷) |
| 7 | Ireland | 21,5 | 108,9 | 6,0 |
| 8 | Italia | 204,8 (⁴) | 850,0 (⁴) | 3,6 (⁴) |
| 9 | Luxembourg | 2,7 (⁴) | 13,0 (⁴) | 7,0 (⁴) |
| 10 | Nederland | 87,7 | 318,3 | 5,6 |
| 11 | Portugal | : | : | : |
| 12 | United Kingdom | 179,0 | 820,3 | 3,1 |
| 13 | Österreich | 41,4 | 172,0 | 5,2 (⁴) |
| 14 | Suomi/Finland | 30,0 | 114,0 | 6,0 |
| 15 | Island | 1,8 (⁵) | : | 6,9 (⁵) |
| 16 | Norge | 15,9 | 74,1 | 3,7 |
| 17 | Sverige | 57,0 | 129,0 | 4,0 |
| | **EEA** | : | : | : |
| 18 | Schweiz/Suisse | 43,0 (⁴) | 152,0 (⁴) | 7,0 (⁴) |
| | **CIS** | 1 119,8 | : | 3,9 |
| | of which: | | | |
| 19 | Russia | 682,3 | : | 4,6 |
| 20 | Türkiye | 232,0 (⁵) | 007,0 (⁶) | 4,1 (⁵) |
| 21 | USA | : | | 4,3 (⁴) |
| 22 | Canada | 223,0 (⁷) | : | 6,0 |
| 23 | Nippon (Japan) | : | : | : |
| | ⓔ | : | : | : |

(¹) Source: UN.
(²) Dwellings started.
(³) Situation before 3.10.1990.
(⁴) 1991.
(⁵) 1990.
(⁶) 1989.
(⁷) 1988.
(⁸) 1987.

## 4.15. Production of primary energy by source — 1993

(Mio toe)

| | Country | Coal and lignite | Crude oil | Natural gas | Nuclear energy | Primary electricity (¹) | Total primary energy (²) |
|---|---|---|---|---|---|---|---|
| | **EUR 12** | **152,7** | **120,1** | **156,4** | **170,2** | **14,7** | **624,3** |
| 1 | Belgique/België | – | – | – | 10,3 | 0,0 | 10,7 |
| 2 | Danmark | – | 8,4 | 3,6 | – | 0,1 | 12,2 |
| 3 | Deutschland | 88,4 | 3,1 | 13,6 | 37,4 | 1,6 | 145,2 |
| 4 | Ελλάδα | 6,7 | 0,6 | 0,1 | – | 0,2 | 7,5 |
| 5 | España | 11,0 | 0,9 | 0,6 | 14,0 | 2,1 | 28,6 |
| 6 | France | 6,0 | 2,8 | 2,8 | 87,6 | 5,9 | 105,7 |
| 7 | Ireland | 1,2 | – | 2,2 | – | 0,1 | 3,4 |
| 8 | Italia | 0,2 | 4,6 | 16,4 | – | 3,6 | 27,3 |
| 9 | Luxembourg | – | – | – | – | 0,0 | 0,0 |
| 10 | Nederland | – | 3,3 | 62,7 | 1,0 | 0,0 | 67,3 |
| 11 | Portugal | – | – | – | – | 0,7 | 0,9 |
| 12 | United Kingdom | 39,5 | 96,6 | 54,3 | 19,9 | 0,4 | 215,3 |
| 13 | Österreich | 0,4 | 1,2 | 1,3 | – | 3,3 | 10,5 |
| 14 | Suomi/Finland | – | – | – | 4,7 | 1,3 | 11,3 |
| 15 | Ísland (⁴) | – | – | – | – | 0,4 | 1,4 (³) |
| 16 | Norge | 0,2 | 112,5 | 27,0 | – | 10,2 | 149,9 |
| 17 | Sverige | 0,0 | 0,0 | – | 15,3 | 6,4 | 28,9 |
| | **EEA** | : | : | : | : | : | : |
| 18 | Schweiz/Suisse (⁴) | – | – | 0,0 | 5,7 | 3,9 | 10,6 |
| 19 | Türkiye (⁴) | 12,2 | 4,4 | 0,2 | – | 2,3 | 27,0 |
| 20 | USA (⁴) | 517,1 | 414,4 | 419,4 | 171,0 | 36,8 | 1658,8 |
| 21 | Canada (⁴) | 35,2 | 98,6 | 104,3 | 21,0 | 27,2 | 295,1 |
| 22 | Nippon (Japan) (⁴) | 4,2 | 1,0 | 1,9 | 58,2 | 8,6 | 74,0 |
| ⊕ | | : | : | : | : | : | : |

(¹) Primary electrical energy has been converted into tonnes of oil equivalent on the basis of real energy content, i.e. 86 grams oil equivalent per kWh (3 600 kJ/kWh).

(²) For the Community countries (EUR 12), total primary energy includes other fuel (wood, garbage, etc.), consumed in electricity-generation plants.

(³) Including geothermal energy.

(⁴) 1992.

# 4.16. Production of primary energy

*(Mio toe)*

| | Country | 1989 | 1990 | 1991 | 1992 | 1993 |
|---|---|---|---|---|---|---|
| | **EUR 12** | **575,698** | **572,726** | **628,735** | **622,157** | **624,283** |
| 1 | Belgique/België | 11,804 | 11,590 | 11,420 | 11,227 | 10,681 |
| 2 | Danmark | 8,123 | 8,869 | 10,607 | 11,540 | 12,233 |
| 3 | Deutschland | 127,500 | 125,900 | 161,600 | 155,100 | 145,208 |
| 4 | Ελλάδα | 8,339 | 8,202 | 8,101 | 8,003 | 7,540 |
| 5 | España | 30,410 | 29,740 | 29,710 | 28,810 | 28,640 |
| 6 | France | 95,400 | 97,200 | 101,440 | 102,440 | 105,714 |
| 7 | Ireland | 3,266 | 3,286 | 3,399 | 3,227 | 3,416 |
| 8 | Italia | 23,720 | 24,060 | 24,570 | 25,520 | 27,345 |
| 9 | Luxembourg | 0,036 | 0,032 | 0,030 | 0,031 | 0,026 |
| 10 | Nederland | 59,280 | 59,730 | 66,570 | 66,490 | 67,253 |
| 11 | Portugal | 0,720 | 1,017 | 0,888 | 0,501 | 0,948 |
| 12 | United Kingdom | 207,100 | 203,100 | 210,400 | 209,800 | 215,279 |
| 13 | Österreich | 10,076 | 9,795 | 9,895 | 10,266 | 10,485 |
| 14 | Suomi/Finland | : | 11,030 | 10,420 | 11,450 | 11,280 |
| 15 | Island | 1,401 | 1,391 | 1,392 | 1,396 | 1,409 |
| 16 | Norge | 114,070 | 119,230 | 129,560 | 144,800 | 149,900 |
| 17 | Sverige | 29,700 | 29,600 | 31,400 | 30,800 | 28,900 |
| | **EEA** | : | **743,772** | **811,402** | **820,869** | **836,257** |
| 18 | Schweiz/Suisse | 4,100 | 4,100 | 4,400 | 4,500 | 10,632 |

*Energy*

## 4.17. Energy trade
### ( Net imports ( + ); net exports ( – ) )

*(Mio toe)*

| | Country | 1989 | 1990 | 1991 | 1992 | 1993 |
|---|---|---|---|---|---|---|
| | **EUR 12** | **551,400** | **573,200** | **617,300** | **627,500** | **595,815** |
| 1 | Belgique/België | 37,700 | 39,570 | 42,280 | 43,570 | 41,786 |
| 2 | Danmark | 10,440 | 9,080 | 8,370 | 7,760 | 6,433 |
| 3 | Deutschland | 137,100 | 146,800 | 180,500 | 186,800 | 187,947 |
| 4 | Ελλάδα | 14,250 | 15,380 | 15,630 | 17,750 | 17,388 |
| 5 | España | 57,210 | 59,860 | 63,590 | 67,030 | 61,272 |
| 6 | France | 115,800 | 120,000 | 126,400 | 124,000 | 114,545 |
| 7 | Ireland | 6,317 | 7,090 | 6,915 | 6,698 | 6,749 |
| 8 | Italia | 130,500 | 131,900 | 129,000 | 134,200 | 128,280 |
| 9 | Luxembourg | 3,346 | 3,513 | 3,702 | 3,767 | 3,742 |
| 10 | Nederland | 16,219 | 17,515 | 14,529 | 10,291 | 13,052 |
| 11 | Portugal | 14,457 | 15,163 | 15,064 | 16,577 | 16,060 |
| 12 | United Kingdom | 7,990 | 7,350 | 11,240 | 8,450 | -1,442 |
| 13 | Österreich | 15,473 | 17,287 | 17,854 | 17,540 | 17,080 |
| 14 | Suomi/Finland | : | 17,790 | 16,440 | 15,020 | 15,440 |
| 15 | Island | 0,782 | 0,802 | 0,691 | 0,793 | 0,780 |
| 16 | Norge | -92,750 | -96,300 | -108,710 | -125,000 | -131,135 |
| 17 | Sverige | 17,900 | 18,200 | 17,900 | 18,000 | 17,800 |
| | **EEA** | : | **531,000** | **561,395** | **553,246** | **515,777** |
| 18 | Schweiz/Suisse | 13,452 | 14,358 | 14,620 | 14,615 | 13,090 |

# Energy

## 4.18. Inland consumption of energy (¹)

*(Mio toe)*

| | Country | 1989 | 1990 | 1991 | 1992 | 1993 |
|---|---|---|---|---|---|---|
| | **EUR 12** | **1 097,200** | **1 114,300** | **1 212,800** | **1 203,700** | **1190,101** |
| 1 | Belgique/België | 45,850 | 47,520 | 49,910 | 50,680 | 48,537 |
| 2 | Danmark | 16,830 | 17,130 | 18.67 | 18,000 | 18,457 |
| 3 | Deutschland | 266,500 | 272,800 | 341,200 | 333,300 | 330,601 |
| 4 | Ελλάδα | 21,270 | 21,310 | 21,460 | 22,080 | 20,708 |
| 5 | España | 83,430 | 85,470 | 90,480 | 91,730 | 86,588 |
| 6 | France | 210,000 | 212,600 | 223,100 | 221,800 | 218,698 |
| 7 | Ireland | 9,442 | 10,043 | 10,286 | 9,970 | 10,084 |
| 8 | Italia | 149,600 | 151,400 | 153,400 | 155,700 | 154,555 |
| 9 | Luxembourg | 3,389 | 3,535 | 3,754 | 3,773 | 3,782 |
| 10 | Nederland | 64,940 | 66,410 | 69,440 | 65,840 | 69,105 |
| 11 | Portugal | 14,730 | 15,100 | 15,290 | 16,550 | 16,652 |
| 12 | United Kingdom | 211,200 | 211,000 | 215,800 | 214,200 | 212,268 |
| 13 | Österreich | 25,629 | 26,670 | 28,111 | 27,187 | 27,295 |
| 14 | Suomi/Finland | : | 28,740 | 28,160 | 27,880 | 28,960 |
| 15 | Island | 2,168 | 2,148 | 2,122 | 2,158 | 2,167 |
| 16 | Norge | 22,170 | 21,980 | 20,960 | 20,400 | 19,100 |
| 17 | Sverige | 48,600 | 48,000 | 49,100 | 48,000 | 47,800 |
| | **EEA** | : | **1 241,856** | **1 322,573** | **1 329,248** | **1 315,357** |
| 18 | Schweiz/Suisse | 24,133 | 24,278 | 25,160 | 25,542 | 25,168 |

(¹) Production of primary energy plus net imports and changes in stocks of primary and derived energy sources – bunkers.

*Energy*

## 4.19. Inland consumption of energy (¹) by source — 1993

*(Mio toe)*

| | Country | Coal and lignite (²) | Crude oil and oil products | Natural gas | Nuclear energy | Primary electricity (³) | Other fuels | Total primary energy |
|---|---|---|---|---|---|---|---|---|
| | **EUR 12** | **231,5** | **523,0** | **244,0** | **170,2** | **16,2** | **5,3** | **1 190,2** |
| 1 | Belgique/België | 7,9 | 20,4 | 9,4 | 10,3 | 0,2 | 0,3 | 48,5 |
| 2 | Danmark | 7,2 | 8,6 | 2,2 | – | 0,3 | 0,2 | 18,5 |
| 3 | Deutschland | 98,4 | 132,7 | 59,3 | 37,4 | 1,6 | 1,2 | 330,6 |
| 4 | Ελλάδα | 7,6 | 12,9 | 0,1 | – | 0,3 | 0,0 | 20,7 |
| 5 | España | 18,7 | 45,8 | 5,7 | 14,0 | 2,2 | 0,2 | 86,6 |
| 6 | France | 14,8 | 86,5 | 29,0 | 87,6 | 0,6 | 0,2 | 218,7 |
| 7 | Ireland | 3,1 | 4,7 | 2,2 | – | 0,1 | 0,0 | 10,1 |
| 8 | Italia | 10,4 | 90,2 | 44,4 | – | 7,0 | 2,6 | 154,6 |
| 9 | Luxembourg | 1,0 | 1,9 | 0,5 | – | 0,3 | 0,1 | 3,8 |
| 10 | Nederland | 8,1 | 25,1 | 33,7 | 1,0 | 0,9 | 0,3 | 69,1 |
| 11 | Portugal | 3,3 | 12,5 | – | – | 0,7 | 0,2 | 16,7 |
| 12 | United Kingdom | 51,0 | 81,7 | 57,5 | 19,9 | 2,0 | 0,2 | 212,3 |
| 13 | Österreich | 2,4 | 11,2 | 5,7 | – | 3,3 | 4,7 | 27,3 |
| 14 | Suomi/Finland | 4,0 | 10,5 | 2,6 | 4,7 | : | 7,2 | 29,0 |
| 15 | Island | 0,1 | 0,6 | – | – | 0,4 | 1,0 | 2,1 |
| 16 | Norge | 1,0 | 5,2 | 3,3 | – | 9,6 | 0,0 | 19,1 |
| 17 | Sverige | 2,3 | 15,9 | 0,8 | 15,3 | 6,4 | 7,1 | 47,8 |
| | **EEA** | **241,3** | **566,4** | **256,4** | **190,2** | **35,9** | **25,3** | **1 315,5** |
| 18 | Schweiz/Suisse | 0,5 | 12,7 | 2,2 | 5,7 | 3,9 | 0,2 | 25,2 |
| 19 | Türkiye | : | : | : | : | : | : | : |
| 20 | USA | : | : | : | : | : | : | : |
| 21 | Canada | : | : | : | : | : | : | : |
| 22 | Nippon (Japan) | : | : | : | : | : | : | : |
| | ⑥ | : | : | : | : | : | : | : |

(¹) Production of primary energy and net imports and changes in stocks of primary and derived energy sources.

(²) Including the derived products, coke and the like.

(³) Primary electrical energy has been converted into tonnes of oil equivalent on the basis of real energy content, i.e. 86 grams oil equivalent per kWh (3 600 kJ/kWh).

*Energy*

## 4.20. Proportion of different sources of primary energy in inland consumption — 1993

(%)

| Country | Hard coal and derived products | Lignite and derived products | Crude oil and oil products | Natural gas | Nuclear energy | Primary electricity | Other fuels | Total energy |
|---|---|---|---|---|---|---|---|---|
| **EUR 12** | **14,5** | **4,9** | **43,9** | **20,5** | **14,3** | **1,4** | **0,5** | **100,0** |
| 1 Belgique/België | 15,6 | 0,2 | 42,0 | 19,4 | 21,3 | 0,4 | 1,1 | 100,0 |
| 2 Danmark | 39,2 | 0,0 | 46,5 | 12,0 | 0,0 | 2,1 | 0,2 | 100,0 |
| 3 Deutschland | 15,4 | 14,4 | 40,2 | 17,9 | 11,3 | 0,5 | 0,3 | 100,0 |
| 4 Ελλάδα | 4,3 | 32,3 | 61,6 | 0,4 | 0,0 | 1,2 | 0,2 | 100,0 |
| 5 España | 18,9 | 2,8 | 52,4 | 6,6 | 16,2 | 2,6 | 0,5 | 100,0 |
| 6 France | 6,4 | 0,3 | 39,6 | 13,2 | 40,0 | 0,3 | 0,2 | 100,0 |
| 7 Ireland | 19,0 | 11,9 | 47,0 | 21,3 | 0,0 | 0,6 | 0,2 | 100,0 |
| 8 Italia | 6,7 | 0,1 | 58,4 | 28,7 | 0,0 | 4,5 | 1,6 | 100,0 |
| 9 Luxembourg | 27,0 | 0,0 | 49,8 | 12,7 | 0,0 | 9,2 | 1,3 | 100,0 |
| 10 Nederland | 11,8 | 0,0 | 36,3 | 48,8 | 1,4 | 1,3 | 0,4 | 100,0 |
| 11 Portugal | 19,6 | 0,0 | 75,1 | 0,0 | 0,0 | 4,4 | 0,9 | 100,0 |
| 12 United Kingdom | 24,0 | 0,0 | 38,5 | 27,1 | 9,4 | 0,9 | 0,1 | 100,0 |
| 13 Österreich | 0,0 | 8,8 | 41,0 | 20,9 | 0,0 | 12,1 | 17,2 | 100,0 |
| 14 Suomi/Finland | 13,8 | 0,0 | 34,7 | 8,9 | 16,2 | 4,1 | 22,3 | 100,0 |
| 15 Island | 4,8 | 28,6 | 0,0 | 0,0 | 0,0 | 19,0 | 47,6 | 100,0 |
| 16 Norge | 5,2 | 0,0 | 27,2 | 17,3 | 0,0 | 50,3 | 0,0 | 100,0 |
| 17 Sverige | 4,8 | 0,0 | 33,3 | 1,6 | 32,0 | 13,3 | 15,0 | 100,0 |
| **EEA** | : | : | : | : | : | : | : | **100,0** |
| 18 Schweiz/Suisse | 0,0 | 0,0 | 0,0 | 0,0 | 22,8 | 15,5 | 61,7 | 100,0 |

EUR 12

| | | | | | | | | |
|---|---|---|---|---|---|---|---|---|
| 1989 | 17,8 | 3,2 | 44,8 | 18,3 | 14,3 | 1,2 | 0,4 | 100,0 |
| 1990 | 17,9 | 3,1 | 44,6 | 18,6 | 14,1 | 1,2 | 0,5 | 100,0 |
| 1991 | 16,8 | 5,9 | 43,4 | 19,2 | 13,3 | 1,4 | 0,0 | 100,0 |
| 1992 | 16,0 | 5,3 | 44,3 | 19,2 | 13,9 | 1,3 | 0,0 | 100,0 |
| 1993 | 14,5 | 4,9 | 43,9 | 20,5 | 14,3 | 1,4 | 0,5 | 100,0 |

Energy

## 4.21a. Consumption of energy per head
### Gross inland consumption

*(toe)*

| | Country | 1989 | 1990 | 1991 | 1992 | 1993 |
|---|---|---|---|---|---|---|
| | **EUR 12** | **3,370** | **3,409** | **3,867** | **3,477** | **3,438** |
| 1 | Belgique/België | 4,636 | 4,777 | 4,998 | 5,047 | 4,843 |
| 2 | Danmark | 3,048 | 3,335 | 3,632 | 3,508 | 3,575 |
| 3 | Deutschland | 4,318 | 4,353 | 5,353 | 4,157 | 4,124 |
| 4 | Ελλάδα | 2,123 | 2,118 | 2,121 | 2,154 | 2,020 |
| 5 | España | 2,147 | 2,196 | 2,320 | 2,349 | 2,217 |
| 6 | France | 3,732 | 3,757 | 3,921 | 3,878 | 3,823 |
| 7 | Ireland | 2,678 | 2,865 | 2,922 | 2,823 | 2,855 |
| 8 | Italia | 2,602 | 2,629 | 2,657 | 2,694 | 2,675 |
| 9 | Luxembourg | 9,037 | 9,429 | 9,766 | 9,679 | 9,702 |
| 10 | Nederland | 4,386 | 4,459 | 4,626 | 4,352 | 4,568 |
| 11 | Portugal | 1,429 | 1,466 | 1,551 | 1,681 | 1,691 |
| 12 | United Kingdom | 3,696 | 3,681 | 3,751 | 3,717 | 3,683 |
| 13 | Österreich | 3,346 | 3,451 | 3,598 | 3,435 | 3,415 |
| 14 | Suomi/Finland | : | 5,764 | 5,616 | 5,553 | 5,703 |
| 15 | Island | 8,578 | 8,431 | 8,224 | 8,263 | 8,215 |
| 16 | Norge | 5,245 | 5,182 | 4,918 | 4,860 | 4,532 |
| 17 | Sverige | 5,724 | 5,613 | 5,693 | 5,538 | 5,482 |
| | **EEA** | : | : | : | : | : |
| 18 | Schweiz/Suisse | 3,589 | 3,572 | 3,704 | 3,679 | 3,602 |

# Energy

## 4.21b. Consumption of energy per head
### Consumption by industry

*(toe)*

|    | Country | 1989 | 1990 | 1991 | 1992 | 1993 |
|----|---------|------|------|------|------|------|
|    | **EUR 12** | **0,685** | **0,673** | **0,689** | **0,653** | : |
| 1  | Belgique/België | 1,113 | 1,142 | 1,158 | 1,163 | : |
| 2  | Danmark | 0,477 | 0,507 | 0,529 | 0,486 | : |
| 3  | Deutschland | 0,988 | 0,932 | 1,034 | 0,840 | : |
| 4  | Ελλάδα | 0,398 | 0,373 | 0,345 | 0,346 | : |
| 5  | España | 0,455 | 0,467 | 0,488 | 0,484 | : |
| 6  | France | 0,648 | 0,625 | 0,615 | 0,615 | : |
| 7  | Ireland | 0,530 | 0,592 | 0,591 | 0,563 | : |
| 8  | Italia | 0,622 | 0,624 | 0,607 | 0,568 | : |
| 9  | Luxembourg | 4,700 | 4,532 | 4,404 | 4,111 | : |
| 10 | Nederland | 0,820 | 0,888 | 0,819 | 0,885 | : |
| 11 | Portugal | 0,325 | 0,359 | 0,372 | 0,370 | : |
| 12 | United Kingdom | 0,610 | 0,594 | 0,594 | 0,597 | : |
| 13 | Österreich | 0,744 | 0,749 | 0,734 | 0,694 | 0,682 |
| 14 | Suomi/Finland | : | 1,939 | 1,807 | 1,807 | 1,881 |
| 15 | Island | 1,729 | 1,665 | 1,562 | 1,587 | 1,618 |
| 16 | Norge | 1,739 | 1,747 | 1,635 | 1,590 | 1,487 |
| 17 | Sverige | 1,448 | 1,397 | 1,350 | 1,315 | 1,346 |
|    | **EEA** | : | : | : | . | : |
| 18 | Schweiz/Suisse | 0,533 | 0,513 | 0,526 | 0,506 | 0,502 |

*Energy*

## 4.21c. Consumption of energy per head
## Consumption by transport

*(toe)*

| | Country | 1989 | 1990 | 1991 | 1992 | 1993 |
|---|---|---|---|---|---|---|
| | **EUR 12** | **0,679** | **0,703** | **0,731** | **0,765** | **0,781** |
| 1 | Belgique/België | 0,766 | 0,775 | 0,785 | 0,826 | 0,829 |
| 2 | Danmark | 0,830 | 0,876 | 0,858 | 0,862 | 0,846 |
| 3 | Deutschland | 0,793 | 0,824 | 0,935 | 0,757 | 0,774 |
| 4 | Ελλάδα | 0,537 | 0,578 | 0,591 | 0,600 | 0,625 |
| 5 | España | 0,551 | 0,574 | 0,620 | 0,637 | 0,628 |
| 6 | France | 0,714 | 0,744 | 0,731 | 0,744 | 0,774 |
| 7 | Ireland | 0,541 | 0,563 | 0,574 | 0,578 | : |
| 8 | Italia | 0,568 | 0,579 | 0,594 | 0,643 | : |
| 9 | Luxembourg | 2 264 | 2,661 | 3,085 | 3,258 | : |
| 10 | Nederland | 0,682 | 0,693 | 0,700 | 0,757 | : |
| 11 | Portugal | 0,341 | 0,361 | 0,404 | 0,454 | : |
| 12 | United Kingdom | 0,776 | 0,791 | 0,777 | 0,805 | : |
| 13 | Österreich | 0,659 | 0,668 | 0,730 | 0,723 | 0,710 |
| 14 | Suomi/Finland | : | 0,808 | 0,780 | 0,774 | 0,738 |
| 15 | Island | 1,293 | 1,166 | 1,144 | 1,131 | 1,071 |
| 16 | Norge | 0,975 | 0,960 | 0,946 | 0,945 | 0,962 |
| 17 | Sverige | 0,827 | 0,843 | 0,815 | 0,844 | 0,825 |
| | **EEA** | : | : | : | : | : |
| 18 | Schweiz/Suisse | 0,854 | 0,897 | 0,899 | 0,910 | 0,862 |

## 4.21d. Consumption of energy per head
### Consumption by households, commerce and services, etc.

*(toe)*

|    | Country | 1989 | 1990 | 1991 | 1992 | 1993 |
|----|---------|------|------|------|------|------|
|    | **EUR 12** | **0,820** | **0,840** | **0,977** | **0,929** | **0,915** |
| 1  | Belgique/België | 1,189 | 1,155 | 1,280 | 1,299 | 1,293 |
| 2  | Danmark | 1,162 | 1,344 | 1,312 | 1,308 | 1,360 |
| 3  | Deutschland | 1,068 | 1,142 | 1,550 | 1,266 | 1,193 |
| 4  | Ελλάδα | 0,398 | 0,398 | 0,425 | 0,410 | 0,419 |
| 5  | España | 0,298 | 0,317 | 0,349 | 0,346 | 0,341 |
| 6  | France | 0,862 | 0,866 | 0,956 | 0,952 | 0,940 |
| 7  | Ireland | 0,869 | 0,834 | 0,894 | 0,845 | 0,893 |
| 8  | Italia | 0,656 | 0,656 | 0,703 | 0,678 | 0,700 |
| 9  | Luxembourg | 1,563 | 1,524 | 1,759 | 1,683 | 1,668 |
| 10 | Nederland | 1,274 | 1,290 | 1,472 | 1,379 | 1,407 |
| 11 | Portugal | 0,201 | 0,221 | 0,233 | 0,247 | 0,256 |
| 12 | United Kingdom | 0,996 | 0,985 | 1,075 | 1,059 | 1,066 |
| 13 | Österreich | 1,122 | 1,155 | 1,241 | 1,191 | 1,234 |
| 14 | Suomi/Finland | : | 0,562 | 0,548 | 0,545 | 0,544 |
| 15 | Island | 3,703 | 3,889 | 3,785 | 3,957 | 3,962 |
| 16 | Norge | 1,330 | 1,351 | 1,305 | 1,323 | 1,476 |
| 17 | Sverige | 1,443 | 1,435 | 1,513 | 1,496 | 1,519 |
|    | EEA | : | : | : | : | : |
| 18 | Schweiz/Suisse | 1,376 | 1,333 | 1,448 | 1,432 | 1,408 |

*Energy*

## Net imports
4.22. ─────────────────────
## Gross inland consumption + bunkers

(%)

| | Country | 1989 | 1990 | 1991 | 1992 | 1993 |
|---|---|---|---|---|---|---|
| | **EUR 12** | **48,9** | **50,0** | **49,6** | **50,8** | **48,6** |
| 1 | Belgique/België | 75,9 | 76,7 | 78,1 | 79,5 | 78,9 |
| 2 | Danmark | 58,9 | 50,2 | 42,8 | 41,0 | 32,5 |
| 3 | Deutschland | 51,1 | 53,4 | 52,6 | 55,6 | 56,5 |
| 4 | Ελλάδα | 61,0 | 64,5 | 65,7 | 71,7 | 71,0 |
| 5 | España | 66,1 | 67,1 | 67,4 | 70,1 | 68,2 |
| 6 | France | 54,6 | 55,8 | 56,0 | 55,3 | 51,8 |
| 7 | Ireland | 66,8 | 70,5 | 67,0 | 67,1 | 66,7 |
| 8 | Italia | 80,2 | 85,6 | 82,7 | 84,9 | 81,7 |
| 9 | Luxembourg | 98,7 | 99,4 | 98,6 | 99,8 | 98,9 |
| 10 | Nederland | 21,6 | 22,7 | 18,0 | 14,2 | 16,1 |
| 11 | Portugal | 94,6 | 96,5 | 94,7 | 96,7 | 94,7 |
| 12 | United Kingdom | 3,7 | 3,4 | 5,2 | 3,9 | 0,7 |
| 13 | Österreich | 60,4 | 64,8 | 63,5 | 64,5 | 62,6 |
| 14 | Suomi/Finland | : | 60,0 | 56,6 | 51,8 | 51,8 |
| 15 | Island | 35,7 | 37,0 | 32,3 | 36,4 | 35,5 |
| 16 | Norge | -412,2 | -429,1 | -509,2 | -562,4 | -686,6 |
| 17 | Sverige | 36,3 | 37,4 | 36,0 | 37,5 | 38,0 |
| | **EEA** | : | : | : | : | : |
| 18 | Schweiz/Suisse | 55,7 | 59,1 | 57,4 | 57,2 | 52,0 |

*Energy*

## 4.23. Coal — Total production

*(1 000 t)*

| | Country | 1989 | 1990 | 1991 | 1992 | 1993 |
|---|---|---|---|---|---|---|
| | **EUR 12** | **208 651** | **197 201** | **194 436** | **184 720** | **158 823** |
| 1 | Belgique/België | 1 893 | 1 036 | 634 | 218 | – |
| 2 | Danmark | – | – | – | – | – |
| 3 | Deutschland | 77 451 | 76 553 | 72 744 | 72 153 | 64 174 |
| 4 | Ελλάδα | – | – | – | – | – |
| 5 | España | 19 176 | 19 440 | 17 922 | 18 551 | 18 402 |
| 6 | France | 11 470 | 10 487 | 10 127 | 9 478 | 8 576 |
| 7 | Ireland | 43 | 45 | 6 | 1 | 1 |
| 8 | Italia | 74 | 58 | 21 | 111 | 10 |
| 9 | Luxembourg | – | – | – | – | – |
| 10 | Nederland | – | – | – | – | – |
| 11 | Portugal | 258 | 281 | 270 | 221 | 197 |
| 12 | United Kingdom | 98 286 | 89 301 | 92 712 | 83 987 | 67 463 |
| 13 | Österreich | – | – | – | – | – |
| 14 | Suomi/Finland | – | – | – | – | – |
| 15 | Island | – | – | – | – | – |
| 16 | Norge | 420 | 358 | 330 | 359 | 268 |
| 17 | Sverige | 30 | 11 | 28 | 37 | 4 |
| | **EEA** | **209 101** | **197 570** | **194 794** | **185 116** | **159 095** |
| 18 | Schweiz/Suisse | – | – | – | – | – |

*Energy*

## 4.24. Coal, lignite, coke-oven coke — 1993

*(1 000 t)*

| | Country | Coal Production | Coal Balance of trade | Coal Available | Lignite Production | Coke-oven coke Production |
|---|---|---|---|---|---|---|
| | **EUR 12** | **158 787** | **111 471** | **270 575** | **292 730** | **40 148** |
| 1 | Belgique/België | – | 11 060 | 11 060 | – | 3 975 |
| 2 | Danmark | – | 10 452 | 10 452 | – | – |
| 3 | Deutschland | 64 174 | 12 200 | 76 691 | 221 811 | 12 078 |
| 4 | Ελλάδα | – | 1 334 | 1 334 | 51 409 | – |
| 5 | España | 18 124 | 12 537 | 30 661 | 13 347 | 2 966 |
| 6 | France | 8 576 | 13 855 | 22 431 | 1 672 | 6 246 |
| 7 | Ireland | – | 3 042 | 3 042 | 5 076 | – |
| 8 | Italia | 110 | 14 345 | 14 455 | 1 087 | 4 920 |
| 9 | Luxembourg | – | 275 | 275 | – | – |
| 10 | Nederland | – | 12 878 | 12 878 | – | 2 876 |
| 11 | Portugal | 197 | 4 765 | 4 962 | – | 268 |
| 12 | United Kingdom | 67 606 | 14 728 | 82 334 | – | 6 819 |
| 13 | Österreich | – | 3 803 | 3 553 | 1 691 | 1 470 |
| 14 | Suomi/Finland | – | 4 933 | 5 866 | – | 874 |
| 15 | Island | – | 53 | 53 | – | – |
| 16 | Norge | 268 | 489 | 822 | – | – |
| 17 | Sverige | 4 | 3 099 | 3 103 | – | 1 137 |
| | **EEA** | **159 059** | **123 848** | **283 972** | **296 093** | **43 629** |
| 18 | Schweiz/Suisse | – | 158 | 265 | – | – |
| | **CIS** | **412 661** | : | : | **122 741** | : |
| | of which: | | | | | |
| 19 | Russia | 193 136 | : | : | 112 778 | : |
| 20 | Türkiye (¹) | 3 043 | 5 414 | 9 038 | 48 388 | 3 249 |
| 21 | USA (¹) | 823 255 | -89 505 | 727 491 | 81 703 | 21 238 |
| 22 | Canada (¹) | 55 335 | -14 568 | 42 554 | 10 027 | 3 711 |
| 23 | Nippon (Japan) (¹) | 7 598 | 109 120 | 116 778 | – | 44 506 |
| | ⊕ | : | : | : | : | : |

(¹) 1992.

# Energy

## 4.25. Crude oil — 1993

(1 000 t)

| | Country | Production (¹) | Imports | Refinery input (²) | Refining capacity (³) |
|---|---|---|---|---|---|
| | **EUR 12** | **118 637** | **499 884** | **558 172** | **606 300** |
| 1 | Belgique/België | – | 30 932 | 28 597 | 34 500 |
| 2 | Danmark | 8 285 | 5 412 | 8 607 | 9 000 |
| 3 | Deutschland | 3 066 | 99 612 | 112 923 | 111 000 |
| 4 | Ελλάδα | 562 | 14 271 | 14 182 | 17 700 |
| 5 | España | 875 | 53 483 | 55 229 | 59 000 |
| 6 | France | 2 754 | 78 906 | 80 697 | 91 000 |
| 7 | Ireland | – | 1 891 | 1 885 | 2 700 |
| 8 | Italia | 4 584 | 86 881 | 90 596 | 116 000 |
| 9 | Luxembourg | – | – | – | – |
| 10 | Nederland | 3 285 | 55 272 | 58 684 | 61 000 |
| 11 | Portugal | – | 11 617 | 11 446 | 14 400 |
| 12 | United Kingdom | 95 226 | 61 607 | 95 326 | 90 000 |
| 13 | Österreich | 1 194 | 7 453 | 9 720 | 9 550 |
| 14 | Suomi/Finland | – | 8 226 | 10 214 | 15 000 |
| 15 | Island | – | – | – | – |
| 16 | Norge | 114 134 | 1 332 | 14 417 | 14 200 |
| 17 | Sverige | – | 18 578 | 18 859 | 21 000 |
| | **EEA** | **233 965** | **535 473** | **611 382** | **666 050** |
| 18 | Schweiz/Suisse | – | 4 764 | 4 784 | 5 300 |
| | **CIS** | **402 480** | : | : | : |
| | of which: | | | | |
| 19 | Russia | 353 905 | : | : | : |
| 20 | Türkiye | 3 906 | 21 339 | 25 299 | 20 000 |
| 21 | USA | 396 529 | 389 614 | 749 067 | 1 090 000 |
| 22 | Canada | 100 300 | 29 326 | 31 617 | 96 000 |
| 23 | Nippon (Japan) | 908 | 217 158 | 203 931 | 255 000 |
| | 🌐 | : | : | : | : |

(¹) Condensates included.
(²) Includes feed stocks and recovered products.
(³) Atmospheric distillation, end of year, provisional.

## 4.26. Net production of petroleum products (¹) — 1993

*(1 000 t)*

| | Country | Refinery gas | Liquefied petroleum gas (LPG) | Motor spirit | Kerosenes and jet fuels | Gas/ diesel oil |
|---|---|---|---|---|---|---|
| | **EUR 12** | **2 756** | **12 452** | **120 200** | **35 143** | **190 093** |
| 1 | Belgique/België | – | 411 | 5 612 | 1 528 | 10 532 |
| 2 | Danmark | 41 | 133 | 1 450 | 210 | 3 930 |
| 3 | Deutschland | 502 | 2 513 | 26 848 | 2 594 | 46 979 |
| 4 | Ελλάδα | 24 | 372 | 3 447 | 1 289 | 3 259 |
| 5 | España | - 5 | 1 566 | 7 702 | 3 769 | 13 513 |
| 6 | France | 211 | 2 329 | 16 277 | 4 960 | 30 727 |
| 7 | Ireland | – | 28 | 367 | – | 737 |
| 8 | Italia | 171 | 2 107 | 17 519 | 4 129 | 31 059 |
| 9 | Luxembourg | – | – | – | – | – |
| 10 | Nederland | 1 623 | 1 073 | 10 904 | 4 909 | 18 720 |
| 11 | Portugal | 29 | 344 | 1 679 | 706 | 3 276 |
| 12 | United Kingdom | 160 | 1 576 | 28 395 | 11 049 | 27 361 |
| 13 | Österreich | 319 | 1 | 2 347 | 376 | 3 594 |
| 14 | Suomi/Finland | 514 | 280 | 3 507 | 448 | 3 881 |
| 15 | Island | – | – | – | – | – |
| 16 | Norge | 700 | 260 | 4 045 | 1 070 | 6 527 |
| 17 | Sverige | – | 291 | 4 362 | 88 | 6 875 |
| | **EEA** | **4 289** | **13 284** | **134 461** | **37 125** | **210 970** |
| 18 | Schweiz/Suisse | – | 191 | 1 079 | 283 | 2 013 |
| | **CIS** | : | **112 410** | **41 491** | : | **76 469** |
| | of which: | | | | | |
| 19 | Russia | : | 82 095 | 29 984 | : | 56 702 |
| 20 | Türkiye | : | : | : | : | : |
| 21 | USA | : | : | : | : | : |
| 22 | Canada | : | : | : | : | : |
| 23 | Nippon (Japan) | : | : | : | : | : |
| | ⊕ | : | : | : | : | : |

(¹) Refined products, not including own-consumption of refineries.

# Energy

## 4.26. Net production of petroleum products (¹) — 1993

(1 000 t)

| Residual fuel oil | Lubricants | Bitumen | Other products | Total | Country | |
|---|---|---|---|---|---|---|
| 99 040 | 5 145 | 12 253 | 41 286 | 518 368 | **EUR 12** | |
| 6 143 | – | 808 | 1 932 | 26 966 | Belgique/België | 1 |
| 2 272 | – | – | 135 | 8 171 | Danmark | 2 |
| 12 317 | 1 421 | 3 804 | 9 349 | 106 327 | Deutschland | 3 |
| 4 209 | – | – | 729 | 13 329 | Ελλάδα | 4 |
| 12 739 | 390 | 1 550 | 6 681 | 47 905 | España | 5 |
| 11 195 | 1 718 | 3 142 | 4 543 | 75 102 | France | 6 |
| 673 | – | – | 1 856 | 1 834 | Ireland | 7 |
| 20 920 | – | – | 8 392 | 84 297 | Italia | 8 |
| – | – | – | – | – | Luxembourg | 9 |
| 12 365 | 439 | 500 | 4 490 | 55 023 | Nederland | 10 |
| 3 599 | – | – | 1 070 | 10 703 | Portugal | 11 |
| 12 608 | 1 177 | 2 449 | 3 936 | 88 711 | United Kingdom | 12 |
| 1 443 | 50 | 530 | 891 | 9 550 | Österreich | 13 |
| 1 085 | – | 252 | 32 | 9 999 | Suomi/Finland | 14 |
| – | – | – | – | – | Ísland | 15 |
| 1 573 | – | 103 | 198 | 19 476 | Norge | 16 |
| : | : | : | : | 18 223 | Sverige | 17 |
| : | : | : | : | 575 010 | **EEA** | |
| 887 | – | 123 | 6 | 4 582 | Schweiz/Suisse | 18 |
| : | 4 379 | 7 792 | : | : | **CIS** of which: | |
| . | 3 314 | 6 333 | : | : | Russia | 19 |
| : | : | : | : | 23 776 | Türkiye | 20 |
| : | : | : | : | 697 575 | USA | 21 |
| : | : | : | : | 75 157 | Canada | 22 |
| : | : | : | : | 190 066 | Nippon (Japan) | 23 |
| : | : | : | : | : | 🌐 | |

(¹) Refined products, not including own-consumption of refineries.

## 4.27. Petroleum products — Total production (¹)

(Mio t)

| Country | 1989 | 1990 | 1991 | 1992 | 1993 |
|---|---|---|---|---|---|
| **EUR 12** | **459,9** | **470,6** | **498,2** | **514,6** | **518,4** |
| 1 Belgique/België | 25,8 | 25,8 | 28,6 | 27,8 | 27,0 |
| 2 Danmark | 8,0 | 7,5 | 7,8 | 8,1 | 8,2 |
| 3 Deutschland | 76,6 | 79,7 | 95,3 | 102,4 | 106,3 |
| 4 Ελλάδα | 15,6 | 15,6 | 14,5 | 15,6 | 13,3 |
| 5 España | 47,6 | 50,3 | 50,0 | 52,2 | 47,9 |
| 6 France | 69,3 | 70,1 | 73,3 | 70,9 | 75,1 |
| 7 Ireland | 1,4 | 1,7 | 1,8 | 1,9 | 1,8 |
| 8 Italia | 75,2 | 80,0 | 81,9 | 85,4 | 84,3 |
| 9 Luxembourg | – | – | – | – | – |
| 10 Nederland | 50,5 | 48,3 | 51,9 | 54,0 | 55,0 |
| 11 Portugal | 10,0 | 10,3 | 9,7 | 11,1 | 10,7 |
| 12 United Kingdom | 80,5 | 81,4 | 83,5 | 85,0 | 88,7 |
| 13 Österreich | 8,3 | 8,9 | 9,4 | 9,6 | 9,6 |
| 14 Suomi/Finland | : | 9,9 | 10,3 | 10,2 | 9,7 |
| 15 Island | – | – | – | – | – |
| 16 Norge | 10,3 | 13,4 | 12,9 | 14,5 | 14,5 |
| 17 Sverige | 16,6 | 17,2 | 16,2 | 17,3 | 18,2 |
| **EEA** | : | **520,1** | **547,1** | **566,0** | **570,3** |
| 18 Schweiz/Suisse | 2,9 | 3,1 | 4,5 | 4,1 | 4,6 |

(¹) Net production in the refineries.

# Energy

## 4.28. Net imports of petroleum (crude oil and petroleum products)

(1 000 t)

| | Country | 1989 | 1990 | 1991 | 1992 | 1993 |
|---|---|---|---|---|---|---|
| | **EUR 12** | **404 807** | **412 054** | **440 754** | **443 412** | **428 818** |
| 1 | Belgique/België | 22 856 | 22 227 | 24 762 | 25 367 | 24 602 |
| 2 | Danmark | 3 858 | 3 124 | 1 991 | 1 552 | 1 168 |
| 3 | Deutschland | 101 819 | 106 685 | 128 074 | 130 888 | 131 338 |
| 4 | Ελλάδα | 13 525 | 14 404 | 14 726 | 16 377 | 16 370 |
| 5 | España | 48 054 | 49 056 | 50 930 | 49 108 | 48 020 |
| 6 | France | 85 430 | 85 602 | 90 612 | 86 505 | 84 783 |
| 7 | Ireland | 4 069 | 4 993 | 4 870 | 4 655 | 4 812 |
| 8 | Italia | 90 582 | 90 403 | 85 157 | 90 428 | 86 512 |
| 9 | Luxembourg | 1 441 | 1 597 | 1 821 | 1 923 | 1 877 |
| 10 | Nederland | 30 349 | 30 741 | 32 684 | 33 662 | 32 611 |
| 11 | Portugal | 12 193 | 12 198 | 12 384 | 13 459 | 12 786 |
| 12 | United Kingdom | - 9 369 | - 8 976 | - 7 257 | - 10 512 | - 16 061 |
| 13 | Österreich | 9 080 | 9 579 | 9 964 | 10 067 | 10 134 |
| 14 | Suomi/Finland | : | 10 730 | 10 170 | 9 573 | 9 447 |
| 15 | Island | 644 | 658 | 554 | 663 | 655 |
| 16 | Norge | - 65 455 | - 71 349 | - 84 636 | - 97 687 | - 105 785 |
| 17 | Sverige | 14 802 | 15 291 | 15 229 | 15 154 | 14 681 |
| | **EEA** | : | **376 963** | **392 035** | **381 182** | **357 950** |
| 18 | Schweiz/Suisse | 12 374 | 13 259 | 13 991 | 14 121 | 13 153 |

## 4.29. Natural gas — Production

*(1 000 TJ (GCV))*

| Country | 1989 | 1990 | 1991 | 1992 | 1993 |
|---|---|---|---|---|---|
| **EUR 12** | **5 826** | **6 036** | **6 722** | **6 770** | **7 276** |
| Of which: | | | | | |
| Deutschland | 546 | 546 | 630 | 638 | 633 |
| France | 121 | 113 | 133 | 130 | 132 |
| Danmark | 116 | 127 | 161 | 167 | 175 |
| Italia | 640 | 653 | 656 | 685 | 765 |
| Nederland | 2 522 | 2 541 | 2 872 | 2 885 | 2 915 |
| United Kingdom | 1 725 | 1 904 | 2 119 | 2 120 | 2 525 |
| **EEA** | **7 119** | **7 202** | **7 871** | **7 812** | : |
| Of which: | | | | | |
| Österreich | 48 | 46 | 48 | 52 | 54 |
| Norge | 1 245 | 1 120 | 1 142 | 1 172 | 1 141 |

# Energy

## 4.30. Natural gas — 1993

| | Country | Reserves | Production | | Balance of trade | Gross inland consumption[1] |
|---|---|---|---|---|---|---|
| | | 10⁹m³ | 10⁹m³st | 1 000 TJ (GCV) [2] | 1 000 TJ (GCV) | |
| | **EUR 12** | **3 388,1** | **202,1** | **7 275,8** | **4 086,1** | **11 351,1** |
| 1 | Belgique/België | – | – | 0,0 | 440,4 | 437,5 |
| 2 | Danmark | 121,0 | 4,5 | 174,8 | - 66,5 | 103,3 |
| 3 | Deutschland | 343,1 | 20,0 | 633,4 | 2 159,6 | 2 758,3 |
| 4 | Ελλάδα | 8,5 | 0,1 | 4,4 | – | 4,4 |
| 5 | España | 19,8 | 0,7 | 27,4 | 236,8 | 266,7 |
| 6 | France | 35,1 | 3,6 | 131,9 | 1 177,3 | 1 347,5 |
| 7 | Ireland | 17,4 | 2,7 | 100,2 | 0,0 | 100,2 |
| 8 | Italia | 302,1 | 19,5 | 764,5 | 1 310,9 | 2 066,9 |
| 9 | Luxembourg | – | – | – | – | 22,5 |
| 10 | Nederland | 1 930,8 | 88,1 | 2 914,6 | -1 346,0 | 1 568,2 |
| 11 | Portugal | – | – | – | – | – |
| 12 | United Kingdom | 610,3 | 62,9 | 2 524,5 | 151,0 | 2 675,4 |
| 13 | Österreich [3] | 20,0 | 1,4 | 51,7 | 183,8 | 235,6 |
| 14 | Suomi/Finland | – | – | – | 119,6 | 119,2 |
| 15 | Island | – | – | – | – | – |
| 16 | Norge | 1 356,0 | 27,8 | 1 141,0 | 1 002,0 | 125,3 |
| 17 | Sverige | – | – | – | 31,8 | 31,5 |
| | **EEA** | **4 764,1** | **231,3** | **8 468,4** | **:** | **11 862,5** |
| 18 | Schweiz/Suisse | – | – | 0,1 | 93,9 | 94,0 |
| | **CIS** | **:** | **762,0** | **:** | **:** | **:** |
| | of which: | | | | | |
| 19 | Russia | : | 618,0 | : | : | : |
| 20 | Türkiye | 10,5 | – | 7,6 | : | 177,5 |
| 21 | USA | 4 674,6 | 517,7 | 19 515,7 | : | 21 810,1 |
| 22 | Canada | 2 686,2 | 138,4 | 4 852,5 | : | 2 818,4 |
| 23 | Nippon (Japan) | 29,6 | 2,2 | 88,5 | : | 2 199,3 |
| | ⊕ | : | : | : | : | : |

[1] Variations of stock accounted for.
[2] Colliery methane included.
[3] 1992.

*Energy*

## 4.31. Electrical energy — Total net production

(GWh)

| | Country | 1989 | 1990 | 1991 | 1992 | 1993 |
|---|---|---|---|---|---|---|
| | **EUR 12** | **1 658 845** | **1 702 584** | **1 846 400** | **1 862 618** | **1 857 178** |
| 1 | Belgique/België | 63 909 | 67 161 | 68 127 | 68 380 | 67 108 |
| 2 | Danmark | 21 226 | 24 042 | 34 122 | 28 874 | 31 956 |
| 3 | Deutschland | 411 491 | 419 031 | 500 335 | 498 446 | 487 661 |
| 4 | Ελλάδα | 31 616 | 32 143 | 32 856 | 34 359 | 35 191 |
| 5 | España | 140 343 | 144 285 | 148 371 | 150 809 | 149 199 |
| 6 | France | 387 431 | 399 680 | 433 530 | 441 576 | 450 583 |
| 7 | Ireland | 13 018 | 13 647 | 14 243 | 15 032 | 15 413 |
| 8 | Italia | 199 704 | 205 237 | 210 464 | 214 433 | 211 357 |
| 9 | Luxembourg | 1 323 | 1 322 | 1 335 | 1 153 | 1 021 |
| 10 | Nederland | 70 583 | 69 375 | 71 664 | 74 496 | 74 016 |
| 11 | Portugal | 24 608 | 27 283 | 28 657 | 28 708 | 29 932 |
| 12 | United Kingdom | 293 593 | 299 378 | 302 696 | 306 352 | 303 741 |
| 13 | Österreich | 48 788 | 48 850 | 49 848 | 49 634 | 51 226 |
| 14 | Suomi/Finland | : | 51 591 | 55 103 | 54 963 | 58 101 |
| 15 | Island | 4 475 | 4 447 | 4 427 | 4 541 | 4 721 |
| 16 | Norge | 118 131 | 120 829 | 110 079 | 116 623 | 118 893 |
| 17 | Sverige | 139 099 | 142 470 | 143 062 | 141 778 | 142 488 |
| | **EEA** | : | **2 070 771** | **2 208 919** | **2 230 157** | **2 232 607** |
| 18 | Schweiz/Suisse | 51 656 | 52 379 | 54 132 | 55 910 | 58 127 |
| | **CIS** | **1 669 113** | **1 673 454** | **1 632 015** | **1 525 592** | **1 423 572** |
| | of which: | | | | | |
| 19 | Russia | 1 076 592 | 1 082 152 | 1 068 163 | 1 008 450 | 956 587 |

# Energy

## 4.32. Production of electrical energy — 1993

(GWh)

| | Country | Total generation | Net production (¹) | | | | |
|---|---|---|---|---|---|---|---|
| | | | Hydro-electric (²)(³) | Geo-thermal | Nuclear | Conventional thermal | Total |
| | **EUR 12** | **1 968 711** | **179 024** | **3 463** | **673 255** | **1 001 436** | **1 857 178** |
| 1 | Belgique/België | 70 845 | 1 017 | – | 39 736 | 26 355 | 67 108 |
| 2 | Danmark | 33 738 | 1 055 | – | – | 30 901 | 31 956 |
| 3 | Deutschland | 525 721 | 21 164 | – | 145 166 | 321 331 | 487 661 |
| 4 | Ελλάδα | 38 396 | 2 572 | – | – | 32 619 | 35 191 |
| 5 | España | 156 529 | 25 450 | – | 53 606 | 70 143 | 149 199 |
| 6 | France | 472 004 | 67 621 | – | 350 046 | 32 916 | 450 583 |
| 7 | Ireland | 16 396 | 1 015 | – | – | 14 398 | 15 413 |
| 8 | Italia | 222 788 | 43 941 | 3 459 | – | 163 957 | 211 357 |
| 9 | Luxembourg | 1 067 | 457 | – | – | 564 | 1 021 |
| 10 | Nederland | 76 992 | 270 | – | 3 721 | 70 025 | 74 016 |
| 11 | Portugal | 31 205 | 8 626 | 4 | – | 21 302 | 29 932 |
| 12 | United Kingdom | 323 030 | 5 836 | – | 80 980 | 216 925 | 303 741 |
| 13 | Österreich | 52 674 (⁵) | 37 434 | – | – | 13 792 | 51 226 |
| 14 | Suomi/Finland | 61 172 (⁵) | 13 464 | – | 18 766 | 25 871 | 58 101 |
| 15 | Island | 4 721 (⁵) | 4 462 | 254 | – | 4 | 4 721 |
| 16 | Norge | 120 001 (⁵) | 118 434 | – | – | 459 | 118 893 |
| 17 | Sverige | 145 975 (⁵) | 74 894 | – | 58 761 | 8 833 | 142 488 |
| | **EEA** | **2 353 254** (⁵) | **427 712** | **3 717** | **750 782** | **1 050 395** | **2 232 607** |
| 18 | Schweiz/Suisse | 61 140 (⁵) | 36 253 | – | 22 029 | 1 031 | 59 313 |
| | **CIS** (⁴) | **1 423 572** | **234 572** | – | **194 429** | **994 571** | **1 423 572** |
| | of which: | | | | | | |
| 19 | Russia (⁴) | 956 587 | 175 174 | – | 119 186 | 662 227 | 956 587 |
| 20 | Türkiye | 73 656 (⁵) | 33 626 | – | – | 37 197 | 70 823 |
| 21 | USA | 3 061 773 (⁵) | 274 737 | – | 610 291 | 1 997 183 | 2 882 211 |
| 22 | Canada | 527 035 (⁵) | 319 100 | – | 88 621 | 103 368 | 511 089 |
| 23 | Nippon (Japan) (⁴) | 899 570 | 108 589 | – | 248 313 | 542 668 | 899 570 |

(¹) i.e. after deduction of the amount taken by station auxiliaries.

(²) Including wind power.

(³) Pumped-storage power stations are included.

(⁴) Gross production.

(⁵) Estimated data for gross production.

## 4.33. Output of iron ore — 1993

| Country | Total ore mined | Iron content | |
|---|---|---|---|
| | (1 000 t) | (1 000 t) | % |
| **EUR 12** | : | : | : |
| 1 Belgique/België | – | – | – |
| 2 Danmark | – | – | – |
| 3 Deutschland (¹) | 109 | 15 | 13,8 |
| 4 Ελλάδα | – | – | – |
| 5 España | 2 080 | 976 | 28,0 |
| 6 France | 3 542 | 1 021 | 46,0 |
| 7 Ireland | – | – | – |
| 8 Italia | – | – | – |
| 9 Luxembourg | – | – | – |
| 10 Nederland | – | – | – |
| 11 Portugal | – | – | – |
| 12 United Kingdom (¹) | 29 | 6 | 20,7 |
| 13 Österreich | 1 427 | 448 | 31,4 |
| 14 Suomi/Finland | – | – | – |
| 15 Island | – | – | – |
| 16 Norge | 2 182 | 1 418 | 65,0 |
| 17 Sverige | 18 728 | 12 342 | 65,9 |
| **EEA** | : | : | : |
| 18 Schweiz/Suisse | – | – | – |
| **CIS** of which: | **155 032** | : | : |
| 19 Russia | 76 100 | : | : |
| 20 Türkiye (¹) | 4 825 | 2 822 | 58,5 |
| 21 USA (¹) | 54 913 | 34 705 | 63,2 |
| 22 Canada (¹) | 34 449 | 21 806 | 63,3 |
| 23 Nippon (Japan) (¹) | 40 | 22 | 55,0 |
| ⊕ | : | : | : |

(¹) 1992.

## Iron and steel

### 4.34. Production of pig iron, steel and finished rolled products — 1993

*(1 000 t)*

| | Country | Pig iron | Crude steel | Finished rolled products (¹) |
|---|---|---|---|---|
| | **EUR 12** | **77 301** | **132 375** | **111 839** |
| 1 | Belgique/België | 8 178 | 10 178 | 9 751 |
| 2 | Danmark | – | 604 | 527 |
| 3 | Deutschland | 26 970 | 37 625 | 31 140 |
| 4 | Ελλάδα | – | 980 | 1 354 |
| 5 | España | 5 394 | 12 960 | 11 563 |
| 6 | France | 12 665 | 17 107 | 14 046 |
| 7 | Ireland | – | 329 | 305 |
| 8 | Italia | 11 200 | 25 817 | 21 943 |
| 9 | Luxembourg | 2 411 | 3 292 | 2 608 |
| 10 | Nederland | 5 406 | 6 001 | 4 119 |
| 11 | Portugal | 397 | 775 | 718 |
| 12 | United Kingdom | 11 600 | 16 707 | 13 765 |
| 13 | Österreich (²) | 3 070 | 4 149 | 3 446 |
| 14 | Suomi/Finland (²) | 2 535 | 3 256 | 2 989 |
| 15 | Island (²) | – | – | – |
| 16 | Norge (²) | 73 | 505 | 494 |
| 17 | Sverige (²) | 2 941 | 4 591 | : |
| | **EEA** | **85 920** | **144 876** | **:** |
| 18 | Schweiz/Suisse (²) | 70 | 1 260 | : |
| | **CIS** | **71 160** | **97 761** | **71 912** |
| | of which: | | | |
| 19 | Russia | 40 500 | 58 300 | 42 729 |
| 20 | Türkiye (²) | 4 353 | 11 414 | : |
| 21 | USA (²) | 48 208 | 89 805 | : |
| 22 | Canada (²) | 9 391 | 14 387 | : |
| 23 | Nippon (Japan) (²) | 73 738 | 99 623 | 91 010 |
| | ⊕ | : | : | : |

(¹) For the 12 Member States of the EC, these are finished hot-rolled products within the meaning of the ECSC Treaty; whereas products not covered by the Treaty are included for the EFTA and other third countries. The figures are therefore not comparable.

(²) Source: Statistisches Bundesamt.

*Iron and steel*

## 4.35. Consumption of steel per head of population (¹)

(kg)

| | Country | 1989 | 1990 | 1991 | 1992 | 1993 |
|---|---|---|---|---|---|---|
| | **EUR 12** | **389** | **383** | **366** | **360** | **318** |
| 1 | Belg./Lux. | 492 | 470 | 464 | 510 | : |
| 2 | Danmark | 296 | 298 | 312 | 364 | : |
| 3 | Deutschland | 593 | 583 | 508 | 496 | : |
| 4 | Ελλάδα | 178 | 222 | 232 | 168 | : |
| 5 | España | 306 | 309 | 301 | 285 | : |
| 6 | France | 305 | 300 | 300 | 285 | : |
| 7 | Ireland | 111 | 110 | 84 | 79 | : |
| 8 | Italia | 499 | 506 | 496 | 507 | : |
| 9 | Luxembourg (²) | : | : | : | : | : |
| 10 | Nederland | 278 | 268 | 289 | 258 | : |
| 11 | Portugal | 170 | 173 | 179 | 186 | : |
| 12 | United Kingdom | 308 | 280 | 231 | 233 | : |
| 13 | Österreich (³) | 400 | 412 | 416 | 437 | : |
| 14 | Suomi/Finland (³) | 458 | 401 | 292 | 277 | : |
| 15 | Ísland (³) | 155 | 137 | 160 | : | : |
| 16 | Norge (³) | 293 | 318 | 295 | 333 | : |
| 17 | Sverige (³) | 475 | 449 | 352 | 351 | : |
| | **EEA** | : | : | : | : | : |
| 18 | Schweiz/Suisse (³) | 409 | 392 | 318 | 294 | : |
| 20 | USA (³) | 426 | 422 | 366 | 384 | : |

(¹) Calculated by Eurostat on the basis of ECSC definitions (in equivalent of crude steel).
(²) BLEU.
(³) Source: Statistisches Bundesamt.

## 4.36. Production of crude steel

(1 000 t)

| | Country | 1989 | 1990 | 1991 | 1992 | 1993 |
|---|---|---|---|---|---|---|
| | **EUR 12** | **139 588** | **136 853** | **137 418** | **132 224** | **132 375** |
| 1 | Belgique/België | 10 973 | 11 453 | 11 348 | 10 331 | 10 178 |
| 2 | Danmark | 624 | 610 | 633 | 592 | 604 |
| 3 | Deutschland | 41 073 | 38 434 | 42 169 | 39 711 | 37 625 |
| 4 | Ελλάδα | 957 | 999 | 980 | 923 | 980 |
| 5 | España | 12 764 | 12 936 | 12 798 | 12 254 | 12 960 |
| 6 | France | 18 693 | 19 016 | 18 442 | 17 979 | 17 107 |
| 7 | Ireland | 324 | 326 | 293 | 258 | 329 |
| 8 | Italia | 25 217 | 25 467 | 25 112 | 24 834 | 25 817 |
| 9 | Luxembourg | 3 721 | 3 560 | 3 379 | 3 070 | 3 292 |
| 10 | Nederland | 5 680 | 5 412 | 5 171 | 5 437 | 6 001 |
| 11 | Portugal | 762 | 746 | 573 | 768 | 775 |
| 12 | United Kingdom | 18 800 | 17 895 | 16 519 | 16 067 | 16 707 |
| 13 | Österreich (¹) | 4 718 | 4 291 | 4 187 | 3 953 | 4 149 |
| 14 | Suomi/Finland (¹) | 2 921 | 2 860 | 2 890 | 3 077 | 3 256 |
| 15 | Island (¹) | – | – | – | – | – |
| 16 | Norge (¹) | 678 | 376 | 438 | 446 | 505 |
| 17 | Sverige (¹) | 4 692 | 4 454 | 4 252 | 4 358 | 4 591 |
| | **EEA** | **152 507** | **148 834** | **149 185** | **144 058** | **144 876** |
| 18 | Schweiz/Suisse (¹) | 916 | 1 105 | 1 111 | 1 238 | 1260 |
| | **CIS** | **158 094** | **152 554** | **131 663** | **117 684** | **97 761** |
| | of which: | | | | | |
| 19 | Russia | 92 752 | 89 622 | 77 100 | 67 030 | 58 300 |

(¹) Source: Statistisches Bundesamt.

# Agriculture, forestry and fisheries

## Production

### 5.1. Principal categories of land use — 1993

(1 000 ha)

| Country | Utilized agricultural area | | | | Wooded area (²) |
|---|---|---|---|---|---|
| | Total | Arable land (¹) | Land under permanent crops | Permanent grassland | |
| **EUR 12** | **128 676 (²)** | **56 268 (²)** | **15 756 (²)** | **16 463 (²)** | **60 626 *** |
| 1 Belgique/België | 1 412 | 820 | 14 | 525 | 617 * |
| 2 Danmark | 2 751 | 2 536 | 11 | 204 | 445 * |
| 3 Deutschland | 17 162 | 11 676 | 208 | 5 251 | 10 433 |
| 4 Ελλάδα | 5 785 * | 2 925 * | 1 070 * | 1 790 * | 5 755 * |
| 5 España | 26 398 (²) | 15 201 (²) | 4 724 (²) | 6 473 (²) | 15 915 * |
| 6 France | 30 217 | 18 026 | 1 204 | 10 764 | 14 931 |
| 7 Ireland | 4 450 (³) | 750 (³) | : | 3 700 (³) | 327 * |
| 8 Italia | 16 800 (³) | 9 000 (²) | 3 300 (³) | 4 500 (³) | 6 434 |
| 9 Luxembourg | 127 | 57 | 2 | 68 | 89 * |
| 10 Nederland | 1 997 | 922 | 40 | 1 030 | 330 * |
| 11 Portugal | 3 829 | 2 212 | 779 | 838 | 2 968 * |
| 12 United Kingdom | 17 178 | 6 076 | 53 | 11 048 | 2 430 * |
| 13 Österreich | 3 482 | 1 422 | 75 | 1 985 | 3 241 |
| 14 Suomi/Finland | 2 610 | 2 504 | – | 106 | 23 222 |
| 15 Ísland (⁴) | 136 | 6 | – | 130 | 3 |
| 16 Norge | 1 012 | 889 | : | 123 | 11 920 |
| 17 Sverige (³) | 3 359 | 2 780 | – | 579 | 22 323 |
| **EEA** | : | : | : | : | **121 383 *** |
| 18 Schweiz/Suisse (⁴) | 2 021 | 391 | 21 | 1 609 | 1 052 |
| **CIS** | **521 411** | **215 560** | **4 555** | **299 228** | **007 070 (⁶)** |
| of which: | | | | | |
| 19 Russia | 210 052 | 129 975 | 1 757 | 76 257 | 771 109 (⁶) |
| 20 Türkiye | : | : | : | : | : |
| 21 USA (⁵) | 426 948 | 185 742 | 2 034 | 239 172 | 286 800 |
| 22 Canada (⁵) | 73 930 | 45 850 | 80 | 28 000 | 360 000 |
| 23 Nippon (Japan) (⁵) | 5 204 | 4 092 | 460 | 652 | 25 105 |
| ⊕ (⁵) | **4 799 092** | **1 346 988** | **94 584** | **3 357 520** | **3 861 081** |

(¹) Including kitchen gardens.
(²) Figures refer mostly to previous years.
(³) 1992.
(⁴) 1991.
(⁵) 1991, source: FAO.
(⁶) 1988.

## 5.2. Subdivision of the utilized agricultural area — 1993

*(1 000 ha)*

| Land use | EUR 12 (¹) | Belgique/ België | Danmark | Deutsch- land | Ελλάδα |
|---|---|---|---|---|---|
| **Utilized agricultural area** | : | 1 412 | 2 751 | 17 162 | : |
| **Arable land** | : | 820 | 2 536 | 11 676 | 2 925 * |
| Cereals | 32 263 | 314 | 1 444 | 6 224 | 1 354 |
| Wheat | 15 193 | 203 | 621 | 2 395 | 912 |
| Rye (²) | 1 084 | 3 | 79 | 671 | 19 |
| Barley | 10 141 | 66 | 713 | 2 201 | 167 |
| Oats (³) | 1 415 | 13 | 31 | 407 | 43 |
| Maize | 3 788 | 18 | – | 331 | 212 |
| Other cereals | 640 | 9 | – | 219 | 1 |
| Rice | 341 | – | – | – | 20 |
| Dried pulses | : | 7 | 124 | 86 | : |
| Root crops | : | 163 | 184 | 946 | : |
| Potatoes | 1 375 | 53 | 46 | 312 | 49 |
| Sugar beet | : | 99 | 66 | 522 | 46 |
| Fodder beet | : | 10 | 71 | 35 | : |
| Other root crops | : | 1 | | 6 | : |
| Industrial crops | : | 9 | : | : | : |
| Vegetables | : | 56 | 16 | 77 | : |
| Flowers and ornamental plants | : | 2 | 0 | 6 | : |
| Green fodder from arable land | : | : | 342 | : | : |
| Other arable land (⁴) | : | 30 | 157 | 1 388 | 494 |
| **Permanent grassland** | : | 525 | 204 | 5 251 | 5 255 * |
| **Land under permanent crops** | : | 14 | 11 | 208 | : |
| Fruit | : | : | 3 | : | : |
| Vineyards | : | : | – | : | : |
| Olive growing | : | – | – | – | : |
| Other land under permanent crops | : | : | : | : | : |
| **Kitchen garden** | : | 53 | – | 27 | : |

(¹) Where statistics are available.
(²) Including maslin.
(³) Including mixed grains other than maslin.
(⁴) Seeds, other field products, plants for green manuring, fallow.

## 5.2. Subdivision of the utilized agricultural area — 1993

*(1 000 ha)*

| España | France | Ireland | Italia | Luxem-bourg | Nederland | Portugal | United Kingdom |
|---|---|---|---|---|---|---|---|
| : | **30 217** | : | : | **127** | **1 997** | **3 829** | **17 178** |
| : | **18 026** | : | : | **57** | **922** | **2 212** | **6 076** |
| 6 336 | 8 517 | 280 | 3 844 | 30 | 187 | 704 | 3 031 |
| 2 036 | 4 515 | 77 | 2 299 | 8 | 118 | 250 | 1 759 |
| 173 | 45 | 0 | 8 | 0 | 7 | 73 | 6 |
| 3 485 | 1 623 | 177 | 425 | 14 | 40 | 67 | 1 164 |
| 328 | 232 | 20 | 144 | 4 | 5 | 92 | 95 |
| 274 | 1 848 | – | 927 | – | 10 | 167 | 0 |
| 40 | 254 | – | 42 | 3 | 6 | 56 | 7 |
| 50 | 26 | – | 232 | – | – | 13 | – |
| : | 761 | : | 125 | 1 | 7 | : | 244 |
| 453 | 714 | : | : | 1 | 295 | : | 441 |
| 212 | 164 | 22 | 93 | 1 | 166 | 87 | 170 |
| 179 | 441 | : | 276 | 0 | 117 | 0 | 197 |
| : | 46 | : | : | 0 | 2 | : | 10 |
| : | 23 | : | : | 0 | 0 | : | 63 |
| : | 1 530 | : | 491 | 2 | 7 | : | 540 |
| : | 315 | : | 491 | 0 | 76 | : | 169 |
| : | 7 | : | : | 0 | 25 | 0 | 6 |
| : | 4 307 | : | : | 22 | : | 449 | 1 634 |
| : | 1 808 | : | : | 2 | : | 830 | 47 |
| : | **10 764** | : | : | **68** | **1 030** | **838 \*** | **11 048** |
| : | **1 204** | : | : | **2** | **40** | **779** | **53** |
| : | 216 | – | 828 | 0 | 23 | : | 33 |
| : | 942 | – | 980 | 1 | 0 | : | 1 |
| : | 15 | : | 1 134 | – | – | : | – |
| 0 | : | : | : | : | : | : | : |
| : | **223** | **0** | : | **0** | **5** | : | **0** |

*Production*

## 5.2. Subdivision of the utilized agricultural area — 1993

*(1 000 ha)*

| Land use | Österreich | Suomi/Finland | Island (¹) |
|---|---|---|---|
| **Utilized agricultural area** | **3 482** | **2 610** | **136** |
| **Arable land** | **1 422** | **2 504** | **6** |
| Cereals | 825 | 926 | : |
| Wheat | 241 | 99 | : |
| Rye (²) | 74 | 23 | — |
| Barley | 265 | 459 | : |
| Oats (³) | 53 | 332 | : |
| Maize | 170 | — | — |
| Other cereals | 22 | 13 | — |
| Rice | — | — | — |
| Dried pulses | 109 | 13 | — |
| Root crops | 188 | 69 | : |
| Potatoes | 31 | 36 | : |
| Sugar beet | 53 | 33 | — |
| Fodder beet | 3 | : | — |
| Other root crops | 101 | : | : |
| Industrial crops | 1 | : | : |
| Vegetables | 9 | 9 | : |
| Flowers and ornamental plants | 2 | — | : |
| Green fodder from arable land | 99 | 687 (⁵) | : |
| Other arable land (⁴) | 169 | 800 | : |
| **Permanent grassland** | **1 985** | **106** | **130** |
| **Land under permanent crops** | **75** | **0** | **:** |
| Fruit | 18 | 0 | — |
| Vineyards | 56 | : | — |
| Olive growing | — | : | — |
| Other land under permanent crops | 1 | : | — |
| **Kitchen garden** | **20** | **:** | **:** |

(¹) 1991.
(²) Including maslin.
(³) Including mixed grains other than maslin.
(⁴) Seeds, other field products, plants for green manuring, fallow.
(⁵) Silage fodder, green fodder, pastureland and forage seed.

## 5.2. Subdivision of the utilized agricultural area — 1993

*(1 000 ha)*

| Norge | Sverige | EEA | Schweiz/Suisse (¹) | Land use |
|---|---|---|---|---|
| 1 012 | 3 359 | : | : | **Utilized agricultural area** |
| 889 | 2 780 | : | 390 | **Arable land** |
| 361 | 1 152 | : | 201 | Cereals |
| 71 | 304 | : | 95 |   Wheat |
| 3 | 46 | : | 5 |   Rye (²) |
| 173 | 420 | : | 60 |   Barley |
| 106 | 322 | : | 10 |   Oats (³) |
| 0 | – | : | 22 |   Maize |
| 9 | 60 | : | 8 |   Other cereals |
| – | – | : | – | Rice |
| – | – | : | 2 | Dried pulses |
| : | 95 | : | 74 | Root crops |
| 18 | 36 | : | 18 |   Potatoes |
| : | 51 | : | 14 |   Sugar beet |
| : | 8 | : | 4 |   Fodder beet |
| : | – | : | 38 |   Other root crops |
| : | 145 | : | 5 | Industrial crops |
| : | 9 (⁴) | : | 1 | Vegetables |
| : | – | : | 84 | Flowers and ornamental plants |
| : | 1 102 | : | 5 | Green fodder from arable land |
| : | : | : | : | Other arable land (⁵) |
| | | | | **Permanent grassland** |
| 123 | 579 | : | : | |
| – | – | : | 22 | **Land under permanent crops** |
| : | 2 | : | 7 | Fruit |
| : | – | : | 14 | Vineyards |
| : | – | : | – | Olive growing |
| : | 2 | : | 1 | Other land under permanent crops |
| : | 6 | : | 3 | **Kitchen garden** |

(¹) 1992.
(²) Including maslin.
(³) Including mixed grains other than maslin.
(⁴) Including strawberries.
(⁵) Seeds, other field products, plants for green manuring, fallow.

## 5.3. Yields of some principal crops from arable land

(100 kg/ha)

| Product | EUR 12 | Belgique/ België | Danmark | Deutsch- land | Ελλάδα |
|---|---|---|---|---|---|
| | | | 1973 | | |
| Wheat | : | 50,0 | 44,1 | 44,5 | 19,9 |
| Barley | : | 45,9 | 37,5 | 39,6 | 20,6 |
| Maize | : | 62,9 | – | 54,1 | 37,8 |
| Total cereals | : | 46,8 | 37,6 | 40,1 | 21,7 |
| Rice (¹) | : | – | – | – | 49,4 |
| Peas | : | 33,0 | 28,0 | – | 9,0 |
| Potatoes | : | 280,5 | 231,6 | 284,6 | 137,0 |
| Sugar beet | : | 533,2 | 399,1 | 470,2 | 542,7 |
| Fodder beet | : | 925,6 | 492,6 | 895,8 | : |
| Lucerne | : | 103,8 | : | 79,8 | 100,4 |
| Permanent meadows | : | 85,7 | : | 68,2 | : |
| | | | 1993 | | |
| Wheat | 53,4 | 71,9 | 69,7 | 65,8 | 23,5 |
| Barley | 42,2 | 64,2 | 47,3 | 50,0 | 24,8 |
| Maize | 79,9 | 90,6 | – | 80,2 | 99,0 |
| Total cereals | 51,4 | 69,5 | 56,8 | 57,1 | 35,3 |
| Rice (¹) | 57,0 | – | – | – | 72,1 |
| Peas | : | 39,2 | – | : | : |
| Potatoes | : | 393,7 | 378,3 | 392,5 | 208,0 |
| Sugar beet | : | 588,7 | 549,4 | 548,3 | 588,2 |
| Fodder beet | : | 924,5 | 683,8 | 1 049,0 | : |
| Lucerne | : | : | 113,5 | 51,1 | : |
| Permanent meadows | : | : | : | : | : |

(¹) Paddy.

## 5.3. Yields of some principal crops from arable land

*(100 kg/ha)*

| España | France | Ireland | Italia | Luxem-bourg | Nederland | Portugal | United Kingdom |
|---|---|---|---|---|---|---|---|
| \multicolumn{8}{c}{1973} | | | | | | | |
| 12,6 | 45,1 | 39,1 | 24,5 | 32,0 | 52,6 | : | 43,7 |
| 15,9 | 39,1 | 37,2 | 22,1 | 34,1 | 42,5 | : | 39,7 |
| 39,0 | 55,1 | – | 56,1 | – | 38,0 | : | 54,2 |
| 15,5 | 43,9 | 36,9 | 29,8 | 32,1 | 46,4 | : | 40,8 |
| 49,4 | – | – | 49,4 | – | – | : | – |
| 5,5 | 32,0 | 32,6 | 10,8 | – | 31,6 | : | 32,2 |
| 136,4 | 231,7 | 279,3 | 158,6 | 300,0 | 368,3 | : | 303,8 |
| 289,9 | 443,2 | 437,4 | 391,9 | 533,7 | 476,7 | : | 384,6 |
| 308,7 | 528,3 | 564,5 | 515,1 | 500,0 | 747,8 | : | 705,5 |
| 98,0 | 72,3 | : | 64,2 | 55,0 | 94,5 | : | : |
| : | 49,9 | : | 53,6 | 63,9 | : | : | : |
| \multicolumn{8}{c}{1993} | | | | | | | |
| 24,6 | 64,8 | 78,0 | 35,5 | 58,0 | 87,7 | 16,9 | 73,3 |
| 27,3 | 55,3 | 55,1 | 38,4 | 49,5 | 00,0 | 14,9 | 51,9 |
| 61,9 | 80,3 | – | 86,6 | – | 90,8 | 34,1 | – |
| 26,8 | 65,1 | 60,3 | 48,0 | 51,4 | 80,8 | 18,7 | 64,3 |
| 62,8 | 49,7 | – | 55,5 | – | – | 52,3 | – |
| : | 29,3 | : | 12,0 | – | 47,3 | : | : |
| 187,4 | 356,8 | 182,1 | 226,9 | 307,6 | 462,7 | 157,9 | 418,4 |
| 480,6 | 720,6 | : | 400,6 | 625,0 | 640,9 | 524,8 | 433,3 |
| : | 661,2 | : | : | 550,0 | 983,8 | : | 10,0 |
| 100,9 | 98,0 | : | : | : | : | : | : |
| : | 47,2 | : | : | 58,0 | : | : | : |

249

## 5.3. Yields of some principal crops from arable land

(100 kg/ha)

| Product | Österreich | Suomi/Finland | Island |
|---|---|---|---|
| | | 1973 | |
| Wheat | : | 24,6 | : |
| Barley | : | 21,7 | : |
| Maize | : | – | : |
| Total cereals | : | 22,4 | : |
| Rice (¹) | : | – | : |
| Peas | : | 20,1 | : |
| Potatoes | : | 146,1 | : |
| Sugar beet | : | 289,0 | : |
| Fodder beet | : | 256,9 | : |
| Lucerne | : | – | : |
| Permanent meadows | : | : | : |
| | | 1992 | |
| Wheat | 42,2 | 36,2 | : |
| Barley | 41,4 | 36,7 | : |
| Maize | 89,7 | – | : |
| Total cereals | 40,9 | 36,3 | : |
| Rice (¹) | – | – | : |
| Peas | – | 23,6 | : |
| Potatoes | 284,9 | 213,5 | : |
| Sugar beet | 560,7 | 302,7 | : |
| Fodder beet | 454,0 | : | : |
| Lucerne | 70,5 | – | : |
| Permanent meadows | 65,4 | : | : |

(¹) Paddy.

## 5.3. Yields of some principal crops from arable land

*(100 kg/ha)*

| Norge | Sverige | EEA | Schweiz/Suisse | Product |
|---|---|---|---|---|
| | | 1973 | | |
| 38,2 | 45,2 | : | 37,8 | Wheat |
| 31,1 | 29,0 | : | 39,5 | Barley |
| : | – | : | 68,9 | Maize |
| 32,6 | : | : | 42,0 | Total cereals |
| – | – | : | – | Rice (¹) |
| 229,6 | : | : | – | Peas |
| – | : | : | 364,0 | Potatoes |
| – | : | : | 544,0 | Sugar beet |
| – | : | : | 871,0 | Fodder beet |
| – | : | : | – | Lucerne |
| – | : | : | 63,8 | Permanent meadows |
| | | 1993 | | |
| 51,1 | 59,0 | : | 61,4 | Wheat |
| 36,5 | 42,1 | : | 61,5 | Barley |
| : | – | : | 91,8 | Maize |
| 39,2 | : | : | 64,0 | Total cereals |
| – | – | : | – | Rice (¹) |
| : | : | : | 35,3 | Peas |
| 249,6 | : | : | 418,0 | Potatoes |
| – | : | : | 693,0 | Sugar beet |
| – | : | : | 888,0 | Fodder beet |
| – | : | : | – | Lucerne |
| – | : | : | 55,8 | Permanent meadows |

(¹) Paddy.

*Production*

## 5.4. Production of cereals (¹) — Average 1991-93

(1 000 t)

| | Country | Total of all cereals (¹) | Wheat | Rye and maslin (²) | Barley | Oats and mixed grains other than maslin (³) | Grain Maize | Other cereals (⁴) |
|---|---|---|---|---|---|---|---|---|
| | **EUR 12** | **167 958** | **83 954** | **9 307** | **44 131** | **4 445** | **29 160** | **2 757** |
| 1 | Belgique/België | 2 081 | 1 414 | 10 | 460 | 48 | 102 | 48 |
| 2 | Danmark | 8 140 | 3 867 | 347 | 3 807 | 118 | – | – |
| 3 | Deutschland | 32 591 | 14 383 | 2 468 | 10 877 | 1 761 | 2 212 | 890 |
| 4 | Ελλάδα | 5 259 | 2 542 | 44 | 440 | 75 | 2 156 | 3 |
| 5 | España | 16 609 | 4 942 | 264 | 8 299 | 374 | 2 563 | 167 |
| 6 | France | 58 793 | 32 059 | 205 | 10 038 | 958 | 14 242 | 1 291 |
| 7 | Ireland | 1 889 | 661 | : | 1 097 | 131 | – | – |
| 8 | Italia | 18 355 | 8 842 | 21 | 1 723 | 353 | 7 220 | 195 |
| 9 | Luxembourg | 154 | 46 | 2 | 71 | 21 | – | 14 |
| 10 | Nederland | 1 384 | 999 | 36 | 231 | 22 | 58 | 37 |
| 11 | Portugal | 1 310 | 417 | 76 | 78 | 67 | 607 | 65 |
| 12 | United Kingdom | 21 394 | 13 782 | 39 | 7 010 | 517 | – | 46 |
| 13 | Österreich (⁵) | 2 682 | 1 018 | 323 | 1 100 | 242 | 1 524 | : |
| 14 | Suomi/Finland (⁶) | 3 114 | 303 | 37 | 1 623 | 1 117 | : | 35 |
| 15 | Ísland | 0 | 0 | – | – | – | – | – |
| 16 | Norge | 1 292 | 226 | 7 | 594 | 424 | : | 9 |
| 17 | Sverige | 4 721 | 1 545 | 177 | 1 622 | 1 176 | : | 201 |
| | **EEA** | **179 768** | **87 046** | **:** | **49 070** | **7 404** | **:** | **:** |
| 18 | Schweiz/Suisse | 1 273 | 571 | 32 | 364 | 54 | 204 | 48 |
| | **CIS** | **185 137** | **85 045** | **16 873** | **46 271 (⁷)** | **13 732 (⁷)** | **8 295** | **–** |
| | of which: | | | | | | | |
| 19 | Russia | 102 930 | 44 552 | 12 527 | 25 810 | 11 374 | 1 127 | – |
| 20 | Türkiye (⁸) | 30 129 | 19 919 | 240 | 7 333 | 258 | 2 127 | 251 |
| 21 | USA (⁸) | 315 486 | 65 103 | 270 | 9 746 | 4 333 | 210 730 | 25 304 |
| 22 | Canada (⁸) | 53 265 | 31 305 | 401 | 11 992 | 2 436 | 6 338 | 793 |
| 23 | Nippon (Japan) (⁸) | 13 985 | 837 | : | 323 | 7 | 4 | 12 815 |
| | ⊕ | 1 928 455 | 567 562 | 31 688 | 168 599 | 35 288 | 498 850 | 626 468 |

(¹) Excluding rice.
(²) Non-EU countries: excluding maslin.
(³) Non-EU countries: excluding mixed grains other than maslin.
(⁴) Non-EU countries: including mixed grains.
(⁵) 1993.
(⁶) 1992/1994.
(⁷) 1990/1992.
(⁸) Source: FAO.

*Production*

## 5.5a. Production of selected agricultural commodities — Average 1990-92

(1 000 t)

| | Country | Rice (¹) | Potatoes | Sugar beet | Refined sugar | Wine (10 000 hl) |
|---|---|---|---|---|---|---|
| | **EUR 12** | **2 191** | **45 584** | **107 452 *** | **14 963 *** | **17 214** |
| 1 | Belgique/België (²) | – | 2 190 | 5 898 | 992 | 0 |
| 2 | Danmark | – | 1 561 | 3 303 | 500 | – |
| 3 | Deutschland | – | 11 712 | 27 892 | 3 761 | 1 156 |
| 4 | Ελλάδα | 97 | 993 | 1 813 | 316 | 403 |
| 5 | España | 572 | 5 261 | 7 149 | 924 | 3 358 |
| 6 | France (³) | 120 | 5 641 | 30 979 | 4 327 * | 5 530 |
| 7 | Ireland | – | 606 | 1 429 | 218 | – |
| 8 | Italia | 1 248 | 2 342 | 12 581 | 1 542 | 5 774 |
| 9 | Luxembourg (²) | – | 23 | 0 | – | 16 |
| 10 | Nederland | – | 7 209 | 8 021 | 1 140 | – |
| 11 | Portugal | 154 | 1 194 | 20 * | 2 * | 976 |
| 12 | United Kingdom | – | 6 851 | 8 367 | 1 243 | 2 |
| 13 | Österreich (⁴) | – | 788 | 2 620 | 415 | 187 |
| 14 | Suomi/Finland | – | 742 (⁵) | 1 029 (⁵) | 165 | – |
| 15 | Ísland (⁶) | – | 12 | – | – | – |
| 16 | Norge | – | 460 | – | 0 | 0 |
| 17 | Sverige (⁶) | – | 1 156 | 2 180 | 347 | 0 |
| | **EEA** | **2 209** | **48 742** | **113 281 *** | **15 890 *** | **17 401** |
| 18 | Schweiz/Suisse | – | 721 | 926 | 133 | 132 |
| | **CIS** | **2 025** | **67 311** | **72 609** | **10 198** | **1 445** (⁷) |
| | of which: | | | | | |
| 19 | Russia | 819 | 33 760 | 28 795 | 3 841 | 606 |
| 20 | Türkiye (⁶) | 215 | 4 467 | 14 753 | 1 826 | 20 |
| 21 | USA (⁶) | 7 449 | 18 618 | 25 538 | 6 074 | 1 565 |
| 22 | Canada (⁶) | – | 3 083 | 934 | 126 | 36 |
| 23 | Nippon (Japan) (⁶) | 12 461 | 3 604 | 3 977 | 851 | 58 |
| | ⊕ (⁸) | **521 497** | **264 669** | **290 793** | **104 099** | **27 624** |

(¹) Paddy.
(²) BLEU.
(³) Sugar: including overseas departments.
(⁴) 1993.
(⁵) 1991–93.
(⁶) 1989–91.
(⁷) 1989–92.
(⁸) Source: FAO.

253

*Production*

## 5.5b. Production of selected agricultural commodities — Average 1991-93

*(1 000 t)*

| | Country | Fresh vegetables | | Fresh fruit | | Nuts | Citrus fruit | Dried fruit |
|---|---|---|---|---|---|---|---|---|
| | | Total | Tomatoes | Total (¹) | Apples (²) | | | |
| | **EUR 12** | : | 12 855 | : | 8 345 | : | : | : |
| 1 | Belgique/België | 1 380 | 330 | 540 | 370 | 1 | – | – |
| 2 | Danmark | : | 20 | : | 40 | – | – | – |
| 3 | Deutschland | 2 220 | 30 | 2 925 (³) | 1 730 (³) | 13 (³) | – | – |
| 4 | Ελλάδα | : | 1 920 | : | 310 | : | : | 87 |
| 5 | España | : | 2 670 | : | 785 | : | : | 12 |
| 6 | France | 5 755 | 800 | 3 290 | 1 905 | 42 | 30 | : |
| 7 | Ireland | : | 10 | : | 10 | – | – | – |
| 8 | Italia | 12 135 | 5 500 | 7 070 | 2 120 | 264 | 2 975 | 4 |
| 9 | Luxembourg | 2 | 0 | 9 | 5 | – | – | – |
| 10 | Nederland | : | 630 | : | 455 | – | – | – |
| 11 | Portugal | : | 810 | : | 260 | : | : | 4 |
| 12 | United Kingdom | 3 795 | 135 | 525 | 355 | – | – | – |
| 13 | Österreich | 252 | 9 | 599 | 375 | 15 | – | : |
| 14 | Suomi/Finland | 201 | 31 | 15 | 8 | – | – | : |
| 15 | Ísland | 2 | 1 | – | – | – | – | : |
| 16 | Norge | 146 | 10 | 27 | 21 | – | – | : |
| 17 | Sverige | : | 19 | 21 | 18 | : | : | : |
| | **EEA** | : | 12 925 | : | 8 767 | : | : | : |
| 18 | Schweiz/Suisse | 295 | 22 | 441 | 286 | 1 | – | – |
| | **CIS** of which: | 24 404 (⁴) | : | 11 704 (⁵) | : | : | : | : |
| 19 | Russia | 10 006 | : | 3 025 (⁵) | : | : | : | : |
| 20 | Türkiye (⁶) | : | : | : | : | : | : | : |
| 21 | USA (⁶) | : | : | : | : | : | : | : |
| 22 | Canada (⁶) | : | : | : | : | : | : | : |
| 23 | Nippon (Japan) (⁶) | : | : | : | : | : | : | : |
| 23 | ⊕ (⁶) | : | : | : | : | : | : | : |

(¹) Excluding grapes but including cider fruit for extra-EUR 12 countries and world.
(²) Including cider fruit for extra-EUR 12 countries and world.
(³) In its borders prior to 3.10.1990.
(⁴) 1990–92.
(⁵) Including fruit, berry and grapes.
(⁶) Source: FAO.

## 5.6. Livestock — 1993

(1 000)

| | Country | Date of census | Cattle Total | of which: dairy cows | Pigs | Sheep and goats |
|---|---|---|---|---|---|---|
| | **EUR 12** | **12.1993** | **78 539** | **21 502** | **110 937** | **108 594** |
| 1 | Belgique/België | 12.1993 | 3 084 | 703 | 6 876 | 135 |
| 2 | Danmark | 12.1993 | 2 115 | 711 | 10 870 | 87 |
| 3 | Deutschland | 12.1993 | 15 897 | 5 301 | 26 075 | 2 458 * |
| 4 | Ελλάδα | 12.1993 | 608 * | 219 * | 1 144 * | 15 890 * |
| 5 | España | 12.1993 | 5 000 | 1 403 * | 18 188 | 26 575 |
| 6 | France | 12.1993 | 20 099 | 4 615 | 1 487 | 11 507 |
| 7 | Ireland | 12.1993 | 6 308 * | 1 274 * | 1 487 * | 5 990 * |
| 8 | Italia | 12.1993 | 7 561 | 2 287 | 8 548 | 11 839 |
| 9 | Luxembourg | 12.1993 | 205 * | 51 * | 72 * | 8 * |
| 10 | Nederland | 12.1993 | 4 629 | 1 777 | 13 991 | 1 366 |
| 11 | Portugal | 12.1993 | 1 322 * | 375 * | 2 668 | 3 310 |
| 12 | United Kingdom | 12.1993 | 11 709 | 2 786 | 7 869 | 29 430 |
| 13 | Österreich | 12.1993 | 2 334 | 828 | 3 820 | 381 |
| 14 | Suomi/Finland | 6.1993 | 1 252 | 426 | 1 273 | 102 |
| 15 | Island | 11.1993 | 74 | 30 | 4 | 489 |
| 16 | Norge | 7.1993 | 975 | 336 | 748 | 2 378 |
| 17 | Sverige | 6.1993 | 1 000 | 525 | 2 101 | 470 |
| | **EEA** | **:** | **84 975** | **23 647** | **107 221** | **112 415** |
| 18 | Schweiz/Suisse | 1993 | 1 775 | 762 | 1 692 | 481 |
| | **CIS** | **1.1994** | **97 463** | **38 963** | **52 445** | **118 352** |
| | of which: | | | | | |
| 19 | Russia | 1.1994 | 48 890 | 19 805 | 28 508 | 43 561 |
| 20 | Türkiye (¹) | 1993 | 11 951 | 475 (²) | 12 | 49 870 |
| 21 | USA (¹) | 1993 | 100 892 | 9 750 (³) | 59 815 (³) | 12 051 |
| 22 | Canada (¹) | 1993 | 13 132 (²) | 1 380 (²) | 10 504 (³) | 613 (²) |
| 23 | Nippon (Japan) (¹) | 1993 | 5 024 (³) | 1 420 (²) | 10 783 (³) | 63 (²) |
| | ⊕ (¹) | : | : | : | : | : |

\* Provisional data.
(¹) Source: FAO.
(²) Estimate made by FAO.
(³) Unofficial FAO data.

## 5.7. Meat production (¹) — 1992

*(1 000 t (carcass weight))*

| | Country | Total meat and offal (²) | Beef and veal | Pigmeat (³) | Mutton, lamb and goatmeat (³) |
|---|---|---|---|---|---|
| | **EUR 12** | **33 816** | **8 384** | **14 402** | **1 177** |
| 1 | Belgique/België (⁴) | 1 663 | 359 | 952 | 6 |
| 2 | Danmark | 1 825 | 217 | 1 370 | 2 |
| 3 | Deutschland | 6 600 | 1 829 | 3 684 | 44 |
| 4 | Ελλάδα | 597 | 80 | 153 | 132 |
| 5 | España | 3 931 | 535 | 1 912 | 247 |
| 6 | France | 6 726 | 1 877 | 1 994 | 172 |
| 7 | Ireland | 1 033 | 553 | 181 | 89 |
| 8 | Italia | 4 254 | 1 217 | 1 342 | 86 |
| 9 | Luxembourg | : | : | : | : |
| 10 | Nederland | 2 940 | 635 | 1 584 | 17 |
| 11 | Portugal | 703 | 123 | 265 | 27 |
| 12 | United Kingdom | 3 544 | 960 | 965 | 355 |
| 13 | Österreich (⁵) | 773 | 217 | 413 | 6 |
| 14 | Suomi/Finland (⁵) | 327 | 106 | 169 | 1 |
| 15 | Island | 17 | 3 | 3 | 9 |
| 16 | Norge | 223 | 83 | 91 | 23 |
| 17 | Sverige | 508 | 130 | 278 | 4 |
| | **EEA** | **35 664** | **8 924** | **15 356** | **1 220** |
| 18 | Schweiz/Suisse | 495 | 165 | 264 | 6 |
| | **CIS (⁵)** | **13 678** | **6 503** | **4 068** | **926** |
| | of which: | | | | |
| 19 | Russia (⁵) | 7 513 | 3 359 | 2 432 | 359 |
| 20 | Türkiye | 1 042 | 339 | – | 365 |
| 21 | USA | 30 780 | 10 612 | 7 817 | 158 |
| 22 | Canada | 2 897 | 910 | 1 209 | 10 |
| 23 | Nippon (Japan) | 3 398 | 592 | 1 432 | – |
| | ⊕ | **184 523** | **54 028** | **72 523** | **9 833** |

(¹) Gross home production: including meat equivalent of animals exported alive but not including meat equivalent of animals imported alive.
(²) For FAO figures (lines 13-22), production refers to animals slaughtered within the countries.
(³) Excluding offal.
(⁴) BLEU.
(⁵) 1993.

Production

## 5.8. Production of cow milk, milk products and eggs — 1992

*(1 000 t)*

| | Country | Cow milk | Butter | Cheese (¹) | Eggs |
|---|---|---|---|---|---|
| | **EUR 12** | **111 579** | **1 676** | **5 592** | : |
| 1 | Belgique/België | 3 514 | 73 (²) | 70 (²) | 201 (²) |
| 2 | Danmark | 4 605 | 62 | 292 | 88 |
| 3 | Deutschland | 27 991 | 477 | 1 291 | 902 |
| 4 | Ελλάδα | 731 | 3 | 173 | 124 |
| 5 | España | 6 143 | 29 | 245 | 602 |
| 6 | France | 25 315 | 467 | 1 514 | 932 |
| 7 | Ireland | 5 378 | 148 | 93 | : |
| 8 | Italia | 10 315 | 102 | 916 | 665 |
| 9 | Luxembourg | 260 | : | : | : |
| 10 | Nederland | 10 901 | 199 | 623 | : |
| 11 | Portugal | 1 715 | 17 | 65 | 103 |
| 12 | United Kingdom | 14 711 | 99 | 309 | 639 |
| 13 | Österreich (³) (⁴) | 3 270 | 43 | 85 | 96 |
| 14 | Suomi/Finland (⁴) | 2 462 | 55 | 89 | 70 |
| 15 | Island (³) | 100 | 2 | 3 | 4 |
| 16 | Norge (³) | 1 841 | 19 | 80 | 51 |
| 17 | Sverige | 3 200 | 59 | 117 | 110 |
| | **EEA** | **122 452** | **1 854** | **5 965** | : |
| 18 | Schweiz/Suisse | 3 873 | 39 | 135 | 36 |
| | **CIS (⁴)** | **84 130** | **1224** | **488** | **62921** |
| | of which: | | | | |
| 19 | Russia (⁴) | 46 524 | 715 | 310 | 40297 |
| 20 | Türkiye (³) | 6 106 | 112 | 141 | 390 |
| 21 | USA (³) | 68 966 | 632 | 3 300 | 4 176 |
| 22 | Canada (³) | 7 380 | 100 | 291 | 317 |
| 23 | Nippon (Japan) (³) | 8 300 | 89 | 90 | 2586 |
| | ⊕ (³) | **455 400** | **7 030** | **14 499** | **36 111** |

(¹) Including fresh cheese.
(²) BLEU.
(³) Source: FAO.
(⁴) 1993.

## Consumption

### 5.9. Consumption of selected vegetable products — 1992/93

*(kg per head per year)*

| | Country | Total grain cereals (as flour) (¹) | Rice (²) | Potatoes | Refined sugar | Vegetables | Wine (³) |
|---|---|---|---|---|---|---|---|
| | **EUR 12** | : | : | : | : | : | **37,0** |
| 1 | Belgique/België (⁴) | : | : | 100,5 | : | : | 20,5 |
| 2 | Danmark | 68,1 | : | 56,9 | 41,1 | : | 22,5 |
| 3 | Deutschland | 71,0 | 2,4 | 73,6 | 34,3 | 82,5 | 23,1 |
| 4 | Ελλάδα | 103,1 | : | 80,8 | : | 208,2 | 25,7 |
| 5 | España | : | : | 104,5 | : | : | 42,0 |
| 6 | France | 71,5 | 4,2 | : | 35,4 | : | 64,9 |
| 7 | Ireland | : | : | : | : | : | 3,9 |
| 8 | Italia | 120,8 | 5,1 | 41,1 | 26,9 | 178,2 | 63,0 |
| 9 | Luxembourg | : | : | : | : | : | 57,7 |
| 10 | Nederland | 58,4 | 6,2 | 86,5 | : | : | 12,7 |
| 11 | Portugal | 87,1 | 15,5 | 155,1 | 27,6 | 113,1 | 55,0 |
| 12 | United Kingdom | 78,1 | : | : | 39,3 | : | 11,7 |
| 13 | Österreich (⁵) | 71,0 | 5,1 | 60,1 | 36,7 | 77,4 | 32,7 |
| 14 | Suomi/Finland (⁶) | 69,8 | 5,3 | 61,7 | 36,1 | 54,2 | 10,2 |
| 15 | Island | : | 2,2 | 47,8 | 54,6 | : | 6,3 |
| 16 | Norge (⁶) | 76,2 | 3,5 | 74,4 | 37,3 | 51,3 | 6,3 |
| 17 | Sverige | 64,2 | 4,5 | 83,6 | 42,2 | 41,7 | 12,6 |
| | **EEA** | : | : | : | : | : | : |
| 18 | Schweiz/Suisse (⁶) | 74,0 | 4,7 | 44,9 | 42,6 | 89,6 | 41,8 |
| | **CIS** | **134,0** | : | **109,0** | **30,0** | **80,0** | : |
| | of which: | | | | | | |
| 19 | Russia | 124,0 | : | 127,0 | 31,0 | 71,0 | 6,1 (⁷) |
| 20 | Türkiye (⁵) | 208,8 | 6,5 | 59,9 | 27,2 | 190,3 | : |
| 21 | USA (⁵) | 75,9 | 10,2 | 22,8 | 81,2 | : | : |
| 22 | Canada (⁵) | : | : | : | : | : | : |
| 23 | Nippon (Japan) (⁵) | 33,3 | 69,8 | 16,4 | : | 106,9 | : |
| | ⊕ | : | : | : | : | : | : |

(¹) Without rice.
(²) Milled rice: lines 1-12; husked rice: others.
(³) Litres per head per year.
(⁴) BLEU, except for wine.
(⁵) Source: OECD.
(⁶) 1993.
(⁷) Alcoholic beverages are shown in terms of pure alcohol content.

# Consumption

## 5.10. Consumption of selected animal products — 1992

*(kg per head per year)*

| | Country | Meat carcass (weight) | Fresh milk products (except cream) | Butter (pure fat content) | Eggs (in shell) | Total fats and oils (pure fat content) (¹) (²) |
|---|---|---|---|---|---|---|
| | **EUR 12** | **103,8** | **100,4** | **4,5** | : | : |
| 1 | Belgique/België (³) | 152,1 | 84,9 | 6,9 | 14,4 | 32,0 |
| 2 | Danmark | 328,9 | 144,5 | 3,1 | 15,1 | : |
| 3 | Deutschland | 85,6 | 93,3 | 6,8 | 14,2 | : |
| 4 | Ελλάδα | 65,9 | 61,9 | 1,0 | 11,2 | : |
| 5 | España | 97,1 | 114,4 | 0,4 | 14,5 | 32,7 |
| 6 | France | 107,4 | 96,8 | 8,9 | 15,0 | : |
| 7 | Ireland | 298,6 | 189,1 | 3,4 | : | : |
| 8 | Italia | 74,5 | 63,8 | 2,4 | 11,5 | : |
| 9 | Luxembourg | : | : | : | : | : |
| 10 | Nederland | 230,9 | 137,2 | 2,6 | : | : |
| 11 | Portugal | 88,0 | 99,5 | 1,3 | 8,2 | : |
| 12 | United Kingdom | 84,6 | 131,0 | 3,1 | 10,5 | : |
| 13 | Österreich (⁴) | 90,9 | 103,8 | 4,3 | 13,6 | 31,0 |
| 14 | Suomi/Finland (⁵) | 62,2 | 206,2 | 5,6 | 10,7 | 4,3 |
| 15 | Ísland | 68,8 | 209,8 | 6,3 | 8,8 | : |
| 16 | Norge (⁴) | 55,2 | 194,5 | 2,3 | 11,7 | 11,5 |
| 17 | Sverige | 60,5 | 152,0 | 2,2 | 12,6 | 24,4 |
| | **FFA** | : | : | : | : | : |
| 18 | Schweiz/Suisse | 67,9 | 121,2 | 6,2 | 11,4 | 14,0 |
| | **CIS** (⁶) | **51,0** | **250,0** (⁶) | : | **200,0** (⁷) | : |
| | of which: | | | | | |
| 19 | Russia (⁵) | 59,0 | 294,0 (⁶) | : | 250,0 (⁷) | : |
| 20 | Türkiye (⁴) | 20,7 | 87,6 (⁸) | 2,1 | 0,2 | 1,8 (⁸) |
| 21 | USA (⁴) | 123,2 | 134,3 | 1,8 | 13,9 | : |
| 22 | Canada (⁴) | 105,1 (⁸) | 102,4 | : | 11,0 (⁸) | : |
| 23 | Nippon (Japan) (⁴) | 45,0 | 43,1 | 0,6 (⁸) | 17,7 | 14,3 |
| ● | | : | : | : | : | : |

(¹) Lines 1-12: without butter.
(²) Lines 13-23: without butter and margarine.
(³) BLEU.
(⁴) Source: OECD.
(⁵) 1993.
(⁶) Including butter.
(⁷) Units.
(⁸) 1991.

## 5.11. Cereal supply balance sheets — 1992/93

*(1 000 t)*

| Item in balance sheet | EUR 12 | Belgique/Belgïe (¹) | Danmark | Deutsch-land | Ελλάδα |
|---|---|---|---|---|---|
| | | | Wheat | | |
| Usable production | : | : | 3 583 | 15 542 | 2 345 |
| Imports | : | : | 173 | 2 151 | 242 |
| **Total resources/uses** | : | : | **3 756** | **17 693** | **2 587** |
| Exports | : | : | 890 | 5 539 | 634 |
| Change in stocks | : | : | 501 | 657 | 175 |
| Total domestic uses | : | : | 2 365 | 11 497 | 1 778 |
| – Seeds | : | : | 112 | 471 | 190 |
| – Animal feed | : | : | 1 800 | 4 640 | 150 |
| – Losses | : | : | 107 | 389 | 0 |
| – Industrial uses | : | : | 0 | 514 | 0 |
| – Human consumption | : | : | 346 | 5 483 | 1 438 |
| | | | Cereals other than wheat (²) | | |
| Usable production | : | : | 3 371 | 19 216 | 2 601 |
| Imports | : | : | 406 | 3 436 | 348 |
| **Total resources/uses** | : | : | **3 777** | **22 652** | **2 949** |
| Exports | : | : | 866 | 5 465 | 270 |
| Change in stocks | : | : | - 880 | -1 006 | 114 |
| Total domestic uses | : | : | 3 791 | 18 193 | 2 565 |
| – Seeds | : | : | 149 | 606 | 52 |
| – Animal feed | : | : | 3 243 | 12 127 | 2 377 |
| – Losses | : | : | 81 | 511 | 0 |
| – Industrial uses | : | : | 202 | 2 982 | 100 |
| – Processing | : | : | 0 | 0 | 10 |
| – Human consumption | : | : | 116 | 1 967 | 26 |

(¹) BLEU.
(²) Excluding rice.

## Balances

### 5.11. Cereal supply balance sheets — 1992/93

*(1 000 t)*

| España | France | Ireland | Italia | Luxem-bourg | Nederland | Portugal | United Kingdom |
|---|---|---|---|---|---|---|---|
| | | | | Wheat | | | |
| : | 32 508 * | : | 8 938 | : | 1 017 | 270 * | 14 092 |
| : | 1 020 * | : | 5 069 | : | 2 541 | 1 014 * | 1 392 |
| : | **33 528 *** | : | **14 007** | : | **3 558** | **1 284 *** | **15 484** |
| : | 20 900 * | : | 4 095 | : | 1 371 | 17 * | 4 525 |
| : | 699 * | : | - 702 | : | - 44 | - 9 * | 109 |
| : | 11 929 * | : | 10 614 | : | 2 231 | 1 276 * | 10 850 |
| : | 675 * | : | 610 | : | 20 | 42 * | 306 |
| : | 5 503 * | : | 933 | : | 651 | 240 * | 4 626 |
| : | 127 * | : | 30 | : | 10 | 0 * | 272 |
| : | 624 * | : | 60 | : | 673 | 6 * | 503 |
| : | 5 000 * | : | 8 981 | : | 877 | 988 * | 5 143 |
| | | | Cereals other than wheat (¹) | | | | |
| : | 27 942 * | : | 9 703 | : | 333 | 821 | 7 972 |
| : | 1 073 * | : | 1 058 | : | 3 329 | 1 142 | 2 041 |
| : | **20 015 *** | : | **10 761** | : | **3 662** | **1 963** | **10 013** |
| : | 13 693 * | : | 945 | : | 1 361 | 14 | 1 948 |
| : | 2 925 * | : | 188 | : | - 53 | - 26 | 543 |
| : | 12 397 * | : | 9 628 | : | 2 354 | 1 975 | 7 522 |
| : | 492 * | : | 142 | : | 16 | 43 | 196 |
| : | 10 820 * | : | 8 407 | : | 1 434 | 1 592 | 3 985 |
| : | 215 * | : | 13 | : | 15 | 14 | 143 |
| : | 452 * | : | 516 | : | 746 | 120 | 1 669 |
| : | 68 * | : | : | : | 0 | 6 | 0 |
| : | 348 * | : | 550 | : | 143 | 200 | 1 529 |

(¹) Excluding rice.

## 5.11. Cereal supply balance sheets — 1992/93

(1 000 t)

| Item in balance sheet | Österreich | Suomi/Finland | Island |
|---|---|---|---|
| | Wheat | | |
| Usable production | 1 326 | 212 | – |
| Imports | 1 | 53 | 17 |
| **Total resources/uses** | **1 326** | **265** | **17** |
| Exports | 303 | 191 | – |
| Change in stocks | -13 | -334 | : |
| Total domestic uses | 1 036 | 409 | 17 |
| – Seeds | 44 | 27 | : |
| – Animal feed | 487 | 81 | : |
| – Losses | 28 | – | : |
| – Industrial uses | 3 | – | : |
| – Human consumption | 476 | 301 | : |
| | Cereals other than wheat (¹) | | |
| Usable production | 2 997 | 2 390 | 23 |
| Imports | 66 | 25 | 23 |
| **Total resources/uses** | **3 063** | **2 415** | **34** |
| Exports | 303 | 585 | 0 |
| Change in stocks | -220 | -378 | : |
| Total domestic uses | 2 980 | 2 208 | 23 |
| – Seeds | 82 | 178 | : |
| – Animal feed | 2 378 | 1 598 | : |
| – Losses | 87 | – | : |
| – Industrial uses | | | |
| – Processing | 262 | 283 | : |
| – Human consumption | 172 | 149 | : |

(¹) Excluding rice.

# Balances

## 5.11. Cereal supply balance sheets — 1992/93

(1 000 t)

| Norge | Sverige | EEA | Schweiz/Suisse ([2]) | Item in balance sheet |
|---:|---:|:---:|---:|---|
| | | Wheat | | |
| 192 | 1 411 | : | 537 | Usable production |
| 400 | 50 | : | 299 | Imports |
| **592** | **1 461** | **:** | **836** | **Total resources/uses** |
| 17 | 60 | : | 33 | Exports |
| 84 | -10 | : | -81 | Change in stocks |
| 430 | 1 411 | : | 884 | Total domestic uses |
| 14 | 69 | : | 18 | – Seeds |
| 65 | 802 | : | 187 | – Animal feed |
| 0 | – | : | 11 | – Losses |
| 0 | 20 | : | 13 | – Industrial uses |
| 351 | 520 | : | 655 | – Human consumption |
| | | Cereals other than wheat ([1]) | | |
| : | 2 346 | : | 676 | Usable production |
| : | 50 | : | 357 | Imports |
| **:** | **2 406** | **:** | **1 033** | **Total resources/uses** |
| : | 23 | : | 20 | Exports |
| : | -32 | : | -20 | Change in stocks |
| : | 2 415 | : | 1 033 | Total domestic uses |
| : | 95 | : | 15 | – Seeds |
| : | 2 105 | : | 812 | – Animal feed |
| : | 4 | : | 20 | – Losses |
| : | – | : | 118 | – Industrial uses |
| | | | | – Processing |
| : | 215 | : | 68 | – Human consumption |

([1]) Excluding rice.
([2]) 1992.

## 5.12. Sugar and wine supply balance sheets — 1992/93

| Item in balance sheet | EUR 12 (¹) | Belgique/ België (²) | Danmark | Deutsch- land | Ελλάδα |
|---|---|---|---|---|---|
| | Sugar (in 1 000 t of white sugar equivalent) | | | | |
| Usable production | : | : | 411 | 4 049 | : |
| Imports | : | : | 58 | 715 | : |
| **Total resources/uses** | : | : | **469** | **4 764** | : |
| Exports | : | : | 288 | 1 812 | : |
| Change in stocks | : | : | - 37 | 148 | : |
| Total domestic uses | : | : | 218 | 2 804 | : |
| – Animal feed | : | : | 1 | 2 | : |
| – Losses (market) | : | : | 4 | 0 | : |
| – Industrial uses | : | : | 0 | 39 | : |
| – Human consumption | : | : | 213 | 2 763 | : |
| | Wine (in 1 000 hl) | | | | |
| Usable production | **190 976** * | 2 | 0 | 13 482 | 4 050 |
| Imports | **3 261** * | 2 202 | 1 196 | 9 721 | 66 |
| **Total resources/uses** | **194 237** | **2 204** | **1 196** | **23 203** | **4 116** |
| Exports | **9 965** * | 120 | 30 | 2 684 | 690 |
| Change in stocks | **4 701** | 6 | 0 | 1 838 | 233 |
| Total domestic uses | **179 581** * | 2 078 | 1 166 | 18 691 | 3 193 |
| – Losses (total) | **1 446** * | 10 | 0 | 0 | 57 |
| – Industrial uses | **47 509** * | 6 | 0 | 88 | 450 |
| – Human consumption | **128 459** * | 2 062 | 1 166 | 18 593 | 2 651 |

(¹) Sugar: including overseas departments.
(²) Sugar: BLEU.

# 5.12. Sugar and wine supply balance sheets — 1992/93

| España | France (¹) | Ireland | Italia | Luxem-bourg | Nederland | Portugal | United Kingdom |
|---|---|---|---|---|---|---|---|

**Sugar (in 1 000 t of white sugar equivalent)**

| España | France (¹) | Ireland | Italia | Luxem-bourg | Nederland | Portugal | United Kingdom |
|---|---|---|---|---|---|---|---|
| : | 4 634 * | : | 1 869 | : | : | 2 * | 1 476 |
| : | 409 * | : | 264 | : | : | 282 * | 1 446 |
| : | **5 043 *** | : | **2 133** | : | : | **284 *** | **2 922** |
| : | 2 720 * | : | 492 | : | : | 9 * | 518 |
| : | 213 * | : | 111 | : | : | 0 * | 124 |
| : | 2 111 * | : | 1 530 | : | : | 275 * | 2 280 |
| : | 0 * | : | 0 | : | : | 0 * | 0 |
| : | 0 * | : | 0 | : | : | 3 * | 0 |
| : | 24 * | : | 0 | : | : | 0 * | 0 |
| : | 2 087 * | : | 1 530 | : | : | 272 * | 2 280 |

**Wine (in 1 000 hl)**

| España | France (¹) | Ireland | Italia | Luxem-bourg | Nederland | Portugal | United Kingdom |
|---|---|---|---|---|---|---|---|
| 34 032 | 63 256 * | 0 | 68 086 | 271 | 0 | 7 771 * | 26 |
| 69 | 6 186 * | 140 | 490 | 154 | 2 018 | 35 * | 6 633 |
| **34 101** | **69 442 *** | **140** | **68 576** | **425** | **2 018** | **7 806 *** | **6 659** |
| 7 199 | 10 969 * | 2 | 11 387 | 94 | 84 | 2 300 * | 55 |
| -2 143 | 2 365 * | -2 | 3 616 | 103 | -31 | -1 111 * | -173 |
| 29 045 | 56 108 * | 140 | 53 573 | 228 | 1 965 | 6 617 * | 6 777 |
| 458 | 511 * | 0 | 250 | 0 | 24 | 136 * | 0 |
| 11 722 | 17 903 * | 0 | 16 280 | 0 | 0 | 1 060 * | 0 |
| 16 283 | 37 354 * | 140 | 35 843 | 228 | 1 941 | 5 421 * | 6 777 |

(¹) Sugar: including overseas departments.

## 5.12. Sugar and wine supply balance sheets — 1992/93

| Item in balance sheet | Österreich | Suomi /Finland | Island |
|---|---|---|---|
| | Sugar (in 1 000 t of white sugar equivalent) | | |
| Usable production | 402 | 147 | – |
| Imports | 13 | 99 | 14 |
| **Total resources/uses** | **415** | **246** | **14** |
| Exports | 39 | 42 | – |
| Change in stocks | -33 | -1 | : |
| Total domestic uses | 408 | 205 | 14 |
| – Animal feed | 4 | 0 | – |
| – Losses (market) | – | – | – |
| – Industrial uses | 114 | 25 | : |
| – Human consumption | 290 | 180 | 14 |
| | Wine (in 1 000 hl) | | |
| Usable production | 2 590 | 24 | – |
| Imports | 200 | 27 | 13 |
| **Total resources/uses** | **2 790** | **51** | **13** |
| Exports | 165 | 0 | – |
| Change in stocks | -105 | – | 0 |
| Total domestic uses | 2 730 | 51 | 12 |
| – Losses (total) | – | – | 0 |
| – Industrial uses | 120 | – | – |
| – Human consumption | 2 610 | 51 | 12 |

## 5.12. Sugar and wine supply balance sheets — 1992/93

| Norge (¹) | Sverige | **EEA** | Schweiz/Suisse | Item in balance sheet |
|---|---|---|---|---|
| \multicolumn{4}{c}{Sugar (in 1 000 t of white sugar equivalent)} | |
| 0 | 306 | : | 126 | Usable production |
| 164 | 24 | : | 208 | Imports |
| **164** | **330** | **:** | **334** | **Total resources/uses** |
| 0 | 11 | : | 49 | Exports |
| 0 | -36 | : | -14 | Change in stocks |
| 164 | 355 | : | 299 | Total domestic uses |
| 3 | – | : | – | – Animal feed |
| – | – | : | – | – Losses (market) |
| 2 | – | : | – | – Industrial uses |
| 159 | 355 | : | 299 | – Human consumption |
| \multicolumn{4}{c}{Wine (in 1 000 hl)} | |
| 1 | 0 | : | 116 | Usable production |
| 274 | 1 090 | : | 172 | Imports |
| **275** | **1 090** | **:** | **288** | **Total resources/uses** |
| – | 10 | : | 1 | Exports |
| – | 10 | : | -6 | Change in stocks |
| – | 1 070 | : | 293 | Total domestic uses |
| – | – | : | – | – Losses (total) |
| – | – | : | – | – Industrial uses |
| 275 | 1 070 | : | 293 | – Human consumption |

(¹) 1991/92.

## 5.13. Meat supply balance sheets — 1992

*(1 000 t (carcass weight))*

| Item in balance sheet | EUR 12 | Belgique/België (¹) | Danmark | Deutsch-land | Ελλάδα |
|---|---|---|---|---|---|
| | | | Total meat | | |
| Usable production | 33 974 | 1 625 | 1 695 | 7 201 | 579 |
| Change in stocks | 261 | - 4 | 25 | 50 | 0 |
| Exports | 2 231 | 881 | 1 314 | 950 | 6 |
| Imports | 1 187 | 285 | 75 | 2 089 | 288 |
| **Total domestic uses** | **32 510** | **1 071** | **561** | **7 600** | **879** |
| | | | Cattle | | |
| Usable production | 8 384 | 359 | 217 | 1 829 | 80 |
| Change in stocks | 235 | - 4 | 6 | 50 | 0 |
| Exports | 1 163 | 179 | 155 | 672 | 0 |
| Imports | 465 | 28 | 51 | 479 | 155 |
| **Total domestic uses** | **7 451** | **212** | **107** | **1 586** | **234** |
| | | | Pigs | | |
| Usable production | 14 402 | 952 | 1 370 | 3 684 | 153 |
| Change in stocks | 17 | 0 | 18 | 0 | 0 |
| Exports | 419 | 492 | 1 027 | 159 | 2 |
| Imports | 41 | 66 | 9 | 962 | 84 |
| **Total domestic uses** | **14 007** | **526** | **334** | **4 486** | **236** |
| | | | Sheep and goats | | |
| Usable production | 1 177 | 6 | 2 | 44 | 132 |
| Change in stocks | - 10 | 0 | 0 | 0 | 0 |
| Exports | 1 | 5 | 0 | 2 | 0 |
| Imports | 238 | 20 | 3 | 41 | 21 |
| **Total domestic uses** | **1 423** | **21** | **5** | **82** | **153** |
| | | | Poultry | | |
| Usable production | 6 923 | 226 | 155 | 590 | 175 |
| Change in stocks | 17 | 0 | 1 | 0 | 0 |
| Exports | 522 | 123 | 95 | 69 | 2 |
| Importations | 174 | 86 | 11 | 485 | 15 |
| **Total domestic uses** | **6 558** | **189** | **70** | **1 005** | **188** |

(¹) BLEU.

## 5.13. Meat supply balance sheets — 1992

(1 000 t (carcass weight))

| España | France | Ireland | Italia | Luxem-bourg (¹) | Nederland | Portugal | United Kingdom |
|---|---|---|---|---|---|---|---|
| \multicolumn{8}{c}{Total meat} ||||||||
| 3 875 | 6 520 | 1 033 | 4 208 | : | 2 906 | 673 | 3 659 |
| 9 | 62 | 112 | 1 | : | 2 | 8 | - 4 |
| 111 | 1 572 | 623 | 332 | : | 1 923 | 18 | 467 |
| 181 | 1 306 | 56 | 1 176 | : | 361 | 115 | 1 220 |
| **3 993** | **6 398** | **354** | **5 097** | : | **1 376** | **792** | **4 301** |
| \multicolumn{8}{c}{Cattle} ||||||||
| 535 | 1 877 | 553 | 1 217 | : | 635 | 123 | 960 |
| 9 | 38 | 111 | 1 | : | - 1 | 4 | 21 |
| 50 | 563 | 402 | 239 | : | 431 | 0 | 145 |
| 31 | 428 | 20 | 453 | : | 112 | 47 | 335 |
| **507** | **1 704** | **60** | **1 430** | : | **317** | **166** | **1 129** |
| \multicolumn{8}{c}{Pigs} ||||||||
| 1 912 | 1 994 | 181 | 1 342 | : | 1 584 | 265 | 965 |
| 0 | 0 | 0 | 0 | : | 0 | 4 | - 5 |
| 32 | 295 | 66 | 46 | : | 991 | 5 | 98 |
| 59 | 449 | 19 | 604 | : | 77 | 44 | 461 |
| **1 940** | **2 148** | **134** | **1 900** | : | **670** | **300** | **1 333** |
| \multicolumn{8}{c}{Sheep and goats} ||||||||
| 247 | 172 | 89 | 86 | : | 17 | 27 | 355 |
| 0 | 0 | 0 | 0 | : | 0 | 0 | - 10 |
| 5 | 7 | 61 | 2 | : | 7 | 0 | 107 |
| 21 | 156 | 0 | 22 | : | 8 | 12 | 129 |
| **263** | **321** | **28** | **106** | : | **18** | **39** | **386** |
| \multicolumn{8}{c}{Poultry} ||||||||
| 862 | 1 853 | 93 | 1 096 | : | 572 | 206 | 1 095 |
| 0 | 24 | 1 | 0 | : | 3 | 0 | - 12 |
| 7 | 659 | 19 | 30 | : | 351 | 13 | 83 |
| 58 | 85 | 9 | 54 | : | 93 | 4 | 205 |
| **913** | **1 255** | **82** | **1 120** | : | **311** | **197** | **1 228** |

(¹) BLEU.

## 5.13. Meat supply balance sheets — 1992

(1 000 t (carcass weight))

| Item in balance sheet | Österreich (¹) | Suomi/Finland (¹) | Island |
|---|---|---|---|
| | | Total meat | |
| Usable production | 779 | 337 | 17 |
| Change in stocks | 1 | - 6 | -1 |
| Exports | 83 | 30 | 1 |
| Imports | 31 | 2 | – |
| **Total domestic uses** | **736** | **315** | **17** |
| | | Cattle | |
| Usable production | 218 | 106 | 3 |
| Change in stocks | - 1 | - 3 | 0 |
| Exports | 75 | 14 | – |
| Imports | 3 | 1 | – |
| **Total domestic uses** | **146** | **96** | **3** |
| | | Pigs | |
| Usable production | 411 | 169 | 3 |
| Change in stocks | 2 | - 1 | 0 |
| Exports | 4 | 15 | – |
| Imports | 2 | 1 | – |
| **Total domestic uses** | **407** | **156** | **3** |
| | | Sheep and goats | |
| Usable production | 6 | 1 | 9 |
| Change in stocks | – | – | 0 |
| Exports | – | – | 1 |
| Imports | 3 | 0 | – |
| **Total domestic uses** | **9** | **1** | **8** |
| | | Poultry | |
| Usable production | 101 | 35 | 2 |
| Change in stocks | – | - 2 | 0 |
| Exports | 1 | – | – |
| Imports | 21 | 0 | – |
| **Total domestic uses** | **121** | **37** | **2** |

(¹) 1993.

# Balances

## 5.13. Meat supply balance sheets — 1992

*(1 000 t (carcass weight))*

| Norge | Sverige | EEA | Schweiz/Suisse | Item in balance sheet |
|---|---|---|---|---|
| | | Total meat | | |
| 248 | 464 | : | 476 | Usable production |
| – | 2 | : | -2 | Change in stocks |
| 13 | 23 | : | 2 | Exports |
| 4 | 52 | : | 71 | Imports |
| **239** | **491** | **:** | **547** | **Total domestic uses** |
| | | Cattle | | |
| 84 | 130 | : | 165 | Usable production |
| – | – | : | -4 | Change in stocks |
| 6 | 7 | : | 2 | Exports |
| 1 | 26 | : | 10 | Imports |
| **79** | **148** | **:** | **177** | **Total domestic uses** |
| | | Pigs | | |
| 91 | 278 | : | 264 | Usable production |
| 1 | 2 | : | 2 | Change in stocks |
| 6 | 16 | : | 1 | Exports |
| 2 | 23 | : | 5 | Imports |
| **86** | **283** | **:** | **266** | **Total domestic uses** |
| | | Sheep and goats | | |
| 24 | 4 | : | 6 | Usable production |
| 0 | – | : | 0 | Change in stocks |
| 0 | – | : | 0 | Exports |
| 0 | 2 | : | 7 | Imports |
| **24** | **6** | **:** | **13** | **Total domestic uses** |
| | | Poultry | | |
| 23 | 52 | : | 37 | Usable production |
| -1 | – | : | – | Change in stocks |
| 0 | – | : | – | Exports |
| 0 | 1 | : | 38 | Imports |
| **24** | **53** | **:** | **75** | **Total domestic uses** |

## 5.14. Degree of self-sufficiency

(%)

| Product | EUR 12 | Belgique/Belgïe (¹) | Danmark | Deutsch-land | Ελλάδα |
|---|---|---|---|---|---|
| | Crop products — 1992/93 | | | | |
| Wheat | : | : | 151,5 | 135,2 | 131,9 |
| Rye | : | : | 118,0 | 121,6 | 107,7 |
| Barley | : | : | 87,6 | 116,2 | 82,1 |
| Oats | : | : | 78,1 | 88,3 | 98,6 |
| Maize | : | : | 0,0 | 71,3 | 106,8 |
| Total grain | : | : | 113,0 | 117,1 | 113,9 |
| Rice | : | : | | 0,0 | : |
| Potatoes | : | 142,3 | 97,8 | 97,6 | 98,6 |
| Sugar | : | : | 188,5 | 144,4 | : |
| Vegetables | : | : | : | 39,1 | 157,7 |
| Fresh fruit | : | : | : | 24,9 | 121,6 |
| Citrus fruit | : | : | : | 0,0 | 144,5 |
| Wine | 106,0 | 0,1 | 0,0 | 72,1 | 126,8 |
| | Livestock products — 1992 | | | | |
| Cheese | 105,5 | 40,0 | 365,0 | 90,0 | 80,3 |
| Butter | 106,9 | 101,4 | 193,7 | 86,9 | 28,9 |
| Beef | 112,0 | 195,7 | 204,7 | 122,7 | 24,6 |
| Veal | 116,7 | 124,5 | 100,0 | 87,5 | 96,6 |
| Pork | 102,9 | 177,6 | 414,1 | 79,5 | 64,8 |
| Poultry | 105,5 | 102,6 | 228,6 | 60,1 | 93,3 |
| Total meat | 103,8 | 152,1 | 328,9 | 85,6 | 65,9 |
| | Oils and fats — 1992 | | | | |
| Vegetable oils and fats | : | 1,9 | : | : | : |
| Slaughtering fat | : | 73,7 | : | : | : |
| Marine oils and fats | : | 0,0 | : | : | : |
| Total oils and fats | : | 30,2 | : | : | : |

(¹) BLEU, except for wine.

*Balances*

## 5.14. Degree of self-sufficiency

(%)

| España | France (¹) | Ireland | Italia | Luxem-bourg | Nederland | Portugal | United Kingdom |
|---|---|---|---|---|---|---|---|
| Crop products – 1992/93 ||||||||
| : | 272,5 * | : | 84,2 | : | 45,6 | 21,2 * | 129,9 |
| : | 100,5 * | : | 85,2 | : | 43,0 | 98,8 * | 82,2 |
| : | 269,9 * | : | 78,8 | : | 21,3 | 25,0 * | 138,7 |
| : | 111,3 * | : | 88,8 | : | 42,2 | 97,8 * | 118,2 |
| : | 233,2 * | : | 111,5 | : | 5,3 | 37,9 * | 0,0 |
| : | 248,5 * | : | 92,1 | : | 29,4 | 33,6 * | 120,1 |
| : | 27,7 * | : | 246,1 | : | 0,0 | 65,7 * | : |
| 100,0 | 104,8 * | : | 90,7 | : | 134,7 | 89,7 * | : |
| : | 219,5 * | : | 122,2 | : | : | 0,7 * | 64,7 |
| : | : | : | 122,5 | : | : | 122,9 | : |
| : | : | : | 116,5 | : | : | 77,7 | : |
| : | : | : | 105,6 | : | : | 87,6 | : |
| 117,2 | 112,7 | 0,0 | 127,1 | 118,9 | 0,0 | 117,4 | 0,4 |
| Livestock products – 1992 ||||||||
| 89,4 | 116,7 | 404,3 | 84,7 | . | 200,2 | 88,5 | 79,9 |
| 179,5 | 91,9 | 1 233,3 | 75,6 | : | 510,3 | 130,8 | 54,4 |
| 102,0 | 126,9 | 991,5 | 65,2 | : | 138,3 | 69,5 | 83,4 |
| 11,0 | 100,3 | 100,0 | 87,6 | : | 566,7 | 75,0 | 916,7 |
| 98,1 | 00,8 | 126,1 | 64,6 | : | 278,4 | 88,3 | 74,5 |
| 94,0 | 148,6 | 109,8 | 97,8 | : | 184,6 | 105,1 | 89,5 |
| 97,1 | 107,4 | 298,6 | 74,5 | : | 230,9 | 88,0 | 84,6 |
| Oils and fats – 1992 ||||||||
| : | : | : | 43,9 | : | : | 26,6 | 31,1 * |
| 65,9 * | : | : | 66,7 | : | : | : | : |
| 33,3 * | : | : | 0,0 | : | : | : | : |
| : | : | : | : | : | : | : | : |

(¹) Including overseas departments.

## 5.14. Degree of self-sufficiency

(%)

| Product | Österreich | Suomi/Finland | Island |
|---|---|---|---|
| | Crop products — 1992/93 | | |
| Wheat | 128 | 50 | : |
| Rye | 115 | 28 | : |
| Barley | 110 | : | : |
| Oats | 94 | : | : |
| Maize | 90 | — | : |
| Total grain | 108 | : | : |
| Rice | — | — | : |
| | | | |
| Potatoes | 96 | : | : |
| Sugar | 99 | 70 | : |
| Vegetables | 69 | : | : |
| Fresh fruit | 41 | : | : |
| Citrus fruit | : | — | : |
| Wine | 95 | — | : |
| | Livestock products — 1992 | | |
| Cheese | 118 | : | : |
| Butter | 102 | 123 (¹) | : |
| | | | |
| Beef | 149 | 118 | : |
| Veal | 100 | : | : |
| Pork | 101 | 108 | : |
| Poultry | 83 | : | : |
| Total meat | 107 | 110 | : |
| | Oils and fats — 1992 | | |
| Vegetable oils and fats | 58 | : | : |
| Slaughtering fat | 111 | : | : |
| Marine oils and fats | — | : | : |
| Total oils and fats | 66 | : | : |

(¹) Milk and fat.

*Balances*

## 5.14. Degree of self-sufficiency

(%)

| Norge | Sverige | EEA | Schweiz/Suisse | Product |
|---|---|---|---|---|
| Crop products — 1992/93 | | | | |
| : | 108 | : | 61 | Wheat |
| : | 88 | : | 139 | Rye |
| : | 89 | : | 69 | Barley |
| : | 119 | : | 42 | Oats |
| : | – | : | 62 | Maize |
| 30 | 102 | : | 63 | Total grain |
| – | – | : | – | Rice |
| 93 | 87 | : | 97 | Potatoes |
| 2 | 96 | : | 44 | Sugar |
| 67 | 63 | : | 56 | Vegetables |
| 27 | 8 | : | 60 | Fresh fruit |
| – | – | : | 0 | Citrus fruit |
| – | – | : | 40 | Wine |
| Livestock products — 1992 | | | | |
| 90 | 86 | : | 135 | Cheese |
| 100 | 151 | : | 88 | Butter |
| : | 88 | : | 90 | Beef |
| : | 83 | : | 96 | Veal |
| : | 98 | : | 98 | Pork |
| : | 98 | : | 47 | Poultry |
| 97 | 95 | : | 84 | Total meat |
| Oils and fats — 1992 | | | | |
| : | 51 | : | 22 | Vegetable oils and fats |
| : | 107 | : | 90 | Slaughtering fat |
| : | 200 | : | 0 | Marine oils and fats |
| : | 62 | : | 49 | Total oils and fats |

## 5.15. Agricultural holdings by size group — 1989/90

| Size group (ha AA) | EUR 12 | Belgique/ België | Danmark | Deutsch- land | Ελλάδα |
|---|---|---|---|---|---|
| | Number of holdings (x 1 000) | | | | |
| < 1 | 1 694,7 | 11,9 | 0,9 | 36,2 | 218,4 |
| 1 < 5 | 3 109,1 | 20,2 | 1,3 | 182,4 | 426,9 |
| 5 < 10 | 1 012,0 | 12,7 | 12,1 | 102,2 | 126,3 |
| 10 < 20 | 815,2 | 16,8 | 20,1 | 123,4 | 56,7 |
| 20 < 50 | 859,5 | 18,6 | 31,3 | 153,1 | 18,0 |
| ≥ 50 | 502,5 | 4,9 | 15,6 | 56,3 | 3,9 |
| Total | 7 992,9 | 85,0 | 81,3 | 653,6 | 923,5 |
| | % | | | | |
| < 1 | 21,2 | 13,9 | 1,1 | 5,5 | 23,6 |
| 1 < 5 | 38,9 | 23,8 | 1,6 | 27,9 | 46,2 |
| 5 < 10 | 12,7 | 14,9 | 14,9 | 15,6 | 13,7 |
| 10 < 20 | 10,2 | 19,7 | 24,7 | 18,9 | 6,1 |
| 20 < 50 | 10,8 | 21,9 | 38,5 | 23,4 | 1,9 |
| ≥ 50 | 6,3 | 5,7 | 19,2 | 8,6 | 0,4 |
| Total | 100,0 | 100,0 | 100,0 | 100,0 | 100,0 |
| | % of EUR 12 | | | | |
| < 1 | 100,0 | 0,7 | 0,1 | 2,1 | 12,9 |
| 1 < 5 | 100,0 | 0,7 | 0,0 | 5,9 | 13,7 |
| 5 < 10 | 100,0 | 1,3 | 1,2 | 10,1 | 12,5 |
| 10 < 20 | 100,0 | 2,1 | 2,5 | 15,1 | 7,0 |
| 20 < 50 | 100,0 | 2,2 | 3,6 | 17,8 | 2,1 |
| ≥ 50 | 100,0 | 1,0 | 3,1 | 11,2 | 0,8 |
| Total | 100,0 | 1,1 | 1,0 | 8,2 | 11,6 |

## 5.15. Agricultural holdings by size group — 1989/90

| España | France | Ireland | Italia | Luxembourg | Nederland | Portugal | United Kingdom |
|---|---|---|---|---|---|---|---|
| \multicolumn{8}{c}{Number of holdings (x 1 000)} | | | | | | | |
| 221,0 | 73,0 | 1,5 | 928,9 | 0,34 | 12,6 | 183,3 | 6,8 |
| 750,4 | 175,8 | 17,7 | 1 170,1 | 0,69 | 27,7 | 309,2 | 26,7 |
| 244,7 | 97,1 | 24,1 | 284,3 | 0,35 | 21,5 | 56,1 | 30,5 |
| 165,7 | 138,5 | 48,3 | 155,2 | 0,42 | 25,4 | 27,4 | 37,4 |
| 124,9 | 259,7 | 59,4 | 87,7 | 1,06 | 31,6 | 13,6 | 60,7 |
| 87,0 | 179,6 | 19,6 | 38,4 | 1,09 | 6,0 | 9,2 | 81,0 |
| 1 593,6 | 923,6 | 170,6 | 2 664,6 | 3,95 | 124,8 | 598,7 | 243,1 |
| \multicolumn{8}{c}{%} | | | | | | | |
| 13,9 | 7,9 | 0,9 | 34,9 | 8,6 | 10,1 | 30,6 | 2,8 |
| 47,1 | 19,0 | 10,3 | 43,9 | 17,5 | 22,2 | 51,6 | 11,0 |
| 15,4 | 10,5 | 14,1 | 10,7 | 8,9 | 17,2 | 9,4 | 12,6 |
| 10,4 | 15,0 | 28,3 | 5,8 | 10,6 | 20,3 | 4,6 | 15,4 |
| 7,8 | 28,1 | 34,8 | 3,3 | 26,8 | 25,3 | 2,3 | 25,0 |
| 5,5 | 19,4 | 11,5 | 1,4 | 27,6 | 4,8 | 1,5 | 33,3 |
| 100,0 | 100,0 | 100,0 | 100,0 | 100,0 | 100,0 | 100,0 | 100,0 |
| \multicolumn{8}{c}{% of EUR 12} | | | | | | | |
| 13,0 | 4,3 | 0,1 | 54,8 | 0,0 | 0,7 | 10,8 | 0,4 |
| 24,1 | 5,7 | 0,6 | 37,6 | 0,0 | 0,9 | 9,9 | 0,9 |
| 24,2 | 9,6 | 2,4 | 28,1 | 0,0 | 2,1 | 5,5 | 3,0 |
| 20,3 | 17,0 | 5,9 | 10,0 | 0,1 | 3,1 | 3,4 | 4,6 |
| 14,5 | 30,2 | 6,9 | 10,2 | 0,1 | 3,7 | 1,6 | 7,1 |
| 17,3 | 35,7 | 3,9 | 7,6 | 0,2 | 1,2 | 1,8 | 16,1 |
| 19,9 | 11,6 | 2,1 | 33,3 | 0,0 | 1,6 | 7,5 | 3,0 |

*Structure*

## 5.15. Agricultural holdings of 1 ha and over by size group — 1989/90

| Size group (ha AA) | Österreich | Suomi/Finland (¹) | Island (²) |
|---|---|---|---|
| | Number of holdings (x 1 000) | | |
| 1 < 5    | 86,8  | 65,3  | :   |
| 5 < 10   | 48,0  | 40,3  | :   |
| 10 < 20  | 55,7  | 44,5  | :   |
| 20 < 50  | 35,4  | 36,3  | :   |
| ≥ 50     | 6,9   | 5,5   | :   |
| **Total** | **232,8** | **191,9** | **4,1** |
| | % | | |
| 1 < 5    | 37,3  | 34,1  | :   |
| 5 < 10   | 20,6  | 21,0  | :   |
| 10 < 20  | 23,9  | 23,2  | :   |
| 20 < 50  | 15,2  | 18,9  | :   |
| ≥ 50     | 3,0   | 2,8   | :   |
| **Total** | **100,0** | **100,0** | **100,0** |
| | % of EUR 12 | | |
| 1 < 5    | :  | :  | :   |
| 5 < 10   | :  | :  | :   |
| 10 < 20  | :  | :  | :   |
| 20 < 50  | :  | :  | :   |
| ≥ 50     | :  | :  | :   |
| **Total** | : | : | : |

(¹) 1993.
(²) 1988.

## 5.15. Agricultural holdings of 1 ha and over by size group — 1989/90

| Norge (¹) | Sverige (²) | EEA | Schweiz/Suisse (³) | Size group (ha AA) |
|---|---|---|---|---|
| Number of holdings (x 1 000) | | | | |
| 27,1 | 13,9 | : | 20,5 | 1 < 5 |
| 23,0 | 18,2 | : | 18,8 | 5 < 10 |
| 25,5 | 19,5 | : | 31,5 | 10 < 20 |
| 12,2 | 24,5 | : | 13,4 | 20 < 50 |
| 1,0 | 15,4 | : | 0,7 | ≥ 50 |
| **88,9** | **91,5** | : | **84,9** | **Total** |
| % | | | | |
| 30,5 | 15,2 | : | 24,1 | 1 < 5 |
| 25,9 | 19,9 | : | 22,1 | 5 < 10 |
| 28,7 | 21,3 | : | 37,1 | 10 < 20 |
| 13,7 | 26,8 | : | 15,8 | 20 < 50 |
| 1,2 | 16,8 | : | 0,8 | ≥ 50 |
| **100,0** | **100,0** | : | **100,0** | **Total** |
| % of EUR 12 | | | | |
| : | : | : | : | 1 < 5 |
| : | : | : | : | 5 < 10 |
| : | : | : | : | 10 < 20 |
| : | : | : | : | 20 < 50 |
| : | : | : | : | ≥ 50 |
| : | : | : | : | **Total** |

(¹) 1992.
(²) 1993.
(³) 1990.

## 5.16. Utilized agricultural area (UAA) on holdings by size group — 1989/90

| Size group (ha AA) | EUR 12 | Belgique/ België | Danmark | Deutsch- land | Ελλάδα |
|---|---|---|---|---|---|
| | | | x 1 000 ha | | |
| < 1 | 823 | 6 | 0 | 18 | 102 |
| 1 < 5 | 7 333 | 53 | 4 | 458 | 1 042 |
| 5 < 10 | 7 093 | 91 | 90 | 740 | 855 |
| 10 < 20 | 11 515 | 244 | 291 | 1 796 | 769 |
| 20 < 50 | 27 129 | 569 | 1 006 | 4 808 | 512 |
| ≥ 50 | 65 689 | 381 | 1 387 | 9 229 | 380 |
| Total | 119 581 | 1 345 | 2 779 | 17 048 | 3 661 |
| | | | % | | |
| < 1 | 0,7 | 0,4 | 0,0 | 0,1 | 2,8 |
| 1 < 5 | 6,1 | 4,0 | 0,1 | 2,7 | 28,5 |
| 5 < 10 | 5,9 | 6,8 | 3,2 | 4,3 | 23,4 |
| 10 < 20 | 9,6 | 18,1 | 10,5 | 10,5 | 21,0 |
| 20 < 50 | 22,7 | 42,3 | 36,2 | 28,2 | 14,0 |
| ≥ 50 | 54,9 | 28,3 | 49,9 | 54,1 | 10,4 |
| Total | 100,0 | 100,0 | 100,0 | 100,0 | 100,0 |
| | | | % of EUR 12 | | |
| < 1 | 100,0 | 0,7 | 0,0 | 2,2 | 12,4 |
| 1 < 5 | 100,0 | 0,7 | 0,1 | 6,2 | 14,2 |
| 5 < 10 | 100,0 | 1,3 | 1,3 | 10,4 | 12,1 |
| 10 < 20 | 100,0 | 2,1 | 2,5 | 15,6 | 6,7 |
| 20 < 50 | 100,0 | 2,1 | 3,7 | 17,7 | 1,9 |
| ≥ 50 | 100,0 | 0,6 | 2,1 | 14,0 | 0,6 |
| Total | 100,0 | 1,1 | 2,3 | 14,3 | 3,1 |

*Structure*

## 5.16. Utilized agricultural area (UAA) on holdings by size group — 1989/90

| España | France | Ireland | Italia | Luxem-bourg | Nederland | Portugal | United Kingdom |
|---|---|---|---|---|---|---|---|
| | | | x 1 000 ha | | | | |
| 104 | 31 | 1 | 461 | 0 | 6 | 92 | 3 |
| 1 769 | 456 | 57 | 2 678 | 2 | 75 | 666 | 74 |
| 1 696 | 702 | 181 | 1 967 | 3 | 154 | 387 | 226 |
| 2 282 | 2 014 | 701 | 2 130 | 6 | 367 | 375 | 539 |
| 3 845 | 8 502 | 1 840 | 2 637 | 38 | 963 | 407 | 2 001 |
| 14 836 | 16 481 | 1 662 | 5 073 | 78 | 446 | 2 080 | 13 656 |
| **24 531** | **28 186** | **4 442** | **14 946** | **127** | **2 011** | **4 006** | **16 499** |
| | | | % | | | | |
| 0,4 | 0,1 | 0,0 | 3,1 | 0,1 | 0,3 | 2,3 | 0,0 |
| 7,2 | 1,6 | 1,3 | 17,9 | 1,5 | 3,7 | 16,6 | 0,4 |
| 6,9 | 2,5 | 4,1 | 13,2 | 2,0 | 7,7 | 9,7 | 1,4 |
| 9,3 | 7,1 | 15,8 | 14,3 | 4,9 | 18,3 | 9,4 | 3,3 |
| 15,7 | 30,2 | 41,4 | 17,6 | 29,9 | 47,9 | 10,2 | 12,1 |
| 60,5 | 58,5 | 37,4 | 33,9 | 61,5 | 22,2 | 51,9 | 82,8 |
| **100,0** | **100,0** | **100,0** | **100,0** | **100,0** | **100,0** | **100,0** | **100,0** |
| | | | % of EUR 12 | | | | |
| 12,6 | 3,8 | 0,1 | 56,0 | 0,0 | 0,7 | 11,2 | 0,3 |
| 24,1 | 6,2 | 0,8 | 36,5 | 0,0 | 1,0 | 9,1 | 1,0 |
| 23,9 | 9,9 | 2,6 | 27,7 | 0,0 | 2,2 | 5,5 | 3,2 |
| 19,8 | 17,5 | 6,1 | 18,5 | 0,1 | 3,2 | 3,3 | 4,7 |
| 14,2 | 31,3 | 6,8 | 9,7 | 0,1 | 3,6 | 1,5 | 7,1 |
| 22,6 | 25,1 | 2,5 | 7,7 | 0,1 | 0,7 | 3,2 | 20,8 |
| **20,5** | **23,6** | **3,7** | **12,5** | **0,1** | **1,7** | **3,3** | **13,8** |

*Structure*

### 5.16. Utilized agricultural area (UAA) on holdings of 1 ha and over by size group — 1989/90

| Size group (ha AA) | Österreich (¹) | Suomi/Finland (²) | Island |
|---|---|---|---|
| | | x 1 000 ha | |
| 1 < 5 | 231,0 | 165,0 | : |
| 5 < 10 | 349,0 | 293,2 | : |
| 10 < 20 | 801,0 | 639,8 | : |
| 20 < 50 | 1 026,0 | 1 080,7 | : |
| ≥ 50 | 1 103,0 | 403,8 | : |
| **Total** | **3 510,0** | **2 582,5** | **136,0** |
| | | % | |
| 1 < 5 | 6,6 | 6,4 | : |
| 5 < 10 | 9,9 | 11,4 | : |
| 10 < 20 | 22,8 | 24,8 | : |
| 20 < 50 | 29,2 | 41,8 | : |
| ≥ 50 | 31,4 | 15,6 | : |
| **Total** | **100,0** | **100,0** | **100,0** |
| | | % of EUR 12 | |
| 1 < 5 | : | : | : |
| 5 < 10 | : | : | : |
| 10 < 20 | : | : | : |
| 20 < 50 | : | : | : |
| ≥ 50 | : | : | : |
| **Total** | : | : | : |

(¹) 1990.
(²) 1993.

## Structure

### 5.16. Utilized agricultural area (UAA) on holdings of 1 ha and over by size group — 1989/90

| Norge (¹) | Sverige (²) | EEA | Schweiz/Suisse (³) | Size group (ha UAA) |
|---|---|---|---|---|
| | x 1 000 ha | | | |
| 76,7 | 53,3 | : | 46,0 | 1 < 5 |
| 164,3 | 139,3 | : | 101,0 | 5 < 10 |
| 361,1 | 288,8 | : | 394,0 | 10 < 20 |
| 334,4 | 802,3 | : | 456,0 | 20 < 50 |
| 69,5 | 1 496,1 | : | 67,0 | ≥ 50 |
| **1 005,9** | **2 779,8** | : | **1 064,0** | **Total** |
| | % | | | |
| 7,6 | 1,9 | : | 4,3 | 1 < 5 |
| 16,3 | 5,0 | : | 9,5 | 5 < 10 |
| 35,9 | 10,4 | : | 37,0 | 10 < 20 |
| 33,2 | 28,9 | : | 42,9 | 20 < 50 |
| 6,9 | 53,8 | : | 6,3 | ≥ 50 |
| **100,0** | **100,0** | : | **100,0** | **Total** |
| | % of EUR 12 | | | |
| : | : | : | : | 1 < 5 |
| : | : | : | : | 5 < 10 |
| : | : | : | : | 10 < 20 |
| : | : | : | : | 20 < 50 |
| : | : | : | : | ≥ 50 |
| : | : | : | : | **Total** |

(¹) 1992.
(²) 1993.
(³) 1990.

## 5.17. Survey on the structure of agricultural holdings — 1989/90
### Land use, animal breeding, labour force

| Characteristics | EUR 12 | Belgique/België | Danmark | Deutschland | Ελλάδα |
|---|---|---|---|---|---|
| **Total holdings** | | | | | |
| (x 1 000) | 7 992,9 | 85,0 | 81,3 | 653,6 | 850,1 |
| Holdings with: | | | | | |
| Arable land | 5 296,9 | 65,2 | 79,7 | 518,9 | 529,4 |
| Permanent pasture | | | | | |
| and meadow | 2 970,8 | 64,5 | 37,8 | 506,2 | 108,7 |
| Permanent crops | 4 257,3 | 4,3 | 1,6 | 82,7 | 571,4 |
| Cereals | 3 700,0 | 41,6 | 74,8 | 453,5 | 351,9 |
| Root and tuber crops | 1 606,6 | 39,3 | 34,5 | 241,4 | 74,0 |
| Industrial plants | 750,4 | 4,0 | 31,1 | 118,0 | 132,0 |
| Fresh vegetables (open air) | 994,5 | 12,7 | 3,1 | 26,7 | 85,6 |
| Fruit plantations | 1 314,8 | 2,8 | 1,1 | 39,4 | 142,2 |
| Vineyards | 2 234,7 | – | – | 48,5 | 200,0 |
| Bovine animals | 2 172,7 | 57,4 | 37,1 | 354,3 | 53,0 |
| Dairy cows | 1 249,0 | 31,3 | 23,2 | 275,7 | 37,6 |
| Sheep | 934,1 | 8,0 | 6,0 | 45,6 | 160,4 |
| Pigs | 1 455,6 | 20,0 | 31,4 | 277,7 | 32,3 |
| Laying hens | 2 651,9 | 12,9 | 13,1 | 223,9 | 376,9 |
| Table fowl | 1 259,4 | 2,5 | 1,2 | 45,4 | 135,7 |
| **Total labour force** | | | | | |
| (x 1 000 persons) | 16 415,9 | 141,0 | 139,1 | 1 775,9 | 1 543,5 |
| Holders: | | | | | |
| total | 7 903,2 | 84,5 | 81,0 | 646,3 | 849,9 |
| full-time | 1 924,7 | 49,6 | 38,1 | 257,9 | 136,6 |
| aged 45 and above | 6 009,3 | 60,4 | 57,1 | 400,4 | 648,2 |
| Family workers: | | | | | |
| total | 15 241,5 | 133,9 | 119,5 | 1372,1 | 1 537,8 |
| full-time | 2 830,1 | 60,1 | 46,0 | 356,8 | 185,9 |
| Non-family regular workers: | | | | | |
| total | 1 174,4 | 7,1 | 19,7 | 403,7 | 5,7 |
| full-time | 761,5 | 4,5 | 19,4 | 306,3 | 2,9 |

## Structure

### 5.17. Survey on the structure of agricultural holdings — 1989/90
### Land use, animal breeding, labour force

| España | France | Ireland | Italia | Luxem-bourg | Nederland | Portugal | United Kingdom |
|---|---|---|---|---|---|---|---|
| **1 593,6** | **923,6** | **170,6** | **2 664,6** | **4,0** | **124,8** | **598,7** | **243,1** |
| 988,0 | 692,9 | 59,2 | 1 652,3 | 3,1 | 81,3 | 477,6 | 148,6 |
| 471,3 | 609,5 | 166,5 | 596,4 | 3,2 | 85,5 | 108,3 | 212,8 |
| 929,2 | 275,5 | 0,7 | 1 885,5 | 0,8 | 9,5 | 487,0 | 9,3 |
| 632,6 | 557,0 | 23,2 | 1 104,2 | 2,8 | 20,0 | 357,4 | 81,2 |
| 334,5 | 172,3 | 20,1 | 292,2 | 1,2 | 30,3 | 322,3 | 44,7 |
| 83,0 | 188,3 | 0,6 | 169,8 | 0,3 | 1,7 | 4,7 | 16,9 |
| 319,3 | 79,2 | 1,1 | 358,4 | 0,0 | 18,8 | 71,6 | 18,0 |
| 362,7 | 64,0 | 0,4 | 555,1 | 0,1 | 5,4 | 135,0 | 6,8 |
| 288,6 | 231,3 | – | 1 098,3 | 0,8 | – | 366,9 | 0,4 |
| 311,0 | 457,5 | 151,4 | 319,6 | 2,7 | 65,5 | 219,6 | 143,6 |
| 206,8 | 226,6 | 49,1 | 206,4 | 1,9 | 47,1 | 99,0 | 44,8 |
| 129,0 | 149,4 | 54,8 | 158,8 | 0,3 | 24,7 | 101,3 | 95,7 |
| 310,9 | 148,9 | 2,9 | 345,9 | 0,8 | 29,3 | 238,7 | 16,9 |
| 007,2 | 473,1 | 23,9 | 710,9 | 1,6 | 4,7 | 384,5 | 39,2 |
| 103,4 | 240,0 | 2,4 | 452,9 | 0,2 | 1,4 | 271,5 | 2,9 |
| **2 838,7** | **1 859,0** | **312,7** | **5 287,4** | **9,3** | **289,2** | **1 561,0** | **659,1** |
| 1 568,3 | 910,3 | 169,9 | 2 646,5 | 3,9 | 122,2 | 593,6 | 226,8 |
| 251,0 | 452,2 | 116,6 | 294,9 | 2,2 | 81,2 | 123,8 | 120,6 |
| 1 233,6 | 597,6 | 113,7 | 2 166,6 | 2,7 | 86,2 | 474,6 | 168,2 |
| 2 707,4 | 1 691,4 | 299,3 | 5 197,2 | 8,7 | 238,3 | 1 474,6 | 461,2 |
| 372,5 | 613,4 | 172,8 | 468,4 | 3,3 | 116,0 | 229,6 | 205,3 |
| 131,4 | 167,5 | 13,5 | 90,1 | 0,6 | 50,9 | 86,4 | 197,9 |
| 71,5 | 104,0 | 8,9 | 47,6 | 0,6 | 24,7 | 42,8 | 128,5 |

*Structure*

## 5.17. Survey on the structure of agricultural holdings — 1990/91
### Land use, animal breeding, labour force

| Characteristics | Österreich (¹) | Suomi/Finland (²) | Island (³) |
|---|---|---|---|
| **Total holdings** | | | |
| **(x 1 000)** | **267,4** | **191,9** | : |
| Holdings with: | | | |
| Arable land | 162,1 | 191,9 | : |
| Permanent pasture and meadow | 163,2 | 81,1 | : |
| Permanent crops | 39,0 | : | : |
| Cereals | : | : | : |
| Root and tuber crops | : | : | : |
| Industrial plants | 0,7 | : | : |
| Fresh vegetables (open air) | 4,5 | : | : |
| Fruit plantations | 4,5 | : | : |
| Vineyards | 34,5 | — | : |
| Bovine animals | 124,4 | : | : |
| Dairy cows | — | 34,6 | 0,4 |
| Sheep | 22,9 | : | 2,2 |
| Pigs | 125,9 | : | 0,1 |
| Laying hens | 119,1 | : | : |
| Table fowl | 3,4 | : | : |
| **Total labour force** | | | |
| **(x 1 000 persons)** | **475,8** | : | : |
| Holders: | | | |
| total | 258,4 | : | 4,8 |
| full-time | 114,2 | : | : |
| aged 45 and above | — | : | 2,9 |
| Family workers: | | | |
| total | 435,7 | : | : |
| full-time | 249,9 | : | : |
| Non-family regular workers: | | | |
| total | 40,1 | : | : |
| full-time | 19,3 | : | : |

(¹) 1993.
(²) 1990.
(³) 1988.

## 5.17. Survey on the structure of agricultural holdings — 1990/91
### Land use, animal breeding, labour force

| Norge (¹) | Sverige (²) | EEA | Schweiz/Suisse (³) | Characteristics |
|---|---|---|---|---|
| **91,3** | **91,5** | : | : | **Total holdings** (x 1 000) |
| | | | | Holdings with: |
| 91,3 | 91,5 | : | 51,0 | Arable land |
| 65,3 | 45,5 | : | 91,1 | Permanent pasture and meadow |
| : | – | : | 23,1 | Permanent crops |
| 30,0 | : | : | 43,3 | Cereals |
| : | : | : | 31,3 | Root and tuber crops |
| : | : | : | 10,6 | Industrial plants |
| 4,2 | 1,6 | : | 4,5 | Fresh vegetables (open air) |
| : | 0,5 | : | 7,4 | Fruit plantations |
| : | – | : | 16,0 | Vineyards |
| 35,4 | 45,0 | : | 62,0 (¹) | Bovine animals |
| 29,0 | 20,0 | : | 59,4 (¹) | Dairy cows |
| 27,3 | 10,7 | : | 20,2 (¹) | Sheep |
| 8,5 | 12,3 | : | 23,6 (¹) | Pigs |
| 4,9 | 10,8 | : | 39,8 (¹) | Laying hens |
| : | 0,3 | : | 1,6 (¹) | Table fowl |
| . | : | : | : | **Total labour force** (x 1 000 persons) |
| | | | | Holders: |
| 91,3 | 105,8 | : | 108,3 | total |
| 24,5 | – | : | 62,8 | full-time |
| 51,7 | 67,9 | : | 60,0 | aged 45 and above |
| | | | | Family workers: |
| : | – | : | 237,1 | total |
| : | – | : | 58,2 | full-time |
| | | | | Non-family regular workers: |
| : | – | : | 23,1 | total |
| : | – | : | 15,4 | full-time |

(¹) 1992.
(²) 1993.
(³) 1990.

## 5.18. Survey on the structure of agricultural holdings — 1989/90
### Holdings broken down by type of farming and economic size class

*(Total holdings x 1 000)*

| Characteristics | EUR 12 | Belgique/België | Danmark | Deutschland | Ελλάδα |
|---|---|---|---|---|---|
| **I. Holdings by type of farming** | | | | | |
| A. Specialized farming | | | | | |
| Cereals | **681,9** | 1,7 | 17,7 | 39,2 | 84,4 |
| General field cropping | **997,7** | 7,6 | 20,0 | 98,4 | 136,9 |
| Horticulture | **229,9** | 7,1 | 1,7 | 13,1 | 16,7 |
| Vineyards | **570,3** | – | – | 36,6 | 24,9 |
| Fruits and citrus fruit | **691,7** | 1,8 | 0,4 | 9,1 | 69,3 |
| Olives | **696,6** | – | – | – | 192,2 |
| Other permanent crops | **425,9** | 1,1 | 0,4 | 6,1 | 77,2 |
| Cattle — dairying | **641,8** | 16,9 | 14,6 | 165,1 | 2,5 |
| Cattle — rearing, fattening | **304,4** | 12,7 | 0,2 | 12,7 | 1,7 |
| Cattle combined | **104,9** | 4,1 | 0,3 | 17,2 | 1,6 |
| Sheep, goats and other grazing livestock | **705,4** | 6,9 | 1,2 | 58,9 | 57,4 |
| Granivores (pigs and poultry) | **100,8** | 4,9 | 3,6 | 8,5 | 3,5 |
| B. Mixed farming | | | | | |
| Mixed cropping | **807,7** | 2,7 | 2,8 | 27,0 | 97,0 |
| Mixed livestock (grazing livestock) | **238,8** | 2,4 | 2,5 | 30,4 | 21,9 |
| Mixed livestock (granivores) | **73,2** | 3,1 | 0,7 | 8,6 | 2,7 |
| Field crops and grazing livestock | **396,2** | 9,9 | 5,9 | 84,9 | 22,1 |
| Other 'cropping/livestock' | **264,0** | 2,0 | 9,3 | 30,9 | 38,1 |
| **II. Holdings by economic size class (Standard gross margin in size units — ESU)** | | | | | |
| 0 —< 2 ESU | **3 276,8** | 12,4 | 0,5 | 130,0 | 364,3 |
| 2 —< 4 ESU | **1 248,4** | 7,7 | 4,1 | 74,5 | 82,9 |
| 4 —< 6 ESU | **675,7** | 5,0 | 6,7 | 49,0 | 107,8 |
| 6 —< 8 ESU | **429,5** | 3,7 | 5,5 | 37,7 | 65,7 |
| 8 —< 12 ESU | **529,6** | 5,8 | 8,6 | 56,1 | 68,3 |
| 12 —< 16 ESU | **324,5** | 5,0 | 6,4 | 43,3 | 29,1 |
| 16 —< 40 ESU | **864,8** | 23,7 | 23,4 | 158,6 | 29,5 |
| 40 —< 100 ESU | **435,7** | 18,7 | 20,9 | 74,1 | 2,2 |
| > 100 ESU | **109,4** | 2,8 | 5,2 | 8,6 | 0,4 |

## Structure

### 5.18. Survey on the structure of agricultural holdings — 1989/90
### Holdings broken down by type of farming and economic size class

*(Total holdings x 1 000)*

| España | France | Ireland | Italia | Luxembourg | Nederland | Portugal | United Kingdom |
|---|---|---|---|---|---|---|---|
| **I. Holdings by type of farming** | | | | | | | |
| 159,8 | 61,0 | 2,3 | 286,2 | 0,19 | 0,4 | 10,8 | 18,2 |
| 124,9 | 108,7 | 2,7 | 399,2 | 0,09 | 15,8 | 58,5 | 25,0 |
| 74,4 | 30,2 | 0,6 | 45,2 | 0,05 | 18,0 | 14,7 | 8,3 |
| 85,1 | 106,3 | – | 273,8 | 0,67 | – | 42,7 | 0,2 |
| 267,9 | 18,4 | 0,1 | 277,6 | 0,01 | 2,8 | 41,9 | 2,2 |
| 149,3 | 1,6 | – | 333,1 | – | – | 20,4 | – |
| 69,8 | 11,7 | 0,2 | 221,1 | 0,02 | 2,9 | 34,5 | 0,8 |
| 106,8 | 125,9 | 41,6 | 80,7 | 1,54 | 36,1 | 15,1 | 34,9 |
| 43,7 | 99,4 | 71,8 | 16,4 | 0,28 | 4,9 | 6,2 | 34,5 |
| 22,2 | 24,0 | 4,7 | 18,0 | 0,14 | 3,3 | 6,9 | 2,3 |
| 159,4 | 102,6 | 40,9 | 154,4 | 0,20 | 14,1 | 23,1 | 86,3 |
| 21,8 | 13,9 | 0,8 | 12,3 | 0,04 | 11,8 | 12,8 | 6,8 |
| | | | | | | | |
| 143,2 | 59,1 | 0,2 | 317,5 | 0,05 | 2,8 | 153,6 | 4,2 |
| 46,7 | 44,7 | 0,1 | 46,1 | 0,11 | 0,7 | 47,5 | 0,9 |
| 12,2 | 13,0 | 0,3 | 9,8 | 0,05 | 5,5 | 16,2 | 1,8 |
| 50,5 | 72,3 | 4,2 | 75,3 | 0,46 | 3,6 | 58,5 | 13,0 |
| 43,4 | 30,4 | 0,1 | 73,2 | 0,04 | – | 35,4 | 2,3 |
| **II. Holdings by economic size class (Standard gross margin in size units - ESU)** | | | | | | | |
| 817,0 | 171,2 | 44,1 | 1330,1 | 0,55 | 0,0 | 351,9 | 54,6 |
| 276,9 | 89,5 | 28,6 | 467,0 | 0,43 | 3,8 | 127,2 | 21,0 |
| 140,6 | 57,1 | 17,7 | 222,5 | 0,25 | 7,9 | 46,2 | 15,1 |
| 88,1 | 45,0 | 12,3 | 130,7 | 0,16 | 6,9 | 22,7 | 11,0 |
| 102,1 | 75,9 | 17,1 | 148,5 | 0,29 | 9,1 | 21,3 | 16,5 |
| 52,1 | 65,3 | 11,6 | 83,4 | 0,22 | 6,7 | 9,5 | 12,0 |
| 78,3 | 261,6 | 29,6 | 169,3 | 1,14 | 29,1 | 14,2 | 46,5 |
| 19,6 | 130,0 | 8,8 | 64,3 | 0,87 | 47,5 | 4,2 | 44,5 |
| 6,2 | 27,8 | 0,8 | 22,5 | 0,02 | 13,8 | 1,5 | 20,0 |

*Structure*

## 5.19. Wooded area and timber production — 1989 (¹)

| Country | Wooded area (1 000 ha) | Total production of roundwood (1 000 m³) without bark | Production of sawn softwood (1 000 m³) | Production of sawn hardwood (1 000 m³) |
|---|---|---|---|---|
| **EUR 12** | **69 531** | **133 844** | **25 026** | **8 831** |
| 1 Belgique/België | 620 | 4 832 (²) | 880 (²) | 270 (²) |
| 2 Danmark | 466 | 2 101 | 450 | 400 |
| 3 Deutschland (³) | 7 754 | 35 060 | 9 731 | 1 599 |
| 4 Ελλάδα | 6 032 | 2 491 | 187 | 230 |
| 5 España | 25 622 | 17 047 | 2 102 | 569 |
| 6 France | 14 155 | 44 076 | 6 740 | 3 760 |
| 7 Ireland | 429 | 1 500 | 350 | 6 |
| 8 Italia | 8 550 | 8 780 | 896 | 1 043 |
| 9 Luxembourg | 87 | : | : | : |
| 10 Nederland | 334 | 1 325 | 165 | 300 |
| 11 Portugal | 3 102 | 10 205 | 1 700 | 290 |
| 12 United Kingdom | 2 380 | 6 427 | 1 825 | 364 |
| 13 Österreich | 3 877 | 16 255 | 6 634 | 251 |
| 14 Suomi/Finland | 23 373 | 46 460 | 7 660 | 70 |
| 15 Island | 134 | – | – | – |
| 16 Norge | 9 565 | 11 508 | 2 480 | 10 |
| 17 Sverige | 28 015 | 54 580 | 11 251 | 210 |
| **EEA** | **134 495** | **262 647** | **53 051** | **9 372** |
| 18 Schweiz/Suisse | 1 186 | 4 542 | 1 480 | 195 |
| 19 Türkiye | 20 199 | 15 524 | 3 330 | 1 545 |
| 20 USA | 295 989 | 512 600 | 88 606 | 25 932 |
| 21 Canada | 453 300 | 174 223 | 58 000 | 1 245 |
| 22 Nippon (Japan) | 24 718 | 31 306 | 27 067 | 3 414 |
| ● | : | : | : | : |

(¹) FAO.
(²) BLEU.
(³) In its borders prior to 3.10.1990.

## 5.20. EU indices of agricultural prices
### Nominal indices

(1985 = 100)

| | Country | 1989 | 1990 | 1991 | 1992 | 1993 |
|---|---|---|---|---|---|---|
| | | \multicolumn{5}{c}{EU indices of producer prices of agricultural products} | | | | |
| | **EUR 12** | **113,1** | **114,9** | **117,9** | **113,8** | **114,5** |
| 1 | Belgique/België | 101,5 | 95,8 | 94,7 | 92,5 | 85,9 |
| 2 | Danmark | 101,4 | 93,8 | 92,0 | 92,1 | 80,7 |
| 3 | Deutschland | 99,8 | 94,8 | 94,0 | 92,0 | 85,3 |
| 4 | Ελλάδα | 166,8 | 202,1 | 238,4 | 248,1 | 264,8 |
| 5 | España | 116,6 | 117,3 | 117,1 | 109,2 | 115,7 |
| 6 | France | 105,9 | 105,6 | 105,8 | 98,5 | 94,2 |
| 7 | Ireland | 120,2 | 106,5 | 103,2 | 106,3 | 113,3 |
| 8 | Italia | 112,9 | 118,2 | 124,9 | 117,9 | 121,0 |
| 9 | Luxembourg | 114,8 | 112,5 | 104,5 | 99,6 | 97,8 |
| 10 | Nederland | 100,8 | 95,2 | 98,0 | 93,4 | 87,5 |
| 11 | Portugal | 149,4 | 155,5 | 147,1 | 135,7 | 139,4 |
| 12 | United Kingdom | 111,8 | 113,3 | 112,5 | 114,1 | 120,2 |
| | | \multicolumn{5}{c}{EU indices of purchase prices of the means of agricultural production} | | | | |
| | **EUR 12** | **107,8** | **110,3** | **114,5** | **117,7** | **121,3** |
| 1 | Belgique/België | 96,1 | 92,9 | 93,7 | 94,0 | 93,4 |
| 2 | Danmark | 102,4 | 101,8 | 101,8 | 102,0 | 102,7 |
| 3 | Deutschland | 96,3 | 95,8 | 98,5 | 101,0 | 100,4 |
| 4 | Ελλάδα | 160,5 | 189,3 | 231,8 | 260,9 | 296,9 |
| 5 | España | 110,9 | 112,9 | 115,1 | 115,7 | 119,2 |
| 6 | France | 103,4 | 103,7 | 105,2 | 106,0 | 106,5 |
| 7 | Ireland | 102,2 | 103,0 | 103,7 | 104,2 | 104,8 |
| 8 | Italia | 114,5 | 118,3 | 122,4 | 127,4 | 135,2 |
| 9 | Luxembourg | 101,4 | 105,2 | 108,2 | 109,4 | 110,8 |
| 10 | Nederland | 93,2 | 91,7 | 93,2 | 94,4 | 93,1 |
| 11 | Portugal | 127,7 | 133,9 | 140,7 | 140,7 | 138,8 |
| 12 | United Kingdom | 111,9 | 116,6 | 121,4 | 125,3 | 130,9 |

## 5.21. EU indices of agricultural prices
### Deflated indices (¹)

*(1985 = 100)*

| | Country | 1989 | 1990 | 1991 | 1992 | 1993 |
|---|---|---|---|---|---|---|
| | | EU indices of producer prices of agricultural products | | | | |
| | **EUR 12** | **93,4** | **88,5** | **85,3** | **78,3** | **75,0** |
| 1 | Belgique/België | 94,6 | 86,4 | 82,6 | 78,8 | 71,3 |
| 2 | Danmark | 85,8 | 77,4 | 74,1 | 72,7 | 62,9 |
| 3 | Deutschland | 95,8 | 88,6 | 84,9 | 79,9 | 71,1 |
| 4 | Ελλάδα | 90,2 | 90,8 | 89,6 | 80,5 | 75,1 |
| 5 | España | 91,0 | 85,7 | 80,7 | 71,1 | 72,0 |
| 6 | France | 94,0 | 90,7 | 88,0 | 80,0 | 75,0 |
| 7 | Ireland | 105,5 | 90,5 | 85,1 | 84,9 | 89,3 |
| 8 | Italia | 91,2 | 89,7 | 89,2 | 80,0 | 78,7 |
| 9 | Luxembourg | 109,2 | 103,2 | 93,0 | 85,9 | 81,4 |
| 10 | Nederland | 99,1 | 91,3 | 90,5 | 83,6 | 76,3 |
| 11 | Portugal | 99,0 | 91,0 | 77,6 | 65,7 | 63,4 |
| 12 | United Kingdom | 91,8 | 85,0 | 79,7 | 77,9 | 80,8 |
| | | EU indices of purchase prices of the means of agricultural production | | | | |
| | **EUR 12** | **90,7** | **87,4** | **85,6** | **83,9** | **82,9** |
| 1 | Belgique/België | 89,6 | 83,7 | 81,8 | 80,1 | 77,5 |
| 2 | Danmark | 86,7 | 84,0 | 82,0 | 80,5 | 80,1 |
| 3 | Deutschland | 92,4 | 89,5 | 89,0 | 87,7 | 83,8 |
| 4 | Ελλάδα | 86,8 | 85,0 | 87,2 | 84,7 | 84,2 |
| 5 | España | 86,5 | 82,5 | 79,4 | 75,4 | 74,2 |
| 6 | France | 91,8 | 89,1 | 87,6 | 86,2 | 84,8 |
| 7 | Ireland | 89,8 | 87,6 | 85,5 | 83,3 | 82,6 |
| 8 | Italia | 92,5 | 89,8 | 87,4 | 86,5 | 87,9 |
| 9 | Luxembourg | 96,4 | 96,5 | 96,3 | 94,4 | 92,3 |
| 10 | Nederland | 91,6 | 88,0 | 86,1 | 84,5 | 81,3 |
| 11 | Portugal | 84,6 | 78,4 | 74,2 | 68,1 | 63,1 |
| 12 | United Kingdom | 91,9 | 87,5 | 86,0 | 85,6 | 88,0 |

(¹) Deflated by the consumer price index.

*Economic accounts*

## 5.22. Agricultural accounts — 1991-93
### (current prices and exchange rates)

*(Mio ECU)*

| Heading | Year | EUR 12 | Belgique/België | Danmark | Deutschland | Ελλάδα |
|---|---|---|---|---|---|---|
| Final crop production (¹) | 1991 | **108 807** | 2 449 | 2 286 | 13 230 | 6 683 |
|  | 1992 | **99 929** | 2 345 | 1 833 | 12 713 | 5 949 |
|  | 1993 | **90 128** | 2 491 | 1 946 | 12 013 | 5 724 |
| Final livestock production (¹) | 1991 | **101 498** | 4 099 | 4 363 | 19 977 | 2 571 |
|  | 1992 | **104 097** | 4 243 | 4 687 | 20 376 | 2 502 |
|  | 1993 | **99 695** | 4 163 | 4 429 | 19 540 | 2 497 |
| Final agricultural production (²) | 1991 | **211 344** | 6 563 | 6 648 | 33 221 | 9 256 |
|  | 1992 | **204 982** | 6 606 | 6 519 | 33 148 | 8 452 |
|  | 1993 | **190 832** | 6 672 | 6 375 | 31 571 | 8 223 |
| Intermediate consumption | 1991 | **91 168** | 3 714 | 3 117 | 17 613 | 2 091 |
|  | 1992 | **90 778** | 3 794 | 3 281 | 17 269 | 2 209 |
|  | 1993 | **89 524** | 3 924 | 3 531 | 17 260 | 2 278 |
| Gross value-added at market prices | 1991 | **120 176** | 2 849 | 3 531 | 15 608 | 7 166 |
|  | 1992 | **114 205** | 2 812 | 3 238 | 15 878 | 6 243 |
|  | 1993 | **101 309** | 2 748 | 2 844 | 14 311 | 5 944 |
| + Subsidies | 1991 | **14 389** | 232 | 61 | 3 998 | 881 |
|  | 1992 | **16 748** | 206 | 112 | 4 795 | 1 016 |
|  | 1993 | **23 713** | 296 | 506 | 5 151 | 1 399 |
| - Taxes linked to production | 1991 | **4 268** | 86 | 220 | 786 | 162 |
|  | 1992 | **3 889** | 75 | 191 | 612 | 195 |
|  | 1993 | **3 619** | 67 | 121 | 594 | 253 |
| Gross value-added at factor cost | 1991 | **130 295** | 2 996 | 3 373 | 18 820 | 7 884 |
|  | 1992 | **127 059** | 2 943 | 3 160 | 20 061 | 7 063 |
|  | 1993 | **121 402** | 2 977 | 3 228 | 18 868 | 7 090 |
| - Depreciation | 1991 | **28 280** | 498 | 868 | 6 429 | 364 |
|  | 1992 | **28 369** | 523 | 884 | 6 850 | 378 |
|  | 1993 | **27 816** | 546 | 892 | 7 395 | 372 |
| Net value-added at factor cost | 1991 | **102 015** | 2 498 | 2 505 | 12 391 | 7 519 |
|  | 1992 | **98 690** | 2 420 | 2 277 | 13 211 | 6 685 |
|  | 1993 | **93 587** | 2 431 | 2 336 | 11 472 | 6 718 |

(¹) Excluding taxes linked to production, other than VAT (Italy).

(²) Including contract work at agricultural producer level (Belgium, Germany, Greece, Spain, France, Luxembourg and Portugal) and taxes linked to production, other than VAT (Italy).

## 5.22. Agricultural accounts — 1991-93
### (current prices and exchange rates)

*(Mio ECU)*

| España | France | Ireland | Italia | Luxem-bourg | Nederland | Portugal | United Kingdom | Year |
|---|---|---|---|---|---|---|---|---|
| 16 051 | 24 745 | 580 | 25 732 | 27 | 7 166 | 1 986 | 7 871 | 1991 |
| 13 621 | 23 676 | 599 | 23 844 | 43 | 6 676 | 1 475 | 7 154 | 1992 |
| 12438 | 21 007 | 478 | 19359 | 35 | 7027 | 1233 | 6 377 | 1993 |
| 9 986 | 20 894 | 3 510 | 14 269 | 144 | 9 007 | 1 815 | 10 862 | 1991 |
| 9 803 | 21 974 | 3 818 | 14 155 | 146 | 9 379 | 1 951 | 11 063 | 1992 |
| 9026 | 21 465 | 3843 | 12823 | 151 | 8952 | 1794 | 11 012 | 1993 |
| 26 445 | 45 727 | 4 090 | 40 400 | 172 | 16 173 | 3 915 | 18 733 | 1991 |
| 23 813 | 45 634 | 4 417 | 38 379 | 189 | 16 055 | 3 554 | 18 216 | 1992 |
| 21809 | 42 438 | 4321 | 32735 | 187 | 15979 | 3134 | 17 389 | 1993 |
| 11 702 | 20 437 | 1 793 | 10 829 | 79 | 7 574 | 2 000 | 10 220 | 1991 |
| 11 754 | 20 789 | 1 812 | 10 391 | 82 | 7 761 | 1 864 | 9 771 | 1992 |
| 10560 | 21 021 | 1801 | 9479 | 80 | 8059 | 1738 | 9 791 | 1993 |
| 14 742 | 25 291 | 2 297 | 29 572 | 93 | 8 599 | 1 915 | 8 513 | 1991 |
| 12 059 | 24 845 | 2 605 | 27 988 | 107 | 8 294 | 1 690 | 8 445 | 1992 |
| 11249 | 21 417 | 2520 | 23256 | 107 | 7921 | 1396 | 7 597 | 1993 |
| 1 459 | 1 988 | 439 | 3 430 | 37 | 210 | 332 | 1 322 | 1991 |
| 1 778 | 2 725 | 533 | 3 667 | 20 | 213 | 395 | 1 287 | 1992 |
| 3034 | 5 745 | 529 | 3851 | 24 | 241 | 321 | 2 617 | 1993 |
| 121 | 1 649 | 72 | 399 | 8 | 110 | 6 | 311 | 1991 |
| 164 | 1 569 | 50 | 379 | 1 | 452 | 6 | 185 | 1992 |
| 108 | 1 285 | 52 | 552 | 1 | 481 | 6 | 97 | 1993 |
| 16 080 | 25 630 | 2 664 | 32 603 | 122 | 8 361 | 2 241 | 9 522 | 1991 |
| 13 673 | 26 001 | 3 080 | 31 276 | 126 | 8 055 | 2 079 | 9 542 | 1992 |
| 14175 | 25 877 | 2996 | 26554 | 130 | 7679 | 1712 | 10 117 | 1993 |
| 1 859 | 4 416 | 451 | 8 775 | 33 | 1 836 | 291 | 2 459 | 1991 |
| 1 348 | 4 539 | 455 | 8 921 | 34 | 1 944 | 252 | 2 240 | 1992 |
| 990 | 4 614 | 435 | 8126 | 36 | 2097 | 247 | 2 065 | 1993 |
| 14 221 | 21 214 | 2 212 | 23 828 | 89 | 6 525 | 1 950 | 7 064 | 1991 |
| 12 326 | 21 462 | 2 624 | 22 354 | 92 | 6 111 | 1 827 | 7 302 | 1992 |
| 13186 | 21 263 | 2561 | 18428 | 94 | 5582 | 1465 | 8 052 | 1993 |

*Economic accounts*

## 5.23. Agricultural accounts — 1991-93
## Volume index numbers

*(Average 1989 + 1990 + 1991 = 100)*

| Heading | Year | **EUR 12** (¹) | Belgique/ België | Danmark | Deutsch- land (¹) | Ελλάδα |
|---|---|---|---|---|---|---|
| Final crop production (²) | 1991 | **101,1** | 100,9 | 95,7 | 101,8 | 105,4 |
|  | 1992 | **106,0** | 114,8 | 78,7 | 120,1 | 103,2 |
|  | 1993 | **100,9** | 114,5 | 92,3 | 108,5 | 100,6 |
| Final livestock production (²) | 1991 | **100,0** | 105,3 | 101,5 | 99,5 | 100,6 |
|  | 1992 | **100,7** | 105,3 | 106,2 | 96,1 | 98,3 |
|  | 1993 | **100,5** | 110,2 | 109,3 | 94,9 | 100,1 |
| Final agricultural production (³) | 1991 | **100,6** | 103,7 | 99,5 | 100,4 | 104,0 |
|  | 1992 | **103,3** | 108,9 | 97,0 | 105,2 | 101,7 |
|  | 1993 | **100,7** | 111,8 | 103,6 | 100,1 | 100,4 |
| Intermediate consumption | 1991 | **100,0** | 104,0 | 99,8 | 99,5 | 100,4 |
|  | 1992 | **99,2** | 105,3 | 104,6 | 95,4 | 102,0 |
|  | 1993 | **97,2** | 107,0 | 105,0 | 91,2 | 106,3 |
| Gross value-added at market prices | 1991 | **101,1** | 103,3 | 99,4 | 101,3 | 105,1 |
|  | 1992 | **106,4** | 113,4 | 90,3 | 115,4 | 101,7 |
|  | 1993 | **103,2** | 118,0 | 102,3 | 109,4 | 98,6 |

(¹) Indices (Average 1989 + 1990 + 1991 = 100).
(²) Excluding taxes linked to production, other than VAT (Italy).
(³) Including contract work at agricultural producer level (Belgium, Germany, Greece, Spain, France, Luxembourg and Portugal) and taxes linked to production, other than VAT (Italy).

*Economic accounts*

## 5.23. Agricultural accounts — 1991-93
### Volume index numbers

*(Average 1989 + 1990 + 1991 = 100)*

| España | France | Ireland | Italia | Luxem-bourg | Nederland | Portugal | United Kingdom | Year |
|---|---|---|---|---|---|---|---|---|
| 98,5 | 96,8 | 105,8 | 104,8 | 76,0 | 105,1 | 105,4 | 100,1 | 1991 |
| 98,2 | 106,2 | 111,7 | 106,9 | 140,3 | 109,4 | 93,2 | 101,9 | 1992 |
| 95,3 | 98,3 | 91,3 | 102,3 | 106,8 | 112,5 | 79,2 | 97,3 | 1993 |
| 101,6 | 100,6 | 104,0 | 100,1 | 100,7 | 100,6 | 101,0 | 100,3 | 1991 |
| 101,7 | 103,5 | 109,0 | 101,3 | 98,8 | 100,4 | 103,1 | 102,3 | 1992 |
| 103,3 | 102,1 | 108,2 | 100,9 | 100,1 | 101,6 | 106,1 | 100,4 | 1993 |
| 100,2 | 98,9 | 104,3 | 103,0 | 96,2 | 102,5 | 103,4 | 100,2 | 1991 |
| 100,1 | 104,8 | 109,4 | 104,8 | 106,1 | 104,2 | 98,4 | 102,1 | 1992 |
| 99,0 | 99,8 | 106,0 | 101,8 | 101,2 | 106,2 | 92,6 | 99,1 | 1993 |
| 101,8 | 99,2 | 100,4 | 100,5 | 102,1 | 101,2 | 99,2 | 98,2 | 1991 |
| 104,5 | 98,6 | 100,8 | 99,1 | 104,0 | 101,4 | 92,6 | 97,0 | 1992 |
| 94,5 | 98,1 | 105,1 | 99,7 | 101,1 | 102,2 | 92,0 | 97,0 | 1993 |
| 99,0 | 98,6 | 107,3 | 104,0 | 92,4 | 103,7 | 107,6 | 102,5 | 1991 |
| 96,8 | 109,7 | 116,2 | 107,0 | 107,5 | 106,7 | 104,3 | 107,9 | 1992 |
| 102,3 | 101,2 | 106,7 | 103,4 | 100,9 | 109,8 | 93,2 | 101,6 | 1993 |

*Economic accounts*

## 5.24. Forestry accounts — 1991-93

*(Mio ECU)*

| Heading | Year (¹) | Belgique/ België | Danmark | Deutsch- land (²) | Ελλάδα |
|---|---|---|---|---|---|
| Gross timber output, total (³) | 1991 | 169 | 161 | 2 065 | : |
|  | 1992 | 178 | 155 | 1 602 | : |
|  | 1993 | 186 | : | 1 236 | : |
| Final forestry production (⁴) | 1991 | 185 | 161 | 1 214 | 113 |
|  | 1992 | 189 | 155 | 1 161 | 106 |
|  | 1993 | 195 | : | 1 139 | 100 |
| Intermediate consumption | 1991 | 17 | 21 | 682 | 7 |
|  | 1992 | 17 | 20 | 574 | 7 |
|  | 1993 | 17 | : | 615 | 6 |
| Gross value-added at market prices | 1991 | 169 | 140 | 532 | 106 |
|  | 1992 | 172 | 135 | 587 | 99 |
|  | 1993 | 178 | : | 525 | 94 |
| + Subsidies | 1991 | 0 | 0 | 9 | : |
|  | 1992 | 0 | 0 | 0 | : |
|  | 1993 | 0 | : | 0 | : |
| – Taxes linked to production | 1991 | 0 | 0 | 18 | : |
|  | 1992 | 0 | 0 | 18 | : |
|  | 1993 | 1 | : | 50 | : |
| Gross value-added at factor cost | 1991 | 169 | 140 | 514 | : |
|  | 1992 | 172 | 135 | 569 | : |
|  | 1993 | 177 | : | 475 | : |
| – Depreciation | 1991 | 30 | : | 92 | : |
|  | 1992 | 32 | : | 100 | : |
|  | 1993 | 35 | : | 108 | : |
| Net value-added at factor cost | 1991 | 139 | : | 422 | : |
|  | 1992 | 140 | : | 469 | : |
|  | 1993 | 142 | : | 367 | : |

(¹) Crop years (Italy and United Kingdom: 1.4-31.3).
(²) In its borders prior to 3.10.1990.
(³) Excluding taxes linked to production, other than VAT (Italy).
(⁴) Including contract work at silvicultural producer level (Belgium, France, Portugal, Spain, and United Kingdom), other products (France, Italy, Luxembourg, Portugal, Spain and the United Kingdom) and taxes linked to production, other than VAT (Italy).

*Economic accounts*

## 5.24. Forestry accounts — 1991-93

*(Mio ECU)*

| España | France | Ireland | Italia | Luxem-bourg | Neder-land | Portugal | United Kingdom | Year |
|---|---|---|---|---|---|---|---|---|
| 778 | 2 546 | : | 460 | : | : | 345 | 261 | 1991 |
| 729 | 2 405 | : | 482 | : | : | : | 241 | 1992 |
| 562 | 2 444 | : | 419 | : | : | : | 244 | 1993 |
| 876 | 2 744 | : | 471 | : | : | 586 | 358 | 1991 |
| 822 | 2 539 | : | 494 | : | : | : | 359 | 1992 |
| 673 | 2 582 | : | 434 | : | : | : | 338 | 1993 |
| 72 | 251 | : | 53 | : | : | 37 | 316 | 1991 |
| 76 | 247 | : | 56 | : | : | : | 353 | 1992 |
| 69 | 258 | : | 52 | : | : | : | 381 | 1993 |
| 803 | 2 492 | : | 418 | : | : | 549 | 42 | 1991 |
| 746 | 2 292 | : | 438 | : | : | : | 6 | 1992 |
| 605 | 2 324 | : | 382 | : | : | : | -43 | 1993 |
| 11 | 160 | : | 10 | : | : | 1 | 0 | 1991 |
| 11 | 171 | : | 19 | : | : | : | 0 | 1992 |
| 9 | 301 | : | 17 | : | : | : | 0 | 1993 |
| 3 | . | : | 6 | . | . | 2 | 0 | 1991 |
| 3 | : | : | 6 | : | : | : | 0 | 1992 |
| 3 | : | : | 7 | : | : | : | 0 | 1993 |
| 811 | : | : | 423 | : | : | 548 | 41 | 1991 |
| 754 | : | : | 451 | : | : | : | 5 | 1992 |
| 610 | : | : | 393 | : | : | : | -43 | 1993 |
| 15 | 134 | : | : | : | : | : | 23 | 1991 |
| 15 | 139 | : | : | : | : | : | 22 | 1992 |
| 13 | 142 | : | : | : | : | : | 19 | 1993 |
| 796 | 0 | : | : | : | : | : | 18 | 1991 |
| 739 | 0 | : | : | : | : | : | -16 | 1992 |
| 597 | 0 | : | : | : | : | : | -62 | 1993 |

*Economic accounts*

## 5.25. Forestry accounts
## Volume index numbers — 1991-93

*(Average 1989 + 1990 + 1991 = 100)*

| Heading | Year ($^1$) | Belgique/ België | Danmark | Deutsch- land ($^2$) | Ελλάδα |
|---|---|---|---|---|---|
| Gross timber output, total ($^3$) | 1991 | 102,5 | 105,1 | : | : |
|  | 1992 | 106,0 | 100,1 | : | : |
|  | 1993 | 107,4 | : | : | : |
| Final forestry production ($^4$) | 1991 | 103,0 | 105,1 | : | : |
|  | 1992 | 103,5 | 100,1 | : | : |
|  | 1993 | 103,5 | : | : | : |
| Intermediate consumption | 1991 | 102,8 | 105,1 | : | : |
|  | 1992 | 107,6 | 100,2 | : | : |
|  | 1993 | 108,1 | : | : | : |
| Gross value-added at market prices | 1991 | 103,0 | 105,0 | : | : |
|  | 1992 | 103,1 | 100,1 | : | : |
|  | 1993 | 103,0 | : | : | : |

($^1$) Crop years (Italy and United Kingdom: 1.4-31.3).
($^2$) In its borders prior to 3.10.1990.
($^3$) Excluding taxes linked to production, other than VAT (Italy).
($^4$) Including contract work at silvicultural producer level (Belgium, France, Portugal, Spain, and United Kingdom), other products (France, Italy, Luxembourg, Portugal, Spain and the United Kingdom) and taxes linked to production, other than VAT (Italy).

*Economic accounts*

## 5.25. Forestry accounts
## Volume index numbers — 1991-93

*(Average 1989 + 1990 + 1991 = 100)*

| España | France | Ireland | Italia | Luxem-bourg | Neder-land | Portugal | United Kingdom | Year (¹) |
|---|---|---|---|---|---|---|---|---|
| 94,1 | 99,6 | : | 97,5 | : | : | : | 99,8 | 1991 |
| : | 94,8 | : | 104,9 | : | : | : | 99,1 | 1992 |
| : | 90,0 | : | 105,2 | : | : | : | 88,4 | 1993 |
| 94,2 | 100,4 | : | 97,8 | : | : | : | 101,4 | 1991 |
| : | 93,5 | : | 105,1 | : | : | : | 102,7 | 1992 |
| : | 89,0 | : | 105,5 | : | : | : | 89,3 | 1993 |
| 102,4 | 102,2 | : | 98,1 | : | : | : | 102,7 | 1991 |
| : | 102,2 | : | 105,9 | : | : | : | 117,2 | 1992 |
| : | 101,7 | : | 105,9 | : | : | : | 129,6 | 1993 |
| 93,5 | 100,2 | : | 97,8 | : | : | : | 88,2 | 1991 |
| : | 92,6 | : | 105,0 | : | : | : | 57,3 | 1992 |
| : | 87,7 | : | 105,5 | : | : | : | -46,5 | 1993 |

(¹) Crop years (Italy and United Kingdom: 1.4-31.3).

*Fisheries*

## 5.26. Catches by fishing region — 1992

(1 000 t)

| | Country | All regions | North-east Atlantic | North-west Atlantic | Mediterranean | Internal waters |
|---|---|---|---|---|---|---|
| | **EUR 12** | **6 622,0** | **4 626,8** | **96,1** | **782,6** | **252,8** |
| 1 | Belgique/België | 37,4 | 36,5 | – | – | 0,8 |
| 2 | Danmark | 1 989,1 | 1 949,7 | 3,1 | – | 36,3 |
| 3 | Deutschland | 274,6 | 223,5 | 5,3 | – | 45,7 |
| 4 | Ελλάδα | 168,9 | – | – | 143,2 | 11,7 |
| 5 | España | 1 151,7 (¹) | 355,3 (¹) | 51,3 | 131,0 | 29,2 |
| 6 | France | 719,3 | 430,1 | – | 72,3 | 51,8 |
| 7 | Ireland | 250,4 | 249,7 | – | – | 0,8 |
| 8 | Italia | 558,8 | – | – | 436,2 | 55,0 |
| 9 | Luxembourg | – | – | – | – | – |
| 10 | Nederland | 385,2 | 382,4 | – | – | 2,8 |
| 11 | Portugal | 295,7 | 225,0 | – | – | 2,6 |
| 12 | United Kingdom | 790,9 | 774,7 | 0,2 | – | 16,1 |
| 13 | Österreich | 4,1 | – | – | – | 4,1 |
| 14 | Suomi/Finland | 85,4 | 78,9 | – | – | 6,5 |
| 15 | Island | 1 585,7 | 1 584,9 | – | – | 0,9 |
| 16 | Norge | 2 414,0 | 2 401,3 | 1,8 | – | 0,6 |
| 17 | Sverige | 310,7 | 305,1 | – | – | 5,6 |
| | **EEA** | **11 021,9** | **8 997,0** | **97,9** | **782,6** | **270,4** |
| 18 | Schweiz/Suisse | 5,0 | – | – | – | 5,0 |
| | **CIS** of which: | **4 733,0** (²) | : | : | : | : |
| 19 | Russia | 4 325,0 (²) | : | : | : | : |
| 20 | Türkiye | 458,6 | – | – | 405,3 | 51,3 |
| 21 | USA | 5 591,7 | – | 1 201,5 | – | 339,4 |
| 22 | Canada | 1 330,6 | – | 1 045,2 | – | 64,9 |
| 23 | Nippon (Japan) | 9 247,3 | 4,8 | 15,5 | 0,2 | 187,8 |
| | 🌐 | **104 165,3** | **10 686,2** | **2 631,4** | **1 591,2** | **15 592,0** |

(¹) Estimate made by FAO.
(²) 1993.

# Fisheries

## 5.27. Fisheries: foreign trade and consumption — 1992

| Country | Imports | | Exports | | Avaibility per head (kg) (¹) |
|---|---|---|---|---|---|
| | Tonnes | ECU 1 000 | Tonnes | ECU 1 000 | |
| **EUR 12** | **3 783 342** | **7 582 777** | **1 401 137** | **1 408 621** | **22,7** |
| 1 Belgique/België (²) | 231 387 | 640 311 | 43 433 | 167 657 | 18,1 |
| 2 Danmark | 498 559 | 921 805 | 905 308 | 1 786 790 | 21,2 |
| 3 Deutschland | 1 006 734 | 1 695 429 | 354 077 | 490 985 | 12,2 |
| 4 Ελλάδα | 81 236 | 146 146 | 22 186 | 86 639 | 19,2 |
| 5 España | 798 619 | 2 190 021 | 252 197 | 516 398 | 38,0 |
| 6 France | 882 307 | 2 318 689 | 364 246 | 752 825 | 31,1 |
| 7 Ireland | 53 391 | 71 230 | 203 469 | 236 084 | 15,9 |
| 8 Italia | 719 258 | 2 037 952 | 92 855 | 196 584 | 20,1 |
| 9 Luxembourg (²) | : | : | : | : | : |
| 10 Nederland | 739 096 | 814 621 | 725 988 | 1 085 911 | 9,2 |
| 11 Portugal | 245 225 | 567 285 | 87 143 | 198 453 | 60,2 |
| 12 United Kingdom | 831 915 | 1 455 968 | 425 878 | 770 006 | 19,9 |
| 13 Österreich | 68 127 | 137 496 | 1 433 | 3 905 | 8,8 |
| 14 Suomi/Finland | 102 152 | 98 745 | 2 228 | 11 418 | 16,0 |
| 15 Island | 18 909 | 18 961 | 566 671 | 936 010 | 92,1 |
| 16 Norge | 307 785 | 268 050 | 1 010 740 | 1 913 161 | 33,5 |
| 17 Sverige | 142 874 | 337 199 | 222 186 | 115 112 | 14,5 |
| **EEA** | **4 423 189** | **8 443 228** | **3 434 404** | **4 388 227** | : |
| 18 Schweiz/Suisse | 49 018 | 281 737 | 648 | 5 242 | 7,6 |
| 19 Türkiye | 51 909 | 23 544 | 14 624 | 46 239 | 6,3 |
| 20 USA | 1 338 242 | 4 640 678 | 1 142 102 | 2 759 837 | 21,3 |
| 21 Canada | 203 228 | 529 140 | 514 768 | 1 606 575 | 23,9 |
| 22 Nippon (Japan) | 2 881 477 | 9 885 034 | 425 809 | 610 407 | 72,0 |
| ⊕ | : | 35 014 185 | : | 31 026 568 | 13,3 |

(¹) Average 1988–90.
(²) BLEU.

# Foreign trade

## External trade

### 6.1. Importance of trade (¹)(²) — 1993

| Country | Imports | | | Exports | | | Balance (Mio ECU) |
|---|---|---|---|---|---|---|---|
| | Mio ECU | % of GDP | 1 000 ECU per head | Mio ECU | % of GDP | 1 000 ECU per head | |
| **EUR 12** | **485 977** | **8,8** | **1,4** | **482 589** | **8,7** | **1,4** | **-3 388** |
| 1 Belg./Lux. | 99 829 | 55,5 | 9,9 | 106 188 | 59,0 | 10,5 | 6 359 |
| 2 Danmark | 26 005 | 22,5 | 5,0 | 31 529 | 27,3 | 6,1 | 5 524 |
| 3 Deutschland | 292 503 | 17,9 | 3,6 | 324 601 | 19,9 | 4,0 | 32 098 |
| 4 Ελλάδα | 18 934 | 24,7 | 1,8 | 7 201 | 9,4 | 0,7 | -11 733 |
| 5 España | 65 194 | 16,0 | 1,7 | 54 349 | 13,3 | 1,4 | -10 845 |
| 6 France | 184 350 | 17,3 | 3,2 | 184 803 | 17,3 | 3,2 | 453 |
| 7 Ireland | 17 518 | 43,4 | 4,9 | 24 272 | 60,1 | 6,8 | 6 754 |
| 8 Italia | 126 022 | 14,9 | 2,2 | 143 885 | 17,0 | 2,5 | 17 863 |
| 9 Luxembourg | : | : | : | : | : | : | : |
| 10 Nederland | 110 235 | 41,8 | 7,2 | 118 873 | 45,0 | 7,7 | 8 638 |
| 11 Portugal | 20 642 | 28,6 | 2,1 | 13 051 | 18,1 | 1,3 | -7 591 |
| 12 United Kingdom | 178 946 | 22,2 | 3,1 | 153 662 | 19,1 | 2,6 | -25 284 |
| 13 Österreich | 43 007 | 27,7 | 5,4 | 34 358 | 22,1 | 4,3 | -8 649 |
| 14 Suomi/Finland | 15 400 | 21,5 | 3,0 | 20 070 | 28,1 | 4,0 | 4 670 |
| 15 Ísland | 1 153 | 22,2 | 4,3 | 1 195 | 20,0 | 4,5 | 42 |
| 16 Norge | 20 799 | 23,6 | 4,8 | 27 608 | 31,3 | 6,4 | 6 809 |
| 17 Sverige | 39 598 | 24,9 | 4,5 | 46 217 | 29,0 | 5,3 | 6 619 |
| **EEA** | **449 302** | **7,5** | **1,2** | **454 853** | **7,6** | **1,2** | **5 551** |
| 18 Schweiz/Suisse | 52 971 | : | 7,6 | 55 116 | : | 7,9 | 2145 |
| 19 Türkiye | 27 196 | : | : | 13 308 | : | : | -13 888 |
| 20 USA | 515 015 | 9,6 | : | 396 889 | 7,4 | : | -118 186 |
| 21 Canada | 127 010 | : | : | 120 483 | : | : | -6 527 |
| 22 Nippon (Japan) | 205 525 | 5,7 | 1,6 | 308 209 | 8,6 | 2,5 | 102 684 |

(¹) Trade with the rest of the world. Intra-EUR 12 trade is not included in the aggregate EUR 12 but is included for each of the EU Member States. Similarly, the aggregate EEA is equal to the sum of the trade of the 17 countries in question minus trade within the EEA.

(²) The concepts used differ from country to country: Norway, Sweden and Canada use the concept of general trade, whereas all the others use that of special trade. Moreover, imports are generally measured 'cif' (cost, insurance, freight), except in the case of the United States and Canada ('fob'), and exports 'fob' (free on board).

## 6.2. Evolution of total imports (¹)(²)

(Mio ECU)

| | Country | 1989 | 1990 | 1991 | 1992 | 1993 Value | 1993 % |
|---|---|---|---|---|---|---|---|
| | **EUR 12** | **446 716** | **461 521** | **494 060** | **487 617** | **485 977** | **13,1** |
| 1 | Belg./Lux. | 92 851 | 98 444 | 102 361 | 101 285 | 99 829 | 2,7 |
| 2 | Danmark | 24 723 | 25 451 | 26 672 | 26 833 | 26 005 | 0,7 |
| 3 | Deutschland | 244 523 | 268 208 | 314 621 | 315 488 | 292 503 | 7,9 |
| 4 | Ελλάδα | 14 673 | 15 562 | 17 406 | 18 060 | 18 934 | 0,5 |
| 5 | España | 61 570 | 66 230 | 72 621 | 74 654 | 65 194 | 1,8 |
| 6 | France | 182 515 | 191 317 | 199 500 | 198 775 | 184 350 | 5,0 |
| 7 | Ireland | 15 561 | 16 157 | 16 716 | 16 686 | 17 518 | 0,5 |
| 8 | Italia | 138 513 | 142 552 | 146 668 | 144 871 | 126 022 | 3,4 |
| 9 | Luxembourg | : | : | : | : | : | : |
| 10 | Nederland | 101 549 | 106 892 | 110 898 | 113 969 | 110 235 | 3,0 |
| 11 | Portugal | 17 138 | 19 535 | 21 321 | 23 388 | 20 642 | 0,6 |
| 12 | United Kingdom | 177 588 | 174 702 | 168 378 | 170 271 | 178 946 | 4,8 |
| 13 | Österreich | 35 284 | 39 284 | 40 932 | 41 689 | 43 007 | 1,2 |
| 14 | Suomi/Finland | 22 346 | 21 291 | 17 526 | 15 983 | 15 400 | 0,4 |
| 15 | Island | 1 287 | 1 316 | 1 389 | 1 297 | 1 153 | 0,1 |
| 16 | Norge | 21 458 | 21 119 | 20 607 | 20 087 | 20 799 | 0,6 |
| 17 | Sverige | 44 426 | 42 857 | 40 180 | 38 418 | 39 598 | 1,1 |
| | **EEA** | **449 204** | **458 939** | **453 674** | **447 295** | **449 302** | **12,1** |
| 18 | Schweiz/Suisse | 52 858 | 54 732 | 53 677 | 50 630 | 52 971 | 1,4 |
| | **CIS** of which: | : | : | : | 37 947 | 27 997 | 0,8 |
| 19 | Russia | : | : | : | 31 583 | 22 892 | 0,6 |
| 20 | Türkiye | 15 503 | 17 612 | 16 989 | 17 694 | 27 196 | 0,7 |
| 21 | USA | 447 475 | 406 469 | 410 717 | 426 393 | 515 075 | 13,9 |
| 22 | Canada | 117 095 | 102 677 | 106 888 | 105 781 | 127 010 | 3,4 |
| 23 | Nippon (Japan) | 191 374 | 184 413 | 191 046 | 179 511 | 205 525 | 5,5 |
| | ⊕ | **3 152 443** | **3 557 124** | **3 555 969** | **3 788 371** | **3 716 328** | **100,0** |

(¹) Trade with the rest of the world. Intra-EUR 12 trade is not included in the aggregate EUR 12 but is included for each of the EU Member States. Similarly, the aggregate EEA is equal to the sum of the trade of the 17 countries in question minus trade within the EEA.

(²) The concepts used differ from country to country: Norway, Sweden and Canada use the concept of general trade, whereas all the others use that of special trade. Moreover, imports are generally measured 'cif' (cost, insurance, freight), except in the case of the United States and Canada ('fob'), and exports 'fob' (free on board).

## External trade

### 6.3. Evolution of total exports (¹)(²)

(Mio ECU)

| Country | 1989 | 1990 | 1991 | 1992 | 1993 Value | 1993 % |
|---|---|---|---|---|---|---|
| **EUR 12** | **413 009** | **415 319** | **423 466** | **436 088** | **482 589** | **13,2** |
| 1 Belg./Lux. | 90 177 | 92 242 | 94 560 | 94 784 | 106 188 | 2,9 |
| 2 Danmark | 25 937 | 27 833 | 29 272 | 31 201 | 31 529 | 0,9 |
| 3 Deutschland | 308 144 | 311 816 | 323 374 | 330 760 | 324 601 | 8,9 |
| 4 Ελλάδα | 6 838 | 6 296 | 6 960 | 7 525 | 7 201 | 0,2 |
| 5 España | 41 858 | 45 588 | 50 787 | 52 909 | 54 349 | 1,5 |
| 6 France | 167 968 | 174 470 | 184 679 | 192 401 | 184 803 | 5,1 |
| 7 Ireland | 18 583 | 18 469 | 19 368 | 21 674 | 24 272 | 0,7 |
| 8 Italia | 127 302 | 133 290 | 136 166 | 137 106 | 143 885 | 4,0 |
| 9 Luxembourg | : | : | : | : | : | |
| 10 Nederland | 104 354 | 106 393 | 107 438 | 107 890 | 118 873 | 3,3 |
| 11 Portugal | 11 364 | 12 700 | 13 045 | 14 041 | 13 051 | 0,4 |
| 12 United Kingdom | 136 205 | 142 723 | 146 014 | 143 227 | 153 662 | 4,2 |
| 13 Österreich | 29 455 | 32 894 | 33 156 | 34 231 | 34 358 | 1,0 |
| 14 Suomi/Finland | 21 135 | 21 003 | 18 644 | 18 125 | 20 070 | 0,6 |
| 15 Ísland | 1 331 | 1 253 | 1 245 | 1 176 | 1 195 | 0,1 |
| 16 Norge | 24 540 | 26 761 | 27 477 | 27 077 | 27 608 | 0,8 |
| 17 Sverige | 46 829 | 45 109 | 44 512 | 43 155 | 46 217 | 1,3 |
| **EEA** | **403 762** | **406 925** | **389 823** | **401 312** | **454 853** | **12,5** |
| 19 Schweiz/Suisse | 46 791 | 50 107 | 49 654 | 50 596 | 55 116 | 1,5 |
| **CIS** | : | : | : | 44 610 | 44 478 | 1,2 |
| of which: | | | | | | |
| 19 Russia | : | : | : | 36 188 | 37 829 | 1,0 |
| 20 Türkiye | 10 737 | 10 244 | 11 054 | 11 357 | 13 308 | 0,4 |
| 21 USA | 330 051 | 308 561 | 340 194 | 344 606 | 396 889 | 10,9 |
| 22 Canada | 108 987 | 99 314 | 101 813 | 102 802 | 120 483 | 3,3 |
| 23 Nippon (Japan) | 249 761 | 225 371 | 253 821 | 261 654 | 308 209 | 8,5 |
| © | **3 043 649** | **3 437 017** | **3 428 269** | **3 651 009** | **3 644 963** | **100,0** |

(¹) Trade with the rest of the world. Intra-EUR 12 trade is not included in the aggregate EUR 12 but is included for each of the EU Member States. Similarly, the aggregate EEA is equal to the sum of the trade of the 17 countries in question minus trade within the EEA.

(²) The concepts used differ from country to country: Norway, Sweden and Canada use the concept of general trade, whereas all the others use that of special trade. Moreover, imports are generally measured 'cif' (cost, insurance, freight), except in the case of the United States and Canada ('fob'), and exports 'fob' (free on board).

*External trade*

## 6.4. Evolution of trade balance

*(Mio ECU)*

| | Country | 1989 | 1990 | 1991 | 1992 | 1993 |
|---|---|---|---|---|---|---|
| | **EUR 12** | **-33 707** | **-46 202** | **-70 603** | **-51 529** | **-3 388** |
| 1 | Belg./Lux. | -2674 | -6202 | -7 801 | -6 501 | 6 359 |
| 2 | Danmark | 1 214 | 2 382 | 2 600 | 4 368 | 5 524 |
| 3 | Deutschland | 63 621 | 43 608 | 8 750 | 15 272 | 32 098 |
| 4 | Ελλάδα | -7 835 | -9 266 | -10 446 | -10 535 | -11 733 |
| 5 | España | -19 712 | -20 642 | -21 834 | -21 745 | -10 845 |
| 6 | France | -14 547 | -16 847 | -14 821 | -6 374 | 453 |
| 7 | Ireland | 3 022 | 2 312 | 2 652 | 4 988 | 6 754 |
| 8 | Italia | -11 211 | -9 262 | -10 508 | -7 765 | 17 863 |
| 9 | Luxembourg | : | : | : | : | : |
| 10 | Nederland | 2 805 | -499 | -3 460 | -6 008 | 8 638 |
| 11 | Portugal | -5 774 | -6 835 | -8 276 | -9 347 | -7 591 |
| 12 | United Kingdom | -41 383 | -31 865 | -22 365 | -27 044 | -25 284 |
| 13 | Österreich | -5 829 | -6 390 | -6 390 | -7 458 | -8 649 |
| 14 | Suomi/Finland | -1 211 | -288 | 1 118 | 2 142 | 4 670 |
| 15 | Island | 44 | -63 | -144 | -121 | 42 |
| 16 | Norge | 3 082 | 5642 | 6870 | 6 990 | 6 809 |
| 17 | Sverige | 2 403 | 2 252 | 4 332 | 4 737 | 6 619 |
| | **EEA** | **-45 442** | **-52 014** | **-63 851** | **-45 983** | **5 551** |
| 18 | Schweiz/Suisse | -6 067 | -4 625 | -4 023 | -34 | 2 145 |
| | **CIS** of which: | : | : | : | **6 663** | **16 482** |
| 19 | Russia | : | : | : | 4 605 | 14 937 |
| 20 | Türkiye | -4 766 | -7 368 | -5 935 | -6 337 | -13 888 |
| 21 | USA | -117 424 | -97 908 | -70 523 | -81 787 | -118 186 |
| 22 | Canada | -8 108 | -3 363 | -5 075 | -2 979 | -6 527 |
| 23 | Nippon (Japan) | 58 387 | 40 958 | 62 775 | 82 143 | 102 684 |

## 6.5. The EU's share of the main non-member countries' trade

| Country | % of each country's total imports | | | % of each country's total exports | | |
|---|---|---|---|---|---|---|
| | 1980 | 1992 | 1993 | 1980 | 1992 | 1993 |
| **Europe:** | | | | | | |
| Iceland | 51,0 | 48,6 | 48,4 | 46,9 | 68,7 | 59,9 |
| Norway | 49,3 | 48,8 | 48,7 | 72,2 | 67,0 | 66,7 |
| Sweden | 50,2 | 55,6 | 55,0 | 51,3 | 55,8 | 53,0 |
| Finland | 34,9 | 47,2 | 45,6 | 40,4 | 53,2 | 45,4 |
| Austria | 62,1 | 67,9 | 66,6 | 56,2 | 66,1 | 60,4 |
| **EEA** | | | | | | |
| Switzerland | 68,4 | 72,2 | 72,6 | 53,4 | 59,0 | 56,7 |
| ex-Yugoslavia | 35,4 | 51,3 | : | 26,5 | 53,3 | : |
| Malta | 75,3 | 76,7 | 72,3 | 73,2 | 75,3 | 70,1 |
| Turkey | 35,2 | 43,7 | 45,5 | 45,9 | 51,7 | 45,9 |
| CIS | 17,1 | 27,0 | 43,1 | 22,6 | 18,4 | 28,5 |
| Poland | 19,7 | 50,7 | 56,4 | 22,8 | 57,9 | 53,1 |
| ex-Czechoslovakia | 14,1 | 24,8 | : | 13,1 | 11,4 | : |
| Hungary | 23,1 | 38,6 | 40,1 | 20,9 | 49,4 | 45,8 |
| Romania | 17,3 | 37,5 | 40,4 | 25,4 | 32,5 | 33,7 |
| Bulgaria | 11,7 | 32,5 | 52,7 | 15,0 | 42,1 | 42,9 |
| **Africa:** | | | | | | |
| Morocco | 53,7 | 53,9 | 58,8 | 63,8 | 59,3 | 69,7 |
| Algeria | 67,9 | 69,1 | 65,7 | 43,4 | 72,9 | 67,7 |
| Tunisia | 67,3 | 71,3 | 72,8 | 72,1 | 74,9 | 79,9 |
| Libya | 66,4 | 60,1 | 65,9 | 44,2 | 82,5 | 81,4 |
| Egypt | 42,0 | 36,3 | 39,0 | 47,4 | 39,4 | 45,8 |
| Sudan | 39,1 | 34,2 | 31,4 | 31,1 | 32,2 | 37,9 |
| Senegal | 52,0 | 59,6 | 56,7 | 49,0 | 40,3 | 39,0 |
| Côte d'Ivoire | 58,8 | 56,3 | 50,0 | 67,3 | 55,0 | 51,3 |
| Ghana | 41,6 | 44,5 | 39,5 | 42,4 | 61,3 | 49,2 |
| Nigeria | 58,0 | 52,4 | 50,1 | 38,0 | 38,3 | 29,7 |
| Cameroon | 66,5 | 68,6 | 66,3 | 59,2 | 74,1 | 66,0 |
| Gabon | 79,2 | 58,4 | 56,5 | 45,5 | 39,5 | 24,4 |
| Angola | 53,9 | 79,4 | 31,1 | 16,3 | 31,1 | 24,9 |
| Kenya | 37,4 | 30,5 | 27,4 | 34,9 | 46,7 | 44,0 |
| Tanzania | 46,1 | 35,6 | 36,6 | 44,4 | 43,3 | 47,4 |
| Mauritius | 31,9 | 32,4 | 33,4 | 89,9 | 77,5 | 71,2 |
| Zambia | 36,7 | 29,3 | 24,6 | 51,1 | 22,0 | 19,0 |
| Zimbabwe | 52,0 | 26,1 | 19,7 | 60,0 | 33,8 | 34,1 |
| South Africa | 36,0 | 36,2 | 33,0 | 19,1 | 25,0 | 19,9 |

*External trade*

## 6.5. The EU's share of the main non-member countries' trade

| Country | % of each country's total imports | | | % of each country's total exports | | |
|---|---|---|---|---|---|---|
| | 1980 | 1992 | 1993 | 1980 | 1992 | 1993 |
| **America:** | | | | | | |
| United States of America | 15,8 | 17,5 | 16,8 | 26,7 | 23,0 | 20,9 |
| Canada | 8,4 | 9,5 | 8,4 | 13,2 | 7,0 | 5,5 |
| Mexico | 14,9 | 12,5 | 11,5 | 15,3 | 7,8 | 5,7 |
| Guatemala | 13,9 | 11,8 | 11,8 | 25,0 | 10,7 | 9,2 |
| El Salvador | 9,4 | 10,2 | 13,7 | 20,3 | 10,6 | 12,1 |
| Costa Rica | 13,4 | 14,7 | 14,8 | 23,7 | 22,8 | 19,0 |
| Panama | 7,2 | 6,6 | 6,3 | 12,9 | 39,1 | 28,3 |
| Cuba | 14,5 | 40,7 | 39,8 | 10,2 | 26,4 | 34,9 |
| Bahamas | 7,4 | 23,7 | 42,2 | 21,5 | 21,0 | 27,6 |
| Dominican Republic | 10,4 | 12,3 | 15,0 | 10,2 | 20,9 | 24,1 |
| Jamaica | 11,4 | 9,6 | 9,1 | 25,3 | 19,9 | 22,1 |
| Trinidad and Tobago | 14,3 | 15,9 | 19,4 | 12,3 | 5,6 | 4,5 |
| Netherlands Antilles | 4,0 | 18,6 | 25,4 | 13,6 | 7,6 | 9,0 |
| Colombia | 20,4 | 18,1 | 17,1 | 36,8 | 25,8 | 22,3 |
| Venezuela | 23,6 | 21,2 | 21,0 | 17,4 | 9,2 | 7,8 |
| Ecuador | 17,9 | 21,2 | 18,8 | 8,0 | 15,4 | 16,5 |
| Peru | 17,9 | 13,9 | 13,0 | 20,0 | 27,7 | 29,1 |
| Brazil | 16,5 | 22,1 | 22,7 | 30,5 | 29,6 | 25,9 |
| Chile | 19,9 | 17,5 | 17,4 | 37,1 | 28,7 | 25,6 |
| Bolivia | 19,3 | 19,2 | 16,8 | 24,4 | 39,6 | 33,8 |
| Paraguay | 17,0 | 14,4 | 11,8 | 30,8 | 34,2 | 36,1 |
| Uruguay | 19,1 | 15,8 | 17,6 | 31,4 | 25,9 | 20,4 |
| Argentina | 29,7 | 24,4 | 24,5 | 30,4 | 30,7 | 25,3 |
| **Middle East:** | | | | | | |
| Cyprus | 52,7 | 51,1 | 54,1 | 30,9 | 40,2 | 39,5 |
| Syria | 38,6 | 35,8 | 38,2 | 64,0 | 62,5 | 58,5 |
| Iraq | 44,3 | 27,8 | 52,1 | 42,0 | 32,9 | 82,4 |
| Iran | 42,0 | 49,2 | 43,7 | 32,1 | 43,1 | 44,3 |
| Israel | 28,1 | 48,7 | 49,2 | 41,0 | 33,6 | 29,6 |
| Jordan | 40,8 | 29,4 | 34,8 | 1,4 | 4,7 | 6,6 |
| Saudi Arabia | 36,8 | 33,8 | 33,6 | 38,0 | 21,8 | 21,8 |
| Kuwait | 32,9 | 37,3 | 43,7 | 26,1 | 18,4 | 21,1 |
| Bahrain | 12,8 | 21,2 | 16,2 | 0,5 | 3,1 | 2,6 |
| Qatar | 42,2 | 38,7 | 43,8 | 40,9 | 2,4 | 1,9 |
| United Arab Emirates | 36,0 | 30,7 | 30,1 | 32,2 | 7,0 | 4,3 |
| Oman | 33,5 | 23,5 | 29,9 | 22,4 | 2,3 | 1,2 |

## External trade

### 6.5. The EU's share of the main non-member countries' trade

| Country | % of each country's total imports | | | % of each country's total exports | | |
|---|---|---|---|---|---|---|
| | 1980 | 1992 | 1993 | 1980 | 1992 | 1993 |
| **Asia:** | | | | | | |
| Pakistan | 21,9 | 25,5 | 22,8 | 19,8 | 28,1 | 30,0 |
| India | 21,8 | 27,4 | 29,5 | 23,0 | 27,5 | 51,4 |
| Bangladesh | 14,4 | 11,7 | 12,2 | 17,4 | 36,0 | 38,7 |
| Sri Lanka | 22,0 | 14,9 | 15,8 | 20,9 | 32,4 | 31,9 |
| Thailand | 13,4 | 14,4 | 14,8 | 26,0 | 19,6 | 16,9 |
| Indonesia | 13,6 | 19,8 | 19,9 | 6,5 | 14,2 | 14,4 |
| Malaysia | 15,8 | 12,5 | 11,6 | 17,6 | 14,9 | 14,2 |
| Brunei Darussalam | 20,3 | 24,9 | 27,1 | : | 8,8 | 17,9 |
| Singapore | 11,2 | 11,5 | 11,5 | 12,8 | 12,3 | 14,0 |
| Philippines | 10,7 | 37,7 | 23,3 | 17,4 | 19,0 | 16,9 |
| China | 14,4 | 12,0 | 13,9 | 13,0 | 8,9 | 12,7 |
| South Korea | 7,3 | 11,8 | 11,6 | 15,0 | 12,4 | 12,2 |
| Japan | 5,9 | 13,5 | 12,6 | 14,0 | 18,5 | 15,6 |
| Hong Kong | 12,3 | 9,6 | 9,8 | 22,9 | 15,8 | 14,9 |
| Macao | 3,3 | 8,7 | 11,2 | 57,9 | 34,7 | 33,3 |
| **Oceania:** | | | | | | |
| Australia | 22,7 | 20,1 | 19,4 | 13,9 | 12,7 | 11,4 |
| Papua New Guinea | 7,6 | 6,4 | 4,0 | 36,8 | 12,7 | 10,9 |
| New Zealand | 20,0 | 17,9 | 17,6 | 23,6 | 14,2 | 13,6 |

*External trade*

## 6.6. Evolution of intra-Community arrivals (¹)

*(Mio ECU)*

| | Country | 1989 | 1990 | 1991 | 1992 | 1993 Value | 1993 % |
|---|---|---|---|---|---|---|---|
| | **EUR 12** | **624 488** | **663 530** | **703 102** | **716 663** | **654 076** | **100,0** |
| 1 | Belg./Lux. | 64 140 | 69 713 | 72 289 | 72 599 | 71 288 | 10,9 |
| 2 | Danmark | 12 941 | 13 680 | 14 467 | 14 132 | 14 132 | 2,2 |
| 3 | Deutschland | 130 558 | 145 716 | 171 684 | 172 731 | 149 746 | 22,9 |
| 4 | Ελλάδα | 9 142 | 9 987 | 10 490 | 11 427 | 11 424 | 1,8 |
| 5 | España | 34 981 | 39 174 | 43 454 | 45 124 | 39 945 | 6,1 |
| 6 | France | 118 882 | 124 360 | 128 402 | 130 909 | 118 017 | 18,1 |
| 7 | Ireland | 1 959 | 11 530 | 11 633 | 12 074 | 11 198 | 1,7 |
| 8 | Italia | 78 827 | 82 167 | 84 970 | 85 693 | 69 780 | 10,7 |
| 9 | Luxembourg | : | : | : | : | : | : |
| 10 | Nederland | 61 107 | 63 997 | 65 387 | 67 063 | 66 266 | 10,1 |
| 11 | Portugal | 11 636 | 13 500 | 15 347 | 17 271 | 14 845 | 2,3 |
| 12 | United Kingdom | 91 315 | 89 705 | 84 979 | 86 911 | 87 562 | 13,4 |

(¹) In the Intrastat system, the term 'arrivals' replaces 'imports'.

## External trade

### 6.7. Evolution of intra-Community consignments (¹)

*(Mio ECU)*

| | Country | 1989 | 1990 | 1991 | 1992 | 1993 Value | 1993 % |
|---|---|---|---|---|---|---|---|
| | **EUR 12** | **625 721** | **656 503** | **688 195** | **697 431** | **679 708** | **100,0** |
| 1 | Belg./Lux. | 66 837 | 69 854 | 71 691 | 71 412 | 78 201 | 11,5 |
| 2 | Danmark | 13 152 | 14 498 | 15 856 | 17 023 | 17 081 | 2,5 |
| 3 | Deutschland | 169 155 | 169 617 | 174 289 | 176 201 | 161 761 | 23,8 |
| 4 | Ελλάδα | 4 086 | 4 063 | 4 454 | 4 957 | 4 026 | 0,6 |
| 5 | España | 26 106 | 29 989 | 34 116 | 35 163 | 33 882 | 5,0 |
| 6 | France | 103 474 | 109 473 | 117 458 | 121 381 | 113 108 | 16,7 |
| 7 | Ireland | 13 928 | 13 937 | 14 527 | 16 203 | 16 772 | 2,4 |
| 8 | Italia | 72 040 | 77 906 | 80 642 | 79 388 | 76 655 | 11,3 |
| 9 | Luxembourg | : | : | : | : | : | |
| 10 | Nederland | 79 575 | 82 027 | 82 450 | 81 871 | 87 871 | 12,9 |
| 11 | Portugal | 8 196 | 9 437 | 9 898 | 10 623 | 9 831 | 1,4 |
| 12 | United Kingdom | 68 772 | 75 703 | 82 814 | 80 209 | 80 635 | 11,9 |

(¹) In the Intrastat system, the term 'consignments' replaces 'exports'.

## 6.8. Imports by partner country — 1993

*(Mio ECU)*

| | Importing country | Total imports | Origin: EUR 12 | USA | Canada | Nippon (Japan) | Rest of world |
|---|---|---|---|---|---|---|---|
| | **EUR 12** | **485 977** | – | **86 276** | **7 886** | **47 649** | **344 166** |
| 1 | Belg./Lux. | 99 829 | 71 288 | 5 220 | 444 | 2 794 | 20 083 |
| 2 | Danmark | 26 005 | 14 122 | 1 139 | 100 | 781 | 9 853 |
| 3 | Deutschland | 292 503 | 149 746 | 17 839 | 1 830 | 15 226 | 107 863 |
| 4 | Ελλάδα | 18 934 | 11 424 | 701 | 53 | 1 281 | 5 475 |
| 5 | España | 65 194 | 39 945 | 4 158 | 322 | 2 144 | 18 625 |
| 6 | France | 184 350 | 118 017 | 16 064 | 107 | 5 237 | 44 024 |
| 7 | Ireland | 117 518 | 11 198 | 2 708 | 86 | 995 | 2 531 |
| 8 | Italia | 126 022 | 69 780 | 6 710 | 1 038 | 3 251 | 45 243 |
| 9 | Luxembourg | : | : | : | : | : | : |
| 10 | Nederland | 100 235 | 66 266 | 9 133 | 638 | 4 998 | 29 200 |
| 11 | Portugal | 20 642 | 14 845 | 652 | 85 | 663 | 4 474 |
| 12 | United Kingdom | 178 946 | 87 562 | 21 952 | 2 282 | 10 320 | 56 830 |
| 13 | Österreich | 43 007 | 28 654 | 1 824 | 150 | 1 819 | 10 560 |
| 14 | Suomi/Finland | 15 400 | 7 022 | 1121 | 108 | 890 | 6 259 |
| 15 | Island | 1 153 | 558 | 107 | 71 | 64 | 1 953 |
| 16 | Norge | 20 799 | 10 125 | 1 658 | 414 | 1 640 | 6 962 |
| 17 | Sverige | 39 598 | 21 771 | 3 291 | 201 | 1 821 | 12 214 |
| | **EEA** | **449 302** | – | **94 277** | **8 830** | **53 883** | **292 312** |
| 18 | Schweiz/Suisse | 52 971 | 38 450 | 3 348 | 169 | 2 005 | 8 999 |
| | **CIS** of which: | : | : | : | : | : | : |
| 19 | Russia | 22 892 | 7 946 | 1 967 | 251 | 1 167 | 11 561 |
| 20 | Türkiye | 27 196 | 12 384 | 2 861 | 120 | 1 384 | 10 447 |
| 21 | USA | 515 075 | 86 581 | – | 94 349 | 90 660 | 243 485 |
| 22 | Canada | 127 010 | 10 726 | 75 203 | – | 7 081 | 47 070 |
| 23 | Nippon (Japan) | 205 525 | 25 963 | 47 578 | 6 914 | – | 125 070 |

# External trade

## 6.8. Imports by partner country — 1993

(%)

| | | Origin | | | | |
|---|---|---|---|---|---|---|
| Importing country | Total imports | EUR 12 | USA | Canada | Nippon (Japan) | Rest of world |
| **EUR 12** | **100,0** | – | 17,8 | 1,6 | 9,8 | 70,8 |
| 1 Belg./Lux. | 100,0 | 71,4 | 5,2 | 0,4 | 2,8 | 20,1 |
| 2 Danmark | 100,0 | 54,3 | 4,4 | 0,4 | 3,0 | 37,9 |
| 3 Deutschland | 100,0 | 51,2 | 6,1 | 0,6 | 5,2 | 36,9 |
| 4 Ελλάδα | 100,0 | 60,3 | 3,7 | 0,3 | 6,8 | 28,9 |
| 5 España | 100,0 | 61,3 | 6,4 | 0,5 | 3,3 | 28,6 |
| 6 France | 100,0 | 64,0 | 8,7 | 0,1 | 2,8 | 23,9 |
| 7 Ireland | 100,0 | 9,5 | 2,3 | 0,1 | 0,8 | 2,2 |
| 8 Italia | 100,0 | 55,4 | 5,3 | 0,8 | 2,6 | 35,9 |
| 9 Luxembourg | : | : | : | : | : | : |
| 10 Nederland | 100,0 | 66,1 | 9,1 | 0,6 | 5,0 | 29,1 |
| 11 Portugal | 100,0 | 71,9 | 3,2 | 0,4 | 3,2 | 21,7 |
| 12 United Kingdom | 100,0 | 48,9 | 12,3 | 1,3 | 5,8 | 31,8 |
| 13 Österreich | 100,0 | 66,6 | 4,2 | 0,3 | 4,2 | 24,6 |
| 14 Suomi/Finland | 100,0 | 45,6 | 7,3 | 0,7 | 5,8 | 40,0 |
| 15 Island | 100,0 | 48,4 | 9,9 | 6,2 | 5,6 | 169,4 |
| 16 Norge | 100,0 | 48,7 | 8,0 | 2,0 | 7,9 | 33,5 |
| 17 Sverige | 100,0 | 55,0 | 8,3 | 0,5 | 4,6 | 30,8 |
| **EEA** | **100,0** | – | 21,0 | 2,0 | 12,0 | 65,1 |
| 18 Schweiz/Suisse | 100,0 | 72,6 | 6,3 | 0,3 | 3,8 | 17,0 |
| **CIS** | **100,0** | : | : | : | : | : |
| of which: | | | | | | |
| 19 Russia | 100,0 | 34,7 | 8,6 | 1,1 | 5,1 | 50,5 |
| 20 Türkiye | 100,0 | 45,5 | 10,5 | 0,4 | 5,1 | 38,4 |
| 21 USA | 100,0 | 16,8 | – | 18,3 | 17,6 | 47,3 |
| 22 Canada | 100,0 | 8,4 | 59,2 | – | 5,6 | 37,1 |
| 23 Nippon (Japan) | 100,0 | 12,6 | 23,1 | 3,4 | – | 60,9 |

*External trade*

## 6.9. Exports by partner country — 1993

*(Mio ECU)*

| | Exporting country | Total exports | Destination | | | | |
|---|---|---|---|---|---|---|---|
| | | | EUR 12 | USA | Canada | Nippon (Japan) | Rest of world |
| | **EUR 12** | **482 588** | – | **84 060** | **8 468** | **22 573** | **367 487** |
| 1 | Belg./Lux. | 106 188 | 78 201 | 4 837 | 383 | 1 158 | 21 609 |
| 2 | Danmark | 31 529 | 17 081 | 1 616 | 154 | 1 206 | 11 472 |
| 3 | Deutschland | 324 601 | 161 761 | 24 153 | 2 044 | 8 152 | 128 491 |
| 4 | Ελλάδα | 7 201 | 4 026 | 322 | 34 | 64 | 2 755 |
| 5 | España | 54 349 | 33 882 | 2 487 | 303 | 396 | 17 281 |
| 6 | France | 184 803 | 113 108 | 12 183 | 1 212 | 3 320 | 54 980 |
| 7 | Ireland | 24 272 | 16 772 | 2 200 | 256 | 906 | 4 138 |
| 8 | Italia | 143 885 | 76 655 | 11 124 | 1 190 | 2 737 | 52 179 |
| 9 | Luxembourg | : | : | : | : | : | : |
| 10 | Nederland | 118 873 | 87 871 | 4 777 | 428 | 1 137 | 24 660 |
| 11 | Portugal | 13 051 | 9 831 | 568 | 105 | 103 | 2 444 |
| 12 | United Kingdom | 153 662 | 80 635 | 19 792 | 2 359 | 3 393 | 47 483 |
| 13 | Österreich | 34 358 | 20 733 | 1016 | 200 | 463 | 11 946 |
| 14 | Suomi/Finland | 20 070 | 9 109 | 1 575 | 160 | 327 | 8 899 |
| 15 | Island | 1 195 | 715 | 189 | 6 | 111 | 174 |
| 16 | Norge | 27 608 | 18 400 | 1 694 | 635 | 504 | 6 375 |
| 17 | Sverige | 46 217 | 24 513 | 3 389 | 443 | 985 | 16 887 |
| | **EEA** | **454 853** | – | **91 923** | **9 912** | **24 963** | **328 055** |
| 18 | Schweiz/Suisse | 55 116 | 31 246 | 4 660 | 389 | 1 814 | 17 007 |
| | **CIS** of which: | : | : | : | : | : | : |
| 19 | Russia | 37 829 | 13 738 | 1 705 | 212 | 1 712 | 20 461 |
| 20 | Türkiye | 13 308 | 6 111 | 842 | 42 | 135 | 6 178 |
| 21 | USA | 396 889 | 52 790 | – | 85 560 | 40 947 | 187 592 |
| 22 | Canada | 120 483 | 6 666 | 99 689 | – | 5 603 | 8 525 |
| 23 | Nippon (Japan) | 308 209 | 48 005 | 90 867 | 5 377 | – | 163 960 |

# External trade

## 6.9. Exports by partner country — 1993

(%)

| | Exporting country | Total exports | Destination | | | | |
|---|---|---|---|---|---|---|---|
| | | | EUR 12 | USA | Canada | Nippon (Japan) | Rest of world |
| | **EUR 12** | **100,0** | – | 17,4 | 1,8 | 4,7 | 76,1 |
| 1 | Belg./Lux. | 100,0 | 73,6 | 4,6 | 0,4 | 1,1 | 20,3 |
| 2 | Danmark | 100,0 | 54,2 | 5,1 | 0,5 | 3,8 | 36,4 |
| 3 | Deutschland | 100,0 | 49,8 | 7,4 | 0,6 | 2,5 | 39,6 |
| 4 | Ελλάδα | 100,0 | 55,9 | 4,5 | 0,5 | 0,9 | 38,3 |
| 5 | España | 100,0 | 62,3 | 4,6 | 0,6 | 0,7 | 31,8 |
| 6 | France | 100,0 | 61,2 | 6,6 | 0,7 | 1,8 | 29,8 |
| 7 | Ireland | 100,0 | 69,1 | 9,1 | 1,1 | 3,7 | 17,0 |
| 8 | Italia | 100,0 | 53,3 | 7,7 | 0,8 | 1,9 | 36,3 |
| 9 | Luxembourg | 100,0 | : | : | : | : | : |
| 10 | Nederland | 100,0 | 73,9 | 4,0 | 0,4 | 1,0 | 20,7 |
| 11 | Portugal | 100,0 | 75,3 | 4,4 | 0,8 | 0,8 | 18,7 |
| 12 | United Kingdom | 100,0 | 52,5 | 12,9 | 1,5 | 2,2 | 30,9 |
| 13 | Österreich | 100,0 | 60,3 | 3,0 | 0,6 | 1,3 | 34,8 |
| 14 | Suomi/Finland | 100,0 | 45,4 | 7,8 | 0,8 | 1,6 | 44,3 |
| 15 | Island | 100,0 | 59,8 | 15,8 | 0,5 | 9,3 | 14,6 |
| 16 | Norge | 100,0 | 66,6 | 6,1 | 2,3 | 1,8 | 23,1 |
| 17 | Sverige | 100,0 | 53,0 | 7,3 | 1,0 | 2,1 | 36,5 |
| | **EEA** | **100,0** | – | 20,2 | 2,2 | 5,5 | 72,1 |
| 18 | Schweiz/Suisse | 100,0 | 56,7 | 8,5 | 0,7 | 3,3 | 30,9 |
| | **CIS** of which: | **100,0** | : | : | : | : | : |
| 19 | Russia | 100,0 | 36,3 | 4,5 | 0,6 | 4,5 | 54,1 |
| 20 | Türkiye | 100,0 | 45,9 | 6,3 | 0,3 | 1,0 | 46,4 |
| 21 | USA | 100,0 | 13,3 | – | 21,6 | 10,3 | 47,3 |
| 22 | Canada | 100,0 | 5,5 | 82,7 | – | 4,7 | 7,1 |
| 23 | Nippon (Japan) | 100,0 | 15,6 | 29,5 | 1,7 | – | 53,2 |

## External trade

### 6.10. Imports (¹) by commodity class — 1993

*(Mio ECU)*

| | | Products (SITC, Rev. 3) | | | | |
|---|---|---|---|---|---|---|
| Importing country | Total imports | Food, beverages and tobacco (Sectors 0 + 1) | Crude materials, oils and fats (Sectors 2 + 4) | Mineral fuels, lubricants and related materials (Sector 3) | Machinery and equipment (Sector 7) | Other (Sectors 5 + 6 + 8 + 9) |
| **EUR 12** | **485 977** | **36 774** | **31 674** | **61 686** | **149 108** | **206 735** |
| 1  Belg./Lux. | 99 829 | 10 000 | 4 693 | 6 057 | 23 479 | 55 600 |
| 2  Danmark | 26 005 | 3 332 | 1 058 | 1 590 | 7 646 | 11 583 |
| 3  Deutschland | 292 503 | 26 391 | 12 597 | 23 309 | 96 982 | 121 213 |
| 4  Ελλάδα | 18 934 | 2 525 | 0 591 | 1981 | 6 771 | 7 066 |
| 5  España | 65 194 | 8 381 | 3 657 | 6 860 | 23 209 | 23 087 |
| 6  France | 184 350 | 18 503 | 6 070 | 13 088 | 68 539 | 77 835 |
| 7  Ireland | 17 518 | 1 765 | 482 | 874 | 6 575 | 7 822 |
| 8  Italia | 126 022 | 15 192 | 9 955 | 11 724 | 35 806 | 53 345 |
| 9  Luxembourg | : | : | : | : | : | : |
| 10  Nederland | 100 235 | 12 214 | 5 449 | 9 375 | 30 991 | 42 912 |
| 11  Portugal | 20 642 | 2 494 | 0 964 | 1 821 | 7 337 | 8 026 |
| 12  United Kingdom | 178 946 | 17 092 | 6 797 | 9 100 | 66 433 | 79 524 |
| 13  Österreich | 43 007 | 2 148 | 1 689 | 2 090 | 15 639 | 21 441 |
| 14  Suomi/Finland | 15 400 | 968 | 1 109 | 1 964 | 5 226 | 10 061 |
| 15  Island | 1 153 | : | : | : | : | : |
| 16  Norge | 20 799 | 1 291 | 1442 | 0 679 | 7 989 | 9 398 |
| 17  Sverige | 39 598 | 2 683 | 1 270 | 3 356 | 13 104 | 19 185 |
| **EEA** | **449 302** | **36 613** | **28 552** | **55 124** | **143 460** | **185 553** |
| 18  Schweiz/Suisse | 52 971 | 3 444 | 1 375 | 2 029 | 15 354 | 30 769 |
| 19  Türkiye | 27 196 | 1004 | 2 482 | 3 385 | 9 595 | 10 730 |
| 20  USA | 515 075 | 26 350 | 15 199 | 50 590 | 226 825 | 196 111 |
| 21  Canada | 127 010 | 6 749 | 3 667 | 4 474 | 56 935 | 55 185 |
| 22  Nippon (Japan) | 205 525 | 33 496 | 24 639 | 42 132 | 34 944 | 70 314 |

(¹) Trade with the rest of the world. Intra-EUR 12 trade is not included in the aggregate EUR 12 but is included for each of the EU Member States. Similarly, the aggregate EEA is equal to the sum of the trade of the 17 countries in question minus trade within the EEA.

*External trade*

## 6.10. Imports (¹) by commodity class — 1993

(%)

| | Importing country | Total Imports | Products (SITC, Rev. 3) | | | | |
|---|---|---|---|---|---|---|---|
| | | | Food, beverages and tobacco (Sectors 0 + 1) | Crude materials, oils and fats (Sectors 2 + 4) | Mineral fuels, lubricants and related materials (Sector 3) | Machinery and equipment (Sector 7) | Other (Sectors 5 + 6 + 8 + 9) |
| | **EUR 12** | 100,0 | 7,6 | 6,5 | 12,7 | 30,8 | 42,6 |
| 1 | Belg./Lux. | 100,0 | 10,0 | 4,7 | 6,1 | 23,5 | 55,7 |
| 2 | Danmark | 100,0 | 12,8 | 4,1 | 6,1 | 29,4 | 44,5 |
| 3 | Deutschland | 100,0 | 9,0 | 4,3 | 8,0 | 33,2 | 41,4 |
| 4 | Ελλάδα | 100,0 | 13,3 | 3,1 | 10,5 | 35,8 | 37,3 |
| 5 | España | 100,0 | 12,9 | 5,6 | 10,5 | 35,6 | 35,4 |
| 6 | France | 100,0 | 10,0 | 3,3 | 7,1 | 37,2 | 42,2 |
| 7 | Ireland | 100,0 | 10,1 | 2,8 | 5,0 | 37,5 | 44,6 |
| 8 | Italia | 100,0 | 12,1 | 7,9 | 9,3 | 28,4 | 42,3 |
| 9 | Luxembourg | 100,0 | : | : | : | : | : |
| 10 | Nederland | 100,0 | 12,2 | 5,4 | 9,4 | 30,9 | 42,8 |
| 11 | Portugal | 100,0 | 12,1 | 4,7 | 8,8 | 35,6 | 38,9 |
| 12 | United Kingdom | 100,0 | 9,6 | 3,8 | 5,1 | 37,1 | 11,4 |
| 13 | Österreich | 100,0 | 5,0 | 3,9 | 4,9 | 36,4 | 49,8 |
| 14 | Suomi/Finland | 100,0 | 6,3 | 7,2 | 12,8 | 33,9 | 65,3 |
| 15 | Island | 100,0 | : | : | : | : | : |
| 16 | Norge | 100,0 | 6,2 | 6,9 | 3,3 | 38,4 | 45,2 |
| 17 | Sverige | 100,0 | 6,8 | 3,2 | 8,4 | 33,1 | 48,5 |
| | **EEA** | 100,0 | 8,2 | 6,4 | 12,2 | 31,9 | 41,3 |
| 18 | Schweiz/Suisse | 100,0 | 6,5 | 2,6 | 3,8 | 29,0 | 58,1 |
| 19 | Türkiye | 100,0 | 3,7 | 9,1 | 12,4 | 35,3 | 39,5 |
| 20 | USA | 100,0 | 5,1 | 3,0 | 9,8 | 44,0 | 38,1 |
| 21 | Canada | 100,0 | 5,3 | 2,9 | 3,5 | 44,8 | 43,5 |
| 22 | Nippon (Japan) | 100,0 | 16,3 | 12,0 | 20,5 | 17,0 | 34,2 |

(¹) Trade with the rest of the world. Intra-EUR 12 trade is not included in the aggregate EUR 12 but is included for each of the EU Member States. Similarly, the aggregate EEA is equal to the sum of the trade of the 17 countries in question minus trade within the EEA.

*External trade*

## 6.11. Exports (¹) by commodity class — 1993

*(Mio ECU)*

|   | Exporting country | Total exports | Products (SITC, Rev. 3) | | | | |
|---|---|---|---|---|---|---|---|
|   |   |   | Food, beverages and tobacco (Sectors 0 + 1) | Crude materials, oils and fats (Sectors 2 + 4) | Mineral fuels, lubricants and related materials (Sector 3) | Machinery and equipment (Sector 7) | Other (Sectors 5 + 6 + 8 + 9) |
|   | **EUR 12** | **482 589** | **36 389** | **10 412** | **15 542** | **204 206** | **216 039** |
| 1 | Belg./Lux. | 106 188 | 11 075 | 2 656 | 3 477 | 28 716 | 60 267 |
| 2 | Danmark | 31 529 | 8 033 | 1 447 | 1 108 | 7 247 | 12 247 |
| 3 | Deutschland | 324 601 | 16 288 | 6 054 | 3 814 | 154 459 | 130 630 |
| 4 | Ελλάδα | 7 201 | 1 892 | 673 | 564 | 453 | 3 629 |
| 5 | España | 54 349 | 7 962 | 1 726 | 1 624 | 22 161 | 20 876 |
| 6 | France | 184 803 | 27 519 | 4 618 | 4 737 | 76 238 | 72 118 |
| 7 | Ireland | 24 272 | 5 429 | 595 | 144 | 7 114 | 10 990 |
| 8 | Italia | 143 885 | 9 400 | 1 841 | 3 021 | 52 784 | 76 839 |
| 9 | Luxembourg | : | : | : | : | : | : |
| 10 | Nederland | 118 873 | 21 831 | 10 252 | 9 706 | 26 645 | 43 699 |
| 11 | Portugal | 13 051 | 855 | 800 | 416 | 2 761 | 8 219 |
| 12 | United Kingdom | 153 662 | 11 236 | 2 830 | 10 321 | 59 959 | 69 316 |
| 13 | Österreich | 34 358 | 1 167 | 1371 | 384 | 13 389 | 18 047 |
| 14 | Suomi/Finland | 20 070 | 624 | 1766 | 548 | 6 312 | 10 820 |
| 15 | Island | 1 195 | : | : | : | : | : |
| 16 | Norge | 27 608 | 2 164 | 798 | 13977 | 3 540 | 7 129 |
| 17 | Sverige | 46 217 | 764 | 3 445 | 1 443 | 18 416 | 22 149 |
|   | **EEA** | **454 853** | **35 003** | **9 946** | **15 346** | **195 519** | **199 039** |
| 18 | Schweiz/Suisse | 55 116 | 1 585 | 573 | 71 | 15 682 | 37 205 |
| 19 | Türkiye | 13 308 | 2 785 | 633 | 151 | 1105 | 8 634 |
| 20 | USA | 396 889 | 34 502 | 22 336 | 8 382 | 192 039 | 139 630 |
| 21 | Canada | 120 483 | 9 080 | 14 284 | 12 974 | 48 766 | 35 379 |
| 22 | Nippon (Japan) | 308 209 | 1 685 | 1 961 | 1 685 | 222 016 | 80 862 |

(¹) Trade with the rest of the world. Intra-EUR 12 trade is not included in the aggregate EUR 12 but is included for each of the EU Member States. Similarly, the aggregate EEA is equal to the sum of the trade of the 17 countries in question minus trade within the EEA.

## 6.11. Exports (¹) by commodity class — 1993

(%)

| Exporting country | Total exports | Products (SITC, Rev. 3) | | | | |
|---|---|---|---|---|---|---|
| | | Food, beverages and tobacco (Sectors 0 + 1) | Crude materials, oils and fats (Sectors 2 + 4) | Mineral fuels, lubricants and related materials (Sector 3) | Machinery and equipment (Sector 7) | Other (Sectors 5 + 6 + 8 + 9) |
| **EUR 12** | **100,0** | **7,5** | **2,2** | **3,2** | **42,3** | **44,8** |
| 1 Belg./Lux. | 100,0 | 10,4 | 2,5 | 3,3 | 27,0 | 56,8 |
| 2 Danmark | 100,0 | 25,5 | 4,6 | 3,5 | 23,0 | 38,8 |
| 3 Deutschland | 100,0 | 5,0 | 1,9 | 1,2 | 47,6 | 40,2 |
| 4 Ελλάδα | 100,0 | 26,3 | 9,3 | 7,8 | 6,3 | 50,4 |
| 5 España | 100,0 | 14,6 | 3,2 | 3,0 | 40,8 | 38,4 |
| 6 France | 100,0 | 14,9 | 2,5 | 2,6 | 41,3 | 39,0 |
| 7 Ireland | 100,0 | 22,4 | 2,5 | 0,6 | 29,3 | 45,3 |
| 8 Italia | 100,0 | 6,5 | 1,3 | 2,1 | 36,7 | 53,4 |
| 9 Luxembourg | 100,0 | : | : | : | : | : |
| 10 Nederland | 100,0 | 18,4 | 8,6 | 8,2 | 22,4 | 36,8 |
| 11 Portugal | 100,0 | 6,6 | 6,1 | 3,2 | 21,2 | 63,0 |
| 12 United Kingdom | 100,0 | 7,3 | 1,8 | 6,7 | 39,0 | 45,1 |
| 13 Österreich | 100,0 | 3,4 | 4,0 | 1,1 | 39,0 | 52,5 |
| 14 Suomi/Finland | 100,0 | 3,1 | 8,8 | 2,7 | 31,4 | 53,9 |
| 15 Island | 100,0 | : | : | : | : | : |
| 16 Norge | 100,0 | 7,8 | 2,9 | 50,6 | 12,8 | 25,8 |
| 17 Sverige | 100,0 | 1,7 | 7,5 | 3,1 | 39,8 | 47,9 |
| **EEA** | **100,0** | **7,7** | **2,2** | **3,4** | **43,0** | **43,8** |
| 18 Schweiz/Suisse | 100,0 | 2,9 | 1,0 | 0,1 | 28,5 | 67,5 |
| 19 Türkiye | 100,0 | 20,9 | 4,8 | 1,1 | 8,3 | 64,9 |
| 20 USA | 100,0 | 8,7 | 5,6 | 2,1 | 48,4 | 35,2 |
| 21 Canada | 100,0 | 7,5 | 11,9 | 10,8 | 40,5 | 29,4 |
| 22 Nippon (Japan) | 100,0 | 0,5 | 0,6 | 0,5 | 72,0 | 26,2 |

(¹) Trade with the rest of the world. Intra-EUR 12 trade is not included in the aggregate EUR 12 but is included for each of the EU Member States. Similarly, the aggregate EEA is equal to the sum of the trade of the 17 countries in question minus trade within the EEA.

## 6.12. Volume indices by SITC, Rev. 3

*(1990 = 100)*

| Year | Imports | | | | | |
|------|---------|---|---|---|---|---|
| | Total | Food, beverages and tobacco (Sectors 0 + 1) | Crude materials, oils and fats (Sectors 2 + 4) | Mineral fuels, lubricants and related materials (Sector 3) | Machinery and equipment (Sector 7) | Other (Sectors 5 + 6 + 8 + 9) |
| **Intra-EUR 12 (¹)** | | | | | | |
| 1989 | 95,7  | 96,3  | 99,1  | 96,6  | 96,0  | 94,3  |
| 1990 | 100,0 | 100,0 | 100,0 | 100,0 | 100,0 | 100,0 |
| 1991 | 104,2 | 108,6 | 103,7 | 105,8 | 104,1 | 103,2 |
| 1992 | 105,4 | 114,0 | 102,3 | 106,3 | 103,3 | 105,3 |
| 1993 | :     | :     | :     | :     | :     | :     |
| **Extra-EUR 12** | | | | | | |
| 1989 | 93,8  | 90,6  | 102,7 | 95,1  | 92,4  | 92,0  |
| 1990 | 100,0 | 100,0 | 100,0 | 100,0 | 100,0 | 100,0 |
| 1991 | 106,5 | 104,1 | 98,0  | 108,6 | 107,7 | 106,8 |
| 1992 | 107,1 | 107,9 | 100,9 | 110,5 | 102,3 | 110,4 |
| 1993 | 100,7 | 99,0  | 94,4  | 105,9 | 92,8  | 110,3 |

(¹) Owing to the change in the method of collecting intra-EU trade data as from 1.1.1993, comparisons between results prior to and after that date must be made with caution.

## External trade

### 6.12. Volume indices by SITC, Rev. 3

(1990 = 100)

| | Exports | | | | | Year |
|---|---|---|---|---|---|---|
| Total | Food, beverages and tobacco (Sectors 0 + 1) | Crude materials, oils and fats (Sectors 2 + 4) | Mineral fuels, lubricants and related materials (Sector 3) | Machinery and equipment (Sector 7) | Other (Sectors 5 + 6 + 8 + 9) | |
| **Intra-EUR 12 ([1])** | | | | | | |
| 97,2 | 96,9 | 102,2 | 100,3 | 97,8 | 95,1 | 1989 |
| 100,0 | 100,0 | 100,0 | 100,0 | 100,0 | 100,0 | 1990 |
| 103,3 | 107,7 | 101,9 | 102,8 | 102,3 | 103,1 | 1991 |
| 104,2 | 113,0 | 103,1 | 100,5 | 100,0 | 107,6 | 1992 |
| : | : | : | : | : | : | 1993 |
| **Extra-EUR 12** | | | | | | |
| 100,3 | 101,3 | 103,0 | 94,2 | 98,7 | 100,0 | 1989 |
| 100,0 | 100,0 | 100,0 | 100,0 | 100,0 | 100,0 | 1990 |
| 99,7 | 103,1 | 107,3 | 95,1 | 99,1 | 99,5 | 1991 |
| 101,5 | 109,7 | 118,6 | 103,4 | 99,1 | 103,0 | 1992 |
| 106,8 | 115,6 | 128,7 | 123,6 | 105,5 | 112,4 | 1993 |

([1]) Owing to the change in the method of collecting intra-EU trade data as from 1.1.1993, comparisons between results prior to and after that date must be made with caution.

## 6.13. Unit value indices by SITC, Rev. 3

(1990 = 100)

| Year | Imports | | | | | |
|---|---|---|---|---|---|---|
| | Total | Food, beverages and tobacco (Sectors 0 + 1) | Crude materials, oils and fats (Sectors 2 + 4) | Mineral fuels, lubricants and related materials (Sector 3) | Machinery and equipment (Sector 7) | Other (Sectors 5 + 6 + 8 + 9) |
| **Intra-EUR 12 ([1])** | | | | | | |
| 1989 | 98,5  | 99,9  | 105,8 | 90,5 | 96,3  | 100,0 |
| 1990 | 100,0 | 100,0 | 100,0 | 100,0 | 100,0 | 100,0 |
| 1991 | 101,7 | 102,3 | 94,8  | 98,1 | 104,4 | 100,3 |
| 1992 | 102,6 | 102,7 | 92,3  | 87,1 | 108,2 | 100,3 |
| 1993 | : | : | : | : | : | : |
| **Extra-EUR 12** | | | | | | |
| 1989 | 103,2 | 110,6 | 109,3 | 92,5 | 103,2 | 105,4 |
| 1990 | 100,0 | 100,0 | 100,0 | 100,0 | 100,0 | 100,0 |
| 1991 | 100,5 | 102,9 | 94,0  | 93,8 | 104,9 | 101,5 |
| 1992 | 98,7  | 99,8  | 89,3  | 84,1 | 109,0 | 100,3 |
| 1993 | 103,4 | 103,7 | 88,9  | 82,7 | 121,5 | 104,0 |

([1]) Owing to the change in the method of collecting intra-EU trade data as from 1.1.1993, comparisons between results prior to and after that date must be made with caution.

# 6.13. Unit value indices by SITC, Rev. 3

*(1990 = 100)*

| Exports | | | | | | Year |
|---|---|---|---|---|---|---|
| Total | Food, beverages and tobacco (Sectors 0 + 1) | Crude materials, oils and fats (Sectors 2 + 4) | Mineral fuels, lubricants and related materials (Sector 3) | Machinery and equipment (Sector 7) | Other (Sectors 5 + 6 + 8 + 9) | |
| **Intra-EUR 12 (¹)** | | | | | | |
| 98,4 | 100,3 | 106,6 | 89,8 | 96,1 | 99,9 | 1989 |
| 100,0 | 100,0 | 100,0 | 100,0 | 100,0 | 100,0 | 1990 |
| 101,5 | 102,1 | 93,6 | 101,3 | 103,7 | 99,9 | 1991 |
| 102,7 | 102,6 | 92,1 | 92,5 | 108,1 | 100,0 | 1992 |
| : | : | : | : | : | : | 1993 |
| **Extra-EUR 12** | | | | | | |
| 99,5 | 100,9 | 108,8 | 91,1 | 97,0 | 101,8 | 1989 |
| 100,0 | 100,0 | 100,0 | 100,0 | 100,0 | 100,0 | 1990 |
| 102,3 | 98,9 | 97,6 | 100,1 | 104,4 | 101,5 | 1991 |
| 104,5 | 100,7 | 95,0 | 92,0 | 109,4 | 102,1 | 1992 |
| 108,7 | 103,0 | 95,5 | 92,5 | 115,4 | 105,6 | 1993 |

(¹) Owing to the change in the method of collecting intra-EU trade data as from 1 1 1993, comparisons between results prior to and after that date must be made with caution.

# Services and transport

Services

## 7.1. Television sets and telephones in use — 1992

| Country | Television receivers | | | | Telephones: main lines | |
|---|---|---|---|---|---|---|
| | (1 000) | | per 1 000 inhabitants | | (1 000) | per 1 000 inhabitants |
| | Licences (¹) | Receivers (²) | Licences (¹) | Receivers (²) | | |
| **EUR 12** | : | 153 021 | : | 443 | 152 387 | 441 |
| 1 Belgique/België | : | 4 530 | : | 452 | 4 264 | 426 |
| 2 Danmark | : | 2 770 | : | 537 | 3 003 | 582 |
| 3 Deutschland | : | 44 800 | : | 558 | 35 421 | 441 |
| 4 Ελλάδα | : | 2 050 | : | 200 | 4 497 | 439 |
| 5 España | : | 15 700 | : | 402 | 13 792 | 353 |
| 6 France | 17 951 | 23 300 | 314 | 408 | 29 905 | 523 |
| 7 Ireland | : | 1 060 | : | 300 | 1 096 | 309 |
| 8 Italia | 15 267 | 24 350 | 269 | 429 | 23 709 | 418 |
| 9 Luxembourg | : | 101 | : | 260 | 207 | 530 |
| 10 Nederland | : | 7 400 | : | 489 | 7 395 | 489 |
| 11 Portugal | : | 1 860 | : | 189 | 3 014 | 306 |
| 12 United Kingdom | : | 25 100 | : | 435 | 26 084 | 452 |
| 13 Österreich | 2 638 | 3 735 | 336 | 476 | 3 466 | 441 |
| 14 Suomi/Finland | : | 2 620 | : | 504 | 2 742 | 545 |
| 15 Ísland | : | 83 | : | 320 | 140 | 539 |
| 16 Norge | : | 1 820 | : | 426 | 2 268 | 531 |
| 17 Sverige | 3 327 | 4 060 | 385 | 470 | 5 922 | 685 |
| **EEA** | : | 165 249 | : | 445 | 166 925 | 449 |
| 18 Schweiz/Suisse | : | 2 770 | 362 | 405 | 4 185 | 613 |
| **CIS** of which: | : | : | : | : | : | : |
| 19 Russia | : | : | : | 379 (³) | 22 849 | 153 |
| 20 Türkiye | : | 10 250 | : | 175 | 9 472 | 161 |
| 21 USA | : | 208 000 | : | 816 | 144 057 | 565 |
| 22 Canada | : | 17 515 | : | 639 | 16 247 | 592 |
| 23 Nippon (Japan) | : | 76 500 | : | 616 | 57 652 | 464 |

(¹) Number of licences issued or sets registered.
(²) Estimated number of television receivers in use.
(³) 1993.

## 7.2. Index numbers of retail sales volume — (1989-93) (¹)

*(1985 = 100)*

| | Country | 1989 | 1990 | 1991 | 1992 | 1993 |
|---|---|---|---|---|---|---|
| | **EUR 12 (²)** | **115** | **119** | **121** | **121** | **120** |
| 1 | Belgique/België | 113 | 117 | 116 | 117 | 111 |
| 2 | Danmark | 99 | 100 | 102 | 101 | 102 |
| 3 | Deutschland | 113 | 123 | 130 | 129 | 123 |
| 4 | Ελλάδα | 120 | 117 | 110 | 110 | 106 |
| 5 | España | : | : | : | : | : |
| 6 | France | 115 | 117 | 117 | 118 | 119 |
| 7 | Ireland | 105 | 108 | 108 | 111 | 113 |
| 8 | Italia | : | : | : | : | : |
| 9 | Luxembourg | 109 | 111 | 114 | 111 | 114 |
| 10 | Nederland | 112 | 118 | 120 | 121 | 121 |
| 11 | Portugal | : | : | : | : | : |
| 12 | United Kingdom | 119 | 120 | 119 | 120 | 124 |
| 13 | Österreich | 109 | 114 | 119 | 120 | 118 |
| 14 | Suomi/Finland | 118 | 112 | 104 | 93 | 88 |
| 15 | Island | 111 | 111 | 114 | : | : |
| 16 | Norge | 89 | 91 | 89 | 92 | 92 |
| 17 | Sverige | 117 | 120 | 124 | 118 | 114 |
| | **EEA** | : | : | : | : | : |
| 18 | Schweiz/Suisse | 109 | 109 | 110 | 109 | 108 |
| | **CIS (³)** | **117** | **130** | **117** | **76** | **69** |
| | of which: | | | | | |
| 19 | Russia | 116 | 127 | 118 | 76 | 77 |
| 20 | USA | 113 | 112 | 111 | 116 | 121 |
| 21 | Nippon (Japan) | 118 | 126 | 127 | : | : |

(¹) Data not seasonally adjusted.
(²) Weighted average of the data of the available countries.
(³) Turnover on retail trade by enterprises in the trade register.

*Services*

## 7.2. Index numbers of retail sales volume — (1989-93) (¹)

*(1985 = 100)*

| Year | EUR 12 (²) | Belgique/ België | Danmark | Deutsch- land | Ελλάδα | España |
|---|---|---|---|---|---|---|
| *Food, beverages and tobacco* | | | | | | |
| 1989 | **114,9** | 106,2 | 104,0 | 113,4 | 143,5 | : |
| 1990 | **117,5** | 108,0 | 104,5 | 121,0 | 139,8 | : |
| 1991 | **118,7** | 109,9 | 106,6 | 121,3 | 144,7 | : |
| 1992 | **119,5** | 111,1 | 107,2 | 119,7 | 143,1 | : |
| 1993 | **120,7** | 110,3 | 107,8 | 118,0 | 142,2 | : |
| *Clothing and footwear* | | | | | | |
| 1989 | : | 106,8 | 81,6 | 103,1 | 88,4 | : |
| 1990 | : | 114,2 | 81,4 | 110,9 | 87,9 | : |
| 1991 | **112,6** | 108,8 | 84,0 | 117,7 | 86,2 | : |
| 1992 | **111,3** | 110,8 | 81,9 | 115,1 | 94,9 | : |
| 1993 | **111,2** | 104,8 | 83,0 | 113,1 | 99,7 | : |
| *Household equipment* | | | | | | |
| 1989 | **124,0** | 126,6 | : | 120,1 | 136,3 | : |
| 1990 | **129,3** | 127,6 | : | 130,2 | 138,1 | : |
| 1991 | **130,6** | 128,7 | : | 138,0 | 122,9 | : |
| 1992 | **130,7** | 130,7 | : | 139,3 | 121,9 | : |
| 1993 | **131,8** | 127,3 | : | 137,7 | 115,1 | : |

(¹) Data not seasonally adjusted.
(²) Weighted average of the data of the available countries.

*Services*

## 7.2. Index numbers of retail sales volume — (1989-93) (¹)

*(1985 = 100)*

| France | Ireland | Italia | Luxem-bourg | Neder-land | Portugal | United Kingdom | Year |
|---|---|---|---|---|---|---|---|
| \multicolumn{8}{c}{Food, beverages and tobacco} | | | | | | | |
| 117,6 | 100,1 | : | 110,0 | 108,7 | : | 113,5 | 1989 |
| 119,3 | 103,1 | : | 111,4 | 111,8 | : | 114,7 | 1990 |
| 120,2 | 105,7 | : | 114,6 | 112,5 | : | 116,3 | 1991 |
| 121,8 | 109,0 | : | 113,0 | 113,8 | : | 118,6 | 1992 |
| 124,4 | 111,8 | : | 117,3 | 113,8 | : | 122,3 | 1993 |
| \multicolumn{8}{c}{Clothing and footwear} | | | | | | | |
| 101,1 | 108,5 | : | 105,0 | : | : | 120,1 | 1989 |
| 101,8 | 112,5 | : | 107,4 | : | : | 122,2 | 1990 |
| 101,6 | 114,3 | : | 104,7 | 125,9 | : | 120,0 | 1991 |
| 98,7 | 120,0 | : | 94,4 | 125,9 | : | 120,6 | 1992 |
| 97,8 | 119,9 | : | 90,0 | 126,3 | : | 124,6 | 1993 |
| \multicolumn{8}{c}{Household equipment} | | | | | | | |
| 120,2 | 112,4 | : | 110,3 | 114,7 | : | 137,4 | 1989 |
| 124,0 | 115,8 | : | 115,8 | 131,1 | : | 135,1 | 1990 |
| 120,4 | 116,5 | : | 121,4 | 133,9 | : | 133,1 | 1991 |
| 118,0 | 121,8 | : | 118,7 | 133,9 | : | 134,2 | 1992 |
| 116,6 | 126,3 | : | 118,7 | 136,0 | : | 144,5 | 1993 |

(¹) Data not seasonally adjusted.

*Transport*

## 7.3. Railways: length of line, passenger-kilometres and tonne-kilometres — 1992

| | Country | Lenght of line operated (km) | Passenger-kilometres (Mio) | Net tonne-kilometres (Mio) |
|---|---|---|---|---|
| | **EUR 12** | **136 114** | **234 873** | **199 823** |
| 1 | Belgique/België | 3 432 | 6 798 | 9 348 |
| 2 | Danmark | 2 344 | 4 600 | 1 858 |
| 3 | Deutschland | 40 816 | 46 407 | 79 793 |
| 4 | Ελλάδα | 2 484 | 1 947 | 606 |
| 5 | España | 12 560 ([1]) | 14 715 ([2]) | 12 499 |
| 6 | France | 33 555 | 62 867 | 50 632 |
| 7 | Ireland | 1 944 | 1 226 | 603 |
| 8 | Italia | 16 016 ([3]) | 43 343 ([3]) | 21 680 |
| 9 | Luxembourg | 275 | 208 ([1]) | 709 |
| 10 | Nederland | 2 753 | 15 350 | 3 038 |
| 11 | Portugal | 3 054 | 5 694 | 1 783 |
| 12 | United Kingdom | 16 881 | 31 718 | 17 274 |
| 13 | Österreich | 6 104 | 9 799 | 11 567 |
| 14 | Suomi/Finland | 5 874 | 3 057 | 7 848 |
| 15 | Island | – | – | – |
| 16 | Norge | 4 027 | 2 202 | 2 294 |
| 17 | Sverige | 9 864 ([4]) | 5 234 ([5]) | 19 197 ([5]) |
| | **EEA** | **161 983** | **255 165** | **240 729** |
| 18 | Schweiz/Suisse | 5 048 | 13 209 | 8 277 |
| | **CIS** | **142 000** | **401 000** | **2 164 000** |
| | of which: | | | |
| 19 | Russia | 87 100 | 272 200 | 1 608 000 |
| 19 | Türkiye ([6]) | 8 429 | 6 048 | 7 990 |
| 20 | USA ([6]) | 187 691 | : | : |
| 21 | Canada ([7]) ([6]) | 22 444 | : | 101 806 |
| 22 | Nippon (Japan) ([6]) | 20 251 | 247 031 | 26 770 |

Source: The International Union of Railways.

([1]) 1990.

([2]) 1989.

([3]) 1988.

([4]) Swedish administration of tracks.

([5]) Swedish State rails.

([6]) 1991.

([7]) Canadian Pacific.

Transport

## 7.4. Rail freight traffic (¹)

*(Mio tkm)*

| | Country | 1989 | 1990 | 1991 | 1992 | 1993 |
|---|---|---|---|---|---|---|
| | **EUR 12** | **161 791** | **162 373** | **177 841** | **162 335** | : |
| 1 | Belgique/België | 7 338 | 7 602 | 7 517 | 7 280 | 6 799 |
| 2 | Danmark | 1 156 | 1 159 | 1 192 | 1 148 | : |
| 3 | Deutschland (²) | 54 755 | 55 230 | 72 000 * | 59 539 * | 58 000 * |
| 4 | Ελλάδα | 621 | 592 | 547 | 526 | 498 |
| 5 | España | 8 273 | 10 142 | 9 444 | 8 292 | 7 081 |
| 6 | France | 48 414 | 46 486 | 46 025 | 45 134 | 40 378 |
| 7 | Ireland | 556 | 589 | 603 | 633 | 575 |
| 8 | Italia | 18 442 | 19 259 | 19 919 | 19 246 | 18 116 |
| 9 | Luxembourg | 535 | 537 | 531 | 482 | : |
| 10 | Nederland | 3 094 | 3 055 | 3 029 | 2 751 | : |
| 11 | Portugal | 1 557 | 1 444 | 1 645 | 1 754 | 1 665 |
| 12 | United Kingdom | 17 050 | 16 278 | 15 388 | 15 550 | : |

Source : Eurostat/Council Directive 80/1177/EEC.

(¹) Full wagon loads.

(²) Including 'Other railways'.

## 7.5. Inland waterways — 1992

| Country | Length of inland waterways in use (km) | Goods-carrying vessels | | Tonnes carried (¹) (1 000) | Tonne-kilometres (¹) (Mio) |
|---|---|---|---|---|---|
| | | Number | Capacity (1 000 t) | | |
| **EUR 12** | **22 849** | : | : | : | : |
| 1 Belgique/België | 1 948 | 1 604 | 1 475 | 88 915 | 5 018 |
| 2 Danmark | – | – | – | – | – |
| 3 Deutschland | 4 636 | 3 282 | 3329 | 229 924 | 75239 |
| 4 Ελλάδα | – | – | – | – | – |
| 5 España | – | – | – | – | – |
| 6 France | 8 500 | 2 663 | 1 514 | 70 900 | 8 631 |
| 7 Ireland | – | – | – | – | – |
| 8 Italia | 1 366 (²) | – | – | – | – |
| 9 Luxembourg | 37 | 28 | 28 | 10 895 | 338 |
| 10 Nederland | 5 046 (²) | 9 555 (³) | 6 865 (³) | 261 145 | 33 530 |
| 11 Portugal | 124 (²) | – | – | – | – |
| 12 United Kingdom | 1 192 (²) | : | : | : | : |
| 13 Österreich | 358 (²) | 226 (²) | 251 (²) | 6 786 (²) | 1 475 (²) |
| 14 Suomi/Finland | 6 237 (²) | 157 (²) | : | 1 815 (²) | : |
| 15 Island | – | – | – | – | – |
| 16 Norge | – | – | – | – | – |
| 17 Sverige | 439 (²) | : | : | : | : |
| **EEA** | **29 883** | : | : | : | : |
| 18 Schweiz/Suisse | 21 (²) | 185 (²) | 290 (²) | 8 592 (²) | 49 (²) |
| **CIS** of which: | **112 941** (⁴) | : | : | **253 635** | : |
| 19 Russia | 100 677 (⁴) | 12 760 | : | 214 720 | 102 698 |
| 20 Türkiye | – | – | – | – | – |
| 21 USA | 20 573 (²) | : | : | : | : |
| 22 Canada | : | : | : | : | : |
| 23 Nippon (Japan) | : | : | : | : | : |

Sources: Eurostat; Council Directive 80/1119/CEE; United Nations, Economic Commission for Europe

(¹) Transit traffic included.
(²) 1991.
(³) 1990.
(⁴) 1993.

## 7.6. Civil aviation of principal airline companies — 1992

| | Country | Number of airlines | Number of aircraft | Passenger-km (Mio) | Available seat-km (Mio) | Load factor (%) |
|---|---|---|---|---|---|---|
| | EUR 12 ([1]) | 40 | : | 342 467 | 508 760 | 67,3 |
| 1 | Belgique/België | 1 | 29 | 6 203 | 10 810 | 57,4 |
| 2 | Danmark | 1 | : | 4 042 | 6 510 | 62,1 |
| 3 | Deutschland | 2 | 240 | 48 934 | 78 410 | 62,4 |
| 4 | Ελλάδα | 1 | 64 | 7 262 | 11 990 | 60,6 |
| 5 | España | 3 | 165 ([2]) | 27 117 | 41 260 | 65,7 |
| 6 | France | 7 | 258 | 54 232 | 80 870 | 67,1 |
| 7 | Ireland | 1 | 31 | 2 274 | 3 340 | 68,1 |
| 8 | Italia | 4 | 154 | 28 634 | 44 290 | 64,7 |
| 9 | Luxembourg | 1 | : | : | : | : |
| 10 | Nederland | 2 | 57 ([3]) | 32 046 | 45 160 | 71,0 |
| 11 | Portugal | 1 | 27 | 7 671 | 11 150 | 68,8 |
| 12 | United Kingdom | 17 | 530 | 124 052 | 174 970 | 70,9 |
| 13 | Österreich | 3 | 45 | 4 867 | 8 300 | 58,6 |
| 14 | Suomi/Finland | 1 | 48 | 4 446 | 8 160 | 54,5 |
| 15 | Ísland | 1 | 10 | 1 040 | 2 680 | 68,7 |
| 16 | Norge | 1 | : | 4 948 | 7 730 | 64,0 |
| 17 | Sverige | 1 | : | 8 078 | 13 140 | 61,5 |
| | EEA | 48 | : | 366 646 | 548 770 | 66,8 |
| 18 | Schweiz/Suisse | 2 | 83 | 16 472 | 27 430 | 60,1 |
| | CIS of which: | : | : | : | : | : |
| 19 | Russia | : | : | 116 139 | 146 270 | 79,4 |
| 20 | Türkiye | 2 | 41 | 5 910 | 9 890 | 59,8 |
| 21 | USA | 14 | 3 417 | 738 549 | 1 158 920 | 63,7 |
| 22 | Canada | 2 | 190 | 41 253 | 62 600 | 65,9 |
| 23 | Nippon (Japan) | 4 | 319 | 105 732 | 153 620 | 68,8 |

Sources: ICAO statistical year book (Civil aviation statistics of the world);
ICAO digest of statistics (Traffic-Commercial air carriers 1987–91).

([1]) Excluding Luxembourg.
([2]) Number of aircraft for six companies only.
([3]) Number of KLM aircraft only.

*Transport*

## 7.7. Maritime fleets — 1992

| | Country | All ships | | | Among which: oil tankers | |
|---|---|---|---|---|---|---|
| | | Number | 1 000 tonnes gross | % world tonnes gross | Number | 1 000 tonnes gross |
| | **EUR 12** | **13 023** | **60 668** | **13,7** | **883** | **21 015** |
| 1 | Belgique/België | 232 | 256 | 0,1 | 7 | 11 |
| 2 | Danmark | 1 276 | 5 781 | 1,3 | 46 | 1 710 |
| 3 | Deutschland | 1 375 | 5 552 | 1,2 | 42 | 245 |
| 4 | Ελλάδα | 1 872 | 24 542 | 5,5 | 318 | 10 164 |
| 5 | España | 2 190 | 3 224 | 0,7 | 45 | 1 346 |
| 6 | France | 890 | 4 230 | 1,0 | 50 | 1 801 |
| 7 | Ireland | 189 | 198 | 0,0 | 5 | 21 |
| 8 | Italia | 1 636 | 7 730 | 1,7 | 198 | 2 264 |
| 9 | Luxembourg | 54 | 1 581 | 0,4 | 10 | 265 |
| 10 | Nederland | 1 230 | 849 | 0,2 | 31 | 611 |
| 11 | Portugal | 332 | 708 | 0,2 | 13 | 382 |
| 12 | United Kingdom | 1 747 | 6 017 | 1,4 | 118 | 2 195 |
| 13 | Österreich | – | – | – | – | – |
| 14 | Suomi/Finland | 311 | 1 212 | 0,3 | 25 | 370 |
| 15 | Island | 368 | 170 | 0,0 | 3 | 2 |
| 16 | Norge | 2 498 | 22 583 | 5,1 | 221 | 10 503 |
| 17 | Sverige | 664 | 3 081 | 0,7 | 51 | 693 |
| | **EEA** | **16 864** | **87 714** | **19,8** | **1 183** | **32 583** |
| 18 | Schweiz/Suisse | 22 | 346 | 0,0 | – | – |
| 19 | Türkiye | 880 | 4 186 | 0,9 | 85 | 833 |
| 20 | USA | 5 737 | 18 228 | 4,1 | 219 | 701 |
| 21 | Canada | 1 185 | 2 643 | 0,6 | 35 | 186 |
| 22 | Nippon (Japan) | 10 091 | 25 403 | 5,7 | 1 117 | 7 026 |
| 23 | Liberia | 1 672 | 55 167 | 12,4 | 505 | 28 161 |
| 24 | Panama | 5 217 | 49 629 | 11,2 | 667 | 16 537 |

Source: Lloyd's Register.

## 7.8. Merchant shipping — 1991

*(Mio t)*

| | Country | International traffic | | | National traffic |
|---|---|---|---|---|---|
| | | Unloaded | | Loaded | |
| | | Total | Among which: petroleum products | Total | |
| | **EUR 12** | : | : | : | : |
| 1 | Belgique/België | 63,5 | : | 28,7 | : |
| 2 | Danmark | 17,4 | : | 32,7 | 24,2 |
| 3 | Deutschland | 102,3 | : | 44,5 | 4,5 |
| 4 | Ελλάδα | : | : | : | : |
| 5 | España | 132,2 | : | 40,6 | 69,7 |
| 6 | France | : | : | : | : |
| 7 | Ireland | 17,9 | : | 7,0 | 1,3 |
| 8 | Italia | 243,7 | : | 46,6 | 70,0 |
| 9 | Luxembourg | | | | |
| 10 | Nederland | 206,7 | : | 90,5 | : |
| 11 | Portugal | 27,7 | : | 7,5 | : |
| 12 | United Kingdom | 182,1 | : | 143,2 | 169,4 |
| 13 | Österreich | – | – | – | – |
| 14 | Suomi/Finland | 32,3 | 12,2 | 26,6 | 5,3 |
| 15 | Island | 1,4 | : | 0,7 | : |
| 16 | Norge | 18,7 | : | 100,4 | : |
| 17 | Sverige | 43,8 | 23,0 | 34,2 | 13,2 |
| | **EEA** | : | : | : | : |
| 18 | Schweiz/Suisse | : | : | : | : |
| 19 | Türkiye | : | : | : | : |
| 20 | USA | : | : | : | : |
| 21 | Canada | 168,3 | : | 65,9 | : |
| 22 | Nippon (Japan) | : | : | : | : |
| 23 | Libéria | : | : | : | : |
| 24 | Panamá | : | : | : | : |

Source: United Nations, Economic Commission for Europe.

*Transport*

## 7.9. Length of road network by administrative category — 1992

*(km)*

| | Country | Motorways | Main or national roads | Secondary or regional roads | Other roads | Total |
|---|---|---|---|---|---|---|
| | **EUR 12** | **35 699** | **225 296** | **785 099** | **1 913 691** | **2 959 785** |
| 1 | Belgique/België | 1 631 (¹) | 12 885 | 1 360 | 117 873 (²) | 133 749 |
| 2 | Danmark | 653 | 3 908 | 7 091 | 59 390 | 71 042 |
| 3 | Deutschland | 11 013 | 42 169 | 173 623 | 413 000 | 639 805 |
| 4 | Ελλάδα | 91 (³) | 40 550 (³) | 9 315 (³) | 31 235 (³) | 81 191 |
| 5 | España | 2 558 (³) | 20 701 (³) | 71 063 (³) | 64 479 (³) | 158 801 |
| 6 | France | 7 408 | 28 243 | 354 000 | 526 000 | 915 651 |
| 7 | Ireland | 32 | 5 290 | 10 726 | 76 314 | 92 362 |
| 8 | Italia | 6 306 | 45 076 (⁴) | 110 475 (⁴) | 141 666 (⁴) | 303 523 |
| 9 | Luxembourg | 95 | 964 | 1 828 | 2 316 | 5 203 |
| 10 | Nederland | 2 134 | 1 858 | 7 047 | 94 778 | 105 817 |
| 11 | Portugal | 519 | 9 109 | : | 56 467 | 66 095 |
| 12 | United Kingdom | 3 259 | 14 543 | 38 571 | 330 173 | 386 546 |
| 13 | Österreich | 1 574 | 10 513 | 23 535 | 75 000 | 35 622 |
| 14 | Suomi/Finland | 318 | 11 499 | 29 516 | 35 741 | 76 755 |
| 15 | Island | – | 4 074 | 4 170 | 3 129 | 11 373 |
| 16 | Norge | 437 | 26 386 | 26 978 | 36 373 | 89 737 |
| 17 | Sverige | 1 005 | 14 610 | 83 252 | 37 100 | 134 962 |
| | **EEA** | **39 033** | **292 378** | **952 550** | **2 101 034** | **3 308 234** |
| 18 | Schweiz/Suisse | 1 515 | – | 18 297 | 51 197 | 71 008 |
| 19 | Türkiye | 387 (⁴) | 31 261 (⁴) | 27 960 (⁴) | 308 000 (⁴) | 367 608 |
| 20 | USA | 85 267 (⁴) | 657 947 (⁴) | 702 710 (⁴) | 4 897 225 (⁴) | 6 343 149 |
| 21 | Canada | 15 983 (⁴) | 133 660 (⁴) | 104 049 (⁴) | 595 712 (⁴) | 849 404 |
| 22 | Nippon (Japan) | 4 869 (⁴) | 47 000 (⁴) | 129 040 (⁴) | 939 569 (⁴) | 1 120 478 |

Sources: Eurostat; The International Road Federation.
(¹) 1989.
(²) 1985.
(³) 1990.
(⁴) 1991.

Transport

## 7.10. Motor vehicles in use — 1991

| | Country | Private cars (1 000) | Private cars (per 1 000 inhabitants) | Buses and motor coaches, lorries (1 000) |
|---|---|---|---|---|
| | **EUR 12** | **137 144** | **397** | **17 527** |
| 1 | Belgique/België | 4 021 | 401 | 461 |
| 2 | Danmark | 1 605 | 311 | 326 |
| 3 | Deutschland | 32 007 | 399 | 2 576 |
| 4 | Ελλάδα | 1 777 (¹) | 173 | 803 (¹) |
| 5 | España | 12 537 | 321 | 2 817 |
| 6 | France | 24 020 | 419 | 3 925 |
| 7 | Ireland | 859 | 242 | 163 |
| 8 | Italia | 29 497 | 520 | 2 521 (¹) |
| 9 | Luxembourg | 209 | 537 | 21 |
| 10 | Nederland | 5 658 | 374 | 645 |
| 11 | Portugal | 3 050 | 310 | 964 |
| 12 | United Kingdom | 21 904 | 379 | 2 305 |
| 13 | Österreich (²) | 3 245 | 416 | 732 |
| 14 | Suomi/Finland | 1 923 | 382 | 273 |
| 15 | Island (²) | 121 | 458 | 16 |
| 16 | Norge (²) | 1 619 | 377 | 342 |
| 17 | Sverige | 3 619 | 419 | 845 |
| | **EEA** | **147 671** | : | **19 735** |
| 18 | Schweiz/Suisse | 3 066 | 454 | 524 |
| | **CIS** of which: | : | . | : |
| 19 | Russia (³) | 11 099 | 75 | 369 |
| 19 | Türkiye (¹) | 2 144 | 37 | 1 747 |
| 20 | USA (¹) | 142 956 | 564 | 46 652 |
| 21 | Canada (¹) | 13 061 | 490 | 6 888 |
| 22 | Nippon (Japan) (¹) | 37 076 | 299 | 23 030 |

Sources: Eurostat; The International Road Federation.

(¹) 1990.
(²) 1992.
(³) 1993.

*Transport*

## 7.11. Road traffic accidents — 1988-92

*(number)*

| Year | EUR 12 | Belgique/België | Danmark | Deutschland | Ελλάδα | España |
|---|---|---|---|---|---|---|
| \multicolumn{7}{c}{Accidents involving personal injury} | | | | | | |
| 1988 | **1 227 608** | 61 756 | 9 978 | 342 299 | 20 753 | 106 356 |
| 1989 | **1 240 674** | 62 982 | 9 922 | 343 604 | 20 299 | 109 804 |
| 1990 | **1 220 000** | 62 446 | 9 155 | 340 043 | 19 609 | 101 507 |
| 1991 | : | 58 223 | 8 757 | 385 147 | 20 764 | 98 128 |
| 1992 | : | 55 438 | 8 965 | 395 462 | : | : |
| \multicolumn{7}{c}{Deaths (¹)} | | | | | | |
| 1988 | **45 916** | 1 967 | 713 | 8 213 | 1 511 | 6 348 |
| 1989 | **46 395** | 1 993 | 670 | 7 995 | 1 699 | 7 188 |
| 1990 | **45 759** | 1 976 | 634 | 7 906 | 1 737 | 6 948 |
| 1991 | : | 1 873 | 606 | 11 300 | 1 790 | 6 797 |
| 1992 | : | 1 672 | 577 | 10 631 | : | : |
| \multicolumn{7}{c}{Persons injured} | | | | | | |
| 1988 | **1 657 266** | 84 851 | 11 790 | 448 223 | 29 370 | 164 949 |
| 1989 | **1 668 488** | 86 676 | 11 645 | 449 397 | 28 914 | 169 411 |
| 1990 | **1 648 814** | 86 184 | 10 653 | 448 158 | 27 391 | 155 476 |
| 1991 | : | 80 655 | 10 265 | 505 535 | 28 949 | 148 450 |
| 1992 | : | 77 109 | 10 514 | 516 797 | : | : |
| \multicolumn{7}{c}{Total casualities} | | | | | | |
| 1988 | **1 703 182** | 86 818 | 12 503 | 456 436 | 30 881 | 171 297 |
| 1989 | **1 714 883** | 88 669 | 12 315 | 457 392 | 30 613 | 176 599 |
| 1990 | **1 694 573** | 88 160 | 11 287 | 456 064 | 29 128 | 162 424 |
| 1991 | : | 82 528 | 10 871 | 516 835 | 30 739 | 155 247 |
| 1992 | : | 78 781 | 11 091 | 527 428 | : | : |

Sources: Eurostat; The International Road Federation.

(¹) Persons killed: users died within 30 days following the accident except Austria: within 3 days and within 30 days since 1992/France: from 1967, within 6 days/Italy: up to 1987, within 7 days/ Spain up to 1989: within 24 hours; Portugal up to 1988: on the spot; Switzerland since 1990: on the spot or within 30 days.

# Transport

## 7.11. Road traffic accidents — 1988-92

*(number)*

| France | Ireland | Italia | Luxem-bourg | Neder-land | Portugal | United Kingdom | Year |
|---|---|---|---|---|---|---|---|
| *Accidents involving personal injury* | | | | | | | |
| 175 887 | 5 577 | 166 033 | 1 258 | 41 859 | 41 915 | 253 937 | 1988 |
| 170 590 | 5 831 | 160 828 | 1 296 | 44 061 | 43 499 | 267 958 | 1989 |
| 162 573 | 6 067 | 161 782 | 1 216 | 44 892 | 45 110 | 265 600 | 1990 |
| 148 890 | 6 494 | 170 702 | : | : | 48 953 | : | 1991 |
| 143 362 | 6 677 | 170 814 | : | : | 48 739 | : | 1992 |
| *Deaths ([1])* | | | | | | | |
| 10 548 | 463 | 6 939 | 84 | 1 366 | 2 534 | 5 230 | 1988 |
| 10 528 | 460 | 6 410 | 67 | 1 456 | 2 375 | 5 554 | 1989 |
| 10 289 | 478 | 6 621 | 71 | 1 376 | 2 321 | 5 402 | 1990 |
| 9 617 | 445 | 7 498 | 82 | : | 2 475 | : | 1991 |
| 9 083 | 415 | 7 434 | : | : | 2 408 | : | 1992 |
| *Persons injured* | | | | | | | |
| 244 042 | 8 437 | 228 186 | 1 863 | 47 981 | 59 532 | 328 042 | 1988 |
| 235 999 | 8 803 | 216 329 | 1 848 | 50 298 | 61 519 | 347 649 | 1989 |
| 225 860 | 9 429 | 221 024 | 1 778 | 52 032 | 63 329 | 347 500 | 1990 |
| 205 968 | 9 874 | 240 688 | : | : | 69 535 | : | 1991 |
| 198 104 | 10 188 | 241 094 | : | : | 70 335 | : | 1992 |
| *Total casualties* | | | | | | | |
| 254 590 | 8 900 | 235 125 | 1 947 | 49 347 | 62 066 | 333 272 | 1988 |
| 246 527 | 9 263 | 222 739 | 1 915 | 51 754 | 63 894 | 353 203 | 1989 |
| 236 149 | 9 907 | 227 645 | 1 849 | 53 408 | 65 650 | 352 902 | 1990 |
| 215 585 | 10 319 | 248 186 | : | : | 72 010 | : | 1991 |
| 207 187 | 10 603 | 248 528 | : | : | 72 743 | : | 1992 |

Sources: Eurostat; The International Road Federation.

([1]) Persons killed: users died within 30 days following the accident except Austria: within 3 days and within 30 days since 1992/France: from 1967, within 6 days/Italy: up to 1987, within 7 days/ Spain up to 1989: within 24 hours; Portugal up to 1988: on the spot; Switzerland since 1990: on the spot or within 30 days.

*Transport*

## 7.11. Road traffic accidents — 1988-92

*(number)*

| Year | Österreich | Suomi/Finland | Island |
|---|---|---|---|
| *Accidents involving personal injury* | | | |
| 1988 | 44 243 | 9 569 | 623 |
| 1989 | 46 565 | 9 682 | 514 |
| 1990 | 46 338 | 10 175 | 564 |
| 1991 | 46 013 | 9 374 | 758 |
| 1992 | 44 730 | 7 882 | 904 |
| *Deaths ([1])* | | | |
| 1988 | 1 446 | 653 | 29 |
| 1989 | 1 402 | 734 | 28 |
| 1990 | 1 391 | 649 | 24 |
| 1991 | 1 385 | 632 | 27 |
| 1992 | 1 403 | 601 | 21 |
| *Persons injured* | | | |
| 1988 | 57 843 | 11 909 | 911 |
| 1989 | 60 623 | 12 042 | 803 |
| 1990 | 60 650 | 12 758 | 857 |
| 1991 | 60 355 | 11 547 | 1 126 |
| 1992 | 57 473 | 9 899 | 1 327 |
| *Total casualities* | | | |
| 1988 | 59 289 | 12 562 | 940 |
| 1989 | 62 025 | 12 776 | 831 |
| 1990 | 62 041 | 13 407 | 881 |
| 1991 | 61 740 | 12 179 | 1153 |
| 1992 | 58 876 | 10 500 | 1 348 |

Sources: Eurostat; The International Road Federation.

([1]) Persons killed: users died within 30 days following the accident except Austria: within 3 days and within 30 days since 1992/France: from 1967, within 6 days/Italy: up to 1987, within 7 days/ Spain up to 1989: within 24 hours; Portugal up to 1988: on the spot; Switzerland since 1990: on the spot or within 30 days.

# Transport

## 7.11. Road traffic accidents — 1988-92

*(number)*

| Norge | Sverige | EEA | Schweiz/Suisse | Year |
|---|---|---|---|---|
| *Accidents involving personal injury* | | | | |
| 8 167 | 17 207 | : | 24 544 | 1988 |
| 8 494 | 17 969 | : | 24 606 | 1989 |
| 8 801 | 16 975 | : | 23 834 | 1990 |
| 8 677 | 16 003 | : | 22 821 | 1991 |
| 8 495 | 15 599 | : | 23 272 | 1992 |
| *Deaths ([1])* | | | | |
| 378 | 813 | : | 945 | 1988 |
| 381 | 904 | : | 925 | 1989 |
| 332 | 772 | : | 954 | 1990 |
| 323 | 745 | : | 860 | 1991 |
| 325 | 759 | : | 834 | 1992 |
| *Persons injured* | | | | |
| 10 962 | 22 838 | : | 30 083 | 1988 |
| 11 490 | 23 531 | : | 30 159 | 1989 |
| 11 886 | 22 497 | : | 29 243 | 1990 |
| 11 712 | 21 057 | : | 28 240 | 1991 |
| 11 404 | 20 727 | : | 28 683 | 1992 |
| *Total casualities* | | | | |
| 11 340 | 23 651 | : | 31 028 | 1988 |
| 11 871 | 24 435 | : | 31 084 | 1989 |
| 12 218 | 23 269 | : | 30 197 | 1990 |
| 12 035 | 21 802 | : | 29 100 | 1991 |
| 11 729 | 21 486 | : | 29 517 | 1992 |

Sources: Eurostat; The International Road Federation.

([1]) Persons killed: users died within 30 days following the accident except Austria: within 3 days and within 30 days since 1992/France: from 1967, within 6 days/Italy: up to 1987, within 7 days/ Spain up to 1989: within 24 hours; Portugal up to 1988: on the spot; Switzerland since 1990: on the spot or within 30 days.

## 7.12. Hotels and other establishments — 1989-93

| Year | Belgique/België | Danmark | Deutschland (¹)(²) | Ελλάδα | España | France (³) |
|---|---|---|---|---|---|---|
| \multicolumn{7}{c}{Number of hotels and similar establishments} |
| 1989 | 2 148 | 531 | 37 873 | 6 555 | 9 883 | 20 162 |
| 1990 | 2 123 | 539 | 37 423 | 6 713 | 9 436 | 20 287 |
| 1991 | 1 957 | 545 | 38 393 | 6 991 | 9 603 | 20 383 |
| 1992 | 1 914 | 555 | 37 162 | 7 185 | 9 792 | 20 582 |
| 1993 | 1 888 | 576 | 36 646 | 7 510 | 9 734 | : |
| \multicolumn{7}{c}{Overnight stays in hotels and similar establishments (1 000)} |
| 1989 | 9 185 | 9 837 | 146 980 | 44 703 | 131 425 | 139 390 |
| 1990 | 9 580 | 10 635 | 155 387 | 47 037 | 119 880 | 145 803 |
| 1991 | 9 296 | 11 231 | 160 457 | 41 622 | 134 499 | 141 058 |
| 1992 | 10 512 | 11 556 | 174 495 | 48 956 | 131 704 | 151 239 |
| 1993 | : | : | : | : | : | : |
| \multicolumn{7}{c}{Overnight stays in supplementary establishments (1 000)} |
| 1989 | 26 782 | 11 415 | 96 414 | 1 769 | 12 835 | 96 515 |
| 1990 | 27 259 | 12 039 | 100 338 | 1 851 | 13 497 | 94 012 |
| 1991 | 24 959 | 12 640 | 124 984 | 1 018 | 15 817 | 96 750 |
| 1992 | 17 113 | 14 132 | 143 975 | 1 017 | 15 543 | 96 398 |
| 1993 | : | : | : | : | : | : |
| \multicolumn{7}{c}{Overnight stays in accommodation establishments (total) (1 000)} |
| 1989 | 35 967 | 21 252 | 243 394 | 46 478 | 144 259 | 235 905 |
| 1990 | 36 839 | 22 674 | 255 725 | 48 888 | 142 392 | 239 815 |
| 1991 | 34 255 | 23 871 | 285 441 | 42 640 | 150 316 | 237 808 |
| 1992 | 27 625 | 25 688 | 318 470 | 49 973 | 147 246 | 247 637 |
| 1993 | : | : | : | : | : | : |

(¹) From 1992 onwards, the data for Germany refer to the territorial situation since 3.10.1990
(²) The total comprises accommodation establishments with at least 9 beds, except campsites.
   The 1991 figures include data for the new Länder.
(³) Approved hotels only. The total number is approximately 30 000.

## 7.12. Hotels and other establishments — 1989-93

| Ireland | Italia | Luxembourg | Nederland | Portugal | United Kingdom | Year |
|---|---|---|---|---|---|---|
| \multicolumn{7}{c}{Number of hotels and similar establishments} | | | | | | |
| 865 | 37 162 | 399 | 1 544 | 1 701 | 39 714 | 1989 |
| 842 | 36 423 | 400 | 1 546 | 1 758 | 39 769 | 1990 |
| 877 | 35 792 | 398 | 1 531 | 1 785 | : | 1991 |
| 866 | 35 371 | 401 | 1 525 | 1 777 | : | 1992 |
| 963 | 34 870 | 404 | 1 698 | 1 777 | : | 1993 |
| \multicolumn{7}{c}{Overnight stays in hotels and similar establishments (1 000)} | | | | | | |
| : | 187 301 | 1 188 | 13 233 | 22 053 | : | 1989 |
| : | 191 065 | 1 194 | 14 498 | 23 814 | : | 1990 |
| : | 195 707 | 1 182 | 14 752 | 26 261 | : | 1991 |
| : | 192 567 | 1 113 | 15 211 | 25 314 | : | 1992 |
| : | : | : | : | : | : | 1993 |
| \multicolumn{7}{c}{Overnight stays in supplementary establishments (1 000)} | | | | | | |
| : | 59 219 | 1 569 | 37 851 | 8 765 | : | 1989 |
| : | 61 151 | 1 538 | 41 329 | 8 742 | : | 1990 |
| : | 64 217 | 1 732 | 41 594 | 9 100 | : | 1991 |
| : | 64 796 | 1 561 | 43 367 | 8 410 | : | 1992 |
| : | : | : | : | : | : | 1993 |
| \multicolumn{7}{c}{Overnight stays in accommodation establishments (total) (1 000)} | | | | | | |
| : | 246 520 | 2 756 | 51 084 | 30 818 | 630 000 | 1989 |
| : | 252 216 | 2 732 | 55 827 | 32 556 | 595 000 | 1990 |
| : | 259 924 | 2 914 | 56 346 | 35 361 | 577 000 | 1991 |
| : | 257 364 | 2 673 | 58 578 | 33 724 | : | 1992 |
| : | : | : | : | : | : | 1993 |

## 7.12. Hotels and other establishments — 1989-93

| Year | Österreich | Suomi/Finland | Island |
|------|-----------|---------------|--------|
| Number of hotels and similar establishments | | | |
| 1989 | 19 992 | 1 031 | 121 |
| 1990 | 19 406 | 1 096 | 122 |
| 1991 | 19 257 | 1 124 | 131 |
| 1992 | 18 955 | 1 097 | 140 |
| 1993 | 18 693 | 1 217 | 142 |
| Overnight stays in hotels and similar establishments (1 000) | | | |
| 1989 | 76 304 | 10 571 | 604 |
| 1990 | 77 046 | 10 677 | 645 |
| 1991 | 80 257 | 9 999 | 668 |
| 1992 | 80 351 | 9 782 | 663 |
| 1993 | 77 950 | 10 572 | 661 |
| Overnight stays in supplementary establishments (1 000) | | | |
| 1989 | 16 804 | 2 405 | 343 |
| 1990 | 16 813 | 2 414 | 384 |
| 1991 | 17 156 | 2 317 | 392 |
| 1992 | 17 397 | 2 091 | 363 |
| 1993 | 16 890 | 2 094 | 361 |
| Overnight stays in accommodation establishments (total) (1 000) | | | |
| 1989 | 93 108 | 12 976 | 948 |
| 1990 | 93 859 | 13 091 | 1 028 |
| 1991 | 97 413 | 12 316 | 1 060 |
| 1992 | 97 748 | 11 873 | 1 026 |
| 1993 | 94 840 | 12 666 | 1 022 |

*Tourism*

## 7.12. Hotels and other establishments — 1989-93

| Norge | Sverige | Schweiz/Suisse | Year |
|---|---|---|---|
| Number of hotels and similar establishments | | | |
| 1 101 | 1 687 | 6 800 | 1989 |
| 1 135 | 1 723 | 6 634 | 1990 |
| 1 168 | 1 784 | 6 468 | 1991 |
| 1 183 | 1 744 | 6 327 | 1992 |
| 1 184 | 1 716 | 6 223 | 1993 |
| Overnight stays in hotels and similar establishments (1 000) | | | |
| 11 624 | 16 975 | 34 149 | 1989 |
| 12 022 | 16 226 | 34 628 | 1990 |
| 12 825 | 14 494 | 34 237 | 1991 |
| 13 298 | 14 148 | 33 440 | 1992 |
| 14 004 | 14 874 | 32 595 | 1993 |
| Overnight stays in supplementary establishments (1 000) | | | |
| : | 19 244 | 41 621 | 1989 |
| : | 17 461 | 41 247 | 1990 |
| : | 14 344 | 42 663 | 1991 |
| : | 15 408 | 42 777 | 1992 |
| : | 15 648 | 42 277 | 1993 |
| Overnight stays in accommodation establishments (total) (1 000) | | | |
| : | 36 219 | 75 770 | 1989 |
| : | 33 687 | 75 875 | 1990 |
| : | 28 838 | 76 900 | 1991 |
| : | 29 557 | 76 217 | 1992 |
| : | 30 522 | 74 872 | 1993 |

Environment

## Environment

### 8.1a. Water indicators

| | Country | Fresh-water extraction | | | | | | | |
|---|---|---|---|---|---|---|---|---|---|
| | | | | m³ per capita | | % groundwater (¹) | | | m³ per capita | | % groundwater (¹) |
| | | Year | Total (Mio m³) | Total | of which, public supply | | Year | Total (Mio m³) | Total | of which, public supply | |
| | EUR 12 | : | : | : | : | : | | : | : | : | : |
| 1 | Belgique/België | 1980 | 9 030 | 917 | : | 9 | 1990 | : | : | : | : |
| 2 | Danmark | 1977 | 1 230 | 242 | 95 | 99 | 1990 | 1 200 | 233 | 122 | 100 |
| 3 | Deutschland | 1980 | : | : | : | : | 1990 | 58 852 | 742 | 85 | 13 |
| | ex BRD | 1979 | 42 204 | 537 | 81 | 16 | 1990 | 47 507 | 751 | 79 | 13 |
| | ex DDR | 1979 | 5 857 | 350 | : | : | 1990 | 11 345 | 704 | 108 | 14 |
| 4 | Ελλάδα | 1980 | 5 040 | 523 | 78 | 31 | 1990 | : | : | : | : |
| 5 | España | 1980 | 39 920 | 1 068 | 126 | 13 | 1991 | 36 900 | 944 | 113 | 15 |
| 6 | France | 1980 | 37 600 | 698 | 106 | 19 | 1990 | 37 730 | 668 | : | 16 |
| 7 | Ireland | 1980 | 1 070 | 315 | 107 | 12 | 1990 | : | : | 134 | : |
| 8 | Italia | 1980 | 56 200 | 996 | : | : | 1987 | 56 200 | 980 | : | : |
| 9 | Luxembourg | 1980 | 40 | 109 | : | : | 1990 | 47 | 124 | : | : |
| 10 | Nederland | 1981 | 14 794 | 1 038 | 73 | 7 | 1991 | 7 798 | 517 | 85 | 8 |
| 11 | Portugal | 1980 | 10 500 | 1 075 | 43 | 19 | 1989 | 7 288 | 706 | 58 | 42 |
| 12 | United Kingdom | 1980 | 13 756 | 277 | : | 18 | 1989 | 14 279 | 282 | : | 18 |
| 13 | Österreich | 1980 | 2 190 | 290 | : | 52 | 1989 | 2 120 | 278 | : | 53 |
| 14 | Suomi/Finland | 1980 | 3 700 | 774 | 81 | 5 | 1989 | 3 001 | 605 | 85 | 8 |
| 15 | Ísland | 1980 | 190 | : | : | 95 | 1990 | : | : | : | : |
| 16 | Norge | 1983 | 2 025 | 490 | : | : | 1990 | : | : | 176 | : |
| 17 | Sverige | 1980 | 4 106 | 494 | 115 | 14 | 1990 | 2 932 | 343 | 114 | 20 |
| | EEA | : | : | : | : | : | | : | : | : | : |
| 18 | Schweiz/Suisse | 1980 | 1 103 | 173 | : | 84 | 1989 | 1 166 | 173 | : | 81 |
| | CIS (²) | 1983 | 272 501 | 1 031 | 87 | 7 | 1990 | 275 996 | 984 | 94 | 10 |
| | of which: | | | | | | | | | | |
| 19 | Russia | 1983 | 97 161 | 689 | 94 | 9 | 1990 | 96 158 | 650 | 98 | 10 |
| 20 | Türkiye | 1980 | 16 200 | 362 | : | 27 | 1990 | 30 600 | 542 | : | 21 |
| 21 | USA | 1980 | 525 000 | 2 305 | : | 23 | 1990 | 468 000 | 1 861 | : | 24 |
| 22 | Canada | 1981 | 37 864 | 1 554 | : | 2 | 1991 | 46 878 | 1 735 | : | 2 |
| 23 | Nippon (Japan) | 1980 | 88 200 | 755 | : | 14 | 1987 | 89 290 | 731 | : | 14 |

General comment on environmental statistics: statistics obtained through Eurostat/OECD cooperation.
Total extraction includes several components (public supply, irrigation, industrial use and power-station cooling) on which no data are available for certain countries.
Consequently, the scope for comparisons between countries is limited.

(¹) % of groundwater in total extraction.
(²) Including use of sea water.

## 8.1b. Water indicators

| | Country | Population served by a sewage treatment plant (% of total population) | | | | | | Capacity of sewage treatment plant (1 000 p.e. = population equivalent) | | | |
|---|---|---|---|---|---|---|---|---|---|---|---|
| | | | | | | | | 1980 | | 1990 | |
| | | Year | Total | Of which, at least secondary treatment | Year | Total | Of which, at least secondary treatment | Total | Of which, at least secondary treatment | Total | Of which, at least secondary treatment |
| | **EUR 12** | | : | : | | : | : | : | : | : | : |
| 1 | Belgique/België | 1980 | 23 | 23 | 1990 | : | : | 2 536 | 2 536 | 5 466 | 5 466 |
| 2 | Danmark | 1983 | 90 | 68 | 1989 | 98 | 90 | 6 335 | 3 589 | 9 000 | 7 100 |
| 3 | Deutschland | 1980 | : | : | 1990 | 86 | 80 | : | : | : | : |
| | ex BRD | 1979 | 80 | 65 | 1990 | 91 | 90 | : | : | : | : |
| | ex DDR | 1980 | : | : | 1990 | 62 | 38 | : | : | : | : |
| 4 | Ελλάδα | 1980 | 1 | 1 | 1990 | : | : | 50 | 50 | 1 087 | 1 007 |
| 5 | España | 1980 | 18 | 9 | 1989 | 48 | 41 | ##### | : | 46 585 | 33 200 |
| 6 | France | 1980 | 44 | : | 1990 | 68 | : | ##### | 48 880 | 68 400 | 66 100 |
| 7 | Ireland | 1980 | 11 | 11 | 1990 | 44 | 21 | 762 | 589 | : | : |
| 8 | Italia | 1980 | 30 | : | 1990 | : | : | 7 849 | 5 249 | : | : |
| 9 | Luxembourg | 1980 | 81 | 65 | 1990 | 90 | 87 | : | 798 | 789 | 744 |
| 10 | Nederland | 1981 | 73 | 56 | 1990 | 93 | 91 | ##### | 17 037 | 23 648 | 23 648 |
| 11 | Portugal | 1981 | 2 | : | 1990 | 21 | 12 | : | : | : | : |
| 12 | United Kingdom | 1980 | 82 | 76 | 1990 | 87 | 79 | ##### | 55 096 | : | : |
| 13 | Österreich | 1980 | 38 | 28 | 1990 | 72 | 67 | : | : | : | : |
| 14 | Suomi/Finland | 1980 | 65 | 63 | 1990 | 76 | 76 | : | : | : | : |
| 15 | Island | 1980 | : | : | 1990 | 2 | : | : | : | : | : |
| 16 | Norge | 1980 | 34 | 27 | 1989 | 57 | 1 | : | : | : | : |
| 17 | Sverige | 1980 | 82 | 81 | 1989 | 95 | 10 | : | : | : | : |
| | **EEA** | | : | : | | : | : | : | : | : | : |
| 18 | Schweiz/Suisse | 1980 | 70 | 70 | 1990 | 90 | 90 | : | : | : | : |
| 19 | Türkiye | | : | : | 1990 | 1 | : | : | : | : | : |
| 20 | USA | 1980 | 70 | 28 | 1985 | 74 | 31 | : | : | : | : |
| 21 | Canada | 1980 | 64 | 25 | 1990 | 70 | 25 | : | : | : | : |
| 22 | Nippon (Japan) | 1980 | 30 | 30 | 1990 | 42 | 42 | : | : | : | : |

General comment on environmental statistics: statistics obtained through Eurostat/OECD cooperation.

## Environment

### 8.2. Carbon dioxide emissions ($CO_2$) from fossil fuels
### Total emissions of EU Member States
### and EU percentage share of world total ([1]) — 1960-92

*(Mio t $CO_2$)*

| | Country | 1960 | 1970 | 1980 | 1990 | 1992 |
|---|---|---|---|---|---|---|
| | **EUR 12** | **1 794,0** | **2 620,2** | **2 871,0** | **2 751,0** | **3 002,4** |
| 1 | Belgique/België | 83,5 | 127,6 | 133,2 | 110,7 | 115,8 |
| 2 | Danmark | 30,1 | 64,0 | 63,5 | 52,2 | 55,7 |
| 3 | Deutschland | 531,2 | 741,1 | 793,3 | 717,9 | 925,2 |
| 4 | Ελλάδα | 8,4 | 21,6 | 47,5 | 73,3 | 74,4 |
| 5 | España | 47,2 | 102,3 | 198,2 | 209,4 | 233,6 |
| 6 | France | 264,6 | 425,0 | 476,7 | 367,8 | 375,4 |
| 7 | Ireland | 10,2 | 19,1 | 24,8 | 30,6 | 30,9 |
| 8 | Italia | 102,1 | 284,6 | 366,5 | 401,6 | 392,4 |
| 9 | Luxembourg | 14,5 | 15,9 | 14,6 | 12,2 | 12,6 |
| 10 | Nederland | 75,4 | 131,2 | 151,8 | 156,7 | 161,5 |
| 11 | Portugal | 7,7 | 12,5 | 25,2 | 39,8 | 45,8 |
| 12 | United Kingdom | 619,1 | 675,3 | 575,7 | 578,8 | 579,1 |
| 13 | Österreich | 29,0 | 49,0 | 59,0 | 59,0 | 60,0 |
| 14 | Suomi/Finland | 15,0 | 41,0 | 60,0 | 55,0 | 56,0 |
| 15 | Island | : | 2,0 | 2,0 | 2,0 | 2,0 |
| 16 | Norge | 13,0 | 28,0 | 32,0 | 32,0 | 32,0 |
| 17 | Sverige | 48,0 | 98,0 | 75,0 | 56,0 | 57,0 |
| | **EEA** | . | **2 838,2** | **3 099,0** | **2 955,0** | **3 209,4** |
| 18 | Schweiz/Suisse | 18,0 | 39,0 | 42,0 | 44,0 | 47,0 |
| 19 | Türkiye | 16,0 | 39,0 | 75,0 | 139,0 | 148,0 |
| 20 | USA | 2 873,4 | 4 267,0 | 4 913,0 | 5 038,0 | 5 188,0 |
| 21 | Canada | 188,0 | 342,0 | 439,0 | 437,0 | 457,0 |
| 22 | Nippon (Japan) | 223,1 | 781,0 | 937,0 | 1 060,0 | 1 125,0 |
| | 🌐 | **9 181,3** | **14 640,0** | **18 792,0** | **21 562,0** | : |
| | **EUR 12 (%)** | **19,5** | **17,9** | **15,3** | **12,8** | : |

([1]) Source: Eurostat estimates for the Member States; Carbon Dioxide Information
and Analysis Center/USA for the others, until 1970; 1980-89: OECD;
the 1992 data are provisional estimates.

## 8.3. Per capita carbon dioxide ($CO_2$) emissions from fossil fuels (¹) — 1960-92

($t\ CO_2$)

| | Country | 1960 | 1970 | 1980 | 1990 | 1992 |
|---|---|---|---|---|---|---|
| | **EUR 12** | **6,413** | **8,646** | **9,031** | **8,400** | **8,668** |
| 1 | Belgique/België | 9,153 | 13,240 | 13,527 | 11,106 | 11,528 |
| 2 | Danmark | 6,577 | 12,985 | 12,395 | 10,328 | 10,773 |
| 3 | Deutschland | 9,582 | 12,219 | 12,885 | 11,258 | 11,483 |
| 4 | Ελλάδα | 1,013 | 2,457 | 4,926 | 7,241 | 7,214 |
| 5 | España | 1,549 | 3,029 | 5,301 | 5,375 | 5,977 |
| 6 | France | 5,792 | 8,370 | 8,847 | 6,483 | 6,543 |
| 7 | Ireland | 3,585 | 6,474 | 7,292 | 8,736 | 8,710 |
| 8 | Italia | 2,035 | 5,288 | 6,494 | 6,965 | 6,901 |
| 9 | Luxembourg | 46,034 | 46,792 | 40,010 | 31,946 | 32,102 |
| 10 | Nederland | 6,562 | 10,063 | 10,728 | 10,481 | 10,636 |
| 11 | Portugal | 0,861 | 1,409 | 2,580 | 4,033 | 4,646 |
| 12 | United Kingdom | 11,821 | 12,139 | 10,220 | 10,214 | 9,985 |
| 13 | Österreich | 4,165 | 6,562 | 7,816 | 7,644 | 7,633 |
| 14 | Suomi/Finland | 3,278 | 8,901 | 12,552 | 11,031 | 11,135 |
| 15 | Island | : | 9,804 | 8,772 | 7,843 | 7,701 |
| 16 | Norge | 3,505 | 7,218 | 7,830 | 7,545 | 7,488 |
| 17 | Sverige | 6,409 | 12,185 | 9,024 | 6,543 | 6,594 |
| | **EEA** | : | : | : | : | : |
| 18 | Schweiz/Suisse | 3,373 | 6,223 | 6,578 | 6,474 | 5,315 |
| 19 | Türkiye | 0,568 | 1,095 | 1,676 | 2,461 | 2,518 |
| 20 | USA | 15,903 | 20,809 | 21,571 | 20,030 | 20,344 |
| 21 | Canada | 10,465 | 16,038 | 18,238 | 16,416 | 16,656 |
| 22 | Nippon (Japan) | 2,392 | 7,530 | 8,022 | 8,580 | 9,048 |

(¹) Source: Eurostat estimates for the Member States; Carbon Dioxide Information and Analysis Center/USA for the others, until 1970; 1980-89: OECD; the 1992 data are provisional estimates.

Environment

## 8.4. Per capita sulphur dioxide (SO$_x$) and nitrous oxide (NO$_x$) emissions from all sources — 1981-92

| | Country | Sulphur dioxide (kg SO$_2$) | | | Nitrous oxide (kg NO$_2$) | | |
|---|---|---|---|---|---|---|---|
| | | 1980 | 1985 | 1991 | 1980 | 1985 | 1991 |
| 1 | Belgique/België | 84 | 46 | 42 (¹) | 32 | 29 | 30 (¹) |
| 2 | Danmark | 87 | 66 | 35 (¹) | 47 | 51 | 55 (¹) |
| 3 | Deutschland | : | : | 72 (¹) | : | : | 41 (¹) |
| 4 | Ελλάδα | 41 | : | : | 23 | : | 15 (¹) |
| 5 | España | 91 | 56 | : | 25 | 21 | : |
| 6 | France | 62 | 27 | 23 (²) | 34 | 29 | 26 (²) |
| 7 | Ireland | 64 | 39 | 50 (¹) | 20 | 19 | : |
| 8 | Italia | 57 | 37 | 34 (¹) | 28 | 27 | 35 (¹) |
| 9 | Luxembourg | 64 | 35 | 26 (¹) | 63 | 59 | : |
| 10 | Nederland | 35 | 19 | 14 (²) | 39 | 38 | 37 (²) |
| 11 | Portugal | 27 | 19 | 21 (¹) | 17 | 9 | 12 (¹) |
| 12 | United Kingdom | 87 | 66 | 62 | 43 | 42 | 48 |
| 13 | Österreich | 52 | 25 | 11 | 27 | 29 | 28 |
| 14 | Suomi/Finland | 122 | 78 | 39 | 49 | 56 | 57 (²) |
| 15 | Island | 26 | 25 | 27 | 61 | 87 | 104 |
| 16 | Norge | 34 | 24 | 11 | 47 | 49 | 51 |
| 17 | Sverige | 62 | 35 | 12 | 40 | 39 | 45 |
| 18 | Schweiz/Suisse | £0 | 15 | 9 | 31 | : | 26 |
| | CIS (³) | 75 | 71 | 53 | 15 | 15 | 16 |
| | of which: | | | | | | |
| 19 | Russia (³) | 88 | 84 | 62 | 19 | 18 | 20 |
| 20 | Türkiye | : | 6 | : | 9 | : | : |
| 21 | USA | 103 | 88 | 82 (²) | 90 | 83 | 74 (²) |
| 22 | Canada | 193 | 147 | 122 | 81 | 78 | 73 (¹) |
| 23 | Nippon (Japan) | 11 | 7 | : | 12 | 10 | : |

### Situation before 3.10.1990

| | | | | | | | |
|---|---|---|---|---|---|---|---|
| 3a | BRD | 52 | 39 | 15 (¹) | 48 | 48 | 41 (¹) |
| 3b | DDR | : | : | 293 (¹) | : | 57 | 39 (¹) |

(¹) 1990.
(²) Provisional.
(³) From fixed sources.

## 8.5. Sulphur oxide (SO$_x$) emissions by sector — 1990

(%)

| | Country | Public cogeneration of heat and electricity and district heating | Energy combustion by industry, institutions and households | Energy combustion | Manufacturing processes | Road transport | Other sources motor vehicles and machinery |
|---|---|---|---|---|---|---|---|
| | **EUR 12** | : | : | : | : | : | : |
| 1 | Belgique/België | : | : | : | : | : | : |
| 2 | Danmark | 69,7 | 4,7 | 14,0 | 0,2 | 3,5 | 8,0 |
| 3 | Deutschland | 28,5 | 15,1 | 41,0 | 6,1 | 5,7 | 1,4 |
| 4 | Ελλάδα | 51,4 | 5,9 | 4,2 | 7,9 | 2,1 | 28,4 |
| 5 | España | 66,3 | 4,4 | 21,7 | 1,7 | 3,1 | 0,8 |
| 6 | France | 26,4 | 8,9 | 39,5 | 8,5 | 11,2 | 1,9 |
| 7 | Ireland | : | : | : | : | : | : |
| 8 | Italia | 34,1 | 3,6 | 25,5 | 4,7 | 4,6 | 2,1 |
| 9 | Luxembourg | 1,2 | 5,9 | 87,5 | 1,1 | 2,9 | 0,8 |
| 10 | Nederland | 21,7 | 2,0 | 21,5 | 36,6 | 6,5 | 8,4 |
| 11 | Portugal | | | | | | |
| 12 | United Kingdom | 72,1 | 5,5 | 18,6 | 0,5 | 1,7 | 1,7 |
| 13 | Österreich | : | : | : | : | : | : |
| 14 | Suomi/Finland | : | : | : | : | : | : |
| 15 | Island | : | : | : | : | : | : |
| 16 | Norge | 1,3 | 5,6 | 14,4 | 57,1 | 6,8 | 14,7 |
| 17 | Sverige | 14,2 | 14,9 | 36,0 | 16,1 | 6,7 | 10,4 |
| | **EEA** | : | : | : | : | : | : |
| 18 | Schweiz/Suisse | : | : | : | : | : | : |

Source: Corinair—EC.

*Environment*

## 8.6. Nitrous oxide (NO$_x$) emissions by sector — 1990

(%)

| | Country | Public cogeneration of heat and electricity and district heating | Energy combustion by industry, institutions and households | Energy combustion | Manufacturing processes | Road transport | Other sources motor vehicles and machinery |
|---|---|---|---|---|---|---|---|
| | **EUR 12** | : | : | : | : | : | : |
| 1 | Belgique/België | : | : | : | : | : | : |
| 2 | Danmark | 33,0 | 2,1 | 4,9 | 0,3 | 37,4 | 20,8 |
| 3 | Deutschland | 11,4 | 4,3 | 12,0 | 0,7 | 62,5 | 9,1 |
| 4 | Ελλάδα | 20,5 | 0,3 | 0,5 | 6,2 | 21,0 | 50,1 |
| 5 | España | 19,8 | 1,7 | 13,5 | 1,2 | 40,7 | 19,6 |
| 6 | France | 6,7 | 5,6 | 10,4 | 1,9 | 65,3 | 8,1 |
| 7 | Ireland | : | : | : | : | : | : |
| 8 | Italia | 19,9 | 2,9 | 14,8 | 0,6 | 46,1 | 13,6 |
| 9 | Luxembourg | 1,6 | 4,0 | 46,9 | 0,7 | 40,3 | 5,2 |
| 10 | Nederland | 13,3 | 5,4 | 6,9 | 10,6 | 47,2 | 8,5 |
| 11 | Portugal | : | : | : | : | : | : |
| 12 | United Kingdom | 28,0 | 4,5 | 8,3 | 0,3 | 49,9 | 6,3 |
| 13 | Österreich | : | : | : | : | : | : |
| 14 | Suomi/Finland | : | : | : | : | : | : |
| 15 | Ísland | : | : | : | : | : | : |
| 16 | Norge | 0,5 | 1,2 | 11,8 | 4,0 | 36,0 | 42,5 |
| 17 | Sverige | 4,0 | 3,5 | 12,2 | 2,9 | 47,2 | 29,4 |
| | **EEA** | : | : | : | : | : | : |
| 18 | Schweiz/Suisse | : | : | : | : | : | : |

Source: Corinair—EC.

## 8.7. Waste indicators and recycling — 1980-91

| Country | Quantity of municipal waste | | | | Recycling activity: recovery ratio | |
|---|---|---|---|---|---|---|
| | 1 000 t | | kg/inhabitant | | Paper/board (%) | Glass (%) |
| | 1980 | 1990 | 1980 | 1990 | 1990 | 1990 |
| **EUR 12** | **94 000** | : | **290** | : | : | : |
| 1  Belgique/België | 3 082 | 3 410 | 313 | 343 | 14,7 (¹) | 55,0 |
| 2  Danmark | 2 046 | 2 430 (²) | 399 | 475 (¹) | 35,4 | 60,4 |
| 3  Deutschland | 21 417 | 21 172 | 348 | 333 | 39,6 | 45,0 |
| 4  Ελλάδα | 2 500 | 3 000 | 259 | 296 | 30,0 | 15,0 |
| 5  España | 10 100 | 12 546 | 270 | 322 | 51,0 (³) | 27,0 |
| 6  France | 15 570 | 20 025 | 289 | 360 | 45,7 | 28,5 |
| 7  Ireland | 640 | 1 100 (²) | 188 | 312 (¹) | 3,0 | 23,0 |
| 8  Italia | 14 041 | 20 033 | 252 | 340 | : | 48,0 |
| 9  Luxembourg | 128 | 170 | 351 | 445 | : | : |
| 10 Nederland | 7 050 (⁴) | 7 430 (⁵) | 498 (²) | 497 (⁶) | 50,3 | 66,7 |
| 11 Portugal | 2 091 | 2 538 | 213 | 257 | 39,1 (³) | 30,0 |
| 12 United Kingdom | 15 500 | 20 000 | 312 | 348 | 31,0 | 21,0 |
| 13 Österreich | 1 673 | 4 785 | 222 | 620 (⁷) | 36,8 (¹) | 60,0 |
| 14 Suomi/Finland | : | 3 100 | : | 624 | 40,8 | 35,7 |
| 15 Island | : | 80 | : | 314 | : | : |
| 16 Norge | 1 700 | 2 000 | 416 | 472 | 26,0 (⁶) | : |
| 17 Sverige | 2 510 | 3 200 | 302 | 374 | 42,9 | 44,0 |
| **EEA** | : | : | : | : | : | : |
| 18 Schweiz/Suisse | 2 240 | 3 000 | 351 | 441 | 49,4 | 64,7 |
| 19 Türkiye | : | 19 500 | : | 353 | : | : |
| 20 USA | 137 400 | 177 500 | 603 | 721 | 28,6 | 19,9 |
| 21 Canada | 12 600 | 16 000 | 524 | 601 | 20,0 | 12,0 (²) |
| 22 Nippon (Japan) | 43 950 | 50 441 | 376 | 411 | 49,6 | 54,4 (⁶) |

(¹) 1983.
(²) 1985.
(³) 1991.
(⁴) 1981.
(⁵) 1989.
(⁶) 1987.
(⁷) New calculation method.

Statistical supplement:
Liechtenstein

# Liechtenstein

The Principality of Liechtenstein, seventh EFTA Member State as from 1 September 1991 and an EEA Member State as from 1 January 1995, has close links to Switzerland through a customs and monetary union. Statistical data on exchange rates and prices given for Switzerland apply to Liechtenstein as well. Other key data are summarized below:

| Year | Indicator | Value |
|---|---|---|
| 1993 | Total area (1 000 km$^2$) | 0,16 |
| 1993 | Total population (1 000) | 30,3 |
| 1993 | Foreign residents (1 000) | 11,7 |
| 1993 | Population density (inhabitants/km$^2$) | 189 |
| 1993 | Working population (1 000) | 14,9 |
| 1988 | GDP (Mio EC PPS) | 866,7 |
| 1988 | GDP per head of population (EC PPS) | 31 111 |
| 1993 | Exports (except to Switzerland) (Mio ECU) | 1 204 |
| 1993 | Exports per inhabitant (ECU) | 39 723 |
| 1993 | Number of cars (1 000) | 17,8 |
| 1993 | Number of cars per 1 000 inhabitants | 595 |

Population and employment figures for 1993 refer to 31 December. GDP figures are estimates. A net influx of approximately 5 900 daily commuters from Switzerland and Austria joins the employed from the resident population as given above.

# Statistical supplement:
# Annex

|  | Year | EUR 12 1993 | EUR 15* 1993 | CIS 1991 | USA 1993 |
|---|---|---|---|---|---|
| **Area (1 000 km²)** | | **2 363** | **3 234** | : | **9 373** |
| **Population (1 000)** | | | | | |
| Total | | 345 815 | 367 487 | 281 316 | 257 908 |
| Male | | 168 547 | 179 115 | 132 936 | 125 898 |
| Female | | 177 268 | 188 372 | 148 380 | 132 010 |
| Under 15 | | 61 821 | 65 794 | 76 820 | 56 753 |
| Male | | 31 732 | 33 770 | 39 058 | 29 053 |
| Female | | 30 089 | 32 024 | 37 762 | 27 700 |
| From 15 to 64 | | 233 239 | 247 490 | 155 690 | 168 364 |
| Male | | 117 190 | 124 391 | 79 947 | 83 551 |
| Female | | 116 049 | 123 099 | 75 743 | 84 813 |
| 65 and over | | 51 171 | 54 607 | 48 806 | 48 806 |
| Male | | 19 889 | 21 216 | 13 931 | 13 293 |
| Female | | 31 282 | 33 391 | 34 875 | 19 498 |
| **Population (% of total)** | | | | | |
| Total | | 100,0 | 100,0 | 100,0 | 100,0 |
| Male | | 48,7 | 48,7 | 47,3 | 48,8 |
| Female | | 51,3 | 51,3 | 52,7 | 51,2 |
| Under 15 | | 17,9 | 17,9 | 27,3 | 22,0 |
| Male | | 9,2 | 9,2 | 13,9 | 11,3 |
| Female | | 8,7 | 8,7 | 13,4 | 10,7 |
| From 15 to 64 | | 67,4 | 67,3 | 55,3 | 65,3 |
| Male | | 33,9 | 33,8 | 28,4 | 32,4 |
| Female | | 33,6 | 33,5 | 26,9 | 32,9 |
| 65 and over | | 14,8 | 14,9 | 17,3 | 18,9 |
| Male | | 5,8 | 5,8 | 5,0 | 5,2 |
| Female | | 9,0 | 9,1 | 12,4 | 7,6 |

|  | Year | EUR 12* 1993 | EUR 15* 1993 | CIS 1993 | USA 1992 |
|---|---|---|---|---|---|
| **Births, marriages and deaths** | | | | | |
| Births | | | | | |
| In 1 000 | | 3 846,7 | 4 124,7 | 3 857,9 | 4 084,0 |
| Per 1 000 population | | 11,0 | : | 13,5 | 15,9 |
| Marriages | | | | | |
| In 1 000 | | 1 838,6 | 1 942,3 | 2 266,6 | 2 362,0 |
| Per 1 000 population | | 5,3 | : | 7,9 | 9,3 |
| Deaths | | | | | |
| In 1 000 | | 3 505,4 | 3 735,5 | 3 592,6 | 2 177,0 |
| Per 1 000 population | | 10,1 | : | 12,6 | 8,5 |
| Infant mortality rate (‰) | | 6,7 | : | 25,0 | 8,5 |
| **Private households** (¹) | Year | 1993 | 1993 | 1989 | 1992 |
| Total (in 1 000) | | 134 331 | 143 340 | 86 591 | 95 669 |
| Number of persons | | | | | |
| 1 person | | 36 111 | 39 195 | 15 672 | 23 974 |
| 2 persons | | 40 386 | 43 052 | 22 140 | 30 734 |
| 3 persons | | 24 451 | 25 801 | 18 265 | 16 398 |
| 4 persons | | 22 405 | 23 642 | 17 280 | 14 710 |
| 5 persons or more | | 10 979 | 11 652 | 13 234 | 9 853 |

(¹) Private households as distinct from institutional households, boarding schools, communities, homes for the aged, etc.

|  |  | EUR 12 | EUR 15 | CIS* | USA |
|---|---|---|---|---|---|
| **Working population** | Year | 1993 | 1993 | 1991 | 1993 |
| Civilian working population |  |  |  |  |  |
| In 1 000 |  | 153 941 | 164 429 | 155 690 | 128 040 |
| As % of total population |  | 45 | 45 | 55 | 50 |
| **Civilian employment** |  |  |  |  |  |
| Total |  |  |  |  |  |
| In 1 000 |  | 137 576 | 147 088 | 126 297 | 119 306 |
| As % of total population |  | 41 | 41 | 51 | 46 |
| By occupational status: | Year | 1993 | 1993 | 1993 | 1993 |
| Employers, self-employed and family workers |  |  |  |  |  |
| In 1 000 |  | 24 015 | 25 221 | 11 318 | 10 362 |
| % civilian employment |  | 17 | 17 | 9 | 9 |
| Employees |  |  |  |  |  |
| In 1 000 |  | 113 749 | 122 437 | 114 637 | 107 236 |
| % civilian employment |  | 83 | 83 | 91 | 91 |
| By main sectors of economic activity: |  |  |  |  |  |
| In 1 000 |  |  |  |  |  |
| Agriculture |  | 7 644 | 8 200 | 25 115 | 3 262 |
| Industry |  | 43 330 | 46 120 | 44 785 | 28 694 |
| Services |  | 86 280 | 92 442 | 55 908 | 87 335 |
| In % |  |  |  |  |  |
| Agriculture |  | 5,6 | 5,6 | 19,9 | 2,7 |
| Industry |  | 31,5 | 31,4 | 35,5 | 24,1 |
| Services |  | 62,7 | 62,8 | 44,3 | 73,2 |
| **Unemployment rates (%)** |  | **10,6** | : | **0,9** | **6,8** |

|  |  | EUR 12 | EUR 15 | CIS | USA |
|---|---|---|---|---|---|
| **Gross domestic product (GDP)** | 1993 |  |  |  |  |
| Mrd ECU |  | 5 523,2 | 5 909,3 | : | 5 367,4 |
| ECU per inhabitant |  | 15 840 | 15 951 | : | 20 779 |
| **General index** |  |  |  |  |  |
| **of industrial production (1985 = 100)** | 1993 | 110,7 | : | 73,0 | 117,5 |
| **Production (Mio t)** | Year |  |  |  |  |
| Cement | 1993 | 156,9 | 164,9 | 79,4 | 72,4 |
| Nitrogenous fertilizers, N | 1993 | 8,8 | 9,4 | 8,6 | 13,8 |
| Phosphate fertilizers, $P_2O_5$ | 1993 | 2,2 | 2,5 | 3,5 | 10,7 |
| Wood pulp | 1992 | 9,4 | 28,7 | 5,6 | 56,7 |
| Newsprint | 1992 | 3,1 | 7,2 | 0,8 | 7,6 |
| Coal | 1993 | 158,8 | 158,8 | 412,7 | 823,3 ([1]) |
| Crude oil | 1993 | 118,6 | 119,8 | 402,5 | 396,5 |
| Pig iron | 1993 | 77,3 | 85,8 | 71,2 | 48,2 |
| Crude steel | 1993 | 132,4 | 144,4 | 97,8 | 89,8 |
| **Net production** |  |  |  |  |  |
| **of electrical energy (TWh)** | 1993 | 1 857,93 | 2 108,64 | 1 423,57 ([2]) | 2 882,21 |
| of which (%): |  |  |  |  |  |
| Hydroelectric |  | 9,8 | 14,5 | 16,5 | 9,5 |
| Geothermal |  | 0,2 | 0,2 | 0,0 | 0,0 |
| Nuclear |  | 36,1 | 35,5 | 13,7 | 21,2 |
| Conventional thermal |  | 53,9 | 49,8 | 69,9 | 69,3 |
| **Natural gas production ($10^9 m^3 st$)** | 1993 | 202,1 | 203,5 | 762,0 | 517,7 |

([1]) 1992.

([2]) Gross production.

|  | Year | EUR 12 | EUR 15 | CIS | USA |
|---|---|---|---|---|---|
| **Agricultural area (Mio ha)** | 1992/1993 | 128,68 | 138,13 | 521,41 | 426,95 ([1]) |
| Of which: | | | | | |
| Arable land | | 56,27 | 62,97 | 215,56 | 185,74 ([1]) |
| Land under permanent crops | | 15,76 | 15,83 | 4,56 | 2,03 ([1]) |
| **Agricultural production** | | | | | |
| Yearly average (Mio t) | 1990/1992 | | | | |
| Cereals | | 168,0 | 178,5 | 185,1 | 315,5 |
| Of which: | | | | | |
| Wheat | | 83,95 | 86,82 | 85,05 | 65,10 |
| Barley | | 44,13 | 48,48 | 46,27 | 9,75 |
| Rice | | 2,19 | 2,19 | 2,03 | 7,45 |
| Potatoes | | 45,58 | 48,27 | 67,31 | 18,62 |
| Sugar beet | | 107,45 | 113,28 | 72,61 | 25,54 |
| Wine (10 000 hl) | | 17 215 | 17 402 | 1 445 | 1 565 |
| Mio t: | 1992 | | | | |
| Beef and veal | | 8,38 | 8,84 | 6,50 | 10,61 |
| Pigmeat | | 14,40 | 15,26 | 4,07 | 7,82 |
| Mutton, lamb and goatmeat | | 1,18 | 1,19 | 0,93 | 0,16 |
| Cow milk | | 111,58 | 120,51 | 84,13 | 68,97 |
| Butter | | 1,68 | 2,33 | 1,22 | 0,63 |
| Cheese | | 5,59 | 5,88 | 0,49 | 3,30 |
| **Fisheries: catches in 1 000 tons** | 1991 | 6 929,1 | 7 261,2 | 4 733,0 ([1]) | 5 591,0 |
| **Railways: length of line in 1 000 km** | 1992 | 136,11 | 157,96 | 142,00 | 187,69 ([1]) |
| **Inland waterways:** | | | | | |
| **Length of inland waterways (1 000 km)** | 1992 | 22,85 | 29,88 | 112,94 ([2]) | 20,57 ([1]) |

([1]) 1991.
([2]) 1993.

European Commission

**Basic statistics of the European Union — 32nd edition**

Luxembourg: Office for Official Publications of the
European Communities

1995 — 373 pp. — 10,5 x 14,8 cm

Theme 1: General statistics (midnight blue covers)

Series A: Yearbooks

ISBN 92-827-0103-4

Price (excluding VAT) in Luxembourg: ECU 13


A selection of the European Union's basic statistics and a comparison with a number of other European countries, plus the USA, the CIS, Canada and Japan.

This selection covers the following subjects:
- general statistics
- economy and finance
- population and social conditions
- energy and industry
- agriculture, forestry and fisheries
- foreign trade
- services and transport
- environment.